Hi PASS

전국의 모든 초등 임고 준비생이
한 번씩은 본다는 하이패스 시리즈!!!

BEST 2026 초등임용시험 대비

수업과정안

조 학 규 편저

최신 출제 경향 반영

- 2026 수업과정안 고득점 전략
- 2025 시도별 임용 기출 분석
- 2026 적중 실전문제 수록
- 2022 교육과정 적극 반영

저자 **조학규** 교수님
동영상강의 [G스쿨]
www.g-school.co.kr

G스쿨

하이패스로 시작하는 합격의 여정

예비 교사 여러분, 반갑습니다.

교직 준비 과정에서 긍정적인 **믿음과 열정**은 가장 강력한 힘이 됩니다. 청년 시절, 다양한 경험을 쌓고 인성을 가꾸어야 할 시기임에도 불구하고 임용시험 준비에 매진하며 지친 여러분의 모습을 보면 안타까움이 들기도 합니다. 그러나 반짝이는 눈빛으로 미래의 교육을 고민하며 노력하는 여러분을 볼 때마다, 교수이자 선배로서 대견하고 자랑스럽습니다.

임용시험은 **긍정과 열정**을 품고 학습하는 것이 합격의 지름길이 될 것입니다. '**피할 수 없으면 즐겨라**'라는 말처럼, 시험 준비 과정에서 겪는 어려움은 교직 입문을 위한 역량 강화의 기회임을 믿고 매진하시기 바랍니다.

1석 2조의 효과를 꿈꿉니다.

본 교재 Hi-PASS는 서울교육대학교 특강과 현장 경험을 기반으로, 임용시험 준비에 필요한 핵심 영역을 통합하여 구성했습니다.

심층면접, 수업실연, 수업과정안, 영어수업실연 및 영어면접, 교직논술, 통합하여 조화를 꾀했습니다. 특히 경기에서 새로 도입되어 강조되는 **수업설계와 평가원 공동출제 내용**도 강화하고 보강했습니다. 또한 필자의 다양한 현장 경험과 교육 정책 기획 경험을 담아, 시험 대비뿐 아니라 **현장 교사로서 갖추어야 할 전문성과 실무 능력**까지 함께 학습할 수 있도록 구성했습니다.

저의 다양한 현장 경험을 담았습니다.

저는 한국교육과정평가원의 전신인 국립교육평가원에서 교육연구사로서 교육전문직을 출발했고, 서울특별시교육청, 서울교육대학교, 한국교육정책연구소 등 여러 교육기관에서 교육정책을 기획하고 시행해 왔습니다. 우리 교육에 대한 오랜 고민과 바람직한 방향에 대한 성찰, 그리고 훌륭한 교사 양성에 대한 애정을 이 책에 담았습니다.

합격 선배의 경험을 담았습니다.

저는 임용시험 합격 선배들의 도움을 받아 집필하며, **영선반보(領先半步)**, 즉 "성공하려면 반보 앞서 가라"는 신념을 반영했습니다. 임용시험 직전 합격한 선배들의 실전 경험과 지혜를 담아 2025학년도 시험 문제와 해설을 충실히 반영한 이 책은 여러분에게 **생생하고 실질적인 자료**로 공부할 수 있는 든든한 길잡이가 될 것입니다.

변화하는 출제경향을 반영했습니다.

세상의 변화가 멈추지 않듯, 교육 정책과 임용시험 환경도 끊임없이 변화하고 있습니다. 이를 반영하고자 본 교재와 함께 운영되는 **하이패스 임용시험 네이버 카페**를 통해 최신 정보와 자료를 제공하고 있습니다.
주소: http://cafe.naver.com/hipassjhk

하이패스 인터넷 강의는 지스쿨에서 이어집니다.

하이패스 내용을 중심으로 심층면접, 수업실연 인터넷 강의를 합니다. 각 시도별 2025 기출 문제, 실전 문제를 출제 의도, 채점 포인트, 답변 전략으로 심도 있게 분석 채점기준을 적용합니다. 또한 만능틀, 고득점 꿀 Tip으로 본인의 답변 전략을 구상하면서 2차 준비를 하면 많은 도움이 될 것입니다.

하이패스는 합격입니다.

아이들이 뛰노는 교단에서 여러분을 만나길 기대하며, 이 책이 훌륭한 교사로 성장하는 데 보탬이 되기를 진심으로 바랍니다.
마지막으로 집필과 편집에 도움을 주신 모든 선생님께 깊이 **감사드립니다**.

2025년 11월
편저자 **조학규**

2026 집필에 도움을 준 선생님
고희주 곽은서 김규원 김나리 김서경 김수빈
김자윤 문유림 이승주 이하림 이진희 이효정
양안나 오아영 유 민 윤은영 심윤지

목 차

제1장 교수·학습과정안

PART 01 교수·학습 과정안 출제경향 ········· 08

PART 02 교수·학습 과정안 작성 ········· 25

PART 03 교수·학습 과정안 채점자료 ········· 43

제2장 기출문제 분석

PART 01 서울특별시교육청 기출문제 ········· 47

PART 02 평가원 출제 기출문제 〈부산, 울산, 경남, 대전, 인천〉 ········· 109

제3장 교수·학습과정안 실전문제

PART 01 교수·학습과정안 실전문제 ·················· 236

PART 02 교수·학습과정안 예시답안 ·················· 269

Hi-PASS 2차 교수·학습 과정안

실제 시험 상황 완벽 재연! 고득점 전략의 내비게이션

CHAPTER 01

교수·학습 과정안

PART 01 교수·학습 과정안 출제경향
PART 02 교수·학습 과정안 작성
PART 03 교수·학습 과정안 채점자료

01 교수·학습 과정안 출제경향

01 교수·학습 과정안 소개 및 학습 방향 탐색

1) 과정안 시험은 교과 과정의 일정 단원에 대한 교수·학습 과정안을 1시간 안에 작성하는 시험이다. 처음에는 시간을 넘기기 쉽지만, 연습량이 늘어나면 자연스럽게 속도가 붙으므로 크게 부담 갖지 않아도 된다. 긴 문장을 써야 하는 교직 논술과 달리 과정안은 짧은 문장으로 끝나며, 만능틀의 분량이 많아 실제 구상할 내용은 논술에 비해 적다.

2) **추가 조건**은 시간 관리와 함께 가장 중요한 변별 요소이므로 특히 유의해야 한다. 이는 수업 상황에서 교사가 어떻게 대처하고 수업을 구성할 수 있는지를 평가하기 위함이다. 예를 들어, 2017학년도 서울시 시험에서는 당시 시책인 '협력적 인성'을 반영해 '개인 학습 능력은 뛰어나지만 모둠 학습에 잘 참여하지 않는 학생'을 학생 실태에 포함하여 출제하였다. 또한 2022년 프로젝트 학습, 2023년 협력 강사와의 수업, 2024년 한 학기 한 권 읽기, 2025년 탐구 질문 등 매년 교육적 흐름이 조건으로 출제되었으니 올해의 트렌드도 반드시 염두에 두어야 한다.

3) 과정안 준비는 작년 고득점자의 자료를 그대로 따라가는 것도 좋은 방법이다. 특히 준비가 막막하다면 최근 2~3개년 기출문제를 하이패스 예시 답안을 참고하여 제한 시간 안에 필사해보길 권한다. 많은 수험생이 실제로 활용했고, 모두가 추천하는 방법이다.

4) 과정안에서 가장 중요한 것은 조건 충족이다. 활동의 완성도나 창의성은 조건이 완벽히 충족된 이후에 고려할 문제다. 따라서 피드백 과정에서는 어떤 채점자가 보더라도 조건이 분명히 충족되었다고 인정할 수 있도록 연습하는 것이 중요하다.

02 시·도별 교수·학습 과정안 기출문제 한눈에 보기

(1) 2025학년도 시·도별 교수·학습 과정안 기출문제 복원 정리

지역	출제 문제

서울
(자체출제)
	• 국어 2학년 통합
	• 학습 목표: 여러 가지 물건들을 분류하는 기준을 정하고 분류할 수 있다.
	• 성취기준
	-[2슬04-01] 생활도구의 모양이나 기능을 탐색하고 바꾸어본다.
	
	〈조건〉
	1. 협력적 소통이 이루어지도록 활동을 구상하시오.
	2. 활동 3개를 구성하고, 각각의 활동에 다음 중 1가지 이상의 탐구 질문을 사용하여 깊이 있는 학습을 촉진하시오.
	  1) 학생들의 호기심을 자극하는 질문
	  2) 학생들의 비판적 사고를 일으키는 질문
	  3) 의미 있는 탐구가 이루어지기 위한 질문
	3. 학습목표 미도달 학생에 대한 환류 방안을 작성하시오.

평가원 출제 (부산, 울산)	• 과학 5-1 4. 용해와 용액 • 학습 목표: 물의 온도에 따라 용해되는 용질의 양을 알 수 있다. 〈조건〉 1. 실제 수업임을 가정하고 교수·학습 과정안을 작성하시오. 2..〈수험생 작성 부분 1〉 – 가설 설정의 조건이 드러나도록 작성하시오. – 학생들이 학습 목표와 관련된 가설을 세우는 과정이 드러나도록 작성하시오. – 가설을 세운 까닭이 드러나도록 작성하시오. – 실험에서 같게 할 조건과 다르게 할 조건을 확인하고 지도하는 과정을 포함하여 작성하시오. 3. 〈수험생 작성 부분 2〉 –〈자료1〉을 활용하여 모둠별 토의 활동을 통해 구체적인 실험 방법을 생각하여 실험을 설계하고 수행하여 관찰하는 과정이 드러나도록 작성하시오. – 학생들이 실험 결과를 발표하는 과정이 드러나도록 하시오. 4. 〈수험생 작성 부분 3〉 –〈자료1〉을 활용하여 실험과 관련된 안전상의 유의점을 2가지 작성하시오. 5. 〈수험생 작성 부분 4〉 –〈자료2〉를 활용하여 실험 결과가 드러나도록 작성하고, 이를 바탕으로 학생들이 세운 가설을 검증하는 과정이 드러나도록 작성하시오. – 학습 내용을 실생활에 적용한 사례를 제시하시오.

평가원 출제 (경남)	• 수학 5-2 6.평균과 가능성 • 학습 목표: 집단의 특성을 나타내는 대푯값으로서 평균의 의미를 설명할 수 있다. 〈조건〉 1. 전개의 작성 부분 ①~④를 작성하시오. (답안에 음영 처리된 부분) 2. 〈수험생 작성 부분 1〉 - 학생들이 〈자료 1〉을 활용하여 대푯값으로서 평균의 필요성을 인식하도록 하시오. 3. 〈수험생 작성 부분 2〉 - 학생들이 동기유발에서 다룬 내용과 연결지어 평균의 의미를 이해하도록 하시오. - 모둠별로 평균의 의미를 붙임딱지를 활용한 구체적 조작 활동을 통해 토의할 수 있도록 하시오. - 교사가 평균의 정의를 정리하시오. 5. 〈수험생 작성 부분 3〉 - 〈자료 2〉에서 미진이의 말이 옳은 지 토의하고 발표하도록 하시오. - 〈자료 3〉의 가치와 태도를 함양할 수 있도록 하시오.
평가원 출제 (대전, 인천)	• 사회 4-2 2.필요한 것의 생산과 교환 • 학습 목표: 현명한 선택을 하는 방법을 알고, 이를 생활에서 실천할 수 있다. 〈조건〉 1. 실제 수업임을 가정하고 교수·학습 과정안을 작성하시오. 2. 교사와 학생 간의 활발한 상호작용이 드러나도록 작성하시오. 3. 〈수험생 작성 부분 1〉 - 학생들이 전시학습을 상기하는 내용이 드러나도록 작성하시오. - 실생활 예시를 활용한 동기 유발을 포함하시오 - 〈자료 1〉을 활용하여 선택의 문제가 일어나는 이유를 이야기하도록 하시오. 4. 〈수험생 작성 부분 2〉 - 학생들이 선택을 위한 조사활동을 하도록 유도하고 모둠별로 활동 결과를 발표하도록 하시오. - 〈자료2〉를 활용하여 다른 모둠의 발표를 듣고 의사결정 대안 카드를 완성하는 활동이 드러나도록 작성하시오. 5. 〈수험생 작성 부분 3〉 - 의사결정도표의 의미와 의사결정도표 작성 과정을 안내하는 발문을 제시하시오. 6. 〈수험생 작성 부분 4〉 - 학생들이 자신이 선정한 선택 기준을 발표하도록 하시오. - 사람마다 선택의 기준이 다양한 이유를 발표하도록 하시오.
과정안 시험 없음	대구·광주·경기·강원·전남·전북·세종·충남·충북·제주 ※ 2026 경북 과정안 폐지 예고

(2) 2024학년도 시·도별 교수·학습 과정안 기출문제 복원 정리

지역	출제 문제
서울 (자체출제)	• 국어 3-1 4. 내 마음을 편지에 담아 • 독서 단원 융합 • 성취기준 -[4국02-05] 읽기 경험과 느낌을 다른 사람과 나누는 태도를 지닌다. 　[4국03-04] 읽는 이를 고려하여 자신의 마음을 표현하는 글을 쓴다. 　[4국03-05] 쓰기에 자신감을 갖고 자신의 글을 적극적으로 나누는 태도를 지닌다. 〈조건〉 1. 학습 단계는 도입-전개-정리로 하시오. 2. 학생들의 학습 실태를 고려하여 수업을 구성하시오. 3. 성취기준에 기반하여 교육과정-수업-평가의 일체화를 구현하시오. 4. 과정중심평가 및 환류 과정이 드러나도록 수업을 구성하시오. 5. 3학년 학생 24명을 대상으로 한 수업을 구성하시오. 6. 책의 내용과 학생의 삶을 연결시키는 발문과 피드백을 포함하시오. 7. 학생이 중심이 되는 학생 참여 선택 활동 수업 방안을 포함하시오. 8. 도달, 미도달 학생에 대한 피드백 방안을 구체적으로 제시하시오. 9. 1~2차시에 학생들과 선택한 한 학기 한 권 읽기 도서의 제목과 내용을 제시하시오.
평가원 출제 (부산)	• 사회 4-1 2. 지역 문제와 주민 참여 • 연차시 • 학습 목표: 주민 참여로 지역 문제를 해결하는 과정을 설명할 수 있다. 〈조건〉 1. 실제 수업임을 가정하고 교수·학습 과정안을 작성하시오. 2. 〈수험생 작성 부분 1〉 　- 전시 학습 내용을 확인하는 발문을 제시하시오. 　- 동기유발에서 학생들의 실생활과 관련된 발문을 작성하시오. 　- 〈자료1〉을 확인하는 내용을 작성하시오. 　- 〈자료1〉과 동기유발을 관련짓는 내용을 작성하시오. 3. 〈수험생 작성 부분 2〉 　- 다양한 지역 문제를 확인하는 방법에 대한 내용을 작성하시오. 　- 〈자료2〉를 활용하여 다양한 지역 문제를 붙임 쪽지에 적고 유사한 것끼리 분류하는 활동을 하도록 작성하시오. 　- 학생들의 흥미와 관심에 따라 모둠을 정하도록 작성하시오. 　- 각 지역 문제의 원인을 찾는 활동을 하도록 작성하시오. 4. 〈수험생 작성 부분 3〉 　- 다양한 자료 수집 방법을 찾아보도록 하는 발문을 작성하시오. 　- 〈자료2〉를 활용하여 학급 친구들에게 전체 발표하는 활동을 하도록 작성하시오. 　- 문제 해결 방안을 평가하고 선택하는 활동을 하도록 작성하시오.

평가원 출제 (경남, 인천)	• 수학 4-2 4.사각형 • 학습 목표: 마름모의 뜻과 성질을 이해하고 마름모를 그릴 수 있다. 〈조건〉 1. 전개의 작성 부분 ①~④를 작성하시오. (답안에 음영 처리된 부분) 2. 작성부분 ①에서 학생들이 〈자료 1〉의 사각형을 분류 기준에 따라 분류하도록 하시오. 3. 작성부분 ①에서 학생들이 스스로 사각형의 이름을 짓는 활동을 하시오. 4. 작성부분 ②에서 학생들이 〈자료 2〉의 도형이 마름모인지 판단하고 그 이유를 설명하도록 하시오. 5. 작성부분 ②에서 마름모의 성질 3가지를 모둠별로 구체적 조작활동을 통해 발견할 수 있도록 하시오. 6. 작성부분 ②에서 학생들이 발견한 마름모의 성질을 교사가 정리하시오. 7. 작성부분 ③에서 마름모의 성질을 이용하여 〈자료3〉에 서로 다른 모양의 마름모 2개를 완성하도록 하시오. 8. 작성부분 ③에서 〈자료4〉에 학생들이 직접 마름모를 그리게 하시오. 8. 작성부분 ③에서 마름모의 정의를 정리하시오. 9. 작성부분 ④에서 마름모를 그리는 데에 어려움을 겪는 학생에 대한 지도 방안을 작성하시오.
평가원 출제 (대전, 울산)	• 과학 5-2 3. 날씨와 우리 생활 • 학습 목표: 이슬과 안개 발생 실험과 관련지어 그 생성 과정을 설명할 수 있다. 〈조건〉 〈활동1〉 이슬 실험 • 이슬 발생 실험과정이 드러나도록 쓰시오. • 〈자료1〉의 준비물을 활용하여 작성부분 ①을 작성하고, 이와 관련한 안전상의 유의점을 작성부분 ②에 작성하시오. • 비커의 표면의 변화를 확인하고, 실험 결과를 학생 발문으로 확인하시오. 〈활동2〉 안개 실험 • 안개 발생 실험 과정이 드러나도록 쓰시오. • 〈자료2〉의 준비물을 활용하여 작성부분 ③을 작성하고, 이와 관련한 안전상의 유의점을 ④에 작성하시오. • 학생들이 향의 역할을 추론하는 과정이 드러나도록 작성하시오. • 비커 내부의 변화를 관찰하고, 실험 결과를 학생 발문으로 확인하시오. 〈정리〉 • 이슬 발생 실험과 실제 자연 현상을 비교하는 과정이 드러나도록 작성하시오. • 안개 발생 실험과 실제 자연 현상을 비교하는 과정이 드러나도록 작성하시오. • 실험 내용과 관련한 학생의 경험을 발표하도록 하시오.
과정안 시험 없음	대구·광주·경기·강원·전남·전북·세종·충남·충북·제주 교육청 ※ 2026 경북 과정안 폐지 예고

(3) 2023학년도 시·도별 교수·학습 과정안 기출문제 복원 정리

지역	출제 문제
서울 (자체)	• 수학 2-1 6. 곱셈구구 관련 놀이 수학 • 성취기준 - [2수01-11] 곱셈구구를 이해하고, 한 자리 수의 곱셈을 할 수 있다. 〈조건〉 1. 학습 단계는 도입-전개-정리로 하시오. 2. 학생들의 학습 실태를 고려하여 수업을 구성하시오. 3. 전개 단계에서 협력적 상호작용 놀이 2가지, 개별 맞춤형 놀이 1가지를 포함하시오. 4. 성취기준에 기반하여 교육과정-수업-평가의 일체화를 구현하시오. 5. 기초학력 협력강사와의 협력 과정이 수업 전, 중, 후에 드러나게 하시오. 6. 과정중심평가 및 환류 과정이 드러나도록 수업을 구성하시오. 7. 2학년 학생 24명을 대상으로 한 수업을 구성하시오.
평가원 출제 (부산, 울산)	• 국어 6-2 8. 작품으로 경험하기 (연차시) • 학습 목표: 영화 감상문을 쓸 수 있다. 〈조건〉 1. 도입의 ①부분과 전개의 ②, ③, ④,⑤부분을 작성하시오 2. 작성 ②에서 영화 감상과 관련하여 자료 및 지도의 유의점을 적으시오. 3. 작성 ③에서 학생들에게 활동지 1을 활용하여 활동을 하도록 작성하고 활동의 결과를 교사발문으로 확인하시오 4. 작성 ④부분에서 활동지 2를 활용하여 작성하고, 학생들이 제목, 영화감상문에서 쓰고 싶은 내용, 글쓰기 순서대로 활동하도록 하시오. 5. 작성 ⑤부분에 동료평가를 포함하도록 작성하시오. 이때 교사가 평가의 기준을 정해 제시하시오.
평가원 출제 (대전, 인천)	• 과학 5-2 2. 생물과 환경 • 학습 목표: 각 서식지에 살기에 유리한 특징을 지닌 생물의 특징을 설명할 수 있다. 〈조건〉 1. 전개의 활동 1, 활동 2, 활동 3, 정리를 작성하시오. (답안지에 음영 처리된 부분) 2. 활동 1에서 〈자료 1〉과 〈자료 2〉를 활용하여 관찰하고, 학생들이 관찰 결과를 발표하도록 하시오. 3. 활동 1에서 관찰 결과 발표 시 다음과 같은 내용을 반드시 포함하시오. - 서식지의 특징과 관련한 관찰 기준, 여우의 생김새와 관련한 관찰 기준 4. 활동 2에서 〈자료 1〉과 〈자료 2〉를 활용하여 각 서식지에서 살아남기에 유리한 특징을 지닌 여우 가족을 선택하여 구체적 조작활동을 하시오. 5. 활동 2에서 여우 가족을 선택한 까닭에 대해 모둠별 토의 활동을 진행하고 결과를 발표하시오. 6. 활동 3에서 스마트기기(개인별) 활용하여 여우 외에 서식지에서 살아남기에 유리한 특징을 지닌 다른 포유동물의 사례를 조사하여 발표하도록 하시오. 7. 포유동물의 사례 발표 시 다음과 같은 내용을 반드시 포함하시오. 8. 정리에서 〈자료 3〉을 활용하고, 학습 목표와 관련하여 과학적 개념을 정리하시오.

평가원 출제 (경남)	• 사회 5-1 2. 우리 국토의 자연환경 • 학습 목표: 우리나라의 산지, 하천, 평야의 분포를 알 수 있다. 〈조건〉 1. 실제 수업임을 가정하고 교수·학습 과정안을 작성하시오. 2. 교사와 학생 간의 활발한 상호작용이 드러나게 작성하시오. 3. 〈수험생 작성 부분 1〉 - 전시 학습 내용을 확인하는 발문을 제시하시오. - 학생들이 각 지형의 특징을 응답할 수 있도록 작성하시오. - 〈자료1〉을 활용하여 학생들의 여행 경험을 본시 학습 목표와 연관 지어 제시하시오. 4. 〈수험생 작성 부분 2〉 - 〈자료2〉를 읽고 학생들이 〈자료2〉를 파악할 수 있게 하시오. - 학생들이 탐구 주제를 파악할 수 있도록 도움을 주시오. - 학생들이 탐구 문제를 스스로 질문 형태로 만들 수 있는 발문을 제시하시오. 5. 〈수험생 작성 부분 3〉 - 가설의 의미를 언급하시오. - 가설 설정을 돕는 발문을 제시하시오. - 가설의 내용과 형식에 맞게 적절한 가설을 제시하시오. - 가설 설정의 이유를 타당한 근거를 들어 발표하도록 하시오. 6. 〈수험생 작성 부분 4〉 - 학생들이 조사할 내용을 생각할 수 있는 발문을 제시하시오. - 조사할 내용은 스마트 기기를 이용해 검색하도록 하시오. - 학생들이 조사한 내용을 〈자료2〉의 백지도에 표시하도록 하시오. - 가설이 검증되었는지 여부를 확인하는 발문을 제시하시오.
과정안 시험 없음	대구·광주·경기·강원·전남·전북·세종·충남·충북·제주 교육청 ※ 2026 경북 과정안 폐지 예고

(4) 2022학년도 시·도별 교수·학습 과정안 기출문제 복원 정리

지역	출제 문제
서울 (자체 출제)	• 사회 6-2 2.통일 한국의 미래와 지구촌의 평화(프로젝트) • 성취기준 　- [6사08-06] 지속 가능한 미래를 건설하기 위한 과제(친환경적 생산과 소비 방식 확산, 빈곤과 기아 퇴치, 문화적 편견과 차별 해소 등)를 조사하고, 세계시민으로서 이에 적극 참여하는 방안을 모색한다. 〈조건〉 1. 프로젝트 7차시 중 1~2차시 수업을 구성하시오. 2. 프로젝트 개요와 차시 내용을 설계하여 작성하시오. 3. 전개 단계에 학생참여선택활동을 포함하시오. 4. 학습 단계는 도입-전개-정리로 하시오. 5. 대면으로 수업을 듣는 학생과 온라인으로 수업을 듣는 학생을 모두 고려하여 수업을 구성하시오. 6. 성취기준에 기반하여 교육과정-수업-평가의 일체화를 구현하시오. 7. 학생 24명을 대상으로 한 수업을 구성하시오.
평가원 출제 (부산)	• 사회 5-1 1.국토와 우리 생활 • 학습 활동: 우리나라 강수량의 특징을 알아봅시다. 〈조건〉 1. 도입의 ①부분과 전개의 ②, ③, ④부분을 작성하시오. 2. 작성 부분 ①에서 동기유발은 학생들의 실생활과 학습 목표를 관련지어 작성하시오. 3. 작성 부분 ②에서 〈자료 1〉을 활용한 탐구 활동을 하고 학생들에게 지도를 읽는 방법을 지도하시오. 학생들이 탐구 활동을 통해 결론을 도출하도록 하시오. 4. 작성 부분 ③에서 〈자료 2〉를 활용한 탐구 활동을 하고 학생들에게 그래프를 읽는 방법을 지도하시오. 학생들이 탐구 활동을 통해 결론을 도출하도록 하시오. 5. 작성 부분 ④에서 〈자료 3〉을 참고하여 학생들이 스마트 패드를 활용해 강수량과 인문 환경의 관련성을 모둠별로 조사하도록 하시오.
인천 (자체 출제)	• 사회 • 학습 주제 : 우리나라와 이웃나라들의 경제, 문화, 정치적 교류에 대해 알아보기 〈조건〉 1. 동아시아 시민 역량을 길러줄 수 있도록 수업을 설계하시오. 2. 모의 정상회담 활동을 포함하여 수업을 구성하시오.

평가원 출제 (울산)	• 과학 3-1 2.물질의 성질 • 학습 문제 : 종류가 같은 물체를 서로 다른 물질로 만드는 까닭을 알아봅시다. 〈조건〉 1. 답안지의 음영 처리된 부분을 제외하고 작성하시오. 2. 학습목표를 직접 도출하여 작성하시오. 3. 과학과 발견 학습 모형의 흐름에 맞는 활동을 채우시오. 4. 학생과 교사의 상호작용이 드러나도록 작성하시오. 5. 활동 1에서 〈자료 1〉을 활용하여 여러 가지 컵을 이루고 있는 물질의 성질과 컵의 좋은 점을 연관 지어 탐색하도록 작성하시오. (자료를 모두 활용하시오.) 6. 활동 2에서 〈자료 2〉를 활용하여 여러 가지 장갑을 이루고 있는 물질의 성질과 장갑의 좋은 점을 연관 지어 탐색하도록 작성하시오. (자료를 모두 활용하시오.) 7. 활동 3에서 종류가 같은 물체를 서로 다른 물질로 만드는 까닭을 발견하도록 작성하시오. 8. 학습 내용 정리에서 여러 가지 신발 사례를 활용하여 작성하시오. 9. 학생들의 사고를 촉진하는 발문을 하시오.
평가원 출제 (경남, 경북)	• 국어 3-2 2.중심 생각을 찾아요 〈조건〉 1. 답안지의 음영 처리된 부분만 교수·학습 활동을 작성하시오. 2. 도입에서 전시학습 상기, 동기유발, 학습문제 확인, 학습활동 안내를 포함하여 작성하시오. 3. 활동 1에서 〈자료1〉을 활용하고, 활동 1에서 읽기 전 활동을 진행하도록 하시오. 4. 활동 2에서 〈자료1〉을 활용하시오. 5. 활동 2에서 중심문장과 뒷받침문장의 의미를 지도하고, 학생들이 두 번째 문단의 중심문장과 뒷받침문장을 찾는 활동을 진행하도록 하시오. 6. 활동 3에서 〈자료2〉를 활용해 3개의 활동이 순서대로 진행되도록 작성하시오. 7. 교사와 학생의 긍정적인 상호작용이 드러나도록 작성하시오.
평가원 출제 (대전)	• 수학 6-1 6.직육면체의 부피와 겉넓이 • 학습활동: 직육면체의 겉넓이 구하는 여러 가지 방법을 찾아 설명하기 〈조건〉 1. 전개의 활동 1, 활동 2, 활동 3을 작성하시오. (답안지에 음영 처리된 부분) 2. 활동 1에서는 학생들이 〈자료 1〉을 활용하여 직육면체의 겉넓이를 구하는 3가지 방법을 탐구하게 하고, 그 과정이 구체적으로 드러나도록 작성하시오. 3. 활동 2에서는 〈자료 2〉를 활용하고, 정육면체의 성질을 확인하게 하며, 학생들이 직육면체의 겉넓이를 구하는 방법을 적용하여 정육면체의 겉넓이를 구하는 방법을 도출하게 하시오. 4. 활동 3에서는 〈자료 3〉을 활용하고, 학생의 발문에서 드러난 오류를 수정하여 겉넓이를 구하는 활동을 하시오. 5. 활동 3에서는 학생의 '자기표현 능력'을 신장시킬 수 있는 발문이 드러나도록 작성하시오. 6. 교사와 학생의 상호작용이 드러나도록 작성하시오.
과정안 시험 없음	대구·광주·경기·강원·전남·전북·세종·충남·충북·제주 교육청

(5) 2021학년도 시·도별 교수·학습 과정안 기출문제 복원 정리

지역	출제 문제
서울 (자체출제)	• 국어 5-1 1. 대화와 공감 (연극 단원 융합) • 성취기준 - [6국01-07] 상대가 처한 상황을 이해하고 공감하며 듣는 태도를 지닌다. - [6국05-04] 일상생활의 경험을 이야기나 극의 형식으로 표현한다. 〈조건〉 1. 성취기준에 기반하여 교육과정-수업-평가의 일체화를 구현하시오. 2. 학습 단계는 도입-전개-정리로 하시오. 3. 온라인 수업 도중 비디오를 끄는 학생이나 반응을 하지 않는 학생 등 소극적으로 참여하는 학생들에 대한 지도 방안을 포함하시오. 4. 학생들이 생활 속에서 공감하며 대화하는 태도를 내면화할 수 있도록 하는 수업으로 구성하시오.
평가원 출제 (부산)	• 과학 4-1 2. 지층과 화석 • 학습 활동: 화석은 어떻게 만들어질까요? 〈조건〉 1. 본 차시 학습 목표를 도출하여 적으시오. 2. 〈자료 1〉을 활용하여 화석 모형을 만드는 재료와 제작 방법을 포함하시오. 3. 〈자료 1〉을 활용하여 '화석 모형 만들기'를 위한 준비물을 작성하시오. 4. 학생들이 완성된 화석 모형을 관찰하고 화석 모형과 실제 화석을 비교하는 활동을 포함하시오. 5. 학생들이 화석 모형과 실제 화석의 공통점, 차이점을 탐구하도록 하시오. 6. 학생들이 〈자료 2〉를 활용하여 화석이 생성되는 과정을 탐구하도록 하시오. 7. 화석이 잘 만들어지기 위한 조건을 설명하시오.
평가원 출제 (울산)	• 사회 6-2 1. 세계 여러 나라의 자연과 문화 • 학습 목표 : 기후에 따른 사람들의 생활 모습을 탐색할 수 있다. 〈조건〉 1. 답안지의 음영 처리된 부분을 제외하고 작성하시오. 2. 사회과 탐구 학습 모형의 흐름에 맞는 활동을 채우시오. 3. 학생과 교사의 상호작용이 드러나도록 작성하시오. 4. 동기유발 시 계절과 관련하여 이번 차시에 배울 내용이 포함되게 작성하시오. 5. 학생들의 실생활과 관련된 동기유발을 하시오. 6. 학습문제 확인에서 탐구 문제가 명시적으로 드러나게 작성하시오. 7. 학습문제 확인에서 본시와 관련된 가설을 포함하여 작성하시오. (단, 가설의 조건을 채울 것) 8. 활동 1에서 〈자료 1〉을 활용하여 작성하시오. (카드를 모두 사용하지 않아도 됨) 9. 활동 2에서 〈자료 1〉과 〈자료 2〉를 활용하고, 가설에 대한 결론을 포함하여 작성하시오. (카드를 모두 사용하지 않아도 됨) 10. 학생들의 사고를 촉진하는 발문을 하시오.

평가원 출제 (경남,대전)	• 수학 4-2 4. 사각형 〈조건〉 1. 전개의 활동 1, 활동 2의 일부, 활동 3을 작성하시오. (답안지에 음영 처리된 부분) 2. 활동 1에서는 〈자료 1〉을 활용하여 학생들이 삼각자를 이용해 직각을 찾고, 수직과 수선의 의미를 알도록 작성하시오. 3. 활동 2에서는 〈자료 2〉를 활용하여 각도기를 이용해 주어진 직선에 수선을 긋는 방법을 지도하도록 작성하시오. 4. 활동 3에서는 〈자료 3〉을 활용하여 수직과 수선의 의미를 학생들이 이해하는지 점검하도록 작성하시오. 5. 교사와 학생의 상호작용이 드러나도록 작성하시오.
인천 (자체출제)	• 수학 • 학습 주제 : 기사문 완성하기 〈조건〉 - '수학적 오류가 있는 학생에 대한 명시적 지도가 포함되도록 작성하시오. - 문제 해결에 어려움을 겪는 학생 3명에 대한 지도방안이 포함되도록 작성하시오. - 교사-학생, 학생-학생 간 상호작용이 명시적으로 드러나도록 작성하시오.
과정안 시험 없음	대구·광주·경기·강원·전남·전북·세종·충남·제주 교육청

(6) 한 눈에 보는 전국 기출문제

연도	서울	평가원 출제		인천
2025	통합(2학년) '기준에 따라 물건 분류하기'	부산, 울산	과학(5학년, 용해와 용액)	평가원 출제로 변경
		경남	수학(5학년, 평균의 의미)	
		대전, 인천	사회(4학년, 현명한 선택)	
		경북	국어(4학년, 사실과 의견)	
2024	국어·독서 융합(3학년) '마음을 표현하는 글쓰기'	부산	사회(4학년, 주민참여)	평가원 출제로 변경
		울산, 대전	과학(5학년, 이슬과 안개)	
		경남, 인천	수학(4학년, 마름모)	
		경북	국어(5학년, 경험 활용해 글읽기)	
2023	수학(2학년) '곱셈구구 놀이수학'	부산, 울산	국어(6학년, 영화 감상문)	평가원 출제로 변경
		경남	사회(5학년, 국토의 자연환경)	
		경북	수학(3학년, 들이 어림과 측정)	
		대전, 인천	과학(5학년, 생물의 적응)	
2022	사회 블록(6학년) '지속가능한 미래 프로젝트'	부산	사회(5학년, 우리나라 강수량)	사회(6학년) '이웃나라와의 교류'
		울산	과학(3학년, 물질의 성질)	
		경남, 경북	국어(3학년, 중심 생각 찾기)	
		대전	수학(6학년, 직육면체 겉넓이)	
2021	국어 블록(5학년) '공감적 대화'	부산	과학(4학년, 화석 생성)	수학(6학년) '기사문 완성하기'
		울산	사회(6학년, 기후에 따른 생활모습)	
		경남, 대전	수학(4학년, 수직과 수선)	
		경북	국어(6학년, 뉴스 타당성)	

(7) 과정안 답안지 양식

가. 서울 답안지 양식 예시[1]

성취기준	
학습 목표	
평가 내용	평가 방법
수업 재구성 전략	
과정중심평가 환류 계획	성취기준 도달
	성취기준 미도달

단계	학습 요소	교수 – 학습 활동 (교사/학생 구분 선 표시 가능)	시간	자료(㉔), 유의점(㉤)

평가 관점	
평가 방법	평가 도구
평가 내용	
평가 환류계획	

---

1) 실제 양식은 2페이지로 주어지며 과정안 양식은 매년 달라진다.

나. 평가원 출제 지역 답안지 양식 예시[2]

※ 음영처리되지 않는 부분의 교수·학습 활동만 답하도록 함

단계	학습 내용	교수·학습 활동	시간	자료 및 유의점
결정 상황 확인	단원			
	학습 목표			
	전시 학습 상기	◉ 전시학습 상기하기	5	자료 유의점
	동기 유발			
	학습 문제 확인	◉ 학습문제 알아보기		
	학습 활동 안내	◉ 학습 활동 안내하기		
대안 개발	활동 1	◉ 활동 1. 교과서 읽어보기	10	자료 유의점
평가 기준 작성 및 대안 평가			15	자료 유의점
최종 결정			5	자료 유의점
정리		◉ 학습 내용 정리 및 차시예고	5	

---

2) 평가원 출제 지역은 도입-전개-정리와 평가를 모두 작성하지 않고, 상대적으로 중요하지 않게 여겨진 부분(시간, 자료 및 유의점 등)을 음영 처리하여 '전개' 부분만 작성하도록 한다.

(8) 2022 개정 교육과정 교수·학습 과정안 서식

※ 본 서식은 예시이며, 단위 학교 상황 및 교과, 차시 특성 등에 따라 항목을 수정, 추가, 변경하여 사용할 수 있다.

(○○과) 교수·학습 과정안

단원3)		대상 학급		일시	
차시 (교과서 쪽수)		교수·학습 모형			

교육 과정 분석	교과 역량	
	영역	
	핵심 아이디어	
	성취기준	
	탐구 질문4)	

학습 목표	
학습 주제	
수업자의 의도 (수업·평가 주안점)	

평가 계획	범주5) (평가 방법)	평가 요소	수준			피드백
			상	중	하	

학습 단계	교수 · 학습 활동		시 간 (분)	자료(㉖) 유의점(㉔) 평가(㉕)
학습 형태	교사	학생		
	● ○ -			

---

3) 창의적 체험활동의 경우 범교과 주제를 쓰며, 과정안 시험에서 단원은 보통 제시되어 있다.
4) '핵심아이디어', '성취기준'에 기반하여 해당 차시에 학생들의 호기심을 자극하고 탐구를 유도할 수 있는 질문을 개발하여 작성한다.
5) 내용 체계 범주(지식·이해, 과정·기능, 가치·태도) 중 해당 차시와 관련된 평가 계획을 수립한다.

학습 단계	교수 · 학습 활동		시간 (분)	자료(㉔) 유의점(㉤) 평가(㉣)
학습 형태	교사	학생		
	학습 문제 또는 탐구 질문 제시			

(9) 2022 개정 교육과정 교수·학습 과정안 서식 활용시 유의점

● **학습 문제와 탐구 질문**

탐구 중심 수업에서는 '탐구 질문'으로 수업을 설계하는 것을 제안한다. 이때 **교사가 학습 문제 대신 '탐구 질문'을 제시하거나 학생들의 경험과 연결하여 학생들과 함께 탐구 질문을 만들어 제시할 수 있다.**

학습 문제	탐구 질문
Tyler의 '학습 내용+학습 결과' 형태인 학습 목표의 결과 평가 진술 '~할 수 있다.'를, '~해 봅시다. ~해 보자.'로 제시하여 학생들에게 본 차시 학습이 어떻게 진행되는지를 안내하는 문장으로, 수업의 방향점을 제시하는 깃발과 같은 역할을 한다.	탐구 질문은 '정답 찾기'가 아닌 여러 관점과 해석을 유도하는 질문으로서, 교육과정을 기반(교과 영역별 핵심 아이디어 및 성취기준)으로 학생들의 수준을 고려하여 개발하며, 질문의 형태로 제시되어 학생들의 호기심을 자극하고 깊은 이해와 탐구를 이끌어 내는 데 큰 도움을 줄 수 있다.

※ 출처: 2025 탐구 질문으로 설계하는 국/수/사/과 수업·평가 도움 자료(서울시교육청)

● **평가계획**

내용 요소 범주(지식·이해, 과정·기능, 가치·태도) 중 해당 차시와 관련된 평가 계획을 수립한다. 1~2가지 내용 요소에 집중하여 평가 계획을 수립할 수도 있다.

범주	내용
지식·이해	교과(목) 및 학년(군)별로 해당 영역에서 알고 이해해야 할 내용
과정·기능	교과 고유의 사고 및 탐구 과정 또는 기능
가치·태도	교과 활동을 통해 기를 수 있는 고유한 가치와 태도

● **교수·학습 활동 내**

- 학습 형태는 전체, 모둠, 개별 학습으로 제시한다.
- 자료(㉤) 작성 시 수업 자료의 출처(영상의 경우는 활용 시간)를 기재한다. 예) 영상 제목 (4′05″)
- 평가 방법은 평가 계획 시 수립한 방법을 해당하는 장면 옆에 제시한다.

PART 02 교수·학습 과정안 작성

과정안의 채점 요소는 크게 두 가지이다. 즉 '**형식 + 내용**'이다.

이 두 가지를 잡기 위해서 '**시간 관리**'가 필수적이다. 60분이라는 시간 안에 학습 목표를 성취하기 알맞은 내용 전개와 과정안으로서의 형식을 모두 갖추어야 한다. 시간 안에 형식을 다 갖추어 쓰지 못한다면 아무리 좋은 내용의 과정안을 구상하였어도 무용지물이다. 하지만 전개가 매끄러운 과정안이 나오기 위해서는 충분한 구상 또한 필수적이다. 결국 내용과 형식을 모두 잡기 위해서는 자신만의 **만능틀**이 필요하다.

01 수업 과정안 형식 갖추기

(1) 학습 목표의 형식 갖추기

학습 목표	◆ 행동적 목표로 써라 　행동적 목표로 쓰라는 조건이 없어도 학습목표는 행동적 목표로 쓰는 것을 권한다. 행동적 목표란 **지식+행동**의 형태로 서술어를 (~을 알고 설명할 수 있다. /~을 말할 수 있다. /~을 찾을 수 있다.) 등과 같이 학생의 행동을 관찰하여 평가할 수 있는 것으로 설정하면 된다.

(2) 수업 전개의 형식 갖추기

단계	학습 요소	교수 - 학습 활동		시간 (′)	자료(㉠) 및 유의점(㉤)
		교사	학생		
* ①	* ②				

*** ① 단계**

2025학년도 서울 기출에서는 도입-전개-정리로 하도록 조건이 주어져 있었다. 만약 모형을 적용하라고 한다면 모형의 단계명을 적으면 된다.

*** ② 학습 요소**

각 활동을 일반화한 내용을 **명사 혹은 명사형**으로 쓴다. 이때 가급적 형태를 통일하는 것이 좋다. 예를 들면 앞서 '전시 학습 상기', '동기유발'이라고 명사로 끝나도록 썼다면, '학습문제 제시하기'로 끝내기보다는 '학습문제 제시'로 끝내주는 것이 좋다.

도입과 정리는 다음과 같은 흐름을 사용하는 것을 추천한다.

> - **도입** : 전시 학습 상기-동기 유발-학습 문제 제시-학습 활동 안내
> - **정리** : 학습 정리-형성 평가-차시 예고

학습 요소 부분은 채우기만 한다면 특별히 감점 요인이 발생하지 않으므로 **전개** 부분에도 '문제 파악-문제 해결-문제 적용'과 같은 일반화된 패턴을 만드는 것을 추천한다. 다만 주의해야 할 점은 학습 모형의 단계를 그대로 활용하는 경우다. 실제 문제는 지도서를 그대로 출제하는 것이 아니라 변형하여 출제된다. 따라서 지도서에 맞춘 학습 모형을 그대로 적용하면 꼭 들어맞지 않는 경우가 생긴다. 특정 모형의 단계를 따르라는 조건이 없는 이상, 학습 모형 단계를 학습 요소로 활용하지 않는 것이 좋다.

* ③ 교수-학습 활동 중 교사 활동

단계	학습 요소	교수 - 학습 활동		시간 (′)	자료(㉯) 및 유의점(㉳)
		교사	학생		
		* ③			

〈교사 활동〉

기호는 채점관이 그 의도를 파악할 수 있도록 하여야 한다. 보통 '◎' 뒤에 활동명을 적고, '·'은 교사의 발문 기호로 사용한다.

활동명은 그 활동의 내용이나 특성을 반영하여 명사나 명사형으로 쓴다. 또한 학생들이 활동명을 보고, 활동에 대한 호기심을 갖고, 어떤 활동을 하게 될지 명확하게 인식할 수 있도록 설정해야 한다. 보통 도입과 정리에서는 학습요소에 '-하기'를 붙여 '동기유발하기', '학습 내용 정리하기' 등으로 활동명을 설정한다.

전개에서의 활동명도 창의성이 드러난 재미있는 것도 좋고, 활동 내용을 구체적으로 담은 것도 좋다. 단, 활동명을 읽었을 때 무슨 활동인지 직관적으로 파악할 수 있는 활동이어야 한다.

> **Tip 선배님의 한마디**
>
> ● 자주 하는 질문
>
> **Q** 초등 임용 2차 과정안 작성 시 학습문제 앞에 세잎클로버(✱) 표시를 사용했는데, 특정 기호 사용으로 문제가 될까요?
>
> **A** 과정안 작성 시 정해진 기호 이외의 특수 기호 사용은 원칙적으로 피하는 것이 안전합니다. 일반적으로는 0점 처리나 실격 사유로 이어지지 않을 것이라 생각되지만, 교육청에 따라 채점 기준이 다르므로 불필요한 오해를 줄이기 위해 **공식 평가에서는 사용을 삼가는 것**이 바람직합니다.

> **Tip 선배님의 한마디**
>
> 활동명은 줄을 바꿔서 적는 방법과 학생 칸까지 넘겨서 쓰는 경우, 두 가지 경우가 있다.
>
> 〈방법 1〉
>
> | 교사 | 학생 |
> |---|---|
> | ◎〈활동 1〉 탐색하자, 삼각형 | |
>
> 〈방법 2〉
>
> | 교사 | 학생 |
> |---|---|
> | ◎〈활동 1〉탐색하자, 삼각형 | |

　기출문제들을 살펴보면, **확산적 발문**을 몇 개 이상 포함하도록 하는 조건이 꾸준히 제시되었다. 꼭 조건에 제시되었다는 이유가 아니더라도, 확산적 발문[6]은 교사와 학생이 상호작용[7]하는 훌륭한 수업을 표현할 수 있는 수단이 된다. 다음과 같은 확산적 발문 예시를 참고하여 지도안을 구성하는 것이 바람직하다.

- 왜 그렇게 생각합니까? (실제로 과목과 무관하게 가장 많이 쓰인다.)
- 어떻게 ~해야 합니까?
- 어떤 방법으로 해결하였나요?
- ~라고 한 까닭은 무엇입니까?
- ~하지 않았다면 어떻게 되었을까요?
- ~하는 것이 왜 중요합니까?
- ~했던 경험이 있나요?
- (　)과 (　)은 어떤 관계가 있을까요?
- ~에서 어떤 점이 가장 인상적인가요?

* ④ 교수-학습 활동 중 학생 활동

단계	학습 요소	교수 - 학습 활동		시간 (′)	자료(㉧) 및 유의점(㉤)
		교사	학생		
			* ④	* ⑤	

　기호는 '-'로 통일하여 쓰는 것이 보통이다. 이때 주의할 점은 학생 발문을 나타내는 기호와 교사 발문 기호를 반드시 구분해야 한다는 것이다. 학생 활동을 서술할 때 가장 기본은 교사 활동과 학생 활동이 1:1로 대응되도록 작성하는 것이다. 특히 교사가 확산적 발문을 했다면, 이에 대응하는 학생 발문은 반드시 2개 이상 제시해야 하며, 각 학생 발문은 '/' 표시로 구분해야 한다.

---

[6] 그동안 수업실연에서 가장 많이 등장한 조건이 확산적 발문이다. 따라서 이 방법을 잘 숙지하는 것이 좋다.
[7] 학생과의 상호작용이 중요하다. 학생의 답에 대하여 모두 '맞아요!' '참 잘했어요!'라고 칭찬만 하고 진행하는 수업을 보면 교육이 없다는 생각이 든다. '교육은 넘어지지 않는 법을 배우기보다 넘어져도 다시 일어나는 법을 배우는 것이다!' 따라서 학생의 답이 틀리거나 비껴 갈 때 바른 생각을 다시 해볼 수 있도록 도와주는 것이 바른 교육이다.

또한 교사 발문의 서술어와 학생 발문의 서술어가 호응을 이루어야 한다. 예를 들어, 교사가 "왜 그렇게 생각했습니까?"라고 발문하였다면, 학생 발문은 "~이기 때문입니다."와 같이 대응되도록 작성해야 한다.

예시

교사	학생
◎ 〈활동 1〉 ~ 탐색하기 • 왜 ~생각했습니까?	– ~ 때문입니다.

* ⑤ **시간**8)

시간을 지나치게 세분화하거나 시간 비중을 한 활동에 크게 두면 좋지 않다. 그러므로 시간을 40분으로 기준으로 했을 때 도입과 정리를 5분씩 배정하고, 전개의 30분은 활동의 중요도나 비중에 따라 5분, 10분, 15분 등으로 나누는 것을 추천한다.

단계	학습 요소	교수 – 학습 활동		시간 (′)	자료(㉢) 및 유의점(㉤)
		교사	학생		
					* ⑥

* ⑥ **자료**

자료는 동영상, 그림, PPT 등을 말한다. 과정안 조건에서 주어진 자료 중 차시와 관련 있는 특색 있는 자료는 반드시 사용한다. 또한 필요한 자료를 추가하여 활용해도 된다. 자료를 쓸 때에는 다음과 같이 자료의 유형과 내용, 개수 등을 적어주도록 한다.

자료(㉢) 및 유의점(㉤)	자료(㉢) 및 유의점(㉤)	자료(㉢) 및 유의점(㉤)
㉢사진자료(천마도, 6장)	㉢지오보드(14개)	㉢동영상 (1분 30초, 궁금이의 하루)

같은 유형의 자료가 중복되어 사용되는 경우 번호를 달아준다. 예를 들면 PPT1(위화도 회군 과정), PPT2(조선 건국 과정)과 같다.

판서와 교과서는 따로 자료로 표시하지 않는다. 그러나 판서를 활용하라는 조건이 있는 경우 판서 내용도 적어 준다.

---

8) 수험생들이 시간을 빠트리고 안 쓰는 경우가 있다. 시간은 기본 요소에 해당되어 배점 또한 크므로 실전에서 마무리할 때 점검하는 습관을 기르도록 한다.

* ⑦ 유의점[9]

유의점은 조건을 드러내는 데 있어 매우 중요한 요소이다. 예를 들어 '확산적 발문을 사용하라'는 조건이 제시되었다면, 재구성 전략, 교수·학습 활동, 유의점 모두에 이 조건이 반영되도록 작성하여 채점자가 명확히 확인할 수 있어야 한다. 따라서 유의점에는 '㉮확산적 발문으로 학생의 사고를 넓힌다.'와 같이 적어 조건 충족을 분명히 드러내는 것이 바람직하다.

또한 특정 학습 모형을 사용하라는 조건이 제시된 경우에는, 각 모형 단계별 핵심 유의점을 구체적으로 작성하면 좋다. 이를 위해 활동 및 과목별 유의점 예시를 참고하여 자신의 과정안에 적절히 반영하는 연습이 필요하다.

● 활동별 유의점 예시

구분	유의점
전시학습	• 진단 평가를 활용하여 학생들의 학습 실태를 파악한다. • 지난 시간에 배운 용어를 활용하여 문장을 만들어 본다. • (~문제점)에 대한 학생들의 인식을 설문 조사를 통해 파악한다. • 전 차시의 자료와 교과서를 이용하여 전시학습 상기를 돕는다.
동기유발	• 학생들의 경험과 관련지어 학습 동기를 유발한다. • ~ 상황을 이야기로 꾸며 학생들의 상상을 자극한다. • 동기유발을 통해 학생들이 자연스럽게 학습의 필요성을 느끼게 한다. • 학생들이 친밀감을 느끼는 인물(혹은 같은 반 학생)을 주인공으로 등장시켜 자연스럽게 흥미를 느낄 수 있게 한다. • 학습에 관심과 흥미를 가질 수 있도록 학급 친구들의 모습이 담긴 동영상을 활용한다. • 자신의 경험에 비추어 자유롭게 이야기를 할 수 있는 허용적 분위기를 형성한다. • 학생들이 다양한 자료에서 원인을 ~과 관련하여 생각하도록 관점을 제시한다. • 동기유발을 통해 학생이 스스로 학습 문제를 파악하도록 문답으로 유도한다.
학습문제 제시 및 활동 안내	• 학생들이 직접 원하는 활동을 선택할 수 있도록 학생참여선택활동을 구성한다. • 동기유발과 전시학습 상기를 통해 학습자가 스스로 학습문제를 유추할 수 있도록 한다. • 학습 안내를 하여 학습할 내용과 순서를 충분히 이해하도록 한다. • 핵심 낱말을 학습자가 스스로 찾을 수 있게 한다. • 핵심어를 학생들이 스스로 추측하여 학습에 능동적으로 참여하게 한다. • 공부할 문제에서 중요한 낱말을 찾아보도록 하여 학습 목표를 명료하게 인식하도록 한다.
전개단계	• 학생들의 경험과 연관된 다양한 예를 제시한다. • 질문과 답을 통하여 ~을 유추할 수 있도록 유도한다. • 순회 지도를 통해 개별 학생의 활동 진행도를 확인한다. • 의견을 제시하는 과정에서는 다양한 내용을 발표할 수 있도록 허용적인 분위기를 조성한다. • 정해진 한 가지 기준 외에 기준이 여러 개 존재할 수 있음을 알도록 한다.

---

[9] 유의점을 잘 활용하는 것이 고득점의 지름길이다. 즉 문제에서 주어지는 조건을 유의점에 하나하나 명기함으로써 채점 시 놓치지 않게 하는 것이다. 사실 채점을 하다 보면 교수 학생 활동 조건인지 아닌지 애매한 경우가 많은데 유의점에 명시적으로 적어 놓으면 조건 충족으로 인정받기가 쉽다.

	• ○○에 대해 부정적인 생각을 갖지 않도록 발문에 유의하여 지도한다. • 문제점과 관련하여 해결방안을 묘사하도록 한다. • 정해진 규칙대로 작품을 완성하고, 발표하는 작품에서 특히 잘된 점을 찾아 이야기한다. • 문제에 대한 원인을 생각해 보게 하고, 문제에 적합한 해결 방안이 도출될 수 있도록 적절성을 점검한다. • 신호등 카드를 활용해 학습 진행 상황을 표시하도록 하여 학생들의 학습 진행도를 점검한다.
수준별 지도 및 개별 지도	• 학생의 수준을 고려하여 문항 1과 문항 2의 ~의 선택 폭과 개수를 조정하도록 한다. • 느린학습자의 과제 수행 정도를 지속적으로 확인하여 수업에 참여할 수 있는 바탕을 마련해 준다. • 낱말 뜻(또는 대한민국 문화)에 어려움을 느끼는 경우, 사전을 제공한다. • 사전 진단 평가로 수준에 따라 다른 암호를 선택하도록 한다. (진단 평가 시 맞은 개수, 10개 이상 : 1~3번 문제, 10개 미만 : 4~6번 문제) • 개별암호를 찾은 학생은 모둠의 '척척박사 도우미'가 되어 다른 모둠원을 돕는다. • 활동을 마친 학생은 만물상자로 심화 과제를 제공하고, 학습부진아는 'S.O.S'요청을 통해 보충 개별지도를 받도록 한다. • 수준에 따라 다른 학습지를 선택하도록 한다.
정리 단계	• 배운 내용을 배움 노트에 개별 특성에 맞게 그림, 글, 마인드맵 등 다양한 형태로 정리할 수 있도록 한다. • '배운 내용을 한 문장으로 말하기'를 통해 학습 내용을 정리한다. • 개인별 포트폴리오에 결과물을 정리하도록 하여 추후 평가에 활용한다.
토의관련	• 토론의 절차와 규칙을 충분히 설명하고 합의한다. • 모둠별 토의학습에 참여하여 적극적으로 의견을 낼 수 있도록 한다. • 토의 시 서로의 의견을 존중하는 태도를 강조한다. • 토의 시 모든 학생들이 골고루 발언할 수 있도록 토킹스틱을 이용한다. • 모둠별 토의를 통해 민주적 소양을 기를 수 있도록 협동을 강조한다.
모둠별 활동 관련	• 역할극 제작에 어려움을 겪는 모둠은 대본 예시 자료를 통해 지도한다. • 모둠 결과물은 학급 홈페이지에 올려서 서로 자유로운 의사소통이 이루어지도록 한다. • ~와 관련된 주제를 미리 모둠별 과제로 제시하여 조사해 오도록 한다. • 충분한 활동 안내를 통해 활동 시 혼란이 일어나지 않도록 한다. • 모둠 활동시 경쟁보다는 협력의 중요성을 강조한다. • 모둠별로 활동할 때 역할분담(기록이, 이끔이, 나눔이, 칭찬이)이 잘 이루어져 소외되는 학생이 없도록 한다.
차시예고	• 생각할 문제를 제시하여 다음 차시 학습에 대한 흥미를 유발한다. • 이번 차시에서 배운 내용과 연관 지어 다음 차시 학습을 안내한다.
고차적 사고력	• ( )를 통해 ~능력(의사소통, 추론 등)/~태도(민주적 태도, 배려, 나눔 등)를 높일 수 있도록 한다. • 다양한 방법을 찾도록 유도하여 창의성을 높이도록 한다.
발표	• 큰 소리로 또박또박 발표할 수 있도록 발표 태도를 교정하는 피드백을 제공한다. • 실물화상기를 통해 발표 내용을 모든 학생들이 잘 볼 수 있도록 한다. • 자신의 경험에 비추어 자유롭게 발표할 수 있도록 허용적인 분위기를 조성한다.

02 과정 중심의 평가를 계획하기

교육과정-수업-과정 평가의 일체화가 최근 가장 큰 이슈이다. 따라서 성취기준 중심의 수업과 평가 그리고 피드백의 일체화가 다음 예시와 같이 나타나야 한다.

(1) 성취기준 분석하기

- 교수·학습과 연계한 수행평가를 하기 위해서는 교육과정의 성취기준에 기반을 두어야 하므로 성취기준 분석이 중요한 첫 단계다. 이는 교육과정-교수·학습-평가의 일관성을 갖추기 위해서이다

> **성취기준이란?**
> 성취기준은 각 교과에서 학생들이 성취해야 할 지식, 기능, 태도 등의 특성을 진술한 것으로, 교수·학습과 평가의 실질적인 근거가 된다. 성취기준은 해당 교과의 교육과정 내용, 성취수준과 긴밀하게 연계되므로, 평가 계획을 수립하기 전에 반드시 분석해야 한다.

◆ [예시] 성취기준 분석하기

성취기준
[4국01-02] 원인과 결과의 관계를 고려하여 내용을 예측하며 듣고 말한다.
[4국01-04] 상황과 상대의 입장을 이해하고 예의를 지키며 대화한다.

- [4국01-02] 성취기준은 초등학교 3~4학년군 국어과 듣기·말하기 영역에 해당하며, 원인과 결과를 파악하여 듣고 말하는 능력을 요구한다. 이는 지식이나 기능 영역의 성취기준이므로, 논술형·서술형 문항 등 지필평가로도 충분히 평가할 수 있다.
- 반면, [4국01-04] 성취기준은 태도 영역에 해당한다. 성취기준 도달 여부를 타당히 평가하기 위해서는 직접 말하기 활동을 포함한 수행평가가 적절하다.
- 또한 예의를 지키며 바른 태도로 말하고 듣는 수행과제이므로, 개인별 평가보다는 모둠을 구성하여 평가하는 것이 효과적일 것이다.

03 수업 과정안의 내용을 갖추기

실전에서 내용을 구상하는 데 쓸 수 있는 시간은 최대 10분이다. 매끄러운 과정안이 되기 위해서는 **첫째, 도입과 정리 부분의 만능틀을 만들어라.** 만능틀은 앞서 설명했던 형식적인 면에서의 수업요소를 갖추기만 하면 된다. 이때 각 교육청의 주요 정책을 녹여내는 것이 고득점의 비법이다.

다음의 만능틀 예시를 참고하여, **자신만의 만능틀**을 완성하라.

단계	학습 요소	교수 - 학습 활동		시간 (분)	자료(㉴) 및 유의점(㉴)
		교사	학생		
도입	전시 학습 상기	◎ 전시학습 상기하기 • 전차시 내용을 묻는 발문 예 지난 시간에 배운 선택의 문제가 생기는 까닭은 무엇입니까?	-~입니다.	5′	㉴배움공책 ㉴배움공책을 통해 학생들의 학습 실태를 점검한다. ㉴동영상 (1분, 궁금이의 고민) ㉴학생의 생활경험과 관련된 동기유발을 통해 학습 흥미를 유발한다. ㉴학생 발문을 통해 학습 문제를 이끌어 내도록 유도한다.
	동기 유발	◎ (동기유발 내용)/ (이번 차시) 관심 갖기, 문제점 인식하기, 문제제기하기 예 '궁금이의 고민' 동영상 보여주기 /적절한 감정 표현방법에 대해 문제 제기하기 • ( )한 경험이 있나요?	-~한 적이 있습니다.		
	학습 문제 제시	◎ 학습문제 제시하기 • 학습 문제의 경우 학습목표를 가져와 서술어 어미만 바꾸어준다. • 보통 저학년의 경우 '~ 봅시다.' 고학년의 경우 '~보자.'를 쓴다. ※ 배움중심의 학습에는 학생이 배우고자 하는 것을 학습 문제로 제시해야 한다. 따라서 교사가 일방적으로 제시하지 말고 학생의 의견을 들어 반드시 그 의견을 반영[10]하여 제시해야 한다.			
	학습 활동 안내	◎ 학습활동 안내하기[11] 〈활동 1〉 (활동명) ~하자, ~! 〈활동 2〉 (활동명) ~하자, ~! 〈활동 3〉 (활동명) ~하자, ~!			
전개		- 생략 -			
정리	학습 정리	◎ 배움공책 정리하기/한마디로 정리하기 • (학습 내용)에 관한 질문	-~입니다[12].	5′	㉴쓰기에 어려움을 느끼는 다문화 학

	과정 평가	◎ **구체적인 과정평가 내용** 예 손가락별, 상호평가지, 학습지 등 • 맞춤 학습지를 해결하면서 배운 내용을 점검해봅시다.	- 맞춤학습지를 통해 배운 내 용을 점검하고 반성한다.	생은 그림으 로 정리할 수 있도록 한다. ㉻맞춤학습지, 수준별 학습지 ㉮ 형성평가 결과를 바탕 으로 수준별 학습지를 배 부한다. ㉻배움 공책 ㉮배움 공책 을 통해 자신 을 성찰하게 한다.
	자기 평가	◎ **자기 평가하기** • 배움 공책에 오늘 활동에 참여하 면서 느꼈던 점과 반성할 점 등 을 써 봅시다.	- 배움 공책에 자신의 태도를 성찰하여 쓴다.	
	차시 예고	◎ **차시예고하기** • 다음 시간에는 ( )에 대해 배우도록 하겠습니다.	- 다음 시간에 배울 내용을 확인한다.	
평가 **계획**	평가 관점	**학습목표 서술형 진술**		
	평가 방법	교사관찰평가법[13], 서술평가, 자기평가	평가 도구	교사체크리스트, 활동지 배움 공책
	평가 내용	성취수준 평가 주체 : 자기·상호·교사평가		
	결과 환류	**과정평가 결과에 따라 피드백 보충·심화 학습을 실시한다.**		

---

10) 새로운 채점 기준에 의하면 학생의 의견을 들어 학습 문제를 제시하는 것이 주요 변별력 관점에 포함된다.
11) 학습 활동도 교사가 일방적으로 제시하지 말고 학생의 의견을 들어 반드시 그 의견을 반영하여 제시해야 한다.
12) 배운 경험을 이야기하고 경험을 의미화한 다음 실천 계획으로 연결하는 것이 가장 좋다.
13) 주로 '관찰평가', '체크리스트'라고 작성하는 수험생이 많으나 평가 주체별로 자기평가, 상호평가(동료평가), 교사평가 등을 명시한다.

둘째, 전개 단계는 **과목별·차시 특성별 전개 흐름**을 미리 갖추어 두어야 한다. 실전에서 처음 접하는 차시를 60분 안에 온전하게 구성하기란 쉽지 않다. 따라서 전개 흐름을 준비해 둔다면, 실제 시험에서는 세부 발문이나 추가 조건 처리에 더 신경을 쓸 수 있다.

셋째, 정리 단계에서는 액션 플랜(배움 공책), 성찰, 환류, 자기평가, 상호평가 등을 활용할 수 있다. 특히 과정 평가에서는 환류가 중요하다. 예를 들어 '물레방아', 돌아가며 이야기하기 등의 방법을 사용할 수 있다. 교사의 발문 예시는 다음과 같다.
- 오늘 배운 것을 적어 봅시다.
- 오늘 배운 것에서 어떤 점을 배울 수 있는지 성찰해 봅시다.
- 오늘 배운 것을 활용할 방안은 친구와 이야기해 봅시다.
- 더 알아보고 싶은 것을 모둠별로 발표해 봅시다.

넷째, 과목별, 차시 특성별로 전개 흐름을 참고하여, 자신만의 전개 흐름을 생각해보자. 그러나 처음부터 전개 흐름을 잡기는 힘들기 때문에, 과목별[14], 차시 특성별로 두어 번 과정안을 써보면서 만드는 것을 추천한다.

국어 ('~하는 방법 알기'의 학습 내용)

학습 요소	추천 활동
동기유발	~하는 방법을 몰라서 생긴 문제(잘못 쓴 글을 보여주고, "도와주세요.")

활동 1	1. 지문이 주어진 경우 – 담화 예시문 내용 탐색하기
	  - 읽기 전에 예측해보기(그림 등 이용)
	  - 느린학습자를 위한 독서퀴즈 사용 가능
	  - 제목, 인물(누가 나왔나요?), 인물은 어떤 행동을 하였나요?
	2. 지문이 주어지지 않은 경우
	  - 교사가 관련 자료를 나누어주고, 자료에 대한 탐색 및 지식을 스스로 찾아보도록 유도

활동 2	2. 담화문의 특성 정리 - 모둠별 토의 발표 / 평가
활동 3	3. 간단한 적용 활동 • 다음 차시와 겹치지 않도록 유의한다. - 다른 짧은 글을 준비하여 적용하여 읽기/ 고쳐 쓰기 - 동기유발 속 인물에게 문제 해결하는 방법/ 개념을 알려주는 편지쓰기 - 액션러닝 협력학습지(KWL 학습지), PMI 학습지 이용, 마인드맵

---

[14] 다양한 교과가 나올 수 있다는 생각으로 준비해야 한다. 비록 문화 차시이지만 2020학년도, 2018학년도에 역사 차시가 출제되었다. 2016학년도 세종 시험에는 통합교과가 등장하였다. 대비의 한 예시로, 역사의 어떤 차시가 나와도 활동 1은 사료 탐색, 활동 2는 역할극, 활동 3은 역사 이야기 쓰기를 사용하기로 하고 만능틀을 구상하였다.

수학(수와 연산)

단계	추천 활동
동기유발	넓이(피자), 나눗셈(물 나눠 먹기)
활동 1	문제 해결 방법 찾기
활동 2	탐색한 내용을 정리해보는 활동, 홈런 게임
활동 3	학습지(적용), 수학 익힘책

수학(도형)

단계	추천 활동
동기유발	요술 상자
활동 1	문제 해결 방법 찾기
활동 2	도형 약속하기, 성질 파악하기
활동 3	도형 분류

사회(의사결정 수업 모형)

단계	추천 활동
동기유발	문제 상황 관련 주의 환기
활동 1	문제 상황의 원인 찾기
활동 2	원인에 대한 대안 찾기
활동 3	찾은 대안 중에서 결정
정리	느낀 점, 다짐하기, 비슷한 사례로 제시

사회(탐구 학습)

단계	추천 활동
동기유발	문제 상황 관련 주의 환기
활동 1	가설 설정해보기(빈 칸 채우기), 탐색
활동 2	탐색한 내용을 바탕으로 가설을 검증
활동 3	탐구한 내용 확인 및 예외사항 제시
정리	알게 된 것과 더 알고 싶은 것 쏙쏙 노트 정리 다르게 생각해 볼 수 있는 간단한 예시 제시

● 사회(문제 해결 학습)

단계	추천 활동
동기유발	문제가 발생한 상황("도와주세요.")
활동 1	관련 정보 수집
활동 2	여러 가지 해결 방안 모둠별로 찾기(모둠활동-발표막대)
활동 3	해결할 방안을 적용하여 문제 해결

● 과학(순환학습모형)

단계	추천 활동
동기유발	관련 개념 혹은 용어에 대한 경험 이야기하기
활동 1(탐색)	실험 도구 안내, 실험 순서 안내, 예상하기
활동 2(용어 도입)	실험하기, 교사가 용어 설명하기
활동 3(용어 적용)	용어 적용하여 실생활 속 예시/관련 과학자/첨단과학 토의하기

● 과학(순환학습 모형 변형 : POE)

단계	추천 활동
동기유발	문제가 발생한 원인("무엇 때문에 이러한 현상이 나타날까?")
활동 1(예상)	실험 도구, 실험 순서에 대해 이야기하기 실험 결과 예상하기
활동 2(관찰)	모둠별로 실험하기 실험에서 관찰되는 사실 이야기하기
활동 3(설명)	관찰 결과 설명하기 실생활 속 예시/관련 과학자/첨단과학 알아보기

04 협력학습 전략 활용하기

(1) 학습전략이란?

학습전략은 수업 안에서 학생들의 협력을 높이기 위해 교사가 활용할 수 있는 전략이며, 수험생의 입장에서는 조건을 명확히 드러내기 위한 칸이라고 볼 수 있다. 이는 최근 강조되고 있는 '협력학습 전략'을 반영한 것이라 할 수 있다. 예를 들어 학생 선호도 조사를 통해 모둠 토의를 활용하도록 출제된 경우, 학습전략에는 '모둠별 토의를 통해 협력하여 바른 인터넷 사용 태도를 파악한다.'와 같이 서술할 수 있다.

이러한 변화는 협력학습의 중요성이 강조됨에 따라 나타난 현상이다. 따라서 다양한 수업 상황에 적합한 학습전략을 적용하기 위해서는 협력학습의 개념을 이해하고 구체적인 전략을 미리 숙지해 두는 것이 필요하다.

(2) 협력학습이란?

협력학습은 인성교육 중심 수업의 가장 대표적인 형태이다. 학습자들은 현장에서 실제 문제를 발견하고, 이를 해결하기 위해 상호 간에 다양한 방안을 모색한다. 수업 중 개별학습과 협동학습을 병행하여 해결안을 마련하는 과정에서 학습이 이루어지며, 이러한 학습 방법이 곧 협력학습이다. 협력학습의 모형과 기법은 개방성을 지향하기 때문에 교사가 수업에 적용할 때 창의적으로 변형하여 활용할 수 있다.

따라서 협력학습은 교사 주도의 하향식 학습이 아니라, 학생들 간의 협력을 바탕으로 한 상향식 수업이라고 할 수 있다. 다음은 협력학습과 전통적인 학습이 전제하는 교육에 대한 기본 가정이다.

전통적인 학습	협력학습
학생들은 가르쳐야 이해한다.	학생들은 스스로 학습할 수 있다.
교사는 문제를 내고, 학생은 답을 구한다.	학생이 문제를 내고, 학생이 답을 구한다.
지식을 읽기와 듣기 중심으로 습득한다.	지식을 참여와 경험으로 습득한다.

협력학습[15]으로 문제 중심 학습(PBL, Problem-Based Learning), 프로젝트 학습(Project Based Learning), 토의·토론 학습, 협동학습(Cooperative Learning), 액션러닝 실천학습(Action Learning) 등이 있다.

---

[15] 단위 차시 수업에서 어떤 일부 수업단계에서라도 협력학습 기법을 적용하여 수업을 진행한다면 이러한 수업도 넓게는 협력학습이라 할 수 있다.

(3) 협력학습 주요 방법

① **거꾸로학습**
- 학습자 중심 수업을 지향하는 새로운 수업 방법
- 수업 전에 디딤 영상을 시청하여 사전학습
- 수업 중에는 토의토론, 팀별 활동 등 협력활동을 통해 해결 방안 도출
- 다양한 또래 학습 및 팀별 활동을 통해 교실 안의 활발한 협력학습 지향

② **액션러닝**
- '행함으로써 배우는' 실천과 경험을 통한 학습
- 문제에 대한 해결책을 마련하기 위해 학습자들이 함께 모여 이루는 협력과 성찰의 과정
- 학생들이 직접 문제해결 방법을 찾고 실행에 옮기는 학생 중심 교육방법
- 학생들이 실질적인 문제를 해결하고 자신의 학습 과정을 성찰해 나가는 과정을 통해 문제해결력을 키울 수 있는 교육방법

③ **프로젝트학습**
- 공동 주제를 선정하고 계획을 수립하여 프로젝트를 수행하고 발표
- '수준에 맞는 주제 선정하기, 계획 세우기, 프로젝트 수행하기, 결과물 발표하기'의 단계
- 프로젝트 학습의 동기를 부여하고 적극적 참여를 이끌어내기 위한 실제적이고 흥미 있는 주제를 선정하여, 단계별 주제 통합 교육과정으로 재구성

④ **토의토론 학습**
- 토의토론학습은 문제 상황을 인식하고 모둠 내 찬반 토론이나 모둠 토의를 통해 논리적인 문제 해결과정을 도모하는 학습
- 논쟁보다는 상대와 자신의 다름을 인정하고, 논리적이고 융통성 있는 문제 해결을 도모하는 수업 형태
- 토의학습을 학급 자치회와 연관 지어 수시로 실시
- 일반적 토론학습인 찬반토론, 짝토론뿐만 아니라 하브루타 방식을 근본으로 하여 승패를 결정하지 않는 서울형토론학습 등 다양한 토론학습방법을 익히고 이를 다양한 교과 및 영역에 적용
- 형태 : 피라미드토론, 원탁토론, 찬반토론

(4) 협력학습의 액션러닝 기법 소개[16]

① 그라운드 룰(Ground Rule)

의미	회의나 분임토의, 프로젝트 팀 미팅, 각종 위원회 등의 진행에서 모든 구성원들이 반드시 지켜야 할 기본규칙이다. 수업에서 활용될 경우 모둠활동 규칙으로 활용할 수 있다.
적용 가능한 수업 내용	모둠활동이 사용되는 대부분의 수업에서 활용될 수 있다. 특히, 인성적 측면을 반영한 그라운드 룰을 제정함으로써 수업 안에 인성교육을 실시할 수 있다. 예를 들어 모둠활동의 유의점에 '㉺ 모둠활동 규칙을 정하여 학생들이 서로 배려하면서 모둠활동에 참여할 수 있게 한다.'라고 서술한 뒤, 학습전략에 '모둠활동 규칙을 정해 협력하며 활동에 참여할 수 있게 한다.'라고 서술할 수 있다.

② 돌아가며 말하기

의미	토의에 참여하는 구성원들이 모두 돌아가면서 의견을 제시하는 것을 말한다. 모든 구성원들을 참여하게 할 수 있다는 점이 강점이 되는 전략이다.
적용 가능한 수업 내용	이 전략은 토의를 활용하거나 의견을 나누는 경우에 사용할 수 있어 대다수의 수업에 활용 가능하다.

③ 명목집단법 (NGT : Nominal Group Technique)

의미	활동에 참여하는 모든 구성원이 자신의 의견을 내고, 가장 좋은 의견을 투표를 통해 결정하는 방법이다. 처음 의견을 낼 때에는 서로의 의견을 평가하지 않아야 하기 때문에, 침묵하며 붙임쪽지(포스트잇)에 제한된 시간 안에 자신의 의견을 쓴다. 이때, 다른 사람이 쓴 내용을 참고하여 발전시킬 수도 있다.
적용 가능한 수업 내용	명목집단법은 모둠활동 시 다양한 의견 중 하나의 좋은 의견을 고를 수 있는 효과적인 방법이다. 따라서 첫째, 여러 자료를 바탕으로 원인을 발견하는 내용 등의 '귀납적인 학습'에 효과적으로 활용될 수 있다. 둘째, 창의적으로 의견을 내어 문제 해결 방안을 찾아가는 발산적인 학습에 효과적으로 활용될 수 있다.

---

[16] 협력학습은 액션러닝 기법과 함께 사용된다. 그래서 활동에서 액션러닝 기법을 사용하면 협력학습 수업을 하는 것으로 인정된다.

④ 유목화

의미	유목화는 학생들의 발산적인 의견을 모은 후 이것을 분류할 때 효과적으로 사용할 수 있는 방법이다. 여러 사람의 의견의 핵심을 중심으로 유사한 것끼리 정리한다.
적용 가능한 수업 내용	어떤 상황에 대한 예상이나 구체적인 예시를 생각해 보라고 한 뒤, 그 의견을 모아 정리할 때 활용할 수 있다. 예를 들어, 사회 시간에 도시 문제를 하나씩 적어 내라고 한 뒤, '환경문제', '주택문제' 등으로 유목화해 분류할 수 있다.
예시 그림	〈TV에 대한 의견〉 재밌다. 유익하다. [장점] / 시력이 나빠질 수 있다. [단점]

⑤ PMI(Plus, Minus, Interesting) 기법

의미	대상을 먼저 파악하고, 그 대상에 대해 장점, 단점, 흥미로운 점을 정리하는 방법이다. 먼저 대상에서 편리한 점·이익이 되는 점·더할 것 등을 찾아 P(Plus)칸에 정리한다. 다음으로 대상에서 불편한 점·손해가 되는 점·없앨 것을 찾아 M(Minus)칸에 정리한다. 마지막으로 대상에서 흥미로운 점을 찾아서 I(Interesting)칸에 정리한다.
적용 가능한 수업 내용	한 주제를 심도 있게 관찰할 때 활용할 수 있다. 예를 들어 국어시간에 '인터넷 사용의 장·단점'을 알아볼 때, PMI 기법을 활용하여 수업전략을 짤 수 있다.
예시 그림	〈TV〉 P: 정보를 얻을 수 있다. / M: 시력이 나빠질 수 있다. / I: 한 방향으로만 소통한다.

⑥ 의사결정 그리드

의미	여러 아이디어와 대안 중 하나를 선택해야 할 때 가장 효과적이고 중요한 방안을 선택할 수 있는 방법이다. 여러 의견을 기준을 정하여 표를 이용하여 분류하고, 가장 높은 효과를 불러올 수 있는 방법을 선택한다.
적용 가능한 수업 내용	이 전략은 여러 기준을 가지고 하나의 결정을 내릴 때 사용할 수 있다. 특히, 사회과의 의사결정학습모형에서 잘 활용할 수 있다. 의사결정 그리드를 활용할 경우 여러 사실 기준과 가치 기준을 동시에 만족하는 방안을 시각적으로 확인할 수 있기 때문에 해결방안을 결정하기에 효율적이다.

예시 그림	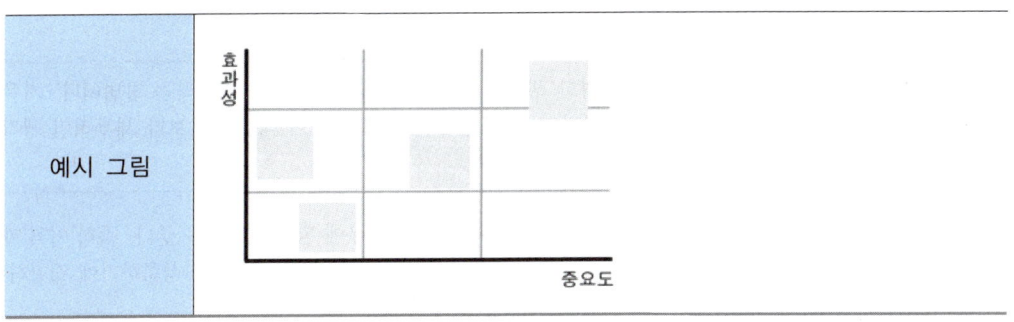

⑦ 피시본(Fish bone)

의미	피시본은 주제를 여러 가지 항목을 중심으로 분석할 때 활용하는 방법이다. 물고기 모양의 그림을 그린 후, 물고기 모양으로 주제를 분석한다. 주제를 물고기의 머리 부분에 쓴 후, 몸통을 그리고, 가시 줄기마다 하나의 항목을 선정하여 분석한다.
적용 가능한 수업 내용	피시본은 국어 교과에서 하나의 글을 분석할 때, 적절하게 활용할 수 있는 방안이다. 과학 교과 시간에도 관찰 차시에서 적절히 활용할 수 있다. 사회 교과 시간에는 사회현상을 분석할 때 활용할 수 있다.
예시 그림	(물고기 모양 그림)

⑧ 생각의 피자판

의미	생각의 피자판은 가운데에 논제를 두고, 주변을 모둠원의 수만큼 나누어 각자의 의견을 모두 한 장의 활동지에 정리하는 것이다.
적용 가능한 수업 내용	이 전략은 다양한 의견을 들어야 하는 활동에서 적절하게 활용할 수 있다. 따라서 국어에서 책을 읽고 감상 나누기 활동, 과학에서 실험 전 예상 활동 혹은 생활 속 예시 찾기 활동, 사회에서 배운 개념을 일반화하는 활동 등에 활용할 수 있다.
예시 그림	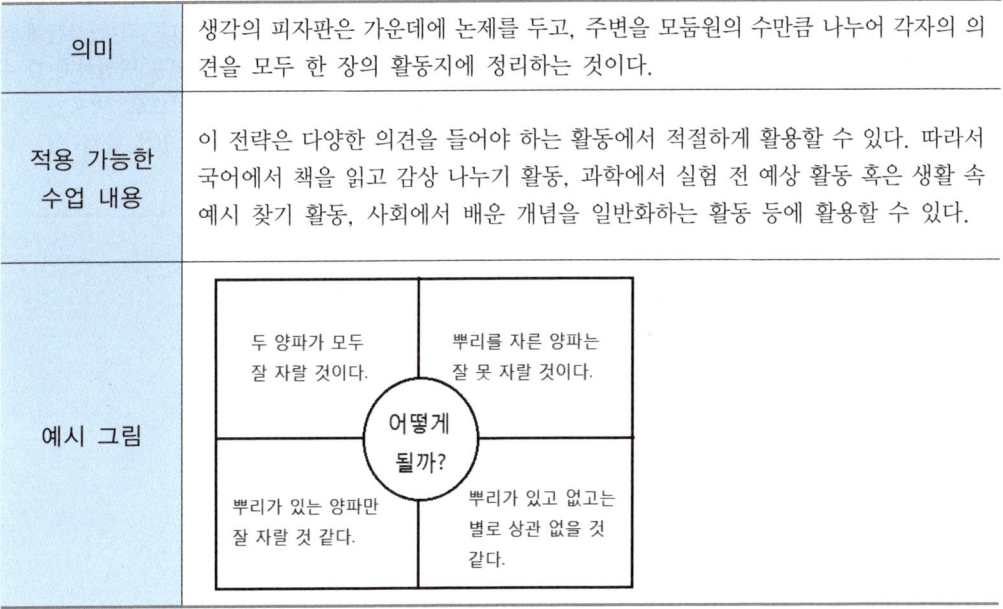

⑨ 브레인스토밍

의미	주제에 대하여 다양한 생각을 자유롭게 해 보고, 이를 정리하는 방법이다. 가운데에 주제를 적고, 가장 커다란 분류를 가지로 하여 적은 뒤, 보다 세부적인 생각을 하여 적는다.
적용 가능한 수업 내용	한 주제에 대해서 발산적인 생각을 하는 경우에 활용하기 매우 좋다. 특히 아직 개념을 배우기 전, 학생들의 자유로운 생각을 듣고 배경지식을 활성화하기에 적합하다.
예시 그림	사랑, 추억, 카네이션, 은혜, 엄마, 된장찌개, 요리 — 불고기

⑩ 모둠·짝 토의

의미	토의는 한 문제에 대해 여러 사람들이 이야기를 나누어 하나의 해결 방법을 찾는 것을 말한다. 이때 나누는 대화는 토론과 다르게 상호 소통적이고, 협조적이다.
적용 가능한 수업 내용	토의는 하나의 문제를 두고 해결 방법을 찾을 수 있는 좋은 방법이므로 대부분의 수업에서 활용할 수 있다. 학습문제를 문제로 두고 수업 전체적으로 토의를 통해 답을 찾아가게 할 수도 있고, 작은 단위로 활용할 수도 있다. 예를 들어, 탐색할 자료를 주고 토의를 통해 공통점·차이점을 찾게 할 수도 있다. 과학 시간에 실험 후, 결과를 적은 실험 보고서를 보고 토의를 통해 새로운 개념을 발견하게 할 수도 있다. 토의는 학생들이 생각할 것을 풍부하게 해 주는 방법이므로, 발표가 소극적일 때 자신의 이야기를 나누게 함으로써 발표를 더욱 자신감 있게 할 수 있는 바탕이 될 수도 있다.

03 교수·학습 과정안 채점자료

과정안 채점기준 예상표[17]

평가영역	평가준거	배점
과정안 체제	주요 활동의 체계성	0.1 / 0.3 / 0.5
	수업 내용 구조화 및 가독성	0.1 / 0.3 / 0.5
	학습 단계별 시간 배당의 적정성	0.1 / 0.3 / 0.5
	학습량의 적정성	0.1 / 0.3 / 0.5
학습목표 설정 및 학습내용 선정	동기유발과 학습목표의 연관성	0.1 / 0.3 / 0.5
	학습목표 제시의 타당성	0.1 / 0.3 / 0.5
	학습활동 방향 제시의 명시성	0.1 / 0.3 / 0.5
	학습목표와 학습내용의 연계성	0.1 / 0.3 / 0.5
	학습내용 구성의 타당성	0.1 / 0.3 / 0.5
수업전략의 적용	학습자의 특성과 요구를 고려한 수업 전략 적용	0.1 / 0.3 / 0.5
	교사 발문의 적합성-확산적 발문 2회 이상	0.1 / 0.3 / 0.5
	교수 기법 적용의 타당성	0.1 / 0.3 / 0.5
	학습집단 운영의 효율적 방안 제시	0.1 / 0.3 / 0.5
	교수매체의 적합성·적시성·적량성	0.1 / 0.3 / 0.5
평가계획	학습목표와 평가의 일관성	0.1 / 0.3 / 0.5
	성취기준의 적절성	0.1 / 0.3 / 0.5
	평가방법 및 도구의 용이성	0.1 / 0.3 / 0.5
	평가 결과 환류 계획의 적합성	0.1 / 0.3 / 0.5

---

[17] 채점 기준표는 매우 중요하다. 물론 채점 기준표는 매년 수정을 거치지만 큰 틀은 유지된다고 생각하면 된다. 스터디에서 위 기준표를 사용하여 모의 평점을 매기고 상호 피드백을 하면 많은 도움이 될 것이다.

HI-PASS

Hi-PASS 2차 수업과정안

실제 시험 상황 완벽 재연! 고득점 전략의 내비게이션

CHAPTER 02

기출문제 분석

PART 01 서울특별시 교육청 기출문제
PART 02 평가원 출제 기출문제

2013~2020 기출문제 및 해설 및 자체 출제 시절 인천 기출은 교재 지면 관계상 하이패스 카페의 교수학습과정안 게시판에 업로드 하였으니 아래 주소와 QR코드를 참고하여 주시기 바랍니다. https://cafe.naver.com/hipassjhk

기출문제 분석에 앞서

앞서 살펴본 전술을 바탕으로 기출문제를 함께 분석해 보자. 실제 시험에서는 지도서가 그대로 제공되지 않는다. 대신 조건, 단원 개관, 차시 전개, 교과서 내용, 학습 자료, 학생들의 학습 실태와 학습 선호도 등이 편집된 자료가 제시된다. 따라서 주어진 조건을 최대한 반영하여 과정안에 드러내는 것이 무엇보다 중요하다.

우선 시·도별 기출문제를 분석하기에 앞서, 2025학년도 출제유형을 살펴보면 다음과 같다.

수업 과정안 분류	교육청	비고
자체 출제	서울	
평가원 출제[1]	부산, 울산, 경남, 경북, 대전, 인천	경북은 2026학년도부터 수업 과정안 과목이 제외됨.[2]
수업 과정안 시험 생략	경기, 대구, 강원, 전남, 전북, 세종, 충북, 충남, 광주, 제주	

※ 평가원 출제의 경우에도 여러 유형이 제시되고, 각 교육청에서 이를 선제하여 시행하므로 지역별 차이가 존재한다.

또한 응시 지역 문제만 살펴보는 데 그치지 말고, 다른 시·도의 문제도 함께 검토해야 한다. 한 지역에서 동일하거나 유사한 차시의 문제가 다시 출제될 가능성은 낮기 때문이다. 오히려 타 시·도의 문제가 새로운 관점을 제공하고, 실제 대비에 더 유용할 수 있다.

---

[1] 평가원 출제 지역의 경우 1가지 유형이 아니고 여러 가지 유형이 출제되었다.
[2] 경북은 2026학년도부터 과정안 시험이 폐지됨에 따라, 기존 하이패스 과정안 교재에 수록되어 있던 경북 기출문제는 삭제하였다. 다만, 평가원 출제 지역의 경우 다양한 유형의 과정안 문제를 접해보는 것이 학습에 도움이 되므로, 참고할 수 있도록 경북 과정안 기출문제를 별도 파일로 정리하여 네이버 하이패스 카페에 제공한다.

PART 01 서울특별시 교육청 기출문제

01 2025학년도 서울시교육청 교수·학습 과정안 문제 및 예시 답안3)

(1) 다음의 조건에 따라 교수·학습 과정안을 작성하시오.

▶ 과목 : 2학년 통합
▶ 학습목표 : 여러 가지 물건들을 분류하는 기준을 정하고 분류할 수 있다.
▶ 관련 성취기준

[2슬04-01] 생활도구의 모양이나 기능을 탐색하고 바꾸어본다.

▶ 관련 성취기준 해설

[2슬04-01] 생각의 전환을 통해 생활 도구를 새롭게 볼 수 있도록 한다. 사람마다 관점과 발상이 다르다는 것, 내가 보지 못하는 것을 다른 친구들이 볼 수 있다는 것을 수업 과정에서 경험하도록 한다.

▶ 조건

- 협력적 소통이 이루어지도록 활동을 구상하시오.
- 활동 3개를 구성하고, 각각의 활동에 다음 중 1가지 이상의 탐구 질문을 사용하여 깊이 있는 학습을 촉진하시오.
1) 학생들의 호기심을 자극하는 질문
2) 학생들의 비판적 사고를 일으키는 질문
3) 의미 있는 탐구가 이루어지기 위한 질문

(2) 단원 및 차시 소개

▶ 차시 흐름도

단원	차시	주요 학습 내용 및 활동
물건	전차시	발명왕이 되고 싶어요
	본차시	무엇이 같거나 다를까요
	후속차시	어떤 발명품이 있을까요

▶ 관련 교과서 페이지 (출처: 2-2 물건 지도서)

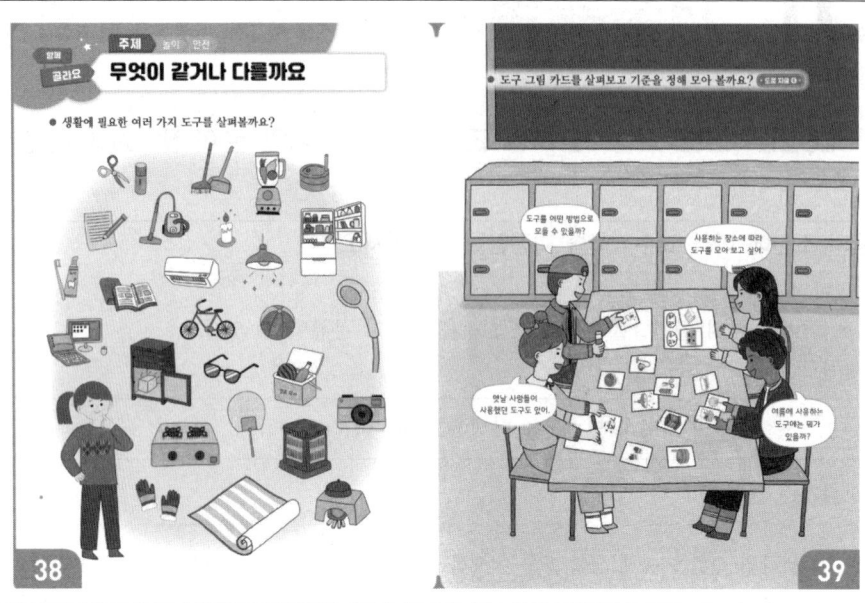

(3) 학습 실태
- 자신의 생각을 말로 표현하는 데 어려움을 겪는 학생이 1명 있다.
- 다른 친구의 의견을 무시하는 학생이 1명 있다.

(4) 참고 자료

> 탐구 질문은 '정답 찾기'가 아닌 여러 관점과 해석을 유도하는 질문으로서, 학생의 호기심을 자극하고 의미 있는 탐구와 비판적 사고가 이루어지도록 한다. 탐구 질문은 단순한 사실이나 정보의 암기가 아니라 능동적인 탐구, 비판적 사고, 여러 관점에서의 해석을 촉진한다는 점에서 깊이 있는 학습을 유도하는 데 중요한 역할을 담당한다.
>
> 학생들의 참여 수업은 단순히 행동하는 것만이 아니라 '사고'가 동반되어야 한다. 탐구 질문은 학생들의 사고를 이끌어 내고, 관심을 갖고 스스로 학습에 참여하게 한다. 이를 통해 학생들은 수업에 능동적으로 참여하면서 학습의 즐거움을 경험할 수 있다.
>
> 또한 탐구 질문은 깊이 있는 학습을 유도하는 데 중요한 역할을 한다. 2022 개정 교육과정에서 제시하고 있는 올바른 학습의 상태인 '깊이 있는 학습'은 학습자가 학습 내용을 익히고 이를 새로운 상황에 적용할 수 있도록 핵심적인 내용을 내면화하는 학습을 의미한다. 깊이 있는 이해와 수행은 단순한 지식의 전달이 아닌 학습자의 경험과 지적 활동을 통해 이루어지므로, 이를 위해서는 사고와 탐구가 중요하게 다루어져야 한다. 바로 여기서 탐구 질문이 중요한 역할을 할 수 있다.
> (이처럼 탐구 질문에 대해 설명하는 글이 제시됨.)

(5) 기타 작성 조건
▶ 학습 자료 : 물건 카드, 붙임판, TV, 기타 수업에 활용할 수 있는 다양한 교수·학습 자료

2025학년도 교수·학습 과정안 기출 분석

(1) 다음의 조건에 따라 교수·학습 과정안을 작성하시오.

> ▶ 과목 : 2학년 통합
>
> > ▶ 예상과 달리 과정안 문제는 고학년의 주요 과목이 아닌 2학년 통합 교과에서 출제되어 많은 수험생들이 당황하였다. 이러한 돌발 상황에 대비하기 위해서는 평소 과정안 시험 준비 과정에서 학년과 교과를 가리지 않고 다양한 유형의 문제를 반복 연습하는 것이 필요하다.
> > 특히 저학년 수업에서는 용어 선택에 각별한 주의가 필요하다. 학습자의 발달 수준에 적합한 쉬운 용어와 명확한 활동명을 사용하는 것이 바람직하다. 예를 들어, 1학년의 경우 한글 해득이 충분하지 않기 때문에, 학습 내용을 글로 정리하게 하는 배움공책 활동을 제시한다면 감점 요인이 될 수 있다.
> > 따라서 학년군별로 적합한 교수 용어와 유의사항을 미리 정리하고 숙지해 두는 것이 중요하다. 이는 과정안 작성뿐만 아니라 실제 수업실연에서도 큰 강점이 될 수 있다.
>
> ▶ 학습목표 : 여러 가지 물건들을 분류하는 기준을 정하고 분류할 수 있다.
> ▶ 관련 성취기준 및 해설 : [2슬04-01] 생활도구의 모양이나 기능을 탐색하고 바꾸어본다.
>   생각의 전환을 통해 생활 도구를 새롭게 볼 수 있도록 한다. 사람마다 관점과 발상이 다르다는 것, 내가 보지 못하는 것을 다른 친구들이 볼 수 있다는 것을 수업 과정에서 경험하도록 한다.
>
> > ▶ 2025학년도 과정안 시험에서는 학습 목표가 정확하게 제시되어 있었다. 학습 목표가 제시된 경우에는 보통 어미만 '~해봅시다', '~해보자' 등으로 바꾸어 제시한다. 다만, 간혹 학습 목표에 학년 수준에 맞지 않는 용어가 포함되어 있는 경우가 있다. 이때는 일단 그대로 작성한 뒤, 유의점에 '학생들에게 ○○○의 의미를 다양한 예시를 통해 설명한다'와 같은 보완 사항을 추가하는 것이 바람직하다. 필자는 성취기준에는 '바꾸어 본다'까지 제시되어 있었으나, 학습 목표에는 이 내용이 전혀 포함되지 않아 고민했던 경험이 있다. 그러나 항상 우선이 되어야 하는 것은 학습 목표이므로, 당시에는 '분류'까지만 하는 수업으로 구상하였다. 이처럼 성취기준과 학습 목표가 어긋날 경우에는 학습 목표와 후속 차시를 모두 고려하여 차시 침범이 일어나지 않도록 유의해야 한다. 또한 성취기준 해설을 꼼꼼히 읽어보는 것도 중요하다. 필자는 해설에 제시된 '내가 보지 못하는 것을 다른 친구들이 볼 수 있다는 것을 수업 과정에서 경험하도록 한다'는 문장을 수업에 녹여내기 위해 정리 단계에서 학생들이 느낀 점을 공유하는 활동을 활용하였다.
>
> ▶ 조건
> - 협력적 소통이 이루어지도록 활동을 구상하시오.
>
> > ▶ '협력적 소통'이라는 키워드는 과정안에 자주 등장하는 단골 키워드라 큰 어려움 없이 충족할 수 있는 조건이었다. 주로 짝 활동이나 모둠 활동 시 협력을 강조한 교사의 발문을 작성하거나, 유의점에 '모둠 토의를 통해 분류 결과를 도출하게 함으로써 협력적 소통을 촉진한다.' 등의 문구를 통해 조건을 드러낼 수 있다. 조건인 만큼 과정안에 전반적으로 여러 번 강조하면 더욱 좋다.

---

3) 수록된 기출문제는 시험 본 선배들의 기억으로 복원된 것이므로 실제 출제된 것과 일부 다를 수 있다.

- 활동 3개를 구성하고, 각각의 활동에 다음 중 1가지 이상의 탐구 질문을 사용하여 깊이 있는 학습을 촉진하시오.
1) 학생들의 호기심을 자극하는 질문
2) 학생들의 비판적 사고를 일으키는 질문
3) 의미있는 탐구가 이루어지기 위한 질문

> ▶ 탐구 질문은 2022 개정 교육과정에서 매우 강조되는 개념으로, 스터디원들과 함께 수업 실연이나 심층 면접 준비 과정에서 자주 다루었던 주제였다. 실제 시험에서는 생각보다 구체적인 참고 자료와 함께 무려 세 가지가 제시되어 다소 놀라웠지만, 평소 과정안 시험을 준비하며 활용했던 다양한 확산적 발문 경험을 바탕으로 비교적 수월하게 작성할 수 있었다. 다만 '각각의 활동에 1가지 이상의 탐구 질문을 사용한다.'는 조건을 꼼꼼히 확인하고, 서로 다른 세 가지 탐구 질문을 활동 1~3에 어떻게 분배할지 신중히 고민하였다. 또한 조건 충족 여부를 분명히 드러내기 위해 유의점에 구체적으로 어떤 탐구 질문을 사용했는지 명시적으로 적었으며, 조건에 제시된 용어를 그대로 활용하였다. 조건은 늘 확실하게, 여러 번, 드러나도록 강조하는 것이 중요하다. 탐구 질문은 확산적 발문과 유사한 성격을 지니며 앞으로도 조건 키워드로 자주 등장할 수 있는 중요한 개념이다. 따라서 조건의 유무와 상관없이 수업 과정안 작성 시 가능한 한 많이 포함하는 연습을 꾸준히 해두는 것이 바람직하다.

(2) 단원 및 차시 소개

▶ 차시 흐름도

단원	차시	주요 학습 내용 및 활동
물건	전차시	발명왕이 되고 싶어요
	본차시	무엇이 같거나 다를까요
	후속차시	어떤 발명품이 있을까요

▶ 차시 흐름도가 제시될 경우에는 전 차시, 본 차시, 후속 차시의 내용을 반드시 확인해야 한다. 전 차시의 내용은 '도입' 단계의 '전시학습 상기'에, 후속 차시의 내용은 '정리' 단계의 '차시 예고'에 반영하면 차시 흐름도 조건을 충족할 수 있다. 다만 본 차시에서 진행해야 할 활동이 다른 차시에 제시된 내용과 겹치게 되면 차시 침범으로 감점이 이루어질 수 있으므로, 전후 차시의 주요 내용을 충분히 검토한 뒤 이를 피해 활동을 구성하는 것이 중요하다.

(3) 학습 실태

- 자신의 생각을 말로 표현하는 데 어려움을 겪는 학생이 1명 있다.
- 다른 친구의 의견을 무시하는 학생이 1명 있다.

▶ 자신의 생각을 말로 표현하는 데 어려움을 겪는 학생과 같은 조건은 과정안뿐 아니라 수업실연 연습문제에서도 자주 등장하므로, 이에 대한 처리 방법을 미리 정리해 두면 도움이 된다. 필자는 교사의 단계적 발문을 통해 학생의 사고 구술을 이끌어내거나, 또래도우미의 도움을 받아 간단한 단어나 짧은 문장으로 천천히 이야기하도록 하는 방법을 사용하였다. 특히 또래도우미의 도움을 활용하는 방식은 이외의 다양한 조건에서도 적용할 수 있는 만능 전략이므로 반드시 익혀두면 편리하다.

▶ 다른 친구의 의견을 무시하는 학생의 경우, 이는 짝 활동이나 모둠 활동에서 규칙을 지키지 않고 협력적 소통 역량이 부족한 상황으로 볼 수 있다. 마침 '협력적 소통이 이루어지도록 활동을 구상하라'는 조건이 제시되어 있었기에 무리 없이 처리할 수 있었다. 예를 들어 유의점에 '다른 친구의 의견을 무시하는 학생에게는 모둠 활동 규칙을 상기시켜 협력적으로 소통할 수 있도록 한다.'라고 명시하거나, '학급에서 강조하는 협력의 가치를 상기시킨다.', '말차례를 지키며 토의하도록 토킹스틱을 제공한다.'와 같은 방법을 통해 조건을 처리하는 것도 적절하다.

▶ 또한 조건 아동의 수가 적을 경우에는 조건 처리가 분명히 드러나도록 여러 차례 언급하는 것이 안전하다. 예를 들어 활동 2에서 한 차례 언급했다면 활동 3에서도 다시 언급하여 채점관이 놓치지 않도록 하는 것이다. 이때 동일한 방식만 반복하기보다는 조금씩 변화를 주어 제시한다면 더욱 효과적일 것이다.

(4) 참고 자료

– 탐구질문에 대해 소개하는 지문 제시

▶ 참고 자료로 탐구 질문을 간략히 소개하는 지문이 함께 제시되었다. 비록 탐구 질문에 대해 잘 알지 못했더라도 이 지문을 읽으면 대략적인 개념은 충분히 파악할 수 있었다. 특히 2022 개정 교육과정 총론에서 강조하는 '깊이 있는 학습'이라는 키워드가 여러 차례 등장한 점으로 미루어 볼 때, 탐구 질문은 개정 교육과정에서 매우 중요한 화두임을 알 수 있다. 다만 해당 지문은 조건과 직접적으로 연결되지 않았기 때문에 굳이 여러 번 정독할 필요는 없었다.

(5) 기타 작성 조건

– 학습자료 : 물건카드, 붙임판, TV, 기타 수업에 활용할 수 있는 다양한 교수·학습자료

▶ 학습 자료가 제시된 경우에는 가능하면 모두 활용하는 것이 가장 안전하다. 2025학년도 과정안 시험에서는 흔히 보지 못했던 물건 카드와 붙임판이 함께 제시되어 있었는데, 이를 보자마자 '모든 자료를 활용하는 활동을 구상해야겠구나'라고 판단하였다. 그래서 학생들이 모둠별로 물건 카드를 분류한 뒤, 그 결과를 붙임판에 정리하여 부착하도록 활동을 설계하였다.

학습 자료를 사용할 때는 반드시 오른쪽의 '자료 및 유의사항' 칸에 개수를 명시해야 한다. 예를 들어 모둠 활동이라면 물건카드(6세트), 붙임판(6개)처럼 괄호 안에 모둠 수에 맞는 개수를 적고, 개별 활동이라면 학생 수에 맞추어 기재한다. 만약 제시문에 개수가 따로 명시되어 있지 않다면 자유롭게 설정해도 무방하다. 그러나 간혹 자료의 개수가 구체적으로 제시되는 경우가 있으므로 반드시 꼼꼼히 확인하는 습관이 필요하다.

> **Tip 선배님의 한마디**

- 2025학년도 과정안 시험에서는 이례적으로 학생 수가 제시되지 않았습니다. 그동안은 조건이나 학습 실태를 통해 학생 수가 주어졌지만, 이번에는 아무런 언급이 없었습니다. 몇 명으로 가정해야 할지 잠시 고민했으나, 조건에 제시되지 않은 만큼 어떻게 설정해도 무방하다고 판단하여 24명으로 설정해 작성하였고, 과정안에서 만점을 받을 수 있었습니다. 이후 만점을 받은 동기들과 이야기를 나누어 보니 20명으로 설정한 경우도 있었습니다. **즉, 조건에 제시되지 않은 학생 수는 수험자가 임의로 설정하여 작성해도 문제가 되지 않습니다.** 다만 조건에 없다고 해서 학생 수를 아예 기재하지 않는 것은 위험할 수 있으며, 모둠 구성과 준비물 개수 역시 반드시 구체적으로 작성하는 것이 안전합니다.

- **과정안 답안지는 해마다 양식이 달라집니다.** 일반적으로는 '교수-학습활동' 칸에서 교사와 학생을 구분하지 않고 '(교사/학생 구분선 표시 가능)'이라고만 적혀 있습니다. 그러나 2025학년도 시험에서는 처음부터 교사와 학생 칸이 구분되어 있었습니다. 또한 성취기준 도달·미도달 학생 지도 방안을 각각 작성하는 기존 방식과 달리, 이번에는 '학습목표 미도달 학생 환류 방안'만을 구체적으로 적는 칸이 제시되었습니다. 따라서 과정안 시험을 준비할 때는 **기출문제 답안지뿐 아니라 다양한 양식의 답안지를 활용해 연습하는 것이 필요합니다.** 이를 통해 해마다 달라지는 강조점을 파악하고, 상황에 맞게 어떤 내용을 어떤 키워드로 작성해야 할지 감을 잡을 수 있습니다.

- 과정안 시험에서는 시험 시작 5분 전에 답안지를 미리 배부합니다. 이때 답안지에 성취기준이 제시되어 있다면, 본 시험에서 어떤 학년과 학습 주제가 나올지 대략적으로 예측할 수 있습니다. 2025학년도 시험에서도 성취기준이 적혀 있었는데, 필자는 [2슬04-01]을 보고 '2학년 통합 교과구나. 분류? 2학년 대상으로 분류 수업을 어떻게 전개해야 할까? 어떤 활동이 적절할까?' 등을 미리 떠올릴 수 있었습니다. 시험은 1분 1초가 귀중하기 때문에, 이러한 사전 유추를 통해 구상 시간을 줄이는 것이 핵심 전략입니다.

- 볼펜에 대한 질문은 많지만, 한 문장으로 정리하면 **"평소 사용하던 볼펜으로 작성하자"** 입니다. 과정안 연습 단계에서 다양한 볼펜을 사용해 보며 두께와 필기감을 고려해 나에게 맞는 볼펜을 고르고, 시험장에서도 그 볼펜을 그대로 사용하는 것이 가장 안전합니다. 만약을 대비해 리필을 2~3개 정도 챙겨 가면 좋습니다. 필자는 평소 0.5mm를 사용하다가 시험장에 0.7mm 리필을 잘못 가져가 세심하게 두께를 조절하느라 애를 먹은 경험이 있습니다. 따라서 볼펜뿐 아니라 리필까지 정확히 확인해 두는 것이 중요합니다.

- 과정안 시험 필수 준비물은 볼펜 외에도 **손목시계, 신분증, 핫팩** 등이 있습니다. 고사장에 시계가 있더라도 뒷자리에서는 잘 보이지 않고, 답안 작성에 몰두하다 보면 시간을 확인하기 어렵습니다. 따라서 평소 연습할 때부터 손목시계를 착용하고 시간 관리에 익숙해지는 것이 좋습니다. 신분증은 수험표 확인 시 필요할 뿐 아니라, 답안 작성 중 줄을 긋는 상황에서 자 대신 활용할 수도 있습니다. 또 고사장은 매우 추울 수 있으므로 핫팩은 과정안 시험뿐 아니라 2차 시험 전체에서 필수 아이템입니다. 다만 과정안 작성 시 화이트 사용은 금지이므로 가져가서는 안 됩니다.

교수·학습 과정안 고득점 Tip

- 처음 과정안 시험을 준비할 때는 누구나 막막합니다. 학년·과목·학습목표·학습실태를 보고 수업을 구상하는 데만 30분 이상 걸리고, 작성까지 하면 두 시간이 훌쩍 넘기도 합니다. 필자 역시 초반에는 활동이 전혀 떠오르지 않거나 조건을 빠뜨리기 일쑤였고, 시험 직전까지도 60분을 넘기는 경우가 많았습니다. 그러나 대부분 수험생이 같은 과정을 겪으므로 지나친 불안은 필요 없습니다. 경험을 통해 충분히 극복할 수 있습니다.

첫째, **스터디를 구성**하는 것이 좋습니다. 과정안 준비는 혼자 하기보다 스터디와 함께할 때 효과적입니다. 필자는 6명의 본스터디원들과 함께 연습 문제를 정하고, 2명씩 짝을 지어 피드백을 주고받았습니다. 처음에는 주 3회 연습하다가 1차 발표 이후에는 주 5회로 늘렸고, 기출문제를 필사한 뒤 하이패스 연습문제와 멘토링 자료까지 활용했습니다. 정해진 시간에 맞춰 대면 또는 줌으로 동시에 작성하는 방식은 실제 시험 감각을 기르는 데 큰 도움이 되었습니다.

둘째, **나만의 만능틀을 만드는 것**이 필요합니다. 기출과 모범 답안을 분석하다 보면 활용하고 싶은 활동, 교수 용어, 조건 아동 처리 방법 등이 쌓입니다. 이를 단순히 베끼는 대신 자신만의 방식으로 정리해 만능틀로 만들어 두면 분량을 빠르게 채울 수 있습니다. 다만 학습목표 달성이 항상 우선이므로 틀에 매몰되지 말고 상황에 맞게 조정할 수 있어야 합니다. 또 활동명은 명확하게 작성하여 채점자가 활동과 조건 충족 여부를 쉽게 파악할 수 있도록 하는 것이 좋습니다.

셋째, **시간 관리**를 철저히 해야 합니다. 과정안 시험은 수업실연만큼 시간 압박이 심합니다. 연습할 때마다 시간을 기록하고, 도입·전개·정리·유의점 등 파트별 소요 시간을 분석해 조절하는 훈련이 필요합니다. 처음에는 60분으로 연습하다가 점차 55분, 50분으로 줄여가는 방식이 효과적입니다. 실제 시험에서는 조건과 학습 실태가 시험지 여러 장에 흩어져 있어 이를 읽고 정리하는 데도 시간이 걸립니다. 따라서 평소 시간을 압축해 연습하면 현장에서의 혼란을 줄일 수 있습니다.

→ 과정안 준비는 처음에는 더디지만, 스터디를 통한 실전 감각, 자신만의 만능틀, 꾸준한 시간 관리 연습을 통해 충분히 만회할 수 있습니다.

● **자주 하는 질문**

Q 글씨를 예쁘게 써야 할까요?

A 아주 예쁠 필요는 없지만 **채점관이 알아볼 수 있을 정도의 반듯함**은 필요합니다. 글씨가 단정할수록 가독성이 높아지고 좋은 인상을 줄 수 있습니다. 다만 지나치게 예쁘게 쓰느라 시간을 소모하는 것은 불필요하므로, 구분 가능할 만큼만 반듯하게 쓰면 충분합니다. 글씨체에 자신이 없다면 꾸준히 연습하고 스터디원에게 피드백을 받는 것도 좋은 방법입니다.

Q 과정안을 쓰다가 칸을 넘어가면 채점이 되지 않나요?

A **네, 칸을 벗어난 부분은 채점되지 않습니다.** 따라서 평소 연습할 때도 칸 안에 맞추어 작성하는 습관을 길러야 합니다. 실제 시험장에서 받는 과정안 답안지는 상단에 이름과 수험번호를 적는 칸이 있고 그 바로 아래에 채점관들이 넘겨보도록 구멍을 뚫는 부분이 있기 때문에 **연습할 때 사용한 양식보다 작성 칸이 훨씬 더 작습니다.** 특히 '자료 및 유의점' 칸은 가로 폭이 약 2cm로 매우 좁습니다. 글씨 크기와 간격을 조절하며 주어진 공간 안에 정리하는 연습이 반드시 필요합니다.

Q 팔이 아픈데 일주일에 1~2회만 써도 괜찮을까요?

A 과정안은 손과 팔에 부담이 큰 시험이므로 통증을 줄이기 위해 손목 보호대나 파스를 사용하는 것이 도움이 됩니다. 그러나 횟수를 지나치게 줄이면 금세 감을 잃을 수 있습니다. 적정 횟수는 개인 상황과 스터디 운영 방식에 따라 달라질 수 있으나, 중요한 것은 꾸준히 손에 익히는 것입니다. 과정안은 배점이 10점으로 작지만, 0.1점, 심지어 0.01점 차이로 당락이 갈리는 시험입니다. 따라서 만점을 목표로 **감을 유지할 수 있도록 꾸준히 연습하는 것을 권장합니다.**

Tip 선배님의 한마디

- 2차 시험은 서울시교육청의 정책과 교육 이슈 중심으로 출제될 가능성이 높습니다. 실제로 올해 과정안에 출제된 '탐구 질문'과 '깊이 있는 학습'은 2022 개정 교육과정의 핵심 키워드입니다. 따라서 시책 공부는 면접뿐 아니라 과정안과 수업실연까지 전반적인 대비에 도움이 됩니다.
- 과정안 실력을 높이는 데 가장 효과적인 방법은 **모범 답안과 내 답안을 비교**하는 것입니다. 과정안은 문제 조건을 교사의 발문과 유의점에 얼마나 명확히 반영했는지가 핵심 평가 기준입니다. 따라서 내 답안이 조건을 충실히 드러냈는지, 표현이 간결하면서도 핵심을 담고 있는지 모범 답안과 대조하며 점검해야 합니다. 특히 같은 조건이라도 모범 답안이 어떤 발문으로 처리했는지, 어떤 키워드를 사용했는지를 분석하면 큰 도움이 됩니다. 여기에 그치지 않고 크로스 스터디를 통해 다른 수험생의 답안과 비교해 보면, 다양한 조건 처리 방식과 표현을 접할 수 있고, 점차 필요한 내용만을 간명하게 쓰는 감각이 길러집니다.
- 과정안은 매년 양식이 달라지고 새로운 조건이 등장합니다. 따라서 **시간 제한을 두고 작성하는 연습**이 필수적입니다. 필자는 50분 제한으로 꾸준히 연습했고, 실제 시험에서는 여유 있게 답안을 마무리할 수 있었습니다.

2025학년도 교수·학습 과정안 양식 (서울)[4]

성취기준	
학습 목표	
평가 내용	평가 도구
학습목표 미도달학생 환류방안	

단계	학습 요소	교수 – 학습 활동	시간	자료(㉔), 유의점(㊛)

---

[4] A4 두 장 분량. 2025학년도 답안지에는 작년과 다르게 가운데에 줄이 그어진 형식으로 제시되어 수험생이 직접 세로로 줄을 그을 필요가 없었다.

2025학년도 교수·학습 과정안 서울 예시 답안 (1)

성취기준	[2슬04-01] 생활도구의 모양이나 기능을 탐색하고 바꾸어본다.		
학습 목표	여러 가지 물건들을 분류하는 기준을 정하고 분류할 수 있다.		
평가 내용	지식·이해: 여러 가지 물건들을 분류하는 기준을 알고 설명할수 있는가? 과정·기능: 여러 가지 물건들을 기준에 따라 분류할 수 있는가? 가치·태도: 물건을 분류하는 활동에 적극적으로 참여하는가?	평가 도구	체크리스트(지식·이해, 관찰평가), 서술평가(과정·기능, 동료평가), 손가락점수(가치·태도, 자기평가)
학습목표 미도달학생 환류방안	지식·이해: 물건을 분류하는 기준을 설명하는 데 어려움을 겪는 학생에게는 개별적 피드백과 예시 자료를 제공하여 학습을 돕는다. 과정·기능: 여러 가지 물건을 기준에 따라 분류하는 데 어려움을 겪는 학생에게는 보충 별 학습지를 제공하여 예시 자료와 단계적 발문을 통해 물건을 분류할 수 있도록 돕는다. 가치·태도: 활동에 소극적인 학생에게는 적극적으로 참여할 수 있도록 칭찬과 개별적 피드백을 제공한다.		

단계	학습 요소	교수 - 학습 활동		시간	자료(㉮), 유의점(㉯)
도입	전시 학습 상기	◎ 지난 시간 떠올리기 • 지난 시간에 무엇을 배웠습니까?	-발명품을 만들어 보았습니다./ '발명왕이 되고 싶어요' 수업을 했습니다.	5'	㉮TV(티니핑의 고민) ㉯학습실태를 고려하여 자신의 생각을 말로 표현하는 데 어려움을 겪는 학생의 모둠원으로 또래 도우미를 배치하여 상호교수가 일어나게 한다. ㉯학습실태를 고려하여 학생들이 다른 친구의 의견을 존중할 수 있도록 모둠 규칙을 상기시킨다. ㉯성취기준에 기반하여 학습문제를 도출함으로써 교육과정-수업-평가의 일체화를 도모한다.
	동기 유발	◎ 마음 열기 • 티니핑의 고민은 무엇입니까? • 티니핑의 고민을 해결하기 위해 무엇을 배우면 좋겠습니까?	-여러 가지 물건을 보기 좋게 정리하고 싶어합니다. - 여러 가지 물건을 분류하는 방법에 대해 배워보고 싶습니다.		
	학습 문제 제시	◎ 학습문제 제시하기 여러 가지 물건들을 분류하는 기준을 정하고 분류해 봅시다. (수업명: 무엇이 같거나 다를까요?)			
	학습 활동 안내	◎ 학습 활동 안내하기 [활동 1] 탐색해보자! [활동 2] 분류해보자! [활동 3] 비교해보자!			
전개	물건 탐색 [전체]	◎ [활동 1] 탐색해보자! •우리 주변에는 어떤 물건이 있습니까? • TV의 사진 속 물건은 어떤 물건일 것 같습니까? • 그렇게 생각한 이유는 무엇입니까?	-학교에는 책상이 있습니다./집에는 냉장고가 있습니다. 등 -자전거/가위/칫솔/가스레인지일 것 같습니다. 등 -2개의 바퀴가 보였기 때문입니다./ 날카로운 부분이 가위와 비슷하게 생겼기 때문입니다. 등	5'	㉮TV(물건 사진) ㉯생활 속 물건을 떠올려보게 함으로써 학생이 학습에 능동적으로 참여하게 하며 깊이있는 학습을 유도한다. ㉯물건의 일부를 가진 사진과 어떤 물건일지 추측하게 하는 탐구 질문을 던짐으로써 학생들의 호기심을 자극한다.

	물건 분류 [전체]	◎ [활동 2] 분류해보자! • 노란색/초록색 붙임판에는 어떤 물건 카드가 있습니까? • 노란색 붙임판에 있는 물건카드들의 같은 점은 무엇입니까?(6) • 노란색과 초록색 붙임판에 있는 물건 카드들의 다른 점은 무엇입니까? • 물건 카드를 나눌 때, 선생님이 정한 기준은 무엇인 것 같습니까?	- 난로, 장갑이 있습니다./에어컨, 선 글라스, 아이스박스가 있습니다. - 겨울에 사용하는 물건입니다./우리를 따뜻하게 해줍니다. 등 - 노란색 붙임판에 있는 물건은 겨울에, 초록색 붙임판에 있는 물건은 여름에 주로 사용합니다. 등 - '여름에 사용하는 물건인가?' / '만졌 을 때 따뜻한가?' 일 것 같습니다.	13'	㈆ 물건카드, 붙임판, TV(물건 분류 예시), 체크리스트 ㈜ 물건 카드들의 공통점과 차이점을 파악하게 하는 탐구 질문을 제시함으로써 의미 있는 탐구가 이루어지게 한다. ㈜ 자신의 생각을 말로 표현하는 데 어려움을 겪는 학생에게는 단계적 발문이 담긴 예시 자료를 제공하여 능동적인 학습 참여를 이끈다.
	[짝] [전체] 자기평가	• 짝과 함께 여러 가지 기준을 정해 물건 카드를 분류해봅시다. • 어떻게 물건을 분류했습니까? • 스스로 활동에 참여한 정도를 손가락 점수로 나타내봅시다.	- (짝과 협력적으로 소통하며 여러 가지 물건을 기준에 따라 분류한다.) - 학교에서 사용하는 물건으로 풀과 가위, 종이와 연필을 분류해보았습니다./가마솥, 맷돌, 초를 옛날에 사용했던 물건으로 분류했습니다. 등 - (손가락 1-5개로 자신의 학습 태도를 평가한다.)		㈜ 짝과 협력적으로 소통하는 분위기를 조성한다. ㈆ 체크리스트 ㈜ 관찰자 결과 물건을 분류하는 데 어려움을 겪는 학생에게는 개별적 피드백을 제공하여 환류한다. ㈜ 자기평가 결과 점수가 낮은 학생에게는 적극적으로 참여할 수 있도록 격려한다.
	분류 결과 비교 [모둠] 동료 평가	◎ [활동 3] 비교해보자! • 분류 기준과 함께 짝과 활동한 내용을 모둠 친구들에게 발표해봅시다. • 나의 분류 결과와 다른 친구들의 분류 결과를 비교하면 어떻습니까? • 다른 친구의 발표 내용에 대해 성장노트를 적어봅시다. • 성장노트에 적은 친구에게 해주고 싶은 말은 무엇입니까?	- (물건을 분류한 방법에 대해 모둠 친구들과 이야기한다.) - 나는 학교에서 사용하는 물건을 기준으로, 친구는 옛날에 사용했던 물건을 기준으로 물건을 분류했습니다. 등 - (친구의 발표를 들으며 좋은 점, 아쉬운 점, 해주고 싶은 말을 적는다.) - 옛날에 사용했던 물건을 기준으로 카드를 분류한 것이 좋았습니다./선글라스는 겨울에도 사용할 수 있으니 여름에만 사용하는 물건으로 분류하기에는 조금 애매할 것 같다고 생각했습니다. 등	12'	㈆ 성장노트 ㈜ 분류 결과를 비교해보게 하는 탐구 질문을 통해 학생들이 여러 관점에서 상황을 해석할 수 있게 함으로써 학생들의 비판적 사고를 촉진시킨다. ㈜ 친구의 의견을 무시하는 학생에게는 역지사지 발문을 던짐으로써 존중과 배려의 태도를 가지게 한다. ㈜ 동료평가 결과를 즉각적으로 환류함으로써 과정중심평가를 구현한다.
정리	학습 내용 정리	◎ 학습 내용 정리하기 • 오늘 무엇을 배웠습니까? • 수업을 하며 느낀 점은 무엇입니까?	- 여러 가지 물건들을 분류하는 기준을 정하고, 물건을 분류해보았습니다. - 친구들이 나와는 다른 기준으로 물건을 분류한 것이 신기했습니다./물건을 분류하며 같은 점과 다른 점을 알아본 것이 재미있었습니다. 등	5'	㈆ 하트·별 학습지 ㈜ 느낀 점을 다함께 공유함으로써 사람마다 관점이 다르다는 것을 인식하고, 생활 도구를 새롭게 바라보는 관점을 가질 수 있게 한다. ㈜ 성취 기준 도달 및 미도달

	평가 환류	◎ 평가 환류하기 • 오늘 수업 내용을 더 넓히고 싶다면 하트 학습지를, 보충하고 싶다면 별 학습지를 가져갑시다.	-(수준별 학습지를 가져가 해결한다.)	학생에게 심화·보충 학습지와 함께 구체적인 피드백을 제공함으로써 환류한다.
	차시 예고	◎ 차시 예고하기 • 다음 시간에는 '어떤 발명품이 있을까요' 수업을 해보겠습니다.	-(다음 시간에 배울 내용을 확인한다.)	

---

5) '차시 흐름도'에서 수업명으로 '무엇이 같거나 다를까요'가 명확하게 제시되었다. 필자는 감점을 당하지 않도록 안전하게 학습문제를 적는 칸에 수업명도 함께 적는 선택을 하였다.
6) 본 수업이 저학년(2학년) 학생 대상임을 고려하여, 발문을 던질 때는 '같은 점'이라는 쉬운 표현을, 유의점 란에는 '공통점'이라는 용어를 사용하였다. 저학년 수업의 경우, 항상 학생에게 사용하는 용어에 주의를 기울이도록 하자.

2025학년도 교수·학습 과정안 서울 예시 답안 (2)

성취기준	[2슬04-01] 생활도구의 모양이나 기능을 탐색하고 바꾸어본다.		
학습 목표	여러 가지 물건들을 분류하는 기준을 정하고 분류할 수 있다.		
평가 내용	- 지식·이해 : 적절한 분류기준을 구별하고 설명할 수 있는가? - 과정·기능 : 적절한 분류기준에 따라 물건을 올바르게 분류할 수 있는가? - 가치·태도 : 활동 전반에 적극적 및 협력적으로 참여하는가?	평가 도구	자기평가(배움공책), 동료평가(친구사랑 붙임쪽지), 교사 관찰평가(체크리스트)
학습목표 미도달학생 환류방안	보충학습지를 제공하여 난이도가 쉬운 분류기준에 따라 물건을 분류해봄으로써 학습에 대한 자신감을 높이고 학습 목표에 도달할 수 있도록 한다. 또한 모둠활동 시 또래도우미의 도움을 받아 분류기준에 따라 물건을 적절하게 분류해볼 수 있도록 격려한다.		

단계	학습 요소	교수 – 학습 활동		시간	자료(㉝), 유의점(㉔)
도입	전시 학습 상기	◎ 전시학습 떠올리기 • 지난 시간에 무엇을 배웠습니까?	-여러 물건의 발명 방법에 대해 알아보았습니다.	5'	㉝배움 공책(24건), ppt(짱구의 고민) TV ㉔전시학습 내용을 떠올리는 데 어려움이 있는 학생들은 배움 공책을 참고하도록 한다.
	동기 유발	◎ 동기유발 • 짱구의 고민은 무엇입니까? • 짱구의 고민을 어떻게 해결할 수 있겠습니까?	-여러 물건들을 어떻게 하면 잘 정리할 수 있을지 고민하고 있습니다. -여러 물건들을 분류하는 기준을 만들면 좋을 것 같습니다. 등		㉔실생활과 밀접한 내용을 담은 짱구의 고민을 활용하여 학생들의 흥미와 학습 동기를 유발한다.
	학습문제 제시	◎ 학습문제 제시하기 여러 가지 물건을 분류하는 기준을 정하고 분류해봅시다.			㉔성취기준을 기반으로 교육과정을 재구성하여 교육과정-수업-평가의 일체화를 도모한다.
	학습활동 안내	◎ 학습 활동 안내하기 <활동 1> 탐색하자! 다양한 물건 <활동 2> 정하자! 분류 기준 <활동 3> 분류하자! 다양한 물건			
전개	물건 탐부하기 [짝]	◎ <활동 1> 탐색하자! 다양한 물건 • 우리 교실에서 볼 수 있는 물건들은 무엇이 있습니까? • 짝과 함께 물건카드 속 물건을 탐색해 봅시다.	-책상, 의자입니다. / 필통입니다. / 교과서입니다. 등 -(짝과 함께 물건카드를 탐색한다.)	10'	㉝물건카드(12세트) ㉔짝과 함께 물건카드 속 물건을 탐색하는 과정에서 협력적 소통이 이루어지도록 한다.
	특징 설명하기 [전체]	• 짝과 함께 탐색한 물건들은 어떤 특징이 있었습니까? • 이렇게 탐색한 물건카드를 어떻게 해보면 좋겠습니까?	-책상과 칠판은 네모 모양입니다. / 필통과 교과서는 공부를 할 때 필요한 물건들입니다. 등 -비슷한 것들끼리 묶어보고 싶습니다. / 기준을 정해서 분류해보고 싶습니다. 등		㉔탐색한 물건카드 속 물건들의 특징을 묻는 질문을 통해 학생들의 호기심을 자극하고 창의력을 높인다.

	분류기준 조건 알아보기 [전체]	◎ <활동 2> 정하자! 분류기준 • 사진과 같이 예쁜 것과 안 예쁜 것으로 분류했을 때, 분류기준이 적절하다고 생각합니까? • 왜 그렇게 생각합니까? • 분류기준을 정할 때 무엇을 주의해야 합니까?	-적절하지 않습니다. -사람마다 예쁘다고 생각하는 것이 다르기 때문입니다. / 무엇이 예쁜지 정확하게 알 수 없기 때문입니다. 등 -분명해야 합니다. / 나와 친구가 분류했을 때 결과가 비슷해야 합니다. 등	10	㉧물건카드(6세트), 잘못된 분류기준 예시 사진(1장) ㉮4명씩 6모둠으로 구성한다. ㉰사진 속 분류기준이 적절한지 묻는 질문을 통해 학생들의 비판적 사고를 일으킨다. ㉰분류기준을 정할 때 주의점에 대해 묻는 질문을 통해 의미 있는 탐구가 이루어지도록 한다.
	분류기준 정하기 [모둠]	• 모둠 친구들과 함께 토의하여 분류하고 싶은 분류기준을 한 가지 정해봅시다. • 우리 모둠에서 정한 분류기준은 무엇입니까? • 왜 그 분류기준으로 정했습니까?	-(모둠토의를 통해 분류기준을 정한다.) -모양입니다. / 색깔입니다. / 쓰임새입니다. / 만들어진 재료입니다. 등 -물건카드 속 물건들의 색깔이 다양하기 때문입니다. / 쓰임새에 따라 물건카드를 정확하게 분류할 수 있을 것 같기 때문입니다. 등		㉰학생들이 모둠토의를 통해 직접 분류기준을 정하도록 함으로써 학생들 간 협력적 소통을 이끌고, 학생참여형 수업을 구현한다. ㉰다른 친구의 의견을 무시하는 학생에게는 모둠활동 규칙을 상기시켜 협력적으로 소통할 수 있도록 지도한다. ㉰말로 자신의 의견을 표현하기 어려워하는 학생의 경우 교사의 단계적 발문을 통해 사고구술을 이끌어낸다.
	분류하기 [모둠] 발표하기 [모둠] 동료평가 및 환류	◎ <활동 3> 분류하자! 다양한 물건 • 모둠별로 정한 분류기준에 따라 물건카드를 분류해봅시다. • 분류한 물건카드를 붙임판에 붙여봅시다. • 우리 모둠이 분류한 결과를 발표해봅시다. • 다른 모둠의 발표를 듣고 친구사랑 붙임쪽지에 칭찬할 점과 아쉬운 점을 적은 후 전달해봅시다. • 다른 모둠의 발표에서 칭찬할 점이나 아쉬운 점이 무엇입니까? • 친구들이 적어준 친구사랑 붙임쪽지를 읽어보고 우리 모둠의 분류 기준이나 분류 결과를 고쳐봅시다. • 어떻게 고쳤습니까?	-(모둠별로 물건카드를 분류한다.) -(모둠별로 분류한 물건카드를 붙임판에 붙인다.) -(모둠별로 분류 결과를 발표한다.) -(칭찬할 점과 아쉬운 점을 적으며 동료평가한다.) -모양에 따라 물건을 잘 분류하였습니다. / 여러 재료로 만들어진 물건은 제대로 분류하지 못한 점이 아쉽습니다. 등 -(동료평가 결과를 반영하여 분류 기준이나 분류 결과를 수정 및 보완한다.) -책상처럼 여러 재료로 만들어진 물건들이 있어서 분류 기준을 '하나의 재료로 만든	10	㉧물건카드(6세트), 붙임판(6개), 친구사랑 붙임쪽지(1단5장씩), 토킹스틱(1개), 교사 체크리스트(1개) ㉰다른 친구의 의견을 무시하는 학생에게는 토킹스틱을 제공하여 말차례를 지키고 돌아가며 말할 수 있도록 한다. ㉰말로 자신의 의견을 표현하기 어려워하는 학생은 또래도우미의 도움을 받아 간단한 단어로 이야기할 수 있도록 격려한다. ㉰다른 모둠의 분류결과 발표를 듣고 아쉬운 점이 무엇인지 묻는 질문을 통해 학생의 비판적 사고를 유도한다. ㉰동료평가 결과를 반

			어진 것'과 '여러 재료로 만들어진 것'으로 수정했습니다. 등		영하여 수정 및 보완하도록 함으로써 평가 결과를 즉각적으로 환류하고 과정중심평가를 구현한다. ㉮교사는 체크리스트를 활용하여 학생들을 관찰평가하고, 도움이 필요한 학생들에게 개별적 지도를 실시한다.
정리	학습내용 정리	◎ 학습 내용 정리하기 • 오늘 무엇을 배웠습니까?	- 여러 가지 물건을 분류하는 기준을 정하고 직접 분류해보았습니다.	5'	㉧ 배움공책(24권), 보충학습지(24장) ㉮자기평가를 통해 자신의 학습과정과 태도를 스스로 돌아보는 기회를 제공한다.
	자기평가	◎ 자기평가하기 • 오늘 나의 학습 태도와 이해도를 돌아보고 배움공책의 별을 색칠해봅시다.	-(배움공책에 별을 색칠하여 자기평가 한다.)		㉮교사 관찰평가와 자기평가 결과를 토대로 학습목표에 도달하지 못한 학생들에게는 보충학습지를 제공하여 환류함으로써 교육과정-수업-평가의 일체화를 도모한다.
	차시 예고	◎ 차시 예고하기 • 다음 시간에는 생활 속 발명품에 대해 알아보겠습니다.	-(다음 시간에 배울 내용을 확인한다.)		

02 2024학년도 서울특별시 교수·학습 과정안 문제 및 예시 답안

(1) 다음의 조건에 따라 교수·학습 과정안을 작성하시오.

▶ 과목 : 3학년 1학기 국어
▶ 수업 유형 : 두 단원을 통합하여 한 학기 한 권 읽기 도서 속 인물의 마음을 짐작하여 마음을 표현하는 글을 쓴다.

▶ 관련 단원

-독서 단원: 책을 읽고 생각을 나누어요.
-4단원: 내 마음을 편지에 담아

▶ 관련 성취기준

[4국02-05] 읽기 경험과 느낌을 다른 사람과 나누는 태도를 지닌다.
[4국03-04] 읽는 이를 고려하여 자신의 마음을 표현하는 글을 쓴다.
[4국03-05] 쓰기에 자신감을 갖고 자신의 글을 적극적으로 나누는 태도를 지닌다.

▶ 조건

- 학습 단계는 도입-전개-정리로 하시오.
- 학생들의 학습 실태를 고려하여 수업을 구성하시오.
- 성취기준에 기반하여 교육과정-수업-평가의 일체화를 구현하시오.
- 과정중심평가 및 환류 과정이 드러나도록 수업을 구성하시오.
- 3학년 학생 24명을 대상으로 한 수업을 구성하시오.
- 책의 내용과 학생의 삶을 연결시키는 발문과 피드백을 포함하시오.
- 학생이 중심이 되는 학생 참여 선택 활동 수업 방안을 포함하시오.
- 도달, 미도달 학생에 대한 피드백 방안을 구체적으로 제시하시오.
- 1~2차시에 학생들과 선택한 한 학기 한 권 읽기 도서의 제목과 내용을 제시하시오.

(2) 단원 및 차시 소개

▶ 독서 단원의 개념

(1) 독서 단원은 2015 개정 교육과정의 '한 학기 한 권 읽기'를 국어 교과서에 반영한 특화 단원이다.
(2) 독서 단원은 매 학기 책 한권을 수업 시간에 끝까지 읽고 타인과 생각을 나눈 뒤에 자기 생각을 쓰는 활동으로 구성됐다.
(3) 독서 단원은 국어과 수업 시수 안에서 특별하게 계획된 독서 경험을 제공하며, 교사와 학생이 자율적으로 선택하고 창조적으로 구성하며 교수·학습 과정에서 독서가 이루어지도록 구성했다.
(4) 독서 단원은 독서 습관의 지속과 내면화를 위한 한 학기에 한 개 단원(8차시 이상)을 기본으로 하며, 학교 도서관 및 교실 상황, 교육과정 및 교과서 재구성에 따라 수업 시기를 자유롭게 정하여 탄력적으로 운영한다.

▶ 4단원 소개

> 이 단원은 글을 읽고 글쓴이의 의도를 파악해보고, 마음을 표현하는 글을 쓰는 방법을 익혀 의사소통 능력을 기르는 데 목적이 있다. 이 단원에서는 학생들의 일상생활과 관련해 '감사, 칭찬, 격려, 축하, 사과' 등의 생각이나 느낌을 다루고, 여러 가지 마음을 표현한 편지글로 마음을 나타내는 말을 익힐 수 있도록 한다. 그리고 마음을 표현한 글을 읽으면서 글에 드러난 글쓴이의 마음을 파악하는 활동을 한다. 그 다음에 마음을 표현하는 편지를 쓰는 방법을 익히고 편지는 직접 써보는 활동을 한다.
> 이 단원의 활동으로 학생들은 편지로 마음을 주고받음으로써 자신의 마음을 표현하는 정서적 표현 능력을 키우고 다른 사람과 긍정적인 관계를 형성할 수 있게 될 것이다.

▶ 차시 흐름도: 국어 4단원

	차시	주요 학습 내용 및 활동
4. 내 마음을 편지에 담아	1-2 / 9	한 학기 한 권 읽기 책 선정하기
	3 / 9	한 학기 한 권 읽기 책 함께 읽기
	4 / 9	이야기에서 인물이 처한 상황 파악하기
	5 / 9	글 속 인물이 되어 마음을 표현하는 글 쓰기 (본시)
	6 / 9	글에 나타난 마음을 나타내는 표현 익히기
	7-8 / 9	마음을 담아 편지 쓰기 (총괄평가)
	9 / 9	한 학기 한 권 읽기 마무리하기

(3) 학습 실태
- 학급 학생 대부분이 쓰기를 선호하지 않는다.
- 한글 미해득 이주 배경 학생 (다문화 학생)이 2명 있다.

(4) 기타 작성 조건
▶ 기자재 : TV, 실물화상기, 기타 수업에 활용할 수 있는 다양한 교수·학습 자료

2024학년도 교수·학습 과정안 기출 분석

(1) 다음의 조건에 따라 교수·학습 과정안을 작성하시오.

> ▸ 수업 유형 : 두 단원을 통합하여 한 학기 한 권 읽기 도서 속 인물의 마음을 짐작하여 마음을 표현하는 글을 쓴다.
>
>> ▶ 서울시교육청은 매년 새로운 유형으로 과정안 문제를 출제한다. 2024학년도에는 단일 교과가 아닌 **영역 및 단원 통합형** 문제가 출제되어 기존과는 다른 형태였다. 최근 언어 소양과 기초 문해력 증진이 지속적으로 강조되고 있었기에 독서 관련 수업이 출제될 가능성은 충분했지만, 여기에 까다로운 조건들이 더해지며 많은 수험생들이 당황하였다. 따라서 과정안 시험을 준비할 때는 시책을 통해 **서울시 교육이 강조하는 교육 트렌드**를 파악하는 것이 필요하다. 최근 정책과 교육적 흐름을 살펴보면 과정안 출제 요소도 어느 정도 예측할 수 있어, 준비 과정에서의 부담을 줄이는 데 도움이 된다.
>
> ▸ 조건
> - 학습 단계는 도입-전개-정리로 하시오.
>
>> ▶ 2023학년도에 이어 2024학년도 과정안에서도 학습 단계가 도입-전개-정리 형태로 제시되었다. 단계가 명시된 경우에는 반드시 제시된 순서를 따라야 한다. 만약 단계가 주어지지 않았다면 사용하는 교수·학습 모형에 맞추어 작성할 수 있지만, 일반적으로는 도입-전개-정리 구성이 가장 안전하다. 교수·학습 모형의 단계 명을 잘못 쓰거나 해당 단계와 맞지 않는 활동을 제시할 경우 감점될 수 있으므로 주의해야 한다.
>
> - 학생들의 학습 실태를 고려하여 수업을 구성하시오.
>
>> ▶ 문제지에 제시된 학생들의 학습 실태는 반드시 과정안에 반영해야 한다. 예를 들어 학급 학생 대부분이 쓰기 활동을 비선호한다거나, 한글 미해득 다문화 학생이 2명 있다는 조건을 빠짐없이 담아내면 해당 조건은 충족된다. 2024학년도 과정안 시험의 학습 목표는 '~글을 쓸 수 있다'였는데, 학생들이 쓰기를 꺼린다는 조건이 있어 당황스러웠다. 필자는 처음에 글쓰기 대신 그림 그리기, 노래 만들기 등 다양한 선택 활동을 제공하는 방안을 고민했으나, 학습 목표 달성에 어려움이 있을 수 있다고 판단했다. 그래서 글쓰기라는 큰 틀은 유지하되, 부담이 적은 '세 줄 쓰기'(말풍선 세 줄, 시 세 줄 등) 활동을 통해 학생들의 학습 흥미를 높이는 방향으로 과정안을 구성하였다.
>
> - 자신이 선택한 한 학기 한 권 읽기 도서의 제목과 줄거리를 쓰시오.
>
>> ▶ 2024학년도 시험에서 처음 등장한 조건으로, 많은 수험생들이 당황했다. 답안지 하단에 별도의 칸이 마련되어 있었고, 그 안에 도서 제목과 줄거리를 직접 작성하도록 되어 있었다. 시험지에 책이 정해져 있을 것이라 예상했지만 실제로는 수험생이 스스로 도서를 선정해야 했다. 그렇다면 이 조건은 어떻게 해결해야 바람직할까? 먼저 **학년 수준에 맞는 도서**를 선정하는 것

이 중요하다. 실제 존재하는 책이 아니어도 무방하지만, 3학년 수준에 너무 쉽거나 어렵지 않은 내용이어야 한다. 또한 본 차시의 학습 목표가 '인물의 마음을 짐작하여 글로 표현하기'였으므로, **주인공의 마음이 뚜렷이 드러나는 책**일수록 과정안 작성이 수월하리라 생각하였다. 여기에 더해 **교육적으로 가치 있는 내용**이라면 더욱 적합하다. 지나치게 독특한 이야기보다는 권선징악, 전통적 가치, 사회적 메시지 등이 담긴 책이 안정적이다.

필자는 이러한 기준에 따라 다음과 같은 사고과정을 거쳤다. 학습 목표 달성에 도움이 될 만한 책을 먼저 선정했다. 대학교 강의에서 접했던 '사라, 버스를 타다'라는 실제 도서를 선택했는데, 이는 4학년 교과서 수록 도서였으나 3~4학년군 공통 학습 범위이므로 무리 없다고 판단했다. 이 책은 주인공 '사라'가 버스에서 겪은 차별 경험을 다루며, 차별의 부당성을 드러내는 이야기이다. 인물의 마음을 짐작하기 쉽고 교육적 메시지도 분명하여 과정안 작성에 적합했다. 실제로 일부 수험생은 책의 제목과 내용을 직접 창작해 작성하기도 했다. 중요한 것은 실제 존재하는 책인지 아닌지의 여부가 아니라, **차시 학습 목표와 얼마나 잘 맞는 도서를 활용했는가**라는 점이다.

- 성취기준에 기반하여 교육과정-수업-평가의 일체화를 구현하시오.

  ▶ 교육과정-수업-평가의 일체화는 서울시교육청에서 꾸준히 강조하는 핵심 주제이며, 4년 연속 출제된 만큼 앞으로도 계속 등장할 가능성이 높다. 따라서 수험생들은 과정안뿐 아니라 수업 실연에서도 이를 항상 염두에 두어야 한다.
  이 조건을 충족하기 위해 가장 흔히 쓰는 방법은 도입 단계의 유의점에 "교육과정-수업-평가의 일체화가 일어나도록 활동을 구성한다"라고 적는 것이다. 그러나 이 한 문장만으로는 구체성이 부족해 감점 요인이 될 수 있다. 따라서 반드시 구체적인 활동 방식을 함께 제시해야 한다. 예를 들어, "교육과정-수업-평가의 일체화가 일어나도록 이전 차시에서 배운 인상 깊은 일을 글로 쓰는 방법을 활용해 학생 참여 중심의 쓰기 활동을 구성한다"와 같이 학습 목표와 연결된 활동을 유의점에 기록한다면 조건을 충족했다고 볼 수 있다.
  또한 교육과정-수업-평가의 일체화를 도입뿐 아니라 전개, 정리 단계의 유의점에서도 드러낸다면 더욱 완성도 높은 답안이 될 것이다.

- 학생이 중심이 되는 학생 참여 선택 활동 수업 방안을 포함하시오.

  ▶ 학생 참여 선택 활동은 과정안과 수업실연 모두에서 자주 출제되는 조건이며, 학습자 주도성이 강조되는 교육 흐름상 앞으로도 꾸준히 등장할 가능성이 높다. 이 조건을 충족하려면 같은 주제를 다루되 방법이 다른 활동을 몇 가지 제시해 학생이 직접 선택할 수 있도록 구성하면 된다. 예를 들어 유의점에 "학생이 스스로 활동을 선택하도록 하여 학습자 중심의 수업을 구성한다"라는 문장을 한두 번 기재하면 안전하다. 더 나아가 교수·학습 활동에서 교사 발문으로 "왜 그 활동을 선택했나요?"와 같은 질문을 추가하면 학생 주도성을 더욱 분명히 드러낼 수 있어 효과적이다.

- 과정중심평가 및 환류 과정이 드러나도록 수업을 구상하시오.

  ▶ 2024학년도 과정안에서는 처음으로 과정중심평가와 환류 과정이 명시적인 조건으로 제시되었다. 이전까지는 수험생들이 암묵적으로 포함시키는 요소였으나, 올해는 반드시 드러내야 하는

> 필수 조건이 된 것이다. 과정중심평가 방법을 적는 것은 어렵지 않지만, 환류 방법을 어떻게 구체화하느냐가 관건이다. 예를 들어 단순히 *"보충·심화 학습지를 제공한다"*라고만 쓰면 모호할 수 있다. 대신 *"보충·심화 학습지를 제공하여 학습 내용을 내면화하고 인지 능력 향상을 돕는다"*처럼 이유와 효과까지 언급해야 교사가 계획적으로 환류를 진행한다는 인상을 줄 수 있다. 즉, 평가와 환류를 단순한 형식이 아니라 학습의 심화와 확장으로 이어지는 과정으로 드러내는 것이 중요하다.

- 책의 내용과 학생의 삶을 연결시키는 발문과 피드백을 포함하시오.

  ▶ 앎과 삶을 연결 짓는 발문은 조건에 없더라도 많은 수험생이 유의점에 포함하는 요소이다. 이는 일상생활과의 정합성을 높여 학습의 실제성을 보장하고, 성공적인 수업으로 이어지기 때문이다. 2024학년도 과정안 시험에서는 특히 '책의 내용'과 '학생의 삶'을 연결하는 발문과 피드백을 포함하라는 조건이 명시적으로 제시되었다. 필자는 이를 충족하기 위해 활동 1에서 학생이 자신의 경험을 말하는 과정에 한 차례, 정리 단계의 배·느·실 노트 작성 과정에 또 한 차례 발문을 넣었으며, 유의점에도 이를 명확히 기재하여 조건을 안전하게 반영하였다.

- 3학년 학생 24명을 대상으로 한 수업을 구성하시오.

  ▶ 학생 수에 대한 조건은 거의 매년 주어지는 요소다. 이를 충족하는 가장 일반적인 방법은 **모둠원 수나 학습 교구 수를 구체적으로 적는 것**이다. 예를 들어 모둠 활동을 계획했다면 유의점에 *"4명씩 6모둠으로 구성한다"*라고 명시하면 조건을 간단하고 확실하게 충족할 수 있다.

(2) 단원 및 차시 소개

▶ 관련 성취기준

> [4국02-05] 읽기 경험과 느낌을 다른 사람과 나누는 태도를 지닌다.
> [4국03-04] 읽는 이를 고려하여 자신의 마음을 표현하는 글을 쓴다.
> [4국03-05] 쓰기에 자신감을 갖고 자신의 글을 적극적으로 나누는 태도를 지닌다.

▶ 학습 문제가 빈칸으로 제시되었기 때문에 성취기준과 조건을 바탕으로 수험생이 직접 학습목표를 작성해야 했다. 학습목표는 복잡할 필요 없이 본 차시의 핵심 활동을 행동형으로 드러내면 된다. 필자는 본 차시의 핵심이 '글 쓰기'였기에 *"책을 읽고 인물의 마음을 짐작하여 세 줄의 글로 쓸 수 있다"*를 목표로 설정했다. 실제로는 '쓰기'라는 키워드를 포함했다면 답안 인정 범위는 넓었을 것으로 보인다. 다만 학습목표의 마지막은 반드시 "말로 설명할 수 있다", *"글로 쓸 수 있다"*처럼 **행동형 서술어로** 작성해야 함을 기억해야 한다.

▶ 4단원 소개

> 이 단원은 글을 읽고 글쓴이의 의도를 파악해보고, 마음을 표현하는 글을 쓰는 방법을 익혀 의사소통 능력을 기르는 데 목적이 있다. 이 단원에서는 학생들의 일상생활과 관련해 '감사, 칭찬, 격려, 축하, 사과' 등의 생각이나 느낌을 다루고, 여러 가지 마음을 표현한 편지글로 마음을 나타내는 말을 익힐

수 있도록 한다. 그리고 마음을 표현한 글을 읽으면서 글에 드러난 글쓴이의 마음을 파악하는 활동을 한다. 그 다음에 마음을 표현하는 편지를 쓰는 방법을 익히고 편지는 직접 써보는 활동을 한다.
이 단원의 활동으로 학생들은 편지로 마음을 주고받음으로써 자신의 마음을 표현하는 정서적 표현 능력을 키우고 다른 사람과 긍정적인 관계를 형성할 수 있게 될 것이다.

▶ 보통 단원 소개에는 해당 단원에서 다루는 전반적인 학습 내용이 담겨 있으며, 이를 통해 본 차시에 포함해야 할 활동의 방향을 유추할 수 있다. 특히 단원과 관련된 핵심 역량이 제시되는 경우가 많아, 이때는 해당 역량을 과정안의 유의점에 명시하는 것이 안전하다. 2024학년도 단원 소개에서는 국어과 핵심 역량이 직접 제시되지는 않았으나, **"인물의 마음을 파악하고 인물 및 자신의 마음을 표현하는 글쓰기"**라는 핵심 활동을 도출할 수 있었다.

▶ 독서 단원의 개념

(1) 독서 단원은 2015 개정 교육과정의 '한 학기 한 권 읽기'를 국어 교과서에 반영한 특화 단원이다.
(2) 독서 단원은 매 학기 책 한권을 수업 시간에 끝까지 읽고 타인과 생각을 나눈 뒤에 자기 생각을 쓰는 활동으로 구성됐다.
(3) 독서 단원은 국어과 수업 시수 안에서 특별하게 계획된 독서 경험을 제공하며, 교사와 학생이 자율적으로 선택하고 창조적으로 구성하며 교수·학습 과정에서 독서가 이루어지도록 구성했다.
(4) 독서 단원은 독서 습관의 지속과 내면화를 위한 한 학기에 한 개 단원(8차시 이상)을 기본으로 하며, 학교 도서관 및 교실 상황, 교육과정 및 교과서 재구성에 따라 수업 시기를 자유롭게 정하여 탄력적으로 운영한다.

▶ '단원 통합' 조건에 따라 4단원과 독서 단원의 소개 글이 함께 제시되었으며, 독서 단원은 단독 운영도 가능하지만 보통 국어과 내 다른 단원과 통합하거나 타 교과와의 통합으로 운영된다. 2024학년도 과정안에서는 독서 단원과 국어과 내 다른 단원을 통합해 운영하라는 조건이 명시되었고, 독서 단원 및 한 학기 한 권 읽기에 익숙하지 않은 수험생을 위해 설명을 덧붙인 것으로 보인다. 필자는 관련 내용을 알고 있었지만 기존 이해에 오류가 없는지, 새 요소가 제시되지 않았는지 확인하기 위해 끝까지 꼼꼼히 읽었고, 모든 제시문을 면밀히 검토해 과정안에 정확히 반영하는 것이 최선임을 다시금 확인했다.

▶ 차시 흐름도
: 국어 4단원

	차시	주요 학습 내용 및 활동
4. 내 마음을 편지에 담아	1-2 / 9	한 학기 한 권 읽기 책 선정하기
	3 / 9	한 학기 한 권 읽기 책 함께 읽기
	4 / 9	이야기에서 인물이 처한 상황 파악하기
	5 / 9	글 속 인물이 되어 마음을 표현하는 글쓰기 (본시)
	6 / 9	글에 나타난 마음을 나타내는 표현 익히기
	7-8 / 9	마음을 담아 편지 쓰기 (총괄평가)
	9 / 9	한 학기 한 권 읽기 마무리하기

▶ 차시 전개표에서 확인해야 할 핵심은 **전 차시, 본 차시, 후속 차시**이다. 본 차시 내용은 학습문제 작성 시 반드시 참고해야 하며, 2024학년도에는 이 내용이 차시 흐름도에 제시되어 수업 구성이 한층 수월했다. 전 차시의 내용은 도입 단계의 전시학습 상기에, 후속 차시의 내용은 정리 단계의 차시 예고에 반영하면 조건을 충족할 수 있다. 다만 본 차시에서 진행하는 활동이 다른 차시의 내용과 겹치면 차시 침범으로 감점될 수 있으므로, 전후 차시의 주요 내용을 피해 활동을 구성해야 한다.

(3) 학습 실태 및 선호도

- 학급 학생 대부분이 쓰기를 선호하지 않는다.
- 한글 미해득 이주배경학생 (다문화 학생)이 2명 있다.

▶ **한글 미해득 다문화 학생** 조건은 과정안과 수업실연에서 자주 등장하므로, 미리 처리 방법을 정해두는 것이 좋다. 특히 이번 시험에서는 학생 수가 2명으로 명시되었으므로, 유의점에서 최소 두 번 이상 언급하는 것이 안전하다. 단순히 같은 지원 방법을 반복하기보다는 서로 다른 방식을 활용하는 편이 바람직하다. 예를 들어 첫 번째는 한글쑥쑥노트로 어려운 글자의 뜻을 풀이하고, 두 번째는 스마트패드 번역 기능을 활용해 모국어 지원을 제공하는 식이다. 이렇게 다채로운 방법을 활용하면 조건 충족이 더욱 확실해진다.

▶ **학습 선호도** 역시 반드시 수업에 반영해야 한다. 학습자의 선호가 고려되지 않으면 학생 중심 수업이라 보기 어렵기 때문이다. 이번 시험에서는 '쓰기 비선호' 조건만 있었으므로 큰 제약은 없었으나, 만약 특정 활동을 선호한다는 조건이 함께 제시된다면 그 활동을 적극적으로 반영해 수업을 설계하는 것이 필요하다.

(4) 기타 작성 조건

- 기자재 : TV, 실물화상기, 기타 수업에 활용할 수 있는 다양한 교수·학습자료

▶ 기자재도 하나의 조건이므로 가능하다면 제시된 모든 항목을 활용하는 것이 안전하다. 2024학년도 시험에서는 개수가 따로 명시되지 않았지만, 2023학년도에는 스마트패드가 학생 수와 맞지 않게 주어졌던 사례가 있었다. 이 기출문제를 풀이할 때 필자는 남는 기기를 교사나 협력 강사용으로 활용한다고 유의점에 적어 조건을 충족했다. 문제 조건에는 불필요한 요소가 없으므로, 왜 이런 기자재가 제시되었는지 생각해보고 최대한 반영해 작성하는 것이 중요하다.

▶ 매년 TV, 실물화상기처럼 흔한 기자재 외에도 특이한 자료가 등장할 수 있다. 예를 들어 국어에서는 포스트잇, 수학에서는 통계 그래프 등이 제시되곤 한다. 이러한 자료는 문제 출제 의도와 밀접하게 연관되어 있으므로 반드시 수업에 반영해야 하며, 때로는 기자재가 수업의 흐름을 결정하기도 한다. 최근에는 비교적 단순하게 제시되는 편이지만, 언제든 변동될 수 있으므로 늘 주의 깊게 확인할 필요가 있다.

2024학년도 교수·학습 과정안 양식 (서울)

성취기준		
학습 목표		
평가 내용		평가 방법
평가 결과 피드백	성취기준 도달	
	성취기준 미도달	

단계	학습 요소	교수 – 학습 활동 (교사/학생 구분 선 표시 가능)	시간	자료(㉸), 유의점(㊌)

	한 학기 한 권 읽기 책 내용[7]	

---

[7] 과정안 답안지 형식은 매 해 달라진다.

2024학년도 교수·학습 과정안 서울 예시 답안

성취기준	[4국02-05] 읽기 경험과 느낌을 다른 사람과 나누는 태도를 지닌다. [4국03-04] 읽는 이를 고려하여 자신의 마음을 표현하는 글을 쓴다. [4국03-05] 쓰기에 자신감을 갖고 자신의 글을 적극적으로 나누는 태도를 지닌다.		
학습 목표	인물의 마음을 짐작하여 자신의 마음을 표현하는 글을 세줄로 쓸 수 있다.		
평가 내용	지식: 인물의 마음을 짐작하여 설명할 수 있는가? 기능: 자신의 마음을 표현하는 글을 세줄로 쓸 수 있는가? 태도: 세줄쓰기 활동에 적극적으로 참여하는가?	평가 방법	자기평가(성장하트, 동료평가(칭찬 동료평가지), 관찰평가(관찰일지)
평가 결과 피드백	성취기준 도달	추가 심화 큰별 학습지를 제공하여 자신의 마음을 표현하는 글을 다섯 줄 이상의 긴 글로 써보도록 하여 배운 내용의 심화 및 내면화를 도모한다.	
	성취기준 미도달	추가 보충 작은별 학습지를 제공하여 자신의 마음을 표현하는 글을 한 줄의 짧은 글로 작성하게 하여 쓰기에 자신감을 가질 수 있도록 돕는다.	

단계	학습 요소	교수 - 학습 활동 (교사/학생 구분 선 표시 가능)		시간	자료(㉠), 유의점(㉡)
도입	전시 학습 상기	◎ 배운 내용 떠올리기 • 지난 시간에 무엇을 배웠습니까?	- '사라, 버스를 타다'를 읽고 이야기에서 사라가 처한 상황을 알아보았습니다.	5'	㉠ 배움 공책(24권), 한컷만화 (사라의 고민) TV ㉡ 전시학습 상기에 어려움을 겪는 학생들은 배움 공책을 참고하게 한다. ㉡ 학습 실태를 고려하여 글쓰기에 흥미를 가질 수 있도록 한컷만화를 제시해 학습 동기를 유발한다. ㉡ 이전 차시에서 배운 이야기 속 인물이 처한 상황을 활용해 학습문제를 도출함으로써 성취기준에 기반해 교육과정-수업-평가의 일체화를 도모한다.
	동기 유발	◎ 마음 열기 • 한컷 만화 속 사라의 고민이 무엇입니까? • 사라의 고민을 어떻게 해결할 수 있겠습니까?	- 버스의 앞자리 사람들에게 어떤 말을 할지 고민중입니다. - 말풍선을 채워 사라의 마음을 대신 글로 나타내면 좋겠습니다. 등		
	학습문제 제시	◎ 학습문제 제시하기 인물의 마음을 짐작하여 자신의 마음을 표현하는 글을 세줄로 써봅시다.			
	학습 활동 안내	◎ 학습 활동 안내하기 <활동 1> 짐작하자, 사라의 마음! <활동 2> 세줄로 쓰자, 나의 마음! <활동 3> 나눠보자, 세줄쓰기!			
전개	경험 공유 [모둠]	◎ <활동 1> 짐작하자, 사라의 마음! • 사라의 마음을 짐작하여 책 속의 사라는 어떤 마음이 들었을지 한 단어로 발표해봅시다. • 짐작이 어려운 학생을 위해 사라와 비슷한 자신의 경험을 모둠원과 돌아가며 말하기 해봅시다. • 그 때 어떤 느낌이 들었습니까? • 우리 모두가 사라와 같은 경험이 있습니다. 직접 느꼈던 다양한 감정	- 억울 / 분노 / 슬픔입니다. 등 - 노키즈존에서 차별을 당한적이 있습니다. 등 - 불편했습니다 / 억울했습니다. 등 - 사라를 돕고 싶었습니다. / 이런 일이 다신 일어나지 않도록 노력하고 싶	10'	㉠ 한글쑥쑥노트(2권) ㉡ 4명씩 6모둠으로 구성한다. ㉡ 책의 내용과 학생의 삶을 연결짓는 발문과 피드백을 통해 학습 내용의 정합성을 높인다. ㉡ 한글미해득 다문화학생들을 위해 한글 쑥쑥노트를 제공하여 낱말의 뜻을 참고하여 적을 수 있도록 돕는다. ㉡ 관찰평가 결과 인물 마
	마음 짐작 [모둠]				

단계		교수·학습 활동		시간	자료(㉻) 및 유의점(㉠)
			을 떠올리며 책을 읽은 후 느낌을 발표해봅시다.	없습니다. 등		음 짐작에 어려움을 겪는 학생에게는 눈을 감고 사라의 마음과 상황을 떠올려 상상해보도록 피드백한다.
	세줄쓰기 [개인]	◎ <활동 2> 세줄로 쓰자, 나의 마음! <활동 규칙> 1. 말풍선 세줄쓰기 / 시 세줄쓰기 / 노래 가사 세줄쓰기 / 책갈피 세줄쓰기 중 자신이 원하는 세줄쓰기 방법을 선택해 학습지를 가져간다. 2. 책을 읽은 후 든 자신의 마음을 자신이 선택한 방법으로 세줄쓰기한다. • 어떤 방법을 선택했습니까? • 왜 그 방법을 선택했습니까? • 글쓰기가 조금 어려운 학생은 만약 사라가 우리 반 친구라면 어떤 마음이 들지 상상해 글을 완성해 봅시다. • 세줄쓰기를 한 느낌이 어떻습니까?	- 시 세줄쓰기입니다. / 말풍선 세줄쓰기입니다. 등 - 노래 가사로 만들면 재미있을 것 같기 때문입니다. 등 -(책의 내용과 학급을 연결해 상상하며 글을 완성한다.) -긴 글쓰기가 아닌 세줄쓰기여서 재미있었습니다. / 책을 읽은 후 든 마음을 정리할 수 있어서 좋았습니다. 등	10'	㉻세줄쓰기 학습지(24장), 스마트패드(2대) ㉠글쓰기를 선호하지 않는 학습 실태를 고려해 다양한 짧은 글쓰기 활동을 제공하여 글쓰기에 흥미가 생기도록 한다. ㉠세줄쓰기 방식을 학생이 직접 자유롭게 선택하도록 함으로써 학생이 중심이 되는 학생 참여 선택 활동을 구현한다. ㉠관찰평가 결과 글쓰기를 어려워하는 학생에게는 책의 내용과 학생의 삶을 연결짓는 피드백을 통해 비계를 제공한다. ㉠한글 미해득 다문화학생 두 명을 위해 스마트패드 번역기 어플을 활용해 모국어로 쓴 내용을 한글로 번역할 수 있도록 돕는다. ㉠자기평가 결과 활동에 소극적으로 참여하는 학생에게는 새로운 글쓰기 방법을 제안하여 환류한다.
	자기평가	• 자신이 세줄쓰기 활동에 적극적으로 참여했는지 성장차트로 자기평가해 봅시다.	-(성장차트로 자기평가 한다.)		
	세줄쓰기 공유 [전체]	◎ <활동 3> 나눠보자, 세줄쓰기! • 자신의 세줄쓰기 결과물을 발표해봅시다. • 다른 학생들의 발표를 들으며 어떤 생각이 들었습니까? • 다른 학생의 발표에 대해 칭찬 한가지를 써봅시다. • 칭찬할점, 궁금한점을 발표해봅시다.	- (세줄쓰기 결과물을 발표한다.) - 사라를 위해 노력하겠다는 발표가 기억에 남습니다. 등 - (칭찬할 점 궁금한 점을 적으며 동료평가한다.) -사라의 마음에 공감을 잘해 칭찬합니다. 등	10'	㉻TV, 실물화상기 ㉠자신의 세줄쓰기 결과물을 실물화상기로 공유하도록 하여 자신의 글을 적극적으로 나누는 태도를 함양할 수 있도록 한다. ㉠학생적 발문을 통해 동료평가 결과를 즉각적으로 환류함으로써 과정중심평가를 구현한다.
	동료평가				
정리	학습 내용 정리	◎ 학습 내용 정리하기 • 오늘 무엇을 배웠습니까? • 배운점, 느낀점, 실천할 점을 배느실 공책에 써봅시다. • 사라와 같은 상황에 처한 사람들을 위해 우리는 무엇을 할 수 있겠습니	- 책을 읽고 든 생각을 세줄쓰기 했습니다. - (배느실 공책을 작성한다.) -교실에서부터 차별을 없앱니다. / 차별 금지 캠페인을 합니다. / 세줄쓰	5'	㉻배느실공책(24권), 큰별·작은별 학습지(각 24장) ㉠책의 내용과 학생의 삶을 연결짓는 발문을 통해 자신의 태도와 행동을 성찰

			까?	한 것을 복도에 전시합니다. 등	하도록 한다.
	평가 환류		◎ 평가 환류하기 • 오늘 수업 내용을 더 넓히고 싶다면 큰별 학습지를, 보충하고싶다면 작은별 학습지를 가지고 갑시다.	-(수준별 학습지를 가져가 해결한다.)	㉠수준별 학습지를 제공하여 환류가 이루어지게 함으로써 교육과정-수업-평가의 일체화를 도모한다.
	차시 예고		◎ 차시 예고하기 • 다음 시간에는 이야기 속 마음을 나타내는 표현을 배우겠습니다.	-(다음 시간에 배울 내용을 확인한다.)	

한 학기 한 권 읽기 책 내용	책 제목: 사라, 버스를 타다 책 내용: 흑인 소녀 사라는 매일 아침 버스를 타고 등교한다. 하지만 사라는 오직 버스 뒷자리에만 앉을 수 있다. 앞자리는 백인들만 앉을 수 있다는 이상한 규칙이 있기 때문이다. 사라는 차별을 이겨내기 위해 어느날 뒷자리에서 일어나 앞자리로 간다.

03 2023학년도 서울특별시 교수·학습 과정안 문제 및 예시 답안

▶ 과목 : 2학년 수학
▶ 수업 유형 : 학생들의 학습 부담을 줄여줄 수 있도록 놀이 중심으로 수업을 구성한다.
▶ 관련 성취기준

[2수01-11] 곱셈구구를 이해하고, 한 자리 수의 곱셈을 할 수 있다.

▶ 조건

- 학습 단계는 도입-전개-정리로 하시오.
- 학생들의 학습 실대를 고려하여 수업을 구성하시오.
- 전개 단계에서 저학년 학생들의 특성을 반영한 협력적 상호작용 놀이 2가지, 개별 맞춤형 놀이 1가지를 포함하시오.
- 성취기준에 기반하여 교육과정-수업-평가의 일체화를 구현하시오.
- 기초학력 협력 강사와의 협력 과정이 수업 전, 중, 후에 드러나게 하시오.
- 과정 중심 평가 및 환류 과정이 드러나도록 수업을 구성하시오.
- 2학년 학생 24명을 대상으로 한 수업을 구성하시오.

(2) 단원 및 차시 소개

▶ 단원 소개

이 단원의 목적은 여러 자리 수 곱셈을 위한 기초로 곱셈구구를 배우는 것이다. 이전에 학습한 곱셈의 의미를 바탕으로 여러 가지 문제 상황에서 적절한 모델을 사용하여 학생들 스스로 곱셈구구의 구성 원리와 여러 가지 계산 방법을 탐구하여 2단에서 9단까지의 곱셈구구표를 만들어 보고, 1단 곱셈구구와 0과 어떤 수의 곱을 알아보도록 지도한다. 단순한 곱셈구구의 암기보다는 곱셈구구의 구성 원리를 파악하는데 중점을 두고 구체적 조작 활동 및 놀이 활동을 통해 곱셈 구구를 적용해보는 기회를 제공한다.

▶ 차시 흐름도 : 수학 2단원

	차시	주요 학습 내용 및 활동
2. 곱셈구구	1 / 11	단원 도입
	2 / 11	2단 곱셈구구 알아보기
	3 / 11	5단 곱셈구구 알아보기
	4 / 11	3단, 6단 곱셈구구 알아보기
	5 / 11	4단, 8단 곱셈구구 알아보기
	6 / 11	7단 곱셈구구 알아보기

	7 / 11	9단 곱셈구구 알아보기
	8 / 11	놀이 수학 (본시)
	9 / 11	1단 곱셈구구와 0의 곱 알아보기
	10 / 11	곱셈표 만들기
	11 / 11	단원 마무리

(3) 학습 실태
- 곱셈구구에 어려움을 겪는 학생들이 일부 존재한다.
- 교과서 및 학습 준비물을 스스로 준비하거나 정리하는데 어려움을 겪는 일부 학생들이 있다.
- 학생들 대부분이 스마트패드를 활용한 놀이 학습을 선호한다.

(4) 기타 작성 조건
▶ 기자재 : 스마트패드 28대, TV, 실물화상기, 기타 수업에 활용할 수 있는 다양한 교수·학습 자료

2023학년도 교수·학습 과정안 기출 분석

(1) 다음의 조건에 따라 교수·학습 과정안을 작성하시오.

> ▶ 수업 유형 : 학생들의 학습 부담을 줄여줄 수 있도록 놀이 중심으로 수업을 구성한다.
>
>> ▶ 서울시교육청은 매년 새로운 유형의 과정안 문제를 출제한다. 2023학년도에는 기존의 블록 차시·융합 수업 틀과 달리 **단일 교과, 단일 차시** 형태로 문제가 나와 수험생들을 당황하게 했다. 당시 초등 저학년을 대상으로 한 놀이 중심 수업 강화, 코로나19로 인한 학습결손 문제 등이 교육 현장의 주요 이슈였기에 협력강사를 활용한 놀이 수업은 충분히 예측 가능한 소재였다. 다만 여기에 여러 까다로운 조건이 더해지며 수험생들의 고민이 깊어졌다. 따라서 과정안 준비 과정에서는 반드시 시책을 통해 **서울시 교육의 최근 트렌드**를 파악하고, 이를 바탕으로 출제 요소를 예측하며 대비하는 것이 필요하다.
>
> ▶ 조건
> - 학습 단계는 도입-전개-정리로 하시오.
>
>> ▶ 2022학년도에 이어 2023학년도 과정안에서도 학습 단계가 도입-전개-정리로 제시되었다. 단계가 명시된 경우 반드시 해당 구조를 따라야 한다. 만약 제시가 없다면 교수·학습 모형에 맞게 작성할 수 있으나, 일반적으로 도입-전개-정리 구성이 가장 안전하다. 단계명을 잘못 쓰거나 활동이 맞지 않게 배치되면 감점될 수 있으므로 특히 주의해야 한다.
>
> - 학생들의 학습 실태를 고려하여 수업을 구성하시오.
>
>> ▶ 학생들의 학습 실태 조건은 문제지 곳곳에 흩어져 있으므로 반드시 빠짐없이 반영해야 한다. 예를 들어 곱셈구구 미숙, 교구 준비의 어려움, 스마트패드 놀이 활동 선호와 같은 조건을 모두 과정안에 담아내면 충족할 수 있다. 여기에 협력강사 활용까지 반영한다면 출제 의도에 맞게 수업을 구성한 것으로 볼 수 있으며, 조건 처리의 완성도를 높일 수 있다.
>
> - 전개 단계에서 저학년 학생들의 특성을 반영한 협력적 상호작용 놀이 2가지, 개별 맞춤형 놀이 1가지를 포함하시오.
>
>> ▶ 2023학년도 시험에서 처음 등장한 까다로운 조건은 **수업 중 3가지 놀이를 모두 활용하라**는 것이었다. 보통 놀이는 마지막 단계에서 배운 내용을 적용하는 데 쓰이지만, 이번에는 도입-전개-정리 어디에서도 일반적인 방식으로 적용할 수 없을 만큼 제약이 심했다. 결국 수업의 모든 활동을 놀이로 구성해야 했으며, 그 안에서도 **협력적 놀이와 개별 놀이를 구분**해야 했다. 이를 해결하기 위해서는 먼저 세 가지 놀이가 각각 뚜렷한 특색과 목적을 가져야 한다. 비슷한 형태라면 채점자가 하나의 놀이로 인식하고 감점할 수 있기 때문이다. 필자는 사고 과정을 다음과 같이 정리했다.
>> 협력적 놀이는 같은 유형이라도 참여 방식을 달리해 짝 활동과 모둠 활동으로 구분했다. 개별 놀이는 단순 활동이 아니라 '맞춤형 놀이'로 설정하고, 활동 전 학생이 스스로 학습 수준을 점검하도록 설계했다.

활동 1: 협력적 상호작용 놀이 → 곱셈구구에서 부족한 부분 발견
활동 2: 개별 맞춤형 놀이 → 부족한 부분 보완
활동 3: 협력적 상호작용 놀이 → 보완한 부분 적용

또한, 학습 실태에서 스마트기기 활용 선호가 제시되었으므로 놀이 활동 대부분을 스마트패드 어플을 활용하는 방식으로 구성했다. 반드시 전부 기기를 활용할 필요는 없었지만, 조건 반영을 명확히 하여 감점 요소를 최소화하고자 한 것이다. 핵심은 **놀이의 차별성과 목적성을 확보**하고, **조건(협력·개별 구분, 스마트기기 선호)을 확실히 반영**하는 데 있었다.

- 성취기준에 기반하여 교육과정-수업-평가의 일체화를 구현하시오.

  ▶ 교육과정-수업-평가의 일체화는 서울시교육청에서 꾸준히 강조하는 핵심 주제로, 매년 출제 가능성이 높다. 단순히 *"일체화가 이루어지도록 한다"*라고만 쓰면 모호하므로, **구체적 활동과 연결해 서술**해야 한다. 예를 들어 *"이전 차시에서 배운 곱셈구구를 활용해 놀이 활동을 구성한다"*처럼 작성하면 조건 충족이 명확해진다. 도입뿐 아니라 전개·정리 단계에서도 일체화를 드러내면 더욱 완성도가 높다.

- 기초학력 협력강사와의 협력 과정이 수업 전, 중, 후에 드러나게 하시오.

  ▶ 이번 과정안 문제에서 가장 핵심이 되는 내용이다. 저학년 기초학력결손은 서울시교육청의 큰 이슈였기에 협력강사 역시 충분히 나올 수 있는 소재였다. 이 조건이 까다로웠던 이유는 단순히 수업 중에서만 협력을 드러내는 것이 아닌 수업 전과 후에서의 협의 내용도 적어야 했다는 것이다. 하지만 늘 새로운 조건이 나올 때면 수험생들에게 많은 것을 요구하진 않는다. 즉 그저 조건을 충족했다는 것만 간단하게라도 드러내면 되니 부담을 느끼지 않아도 된다. 필자는 수업 전에는 기초학력 결손 학생을 위한 순회지도 계획을 협의하고, 수업 중에는 협력강사와 함께 보충 활동을 진행하며, 수업 후에는 학습 도달도에 따른 추후 지도 계획을 함께 수립하는 방식을 간단히 기술하여 조건을 충족할 수 있었다.

- 과정중심평가 및 환류 과정이 드러나도록 수업을 구상하시오.

  ▶ 23학년도 과정안에서는 처음으로 과정중심평가와 환류 과정이 명시적 조건으로 제시되었다. 과정중심평가는 비교적 쉽게 적을 수 있지만, 환류 방법은 단순히 *"보충·심화 학습지를 제공한다"*라고만 쓰기보다 그 이유까지 밝혀야 한다. 예를 들어 *"보충·심화 학습지를 제공하여 학습 내용을 내면화하고 인지 능력을 향상시킨다"*라고 작성하면 교사의 계획적인 환류 의도가 드러나 조건을 충실히 충족할 수 있다.

- 2학년 학생 24명을 대상으로 한 수업을 구성하시오.

  ▶ 학생 수에 대한 조건은 매년 주어지며, 보통은 모둠원 수나 교구 수를 명시하여 충족한다. 그러나 2023학년도 과정안에서는 학생 수와 교구 수가 일치하지 않아 수험생들이 혼란을 겪었다. 이런 경우에는 교구 수를 학생 수와 맞추되, 남는 부분은 여분 혹은 교사용 교구라고 명시해 주면 조건을 충족하면서도 학생 수가 고려되었음을 분명히 드러낼 수 있다.

(2) 단원 및 차시 소개

▶ 관련 성취기준

[2수01-11] 곱셈구구를 이해하고, 한 자리 수의 곱셈을 할 수 있다.

▶ 학습문제가 빈칸으로 출제되었기에 성취기준과 조건을 활용해 직접 학습목표를 작성해야 했다. 학습목표는 복잡할 필요 없이 본 차시의 핵심 활동을 행동형으로 드러내면 된다. 필자는 핵심 요소인 놀이를 반영해 *"곱셈구구를 이용한 수학 놀이를 통해 한 자리 수의 곱셈 문제를 풀 수 있다"*로 설정했다. 이처럼 '놀이'라는 키워드를 포함했다면 답안 인정 범위가 넓었을 것이다. 다만 학습목표의 마지막은 반드시 "말로 설명할 수 있다", *"글로 쓸 수 있다"*처럼 **행동형 서술어**로 마무리해야 한다.

▶ 단원 소개

이 단원의 목적은 여러 자리 수 곱셈을 위한 기초로 곱셈구구를 배우는 것이다. 이전에 학습한 곱셈의 의미를 바탕으로 여러 가지 문제 상황에서 적절한 모델을 사용하여 학생들 스스로 곱셈구구의 구성 원리와 여러 가지 계산 방법을 탐구하여 2단에서 9단까지의 곱셈구구표를 만들어 보고, 1단 곱셈구구와 0과 어떤 수의 곱을 알아보도록 지도한다. 단순한 곱셈구구의 암기보다는 곱셈구구의 구성 원리를 파악하는데 중점을 두고 구체적 조작 활동 및 놀이 활동을 통해 곱셈 구구를 적용해보는 기회를 제공한다.

▶ 보통 단원 소개에는 단원의 전반적 학습 내용과 본 차시 구성을 위한 힌트가 담겨 있으며, 특히 역량이 제시되면 이를 과정안 유의점에 포함하는 것이 안전하다. 그러나 2023학년도 과정안의 단원 소개는 특별히 강조해야 할 키워드는 없었고, 다만 학생 중심 수업과 스마트패드를 활용한 조작 활동 정도의 아이디어만 얻으면 충분한 수준이었다.

▶ 차시 흐름도
: 수학 2단원

	차시	주요 학습 내용 및 활동
2. 곱셈구구	1 / 11	단원 도입
	2 / 11	2단 곱셈구구 알아보기
	3 / 11	5단 곱셈구구 알아보기
	4 / 11	3단, 6단 곱셈구구 알아보기
	5 / 11	4단, 8단 곱셈구구 알아보기
	6 / 11	7단 곱셈구구 알아보기
	7 / 11	9단 곱셈구구 알아보기
	8 / 11	놀이 수학 (본시)
	9 / 11	1단 곱셈구구와 0의 곱 알아보기
	10 / 11	곱셈표 만들기
	11 / 11	단원 마무리

▶ 2023학년도 과정안에서는 차시 흐름도의 분량이 많아 처음에는 불필요한 부분처럼 보였지만, 사실은 **곱셈구구 학습이 이미 완료된 상태에서 본시 수업을 진행한다는 점**을 드러내기 위한 장치였다. 차시 흐름도에서 확인해야 할 핵심은 전 차시·본 차시·후속 차시이다. 본 차시 내용은 학습문제 작성의 근거가 되며, 전 차시는 도입의 전시학습 상기에, 후속 차시는 정리 단계의 차시 예고에 반영하면 조건을 충족할 수 있다. 단, 본 차시 활동이 전후 차시와 겹치면 **차시 침범**으로 감점될 수 있으므로 반드시 피해 구성해야 한다.

(3) 학습 실태 및 선호도

- 곱셈구구에 어려움을 겪는 학생들이 일부 존재한다.
- 교과서 및 학습 준비물을 스스로 준비하거나 정리하는데 어려움을 겪는 일부 학생들이 있다.
학생들 대부분이 스마트패드를 활용한 놀이 학습을 선호한다.

▶ 제시된 학습 실태가 모호했으므로, 수험생이 구체적인 어려움과 학생 수를 스스로 설정해 과정안에 반영해야 했다. 최근 서울시교육청 문제는 조건을 의도적으로 모호하게 제시하는 경향이 있으므로, 조건을 보고 **학생 특성·인원·해결 방법**을 빠르게 구상하는 연습이 필요하다.

▶ 이번 시험의 핵심 조건은 **협력강사와의 협력**이었기에, 학생들의 학습 결손이나 준비물 문제는 협력강사의 지원을 통해 해결하는 방식으로 구성하는 것이 바람직하다. 다만 협력강사는 보조자 일 뿐, **교사가 중심이 되는 역할**이 분명히 드러나야 한다. 예컨대 학습 정리를 협력강사가 개별적으로 진행한다면 실제성과 적합성이 떨어지는 과정안으로 평가될 수 있다.

▶ 학습 선호도가 제시되면 반드시 수업에 반영해야 한다. 이번에는 '스마트패드 선호'가 주 조건이었으므로 이를 중심으로 수업을 설계하면 충분했지만, 만약 다른 선호 활동이 추가로 주어진다면 그 역시 수업에 반영해야 학생 중심 수업으로 인정받을 수 있다.

(4) 기타 작성 조건

- 기자재 : 스마트패드 28대, TV, 실물화상기, 기타 수업에 활용할 수 있는 다양한 교수학습자료
▶ 기자재는 하나의 조건이므로 가능하면 모두 활용하는 것이 안전하다. 2023학년도 시험에서는 스마트패드가 학생 수와 맞지 않게 제시되었는데, 이 경우 필자는 교사용·협력강사용으로 설정하고 유의점에 명시하여 조건을 충족했다. 문제에 제시된 요소는 모두 의미가 있으므로 그대로 반영하는 습관이 필요하다.

Tip 선배님의 한마디

- **과정안은 꾸준한 연습이 필수**입니다. 아무리 열심히 해도 눈에 띄게 실력이 늘지 않는 것처럼 보일 수 있지만, 연습을 하지 않으면 절대 좋은 점수를 받을 수 없습니다. 수업실연·심층면접에 비해 배점은 작아 수험생들이 자주 소홀히 하지만, 임용은 0.1점 차이로도 합격 여부가 갈립니다. 대부분이 9점 이상을 받는 과정안에서 혼자 8점대를 받는다면 결과에 큰 타격이 될 수 있습니다. 따라서 스터디를 통해 강제성을 부여하고 하루에 한 번 이상 꾸준히 작성하며 감을 유지하는 것이 중요합니다.

- **시험 시작 전 5분은 황금 시간**입니다. 이때 답안지가 먼저 배부되는데, 여기에 적힌 성취기준이나 칸 구성을 보고 시험 문제의 대략적인 방향을 미리 추측할 수 있습니다. 이름과 수험번호를 적은 뒤 손 놓고 기다리지 말고, 곧바로 "어떤 학년일까? 학생들은 어떤 어려움을 겪을까? 그렇다면 어떤 활동과 유의점이 필요할까?"를 머릿속으로 정리하는 것이 좋습니다. 최근 2년 연속 성취기준이 답안지에 그대로 제시되면서 학년과 학습 내용을 예측하기 한결 쉬워졌습니다. 단 1분 1초도 아끼는 것이 곧 점수로 이어집니다.

- **서울시교육청 시책과 교육정책은 출제와 직결**됩니다. 실제로 2023학년도 과정안에서 나온 놀이 중심 수업과 협력강사 조건 역시 당시 교육청이 강조하던 기초학력 정책과 맞닿아 있었습니다. 따라서 시책 공부는 단순히 면접 준비용이 아니라, 과정안과 수업실연 대비까지 아우르는 학습 과정임을 잊지 말아야 합니다.

- **자신의 실력을 객관적으로 점검**해야 합니다. 과정안을 유난히 빨리 끝내는 수험생이라면 오히려 내용이 빈약할 가능성이 큽니다. 실제로 필자의 경험에 따르면 그렇게 빠른 경우 대부분 내용이 부실했습니다. 따라서 반드시 스터디에서 서로의 답안을 비교해 보고, 부족하다면 활동과 유의점을 더 구체적으로 채워 넣는 연습을 통해 깊이를 보완해야 합니다.

2023학년도 교수 · 학습 과정안 서울 예시 답안 (1)

성취기준	[2수01-11] 곱셈구구를 이해하고, 한 자리 수의 곱셈을 할 수 있다.		
학습 목표	곱셈구구를 이용한 수학 놀이를 통해 한 자리 수의 곱셈 문제를 풀 수 있다.		
평가 내용	지식 : 곱셈구구의 내용을 정확하게 이해하고 설명할 수 있는가? 기능 : 곱셈구구를 정확한 방법으로 실천하고 있는가? 태도 : 곱셈구구를 활용한 놀이 활동에 적극적으로 참여하는가?	평가 방법	자기평가(생각의 열매), 동료평가(칭찬박수), 관찰평가(관찰일지)
과정중심평가 환류 계획	성취기준 도달	심화학습지를 제공하여 곱셈구구를 활용한 새로운 방식의 놀이를 접할 수 있게 한다.	
	성취기준 미도달	보충학습지를 제공하여 곱셈구구의 내용 중 자신이 부족한 부분을 다시 이해할 수 있게 한다.	

단계	학습 요소	교수 – 학습 활동 (교사/학생 구분 선 표시 가능)	시간	자료(㉸), 유의점(㉾), 협력강사(㉿)
도입	전시 학습 상기 동기 유발	◎ 전시학습 상기하기 • 지난 시간에 무엇을 배웠습니까? - 9단 곱셈구구에 대해 배웠습니다. ◎ 마음열기 • 철수의 어떤 고민을 가지고 있습니까? - 곱셈 구구를 어려워하는 동생에게 구구단을 쉽게 가르쳐주고 싶어합니다. • 철수의 고민을 해결하기 위해 무엇을 하면 좋겠습니까? - 곱셈 구구를 놀이를 통해 익히면 좋겠습니다. / 곱셈 구구를 쉽게 배울 수 있는 애니메이션을 만들고 싶습니다. 등	5′	㉸배움 공책(24권), TV, 영상(철수의 고민, 20초) ㉾전시학습 상기에 어려움을 겪는 학생들은 배움 공책을 참고하게 한다. ㉿곱셈구구에 어려움을 겪는 학생들을 위해 협력교사와 순회지도 관련 사전 협의를 진행한다. ㉾학습 실태를 고려하여 스마트패드를 활용한 놀이 중심 활동으로 구성하여 학생의 학습부담을 줄인다.
	학습 문제 제시	◎ 학습문제 제시하기 곱셈구구를 이용해 수학 놀이에 참여해봅시다.		
	학습 활동 안내	◎ 학습 활동 안내하기 <활동 1> 함께 해결해요, 곱셈구구! <활동 2> 혼자 해결해요, 곱셈구구! <활동 3> 되어보자, 수학의 신!		㉾성취기준을 중심으로 교육과정을 재구성하여 과정중심평가 계획을 세우며 교육과정수업평가를 일체화한다.
전개	협력 놀이 1 [짝]	◎ <활동 1> 함께 해결해요, 곱셈구구! • 스마트 패드를 모두 꺼내어 놀이 준비를 해봅시다. - 스마트 패드를 꺼낸 뒤, 놀이 준비를 한다. <놀이 규칙> 1. 어플을 켜고 나오는 문제를 짝과 번갈아 풉니다. (총 4문제) 2. 풀이 방법을 짝에게 알려줍니다. 3. 만약 풀이 방법을 모를 경우, 그 문제는 짝이 대신 설명해주고, 다음 문제를 다시 풀어봅니다. 4. 짝과 자신이 둘 다 모를 경우 도움손을 들어 도움을 요청합니다. 5. 짝과 함께 3문제 이상 함께 맞힐 경우 보상이 제공됩니다. • 총 몇 문제를 해결했습니까? - 4문제입니다. / 3문제입니다. • 짝과 함께 문제를 해결하니 어떤 점이 좋았습니까? - 어려운 문제도 함께 해결하니 좀 더 쉽게 해결할 수 있었습니다.	8′	㉸스마트패드 28대(학생용 24대, 교사 및 협력강사용 4대), 관찰일지 ㉿교과서 및 학습 준비물준비에 어려움을 겪는 학생들을 위해 협력 강사가 준비를 돕는다. ㉿교사는 사전 협의에 따라 활동에 어려움을 겪는 학생이 즉시 도움을 받을 수 있도록 순회지도 시 협력강사와 역할을 나눈다. ㉾순회지도 시 학생들 간의 협력을 강조한다.

	동료 평가	• 짝과 잘 협력하여 문제를 해결한 학생은 칭찬의 박수를 쳐보도록 합니다. - 칭찬의 박수로 동료의 태도를 평가한다.		㈜동료평가(칭찬박수), 관찰평가(관찰일지)
	개별 놀이 [개별]	◎ <활동 2> 혼자 해결해요, 곱셈구구! • 놀이 규칙을 확인한 뒤, 활동 준비를 해봅시다. - 놀이 규칙을 확인한 뒤, 스마트패드 어플 실행 준비를 한다. <놀이 규칙> 1. 수학 박사를 구해라! 어플을 실행합니다. 2. 문제 난이도를 스스로 선택하여 문제를 풉니다. 3. 해결하기 어려운 문제는 도움손을 들어 도움을 요청합니다. 4. 5문제 중 4문제 이상 맞히면 박사를 구할 수 있습니다. • 모두 수학 박사를 구했습니까? - 그렇습니다. • 수학 박사를 구할 때 어려웠던 점은 무엇입니까? - 7단 곱셈이 어려웠습니다. / 9단 곱셈이 어려웠습니다. 등 • 스마트패드 속 곱셈구구 어플을 실행하여 가장 어려웠던 한 자리 수 곱셈을 다시 한 번 연습해봅시다. - 곱셈구구 어플을 이용하여 곱셈구구 보충 연습을 진행한다. • 혼자서 문제를 해결할 때 무엇이 좋았습니까? - 스스로 선택해서 원하는 문제를 풀 수 있었습니다. / 충분히 생각할 시간을 가지고 문제를 풀 수 있어 부담이 적었습니다. 등	10	㈜스마트패드 28대(학생용 24대, 교사 및 협력강사용 4대), 어플(수학 박사를 구해라!, 곱셈구구), ㈜협력강사와의 협력 계획에 따라 곱셈구구에 어려움을 겪는 학생에게 묶어세기, 뛰어세기 등 다양한 방법을 활용하여 학생 스스로 곱셈구구 문제를 해결할 수 있게 돕는다. ㈜학생들의 흥미를 고려해 스마트패드를 이용한 개별 맞춤형 놀이를 진행한다. ㈜자기평가 내용을 바탕으로 곱셈구구 어플을 이용한 환류를 제공하여 학생들이 스스로 자신의 부족한 부분을 보충할 수 있게 돕는다.
	자기 평가	• 곱셈구구를 잘 해결할 수 있는지 자신의 학습과정을 떠올리며 생각의 열매로 평가해봅시다.		㈜자기평가(생각의 열매)
	협력 놀이 [모둠]	◎ <활동 3> 되어보자, 수학의 신! <놀이 규칙> 1. 모둠원이 함께 수학의 신 어플에 접속합니다. 2. 난이도가 다른 스테이지를 모둠원이 하나씩 선택하여 문제를 풉니다. 3. 해결하기 어려운 문제는 모둠원의 도움을 받을 수 있지만 답을 알려주면 안됩니다. 4. 스테이지를 모두 클리어하면 수학의 신이 될 수 있습니다. • 모두 수학의 신이 되었습니까? - 네, 되었습니다. • 함께 문제를 해결하니 어떤 점이 좋았습니까? - 어려운 문제가 나와도 친구들의 도움으로 스스로 해결할 수 있었습니다. / 다른 어려운 문제도 풀 수 있다는 자신감이 생겼습니다. 등 • 협력을 잘 했는지 스스로 떠올려 보며 함께한 친구들에게 칭찬박수를 보내줍시다. - 활동 참여도와 태도에 따라 칭찬박수로 동료평가 한다.	12	㈜스마트패드 28대(학생용 24대, 교사 및 협력강사용 4대), 어플(수학의 신), 관찰일지 ㈜4명씩 6모둠으로 구성한다. ㈜곱셈 구구에 어려움을 겪는 학생은 모둠원과 협력하여 스스로 문제를 해결할 수 있게 돕는다. ㈜협력 강사와 함께 순회 지도를 진행한다. ㈜동료평가(칭찬박수), 관찰평가(관찰일지)
	동료 평가			
정리	학습 내용 정리	◎ 학습 내용 정리하기 • 오늘 무엇에 대해 배웠나요? - 곱셈구구를 활용하여 다양한 놀이를 해보았습니다.	5'	㈜배움공책(24권), 심화·보충 학습지(각 24장) ㈜자기평가를 통해 스스로의 학습 과정과 태도를 반성하게 한다. ㈜성취기준 도달·미도달 학생에게 심화·보충
	자기 평가	◎ 자기 평가하기 • 자신의 학습 과정과 태도를 배움공책에 정리해봅시다. - 자신의 학습 과정과 태도를 성찰하여 배움공책에 작성한다.		

	차시 예고	◎ 차시 예고하기 • 다음 시간에는 1단 곱셈구구와 0의 곱을 배워보겠습니다. – 다음 시간에 배울 내용을 확인한다.		학습지를 제공하여 환류가 이루어지게 함으로써 교육과정-수업-평가의 일체화를 도모한다.
	기초학력 협력 강사 협의 사항	수업 전: 순회지도 및 도움이 필요한 학생에 대한 도움 계획 수업 중: 과정 중심 평가에 따른 학생의 배움 도달 정도 확인 및 환류 제공 수업 후: 보충학습 지도가 필요한 학생에 대한 추후 지도 계획과 다음 차시 적절한 학습 교구 선택 관련 논의		

2023학년도 교수 · 학습 과정안 서울 예시 답안(2)

성취기준	[2수01-11] 곱셈구구를 이해하고, 한 자리 수의 곱셈을 할 수 있다.		
학습 목표	곱셈구구를 활용한 수학 놀이를 통해 한 자리 수의 곱셈을 익힐 수 있다.		
평가 내용	지식: 곱셈구구의 내용을 이해하는가? 기능: 곱셈구구를 이용해 놀이할 수 있는가? 태도: 놀이 활동에 적극적이고 협력적으로 참여하는가?	평가 방법	교사 관찰평가(체크리스트), 동료평가(붙임딱지), 자기평가(자기평가지)
과정중심평가 환류 계획	성취기준 도달	열매 학습지를 제공하여 곱셈구구와 한 자리 수의 곱셈에 대한 심화된 이해를 할 수 있도록 돕고 또래 선생님으로 임명한다.	
	성취기준 미도달	새싹 학습지와 도움 영상을 통해 개별적 피드백을 제공하고 교사와 함께 바둑돌을 이용한 구체적 조작 활동으로 곱셈구구와 한 자리 수 곱셈의 원리를 차근차근 이해하도록 한다.	

단계	학습 요소	교수 – 학습 활동 (교사/학생 구분 선 표시 가능)	시간	자료(㉄), 유의점(㉴), 협력강사(협)
도입	전시 학습 상기 동기 유발	◎ 전시학습 상기하기 • 지난 시간에 무엇을 배웠습니까? – 9단 곱셈구구를 배웠습니다. ◎ 동기유발하기 • 민지의 고민이 무엇입니까? – 재미있게 곱셈구구를 익히고 싶다고 합니다. • 민지의 고민을 어떻게 해결할 수 있겠습니까? – 수학 놀이를 통해 곱셈구구를 익히면 좋겠습니다.	5′	㉄배움 공책(2권) ㉴전시학습 상기에 어려움을 겪는 학생들과 곱셈구구에 어려움을 겪는 학생들은 배움 공책을 활용하게 한다. 협수업 전 협력강사는 교과서 및 학습 준비물을 스스로 준비하기 어려워하는 학생들을 돕는다. ㉴학생들로부터 학습문제를 도출하여 학생 참여형 수업이 되도록 한다. ㉴저학년 학생들의 특성에 맞는 협력적 상호작용 놀이 2가지와 개별 맞춤형 메타버스 놀이 1가지를 구
	학습 문제 제시	◎ 학습문제 제시하기 • 오늘의 학습문제를 확인합시다. – 학습문제를 확인한다. 곱셈구구를 활용한 수학 놀이를 통해 한 자리 수의 곱셈을 익혀 봅시다.		
	학습 활동 안내	◎ 학습 활동 안내하기 • 오늘의 학습 활동을 확인합시다. – 학습 활동을 확인한다.		

		<활동 1> 찾아라 곱셈 짝꿍! <활동 2> 띄워라 곱셈 배! <활동 3> 떠나자 가상 수학나라로!		성한다.
전개	협력 놀이 1 [전체]	◎ <활동 1> 찾아라 곱셈 짝꿍! • 놀이 규칙을 확인합시다.　　　 - 놀이 규칙을 확인한다. <놀이 규칙> 1. 무작위로 문제 쪽지 2개와 답 쪽지 2개를 뽑습니다. 2. 문제 쪽지를 열고 곱셈 문제를 푼 뒤 교실을 돌아다니며 그 문제의 답 쪽지를 뽑은 곱셈 짝꿍을 찾습니다. 3. 곱셈 짝꿍과 함께 선생님들께로 와 짝꿍을 찾은 쪽지를 드립니다. 4. 모든 쪽지를 선생님들께 드린 학생은 곱셈 천사가 되어 어려워하는 친구들과 협력해 돕습니다.	10'	㉭문제 쪽지 꾸러미, 답 쪽지 꾸러미, 체크리스트(2개) ㉠저학년 학습자의 특성에 맞게 일어나 움직이는 놀이를 구성한다. ㉠학생들 간의 협력이 원활히 일어나도록 곱셈 천사 역할을 두어 곱셈구구에 어려움을 겪는 학생들이 도움을 받도록 한다. ㉠활동 시간 안내 시에는 2학년 학습자의 수준을 고려하여 쉽게 설명한다. ㉠교사와 협력강사는 체크리스트로 관찰평가하고 즉각적으로 환류한다.
	느낌 나누기 [전체] 동료 평가	• 교실을 돌아다니며 협력해 놀이해봅시다.　- 협력하며 곱셈 짝꿍을 찾는다. • 자신이 뽑은 곱셈 문제는 무엇이었습니까?　- 4x6이었습니다. / 3x9였습니다. • 그 문제의 답은 무엇입니까?　- 24입니다. / 27입니다. • 놀이를 한 느낌이 어떻습니까?　- 몸을 움직여 재미있었습니다. / 곱셈구구를 더 잘 익히게 되었습니다. • 잘 협력해 준 친구에게 협력왕 붙임딱지를 붙여줍시다.　- 동료평가를 한다.		㉭붙임딱지(24세트) ㉠태도 측면의 동료평가를 통해 협력을 강조한다. ㉭곱셈 바위(6세트)
	협력 놀이 1 [모둠]	◎ <활동 2> 띄워라 곱셈 배! • 놀이 규칙을 확인합시다.　　　 - 놀이 규칙을 확인한다. <놀이 규칙> 1. 각 모둠은 지금 곱셈 배에 타고 있는 상황입니다. 2. 모둠마다 쌓여있는 곱셈 바위가 너무 무거워 배가 가라앉고 있습니다. 3. 배가 가라앉지 않게 하려면 곱셈 바위에 적힌 문제를 풀어내어 바다에 버려야 합니다. 4. 모둠 안에서 돌아가며 한 명씩 곱셈 바위를 버릴 수 있습니다. 5. 협력해서 곱셈 배가 가라앉지 않도록 띄워주세요.	10'	㉠4명씩 6모둠으로 한다. ㉠스토리텔링을 활용한 놀이 소개를 통해 학생들의 흥미를 유발한다. ㉠모둠 내 협력을 강조하여 모든 학생이 적극적으로 참여할 수 있도록 한다. ㉠협력 강사는 곱셈구구에 어려움을 겪는 학생들을 우선하여 도움을 주도록 한다.
	느낌 나누기 [전체]	• 협력하여 곱셈 배가 가라앉지 않도록 지킵시다.　- 협력하며 놀이한다. • 자신이 버린 곱셈 바위의 문제는 무엇이었습니까?　- 2x6이었습니다. / 7x4였습니다. • 놀이를 한 느낌이 어떻습니까?　- 협력해 배를 지켜서 뿌듯했습니다. / 곱셈구구에 더 익숙해졌습니다.		㉠느낌 나누기를 통해 놀이를 통한 학습 경험이 내면화되도록 한다.

	개별 맞춤형 놀이 [개인]	◎ <활동 3> 떠나자 가상 수학나라로! • 놀이 규칙을 확인합시다. <놀이 규칙> 1. 스마트패드로 가상 수학나라에 접속합니다. 2. 자신의 이름이 적힌 방으로 들어갑니다. 3. 수학나라 친구들의 문제를 차례대로 해결해주고 금메달을 얻습니다.	- 놀이 규칙을 확인한다.	10'	㉔스마트패드(28대) ㉮4대의 스마트패드는 여분으로 준비한다. ㉮교사는 미리 개인별 메타버스 방을 준비하여 학생 개개인의 수준에 맞는 문제를 풀 수 있도록 한다. ㉮스마트패드 사용 규칙을 상기한 뒤 활동한다. ㉮협력 강사는 교사와 협력하여 곱셈구구에 어려움을 겪는 학생과 스마트패드를 활용하기 어려운 학생들을 중점적으로 순회 지도한다.
	느낌 나누기 [전체]	• 놀이를 해봅시다. • 수학나라 친구들의 문제는 무엇이었습니까? • 문제를 어떻게 해결했습니까? • 놀이를 한 느낌이 어떻습니까?	- 맞춤형 메타버스 놀이를 한다. - 2x2였습니다. / 9개의 초콜릿이 9꾸러미가 있으면 총 몇 개나는 거였습니다. - 2단 곱셈구구를 이용했습니다. 9단 곱셈구구를 이용했습니다. - 제 수준에 맞는 문제여서 자신감이 생겼습니다. / 더 도전해보고 싶습니다.		
정리	학습 내용 정리	◎ 학습 내용 정리하기 • 오늘 무엇을 공부했습니까?	- 수학 놀이로 곱셈구구를 익혔습니다.	5'	㉮협력강사는 교과서 및 학습 준비물을 스스로 정리하기 어려워하는 학생들을 돕는다.
	자기 평가	◎ 자기 평가하기 • 자기평가지의 별을 색칠해 자신의 학습 과정과 태도를 되돌아봅시다.	- 자기평가를 한다.		㉔자기평가지(24장) ㉮자기평가를 통해 스스로의 학습 과정과 태도를 반성하게 한다.
	차시 예고	◎ 차시 예고하기 • 다음 시간에는 1단 곱셈구구와 0의 곱을 알아보겠습니다.	- 다음 시간에 배울 내용을 확인한다.		
	평가 환류	◎ 평가 환류하기 • 오늘 수업 내용에 대해 더 도전하고 싶다면 열매 학습지를, 더 보충하고 싶다면 새싹 학습지를 가지고 갑시다.	- 수준별 학습지를 가져간다.		㉔열매·새싹 학습지(각 24장) ㉮수준별 학습지를 제공하여 환류가 이루어지게 함으로써 교육과정-수업-평가의 일체화를 도모한다.

기초학력 협력 강사 협의 사항	(수업 전) • 교사와 함께 학생들의 수준을 고려한 놀이와 개별 맞춤형 문제를 제작한다. • 교과서와 학습 준비물을 스스로 준비하기 어려운 학생들의 수업 준비를 돕는다. (수업 중) • 곱셈구구에 어려움을 겪는 학생들을 중심으로 맞춤형 피드백을 제공한다. • 스마트패드 사용에 어려움을 겪는 학생들에게 도움을 제공한다. (수업 후) • 교과서와 학습 준비물을 스스로 정리하기 어려운 학생들의 정리를 돕는다. • 수업 중 관찰한 사항을 교사와 사후협의하여 다음 차시 수업 계획을 돕는다.

04 2022학년도 서울특별시 교수·학습 과정안 문제 및 예시 답안

(1) 다음의 조건에 따라 교수·학습 과정안을 작성하시오.

▶ 수업 유형 : 사회과 성취기준을 중심으로 한 7차시 프로젝트 수업이다.
▶ 학습 주제 : 지속 가능한 미래를 건설하기 위한 실천 방안을 계획할 수 있다.
▶ 조건

- 프로젝트 7차시 중 5~6차시 수업을 구성하시오.
- 프로젝트 개요와 차시 내용을 설계하여 작성하시오.
- 전개 단계에 학생참여선택활동을 포함하시오.
- 학습 단계는 도입-전개-정리로 하시오.
- 대면으로 수업을 듣는 학생과 온라인으로 수업을 듣는 학생을 모두 고려하여 수업을 구성하시오.
- 성취기준에 기반하여 교육과정-수업-평가의 일체화를 구현하시오.
- 학생 24명을 대상으로 한 수업을 구성하시오.

(2) 단원 및 차시 소개

▶ 관련 성취기준

[6사08-06] 지속 가능한 미래를 건설하기 위한 과제(친환경적 생산과 소비 방식 확산, 빈곤과 기아 퇴치, 문화적 편견과 차별 해소 등)를 조사하고, 세계시민으로서 이에 적극 참여하는 방안을 모색한다.

▶ 단원 소개

지구촌의 환경 문제와 지속 가능한 미래를 건설하기 위해 해결해야 할 과제(친환경적 생산과 소비 방식 확산, 빈곤과 기아 퇴치, 문화적 편견과 차별 해소)를 조사해 보고 이를 해결하기 위해 서로 협력하고 노력하는 세계 시민의 자세를 기르는 데 중점을 둔다.
 지구촌 환경 문제의 원인을 알고, 이 문제를 해결하는 데 필요한 자세를 이해할 수 있도록 한다. 또한 지속 가능한 미래 건설을 위해 다양한 문제 해결 방안을 제시하고, 생활 속에서 실천하려는 자세를 갖게 하는 데 주안점을 둔다.

▶ 차시 흐름도
: 사회 2단원

	차시	주요 학습 내용 및 활동
2. 통일 한국의 미래와 지구촌 의 평화	4 / 11	지구촌 사회의 문제점 조사 및 정리
	5~6 / 11	프로젝트 상황 제시 및 팀별 프로젝트 계획 (본시)
	7~8 / 11	* 답안지에 작성
	9~10 / 11	* 답안지에 작성
	11 / 11	프로젝트 결과 발표 및 수정

▶ 자료 1

프로젝트 상황 제시란 학생들이 문제 해결의 필요성을 인식하게 하고, 구체적인 주제를 스스로 선정할 수 있도록 돕는 것을 의미한다. 학생들에게 흥미 있고 실제적인 문제를 제시하며, 문제 해결 과정에서 배운 내용을 활용할 수 있도록 상황을 제시해야 한다. 학습자들이 주도하여 프로젝트 주제를 선정하고, 이를 바탕으로 학습이 이루어지며, 학습 과정을 통해 최종 산출물을 만들어내야 한다. 이는 학교에서의 삶과 일상적 삶을 통합하는 것으로, 프로젝트 수업이란 학습자의 자기주도성을 바탕으로 삶의 맥락과 통합되는 실제적인 내용을 장기간의 학습 수행을 통해 최종 산출물로 구현해내는 수업이라고 정의할 수 있다.
(이와 비슷한 맥락으로 프로젝트 상황 제시가 무엇이고, 어떻게 해야 하는지에 대한 설명이 6줄 가량 적혀있었습니다.)

▶ 자료 2

지속 가능 발전 목표(UN-SDGs)			
빈곤층 감소	사회 안전망 강화	건강하고 행복한 삶	평생 교육 기반 조성
성 평등 보장	물 부족 해결	친환경적 생산과 소비	좋은 일자리 확대
지속 가능한 도시 건설	기후 위기 대응	해양 생태계 보전	육상 생태계 보전
지구촌 협력 강화	평화·정의·포용	장애인 권리 보장	지속 가능한 농업 강화
감염병 피해 최소화	아동 건강 보호 및 증진	비정규직 차별 해소	미세먼지 감축

* 출처: UN 지속 가능 발전 목표(SDGs:Sustainable Development Goals)

(3) 학습 실태

- 등교중지 학생 2명이 있다.
- 모둠 활동에 소극적으로 참여하는 학생 1명과 자기주장이 강한 학생이 1명이 있다.
  (* 네 명의 학생은 모두 각각 다른 학생임)

(4) 기타 작성 조건

▶ 기자재 : 컴퓨터, TV, 웹캠, 마이크, 실물 화상기, 스마트기기(모든 학생이 스마트기기를 가지고 있으며 활용 가능함) 및 기타 등등

2022학년도 교수·학습 과정안 기출 분석

(1) 다음의 조건에 따라 교수·학습 과정안을 작성하시오.

▶ 수업 유형 : 사회과 성취기준을 중심으로 한 7차시 프로젝트 수업이다.

▶ 2022학년도 과정안 시험은 기존처럼 블록 차시 융합 수업(80분)이 출제되었으나, 여기에 프로젝트 학습이 명시적으로 요구되었다는 점에서 차별성이 있었다. 또한 답안지 양식도 크게 달라져 수험생이 직접 프로젝트 개요와 차시를 작성해야 했는데, 난이도가 높지는 않았지만 익숙지 않은 형식이 주어지자 현장에서 당황한 경우가 많았다. 따라서 과정안 대비 시에는 최신 기출 양식만 반복하기보다 다양한 형태의 답안지를 활용한 연습이 필요하다. 실제 시험장에서는 늘 처음 보는 형식이 제시될 가능성이 크기 때문이다. 또한 서울시교육청은 매년 당대의 교육 정책과 이슈를 적극 반영해 문제를 출제한다. 2021학년도에는 실시간 쌍방향 수업, 2022학년도에는 프로젝트 수업과 세계시민교육·생태전환교육이 출제되었다. 이러한 주제는 과정안뿐 아니라 면접·수업실연에서도 꾸준히 다뤄질 수 있다. 결론적으로, 2023학년도 이후에도 융합 수업·온라인 수업·프로젝트형 수업 같은 다양한 유형이 언제든 출제될 수 있음을 염두에 두고, 시책 및 최신 교육 이슈를 꾸준히 확인하며 대비해야 한다.

▶ 조건

- 학습 단계는 도입-전개-정리로 하시오.

- 프로젝트 7차시 중 5~6차시 수업을 구성하시오.

▶ 연차시 여부를 먼저 확인해야 한다. 연차시 수업은 80분으로 구상해야 하므로 시간 배분에 특히 주의해야 하며, 반드시 활동 3개를 포함해 과정안을 완성해야 한다. 일반적으로 도입 5분, 활동1 25분, 활동2 30분, 활동3 15분, 정리 5분으로 배분하며, 이때 활동1~3 중 학습목표와 직접적으로 연결된 핵심 활동에 가장 많은 시간을 할애하는 것이 바람직하다.

- 프로젝트 개요와 차시 내용을 설계하여 작성하시오.

▶ 2022학년도 시험에서 처음 등장한 조건으로, 답안지에 프로젝트 개요와 차시 내용을 직접 작성해야 했다. 시험 시작 직전에 답안지가 배부되기 때문에 성취기준이나 '프로젝트'라는 힌트를 확인하고 문제 유형을 미리 예상할 수 있었으며, 이를 통해 본격적인 시작 전에 대략적인 구상을 해 두는 것이 가능했다. 도입 단계는 보통 만능 틀에 주제만 바꿔 넣는 경우가 많으므로 답안지를 확인하면서 동기유발 방법을 미리 생각해 두면 시간을 절약할 수 있다. 또한 답안지에 프로젝트 개요와 차시 일부가 빈칸으로 제시되어 있었기에 문제지를 보기 전부터 반드시 채워야 한다는 점을 알 수 있었고, 실제 시험에서는 이를 먼저 작성해 시간을 단축할 수 있었다.

- 전개 단계에 학생참여선택활동을 포함하시오.
  - ▶ 학생참여선택활동은 서울시교육청에서 꾸준히 강조하는 요소로, 과정안뿐 아니라 수업 실연에서도 단골로 출제된다. 이미 출제된 조건이라도 반복될 가능성이 높으므로 기출을 분석해 자주 등장하는 조건들을 따로 정리해 두고, 실제 시험에서 고민 없이 활동을 구상할 수 있도록 연습하는 것이 중요하다. 필자의 경우 학생참여선택활동을 '알록달록 표현활동'으로 미리 준비해 두었기에 시험장에서 망설임 없이 과정안을 작성할 수 있었다.

- 대면으로 수업을 듣는 학생과 온라인으로 수업을 듣는 학생을 모두 고려하여 수업을 구성하시오.
  - ▶ 이 조건은 (3) 학습 실태와 연결된다. 등교 중지 학생 2명이 존재하므로 대면 수업을 기본으로 하되 온라인 참여 학생도 동시에 고려해야 한다. 즉, 온·오프라인 융합 블렌디드 수업 상황임을 인지하고 수업을 설계해야 한다.

- 성취기준에 기반하여 교육과정-수업-평가의 일체화를 구현하시오.
  - ▶ 서울시교육청에서 꾸준히 강조하는 조건으로 2년 연속 출제되었다. 반복될 가능성이 높으므로 반드시 따로 정리해 둘 필요가 있다. 특히 수업 활동만으로 드러내기 어렵기 때문에, 재구성 전략과 유의점에 구체적으로 작성해야 한다. 과정중심평가와 환류를 통해 충족할 수 있으므로, 예를 들어 "학생의 수행 결과를 과정중심으로 평가하고, 보충·심화 학습 자료를 제공하여 환류한다."와 같이 상세히 드러내야 한다.

- 학생 24명을 대상으로 한 수업을 구성하시오.
  - ▶ 학생 수 조건은 놓치기 쉽지만 점수와 직결된다. 따라서 과정안에 반드시 반영해야 하며, 배움공책 24개, 스마트기기 24대처럼 교구의 수를 학생 수와 일치시켜 작성해야 한다. 모둠활동은 4명씩 6모둠으로 구성한다고 명시하는 것이 안전하다. 만약 23명처럼 홀수가 제시되면 기본 단위인 4명을 유지하고, 남는 인원은 2명으로 조정하여 모둠을 구성하는 식으로 처리하면 된다.

(2) 단원 및 차시 소개

▶ 학습 주제 : 지속 가능한 미래를 건설하기 위한 실천 방안을 계획할 수 있다.
▶ 관련 성취기준

> [6사08-06] 지속 가능한 미래를 건설하기 위한 과제(친환경적 생산과 소비 방식 확산, 빈곤과 기아 퇴치, 문화적 편견과 차별 해소 등)를 조사하고, 세계시민으로서 이에 적극 참여하는 방안을 모색한다.

▶ 학습 주제와 성취기준이 명확히 제시되어 있어 학습목표를 세우기 쉽다. 예를 들어 "지속 가능한 미래를 건설하기 위한 실천 방안을 계획해 말할 수 있다."처럼 작성하면 된다. 이때 학습 주제·성취기준·본 차시 학습 내용을 모두 반영해야 하며, 마지막 서술어는 반드시 '말할 수 있다', '설명할 수 있다', '쓸 수 있다' 등 행동형으로 작성해야 한다.

▶ 단원 소개

> 지구촌의 환경 문제와 지속 가능한 미래를 건설하기 위해 해결해야 할 과제(친환경적 생산과 소비 방식 확산, 빈곤과 기아 퇴치, 문화적 편견과 차별 해소)를 조사해 보고 이를 해결하기 위해 서로 협력하고 노력하는 세계 시민의 자세를 기르는 데 중점을 둔다.
> 지구촌 환경 문제의 원인을 알고, 이 문제를 해결하는 데 필요한 자세를 이해할 수 있도록 한다. 또한 지속 가능한 미래 건설을 위해 다양한 문제 해결 방안을 제시하고, 생활 속에서 실천하려는 자세를 갖게 하는 데 주안점을 둔다.

▶ 단원 소개는 수업 방향을 잡는 데 중요한 단서이므로 반드시 읽어야 한다. 단순 배경 설명이 아니라 활동 구상에 직접적인 힌트를 주기 때문이다. 이 문제에서는 세계 시민의 자세와 생활 속 실천을 강조해야 함을 알 수 있었다. 단원 소개를 무시하면 차시 침범 같은 실수를 범하기 쉬우므로 꼭 확인해야 한다.

▶ 차시 흐름도
: 사회 2단원

	차시	주요 학습 내용 및 활동
2. 통일 한국의 미래와 지구촌의 평화	4 / 11	지구촌 사회의 문제점 조사 및 정리
	5~6 / 11	프로젝트 상황 제시 및 팀별 프로젝트 계획 (본시)
	7~8 / 11	* 답안지에 작성
	9~10 / 11	* 답안지에 작성
	11 / 11	프로젝트 결과 발표 및 수정

▶ 차시 전개 표에서 확인해야 할 핵심은 전 차시, 본 차시, 후속 차시이다. 본 차시 내용은 학습문제 작성의 근거가 되며, 이번 문제처럼 7~10차시 내용을 수험생이 직접 작성해야 하는 경우에는 차시 흐름도에 나타나 있지 않으므로 답안지 상단의 프로젝트 개요와 연계해 후속 차시를 반영해야 한다. 전 차시 내용인 '지구촌 사회의 문제점 조사'가 본 차시에 중복되지 않도록 유의해야 하며, 전 차시는 '도입'의 전시학습 상기, 후속 차시는 '정리'의 차시 예고에 반영해야 한다. 전후 차시 내용을 침범하면 감점으로 이어지므로 반드시 피해서 활동을 구성해야 한다.

▶ 자료 1

프로젝트 상황 제시란 학생들이 문제 해결의 필요성을 인식하게 하고, 구체적인 주제를 스스로 선정할 수 있도록 돕는 것을 의미한다. 학생들에게 흥미 있고 실제적인 문제를 제시하며, 문제 해결 과정에서 배운 내용을 활용할 수 있도록 상황을 제시해야 한다. 학습자들이 주도하여 프로젝트 주제를 선정하고, 이를 바탕으로 학습이 이루어지며, 학습 과정을 통해 최종 산출물을 만들어내야 한다. 이는 학교에서의 삶과 일상적 삶을 통합하는 것으로, 프로젝트 수업이란 학습자의 자기주도성을 바탕으로 삶의 맥락과 통합하는 실제적인 내용을 장기간의 학습 수행을 통해 최종 산출물로 구현해내는 수업이라고 정의할 수 있다.
(이와 비슷한 맥락으로 프로젝트 상황 제시가 무엇이고, 어떻게 해야 하는지에 대한 설명이 6줄 가량 적혀있었습니다.)

▶ 보통은 교과서 내용을 바탕으로 활동을 구상하지만, 이번 시험은 프로젝트 수업이어서 교과서 장면 대신 프로젝트 상황 설명이 자료로 제시되었다. 본 차시가 '프로젝트 상황 제시 및 팀별 프로젝트 계획'이었으므로, 해당 자료는 활동 구상의 큰 틀이 되었다. 따라서 자료를 꼼꼼히 읽고 핵심을 뽑아내는 것이 필수적이다. 필자는 학생들에게 흥미 있는 주제를 제시하고 배운 내용을 활용해 스스로 프로젝트 주제를 선정하게 하는 점을 핵심으로 잡아 이를 활동과 유의점에 적극 반영하였다.

▶ 자료 2

지속 가능 발전 목표(UN-SDGs)			
빈곤층 감소	사회 안전망 강화	건강하고 행복한 삶	평생 교육 기반 조성
성 평등 보장	물 부족 해결	친환경적 생산과 소비	좋은 일자리 확대
지속 가능한 도시 건설	기후 위기 대응	해양 생태계 보전	육상 생태계 보전
지구촌 협력 강화	평화 · 정의 · 포용	장애인 권리 보장	지속 가능한 농업 강화
감염병 피해 최소화	아동 건강 보호 및 증진	비정규직 차별 해소	미세먼지 감축

* 출처: UN 지속 가능 발전 목표(SDGs:Sustainable Development Goals)

> ▶ 지속 가능 발전 목표가 여러 개 제시되었고, 자료 1을 통해 학생들이 다양한 주제 중 하나를 선택해 계획서를 작성해야 함을 알 수 있었다. 이런 핵심 자료는 반드시 과정안과 구체적 활동에 반영해 조건을 놓치지 않도록 해야 한다. 필자는 활동 결과 확인 발문을 할 때 '물 부족'처럼 답안 작성이 쉬운 주제를 선택했는데, 이처럼 자신이 다루기 편한 주제로 과정안을 구성하는 것도 효과적인 전략이 될 수 있다.

(3) 학습 실태 및 선호도

- 등교중지 학생 2명이 있다.
- 모둠 활동에 소극적으로 참여하는 학생 1명과 자기주장이 강한 학생이 1명이 있다.
  (* 네 명의 학생은 모두 각각 다른 학생임)

> ▶ 2022학년도 문제는 학습 실태나 선호도가 제시되지 않고 조건 아동만 드러나 비교적 자유롭게 활동을 구상할 수 있었다. 등교중지 학생, 소극적인 학생, 자기주장이 강한 학생에 대한 개별 피드백은 반드시 유의점에 모두 기록해 조건 아동을 빠뜨리지 않도록 해야 한다. 또한 이 해에는 학생 수가 명시되어 있었지만, 경우에 따라 학습 실태·선호도를 근거로 학생 수를 직접 계산해야 하므로 이전 기출을 참고해 인원수를 고려한 연습이 필요하다. 더불어 학습 선호도가 제시되는 경우에는 이를 활동 설계에 반드시 반영해야 하므로, 기출을 참고해 활동 흐름과 선호도를 함께 고려하는 연습을 하는 것이 중요하다.

(4) 기타 작성 조건

- 기자재 : 컴퓨터, TV, 웹캠, 마이크, 실물 화상기, 스마트기기(모든 학생이 스마트기기를 가지고 있으며 활용 가능함) 및 기타 등등

> ▶ 기자재와 자료는 하나의 조건으로 제시되므로, 모든 것을 사용할 필요는 없지만 과정안 조건과 연결되는 자료는 적극 활용하는 것이 좋다. 필자는 대면과 온라인을 병행해야 하는 수업이었기에 웹캠과 스마트기기를 활용해 온라인 학생이 줌으로 참여하고, 교실에서는 스마트기기를 자리 위에 두어 모둠 활동에 참여할 수 있도록 구상했다. 이러한 활용 방법은 반드시 '자료 및 유의점'란에 적어 채점관이 조건 반영 여부를 쉽게 확인할 수 있도록 해야 한다. 또한 해마다 특이한 기자재가 제시되는 경우가 있는데, 이는 수업 방향을 결정짓는 중요한 요소가 되므로 반드시 반영해야 한다.

교수·학습 과정안 고득점 Tip

● 과정안 영역은 실습처럼 재미있고 화려한 수업을 한다고 좋은 점수를 받는 것이 아닙니다. 과정안에서는 무엇보다 조건 반영이 핵심입니다. 따라서 동기 유발이나 활동의 참신성보다 제시된 조건을 얼마나 명확하고 눈에 띄게 드러내는지가 중요합니다. 조건 반영이 애매할 경우에는 반드시 '유의점' 칸을 활용하여 문제지의 내용을 옮기고, 자신의 표현을 덧붙여 조건을 충족했음을 분명히 드러내야 합니다.

● 조건은 누락 없이 반영하는 것이 필수이므로 관리 전략이 필요합니다. 실제 시험에서는 새로운 양식의 문제지와 답안지를 처음 마주하기 때문에 연습 때보다 시간이 더 소요될 수 있습니다. 이때는 조건 옆에 체크 표시(∨)를 하고, 충족하면 동그라미로 바꾸는 방식으로 관리하면 효율적입니다. **조건은 '조건' 항목뿐 아니라 학습자 실태, 자료 등 다양한 곳에 흩어져 있으므로 꼼꼼히 표시하지 않으면 누락되기 쉽습니다.** 답안지는 2매로 제한되어 있어 수정이 어렵기 때문에, 체계적인 관리가 반드시 필요합니다.

● 과정안은 제한된 시간 안에 조건을 빠짐없이 반영해야 하므로, 많은 고민 없이 기계적으로 작성할 수 있는 **나만의 '만능 틀'** 을 마련하는 것이 필요합니다. 처음부터 틀을 스스로 만들기는 어렵기 때문에 선배들의 틀이나 하이패스 기출 모범답안을 참고하여 점차 자신만의 틀을 구축하는 것이 좋습니다. 특히 2~3회 정도는 모범 답안을 필사하며 과정안에 반드시 들어가야 할 요소들을 익히고, 도입·정리·평가 영역은 반복적으로 연습해 기계적으로 작성할 수 있도록 해야 합니다.

● 답안지 양식은 해마다 달라지므로 다양한 형태에 익숙해질 필요가 있습니다. 실제 시험에서는 새로운 틀을 처음 마주하기 때문에 연습했던 틀에만 의존하면 당황할 수 있습니다. 예를 들어 2022학년도에는 프로젝트 수업이 출제되면서 '프로젝트 개요'와 '프로젝트 차시' 칸이 새롭게 제시되었습니다. 따라서 평소 연습할 때에도 여러 해 기출 답안지와 다양한 양식을 활용해 보는 것이 중요합니다.

● 실제 시험장에서는 A4 크기의 문제지·답안지가 배부되며, 검은색 펜만 사용 가능하고 화이트는 사용할 수 없습니다. 시험 시작 5분 전에는 답안지가, 시작 1분 전에는 문제지가 배부됩니다. 이때 답안지에는 성취기준과 형식이 제시되는 경우가 많으므로, 짧은 시간 안에 성취기준을 바탕으로 학습 주제를 예측하고 자신의 만능틀을 적용해 머릿속으로 구상하는 것이 좋습니다. 또한 답안지 형식을 꼼꼼히 확인해 기존과 달라진 부분을 파악해야 시험 시작과 동시에 망설임 없이 작성할 수 있습니다. 특히 '유의점' 칸은 폭이 매우 좁으므로 평소 연습할 때도 실제보다 좁게 설정해 글씨 크기와 자간을 조정하는 연습을 해야 합니다.

● 과정안 시험은 이후 치를 심층면접과 수업실연을 예측할 수 있는 힌트이기도 합니다. 예를 들어 2022학년도 시험에서 과정안으로 사회과의 세계시민교육이 출제되자, 이후 심층면접에서는 세계시민교육·생태전환교육이 중복되지 않을 것이라 예상할 수 있었습니다. 따라서 시책을 활용해 과정안 문제를 예측하고, 과정안에서 얻은 단서를 통해 심층면접과 수업실연까지 대비 전략을 세운다면 훨씬 유리한 시험 운영이 가능합니다.

2022학년도 교수·학습 과정안 예시 답안

성취기준[8]	[6사08-06] 지속 가능한 미래를 건설하기 위한 과제(친환경적 생산과 소비 방식 확산, 빈곤과 기아 퇴치, 문화적 편견과 차별 해소 등)를 조사하고, 세계시민으로서 이에 적극 참여하는 방안을 모색한다.	
프로젝트 개요	사회과 기반의 지속 가능한 미래를 주제로 프로젝트 수업을 전개해 세계시민으로서 자질을 기를 수 있도록 한다.	
프로젝트[9] 차시	5~6차시	프로젝트 상황 제시 및 팀별 프로젝트 계획(본시)
	7~8차시	팀별 프로젝트 수행
	9~10차시	팀별 프로젝트 수행 결과 정리 및 발표 자료 제작
	11차시	프로젝트 결과 발표 및 수정
학습 목표	지속가능한 미래를 건설하기 위한 실천 방안을 계획하여 말할 수 있다.	
평가 내용	지속가능한 미래를 건설하기 위한 실천 방안을 계획하여 말할 수 있는가?	
평가 방법	교사의 관찰평가(관찰일지), 동료평가(좋아해 평가지), 자기평가(성장차트, 배움 공책)	
재구성 전략[10]	• 사회과 성취기준을 중심으로 교육과정을 재구성하여 세계시민으로서 자질을 기를 수 있는 프로젝트 수업을 전개한다. • 등교 중지 학생 모둠 내에서 소극적인 학생, 자기주장이 강한 학생에게 개별적 피드백을 제공하여 모두의 가능성을 여는 책임 교육을 실현한다. • 학생의 흥미를 자극하는 프로젝트 상황제시와, 알록달록 표현활동을 통한 프로젝트 주제 선정으로 학생참여선택활동을 실현한다.	
환류 계획	성취기준 도달	심화 학습지를 통해 이해를 확장하고, 다양한 주제로 프로젝트 계획을 세워 볼 수 있도록 격려한다.
	성취기준 미도달	보충 학습지를 통해 이해를 돕고, 프로젝트 계획을 세우게 해 성취기준에 도달할 수 있게 한다.

단계	학습 요소	교수 - 학습 활동 (교사/학생 구분 선 표시 가능)[11]	시간	자료(㉔) 및 유의점(㉕)
도입	전시 학습 상기 동기 유발	◎ 전시학습 떠올리기 • 지난 시간에 배웠던 지구촌에서 발생하는 문제에는 무엇이 있나요? - 환경오염, 문화적 차별이 있었습니다. ◎ 마음 열기 • 화면 속 영상은 어떤 내용이었나요? - 다양한 문제를 해결하기 위해 사람들이 캠페인 활동을 하고 있습니다. • 영상을 보니 어떤 느낌이 들었나요? - 지구촌에 다양한 문제가 발생하고 있어 우리가 해결해야겠다는 생각이 들었습니다. / 영상 속의 사람들처럼 문제 해결을 위해 우리가 실천할 수 있는 일을 찾아 실천하고 싶습니다.	5'	㉔배움 공책(24권), 웹캠 스마트기기, ZOOM(실시간 쌍방향 플랫폼), 캠페인 영상 ㉕전시학습 상기에 어려움을 겪는 학생들은 배움 공책을 활용하게 한다. ㉕온라인으로 수업을 듣는 두 명의 학생의 접속 상태를 확인한다. ㉕실제적인 캠페인 영상 자료를 활용해 상황 제시를 함으로써 학생들이 문제 해

---

[8] 성취기준 칸은 이미 채워진 채로 주어졌다. 따라서 답안지 배부 후, 문제지를 받기 전까지 성취기준을 바탕으로 수업 내용을 예상해보며 시간을 보냈다.

[9] 프로젝트 개요와 프로젝트 차시 작성에 대한 내용은 처음 주어졌다. 프로젝트 개요 칸은 1cm정도의 폭으로 매우 좁아서 아주 작은 글씨로 썼을 때 두 문장 정도 쓸 수 있는 크기였다. 프로젝트 차시는 5~6차시와 11차시는 이미 채워져 있었고, 7~10차시만 작성하면 되었다. 이 역시 문제지를 받기 전까지 어떻게 쓰면 좋을지 미리 구상하였다.

	학습 문제 제시 학습 활동 안내	• 오늘 무엇에 대해 공부하고 싶나요? - 더 좋은 미래를 만들기 위해 우리가 할 수 있는 일을 계획하고 싶습니다. ◎ 학습문제 제시하기 지속 가능한 미래를 건설하기 위한 실천 방안을 계획하여 말해 보자. ◎ 학습 활동 안내하기 <활동 1> 조사하자, 해결 방안! <활동 2> 계획하자, 실천 방안! <활동 3> 발표하자, 우리 계획!		결의 필요성을 인식하고, 프로젝트에 흥미를 가질 수 있도록 한다. ㉮성취기준을 중심으로 교육과정을 재구성하여 프로젝트 수업을 구성하여 교육과정수업평가를 일체화한다.
전개	탐색 [모둠]	◎ <활동 1> 조사하자, 해결 방안! • 지난 시간에 배웠던 내용을 떠올리며 '지속 가능 발전 목표'를 살펴봅시다. 프로젝트 주제는 어떻게 정하면 좋을까요? - 알록달록 표현 활동으로 모둠별로 한 가지 주제를 고르고 싶습니다. • 모둠별로 여러 번 투표하기를 통해 해결하고 싶은 문제를 모둠별로 한 가지 골라 봅시다. - 모둠별로 여러 번 투표하기를 통해 한 가지 프로젝트 주제를 선정한다. • 스마트기기를 활용해 문제를 해결할 수 있는 방안을 조사하고, 모둠 안에서 돌아가며 말하기로 발표해 정리된 내용을 패들렛에 올려 봅시다. - 모둠별로 돌아가며 말하기로 자신이 조사한 내용을 발표한 뒤 패들렛에 정리한 내용을 올린다.	25	㉜지속 가능 발전 목표, 패들렛, 스마트기기 ㉮4명씩 6모둠으로 모둠을 구성한다. ㉮등교 중지 학생 2명의 자리에 스마트기기를 두어 ZOOM을 통해 모둠 안에서 소통할 수 있게 한다. ㉮패들렛으로 조사한 내용을 공유하게 함으로써 등교 중지 학생 2명도 조사한 내용을 함께 공유하고, 이야기 할 수 있도록 한다. ㉮알록달록 표현 활동을 통한 학생참여선택활동으로 학생들이 스스로 프로젝트 주제를 선정할 수 있도록 한다.
	탐색 결과 발표 [전체]	• 어떤 문제를 선택하였나요? - 물 부족 문제입니다. / 장애인 권리 보장 문제입니다. • 왜 그 문제를 선택하였나요? - 물이 부족하면 생명에 위협을 받기 때문입니다. / 우리 사회에 존재하는 모든 차별을 없애야 하기 때문입니다. • 해결 방안으로 무엇을 조사하였나요? - 양치질을 할 때 수도꼭지를 잠그는 것입니다. / 캠페인 활동을 하는 것입니다.		㉮지난 시간에 배웠던 내용을 바탕으로 프로젝트 주제를 선정하게 하여 프로젝트 활동에 자신이 배운 내용을 적극 활용할 수 있도록 한다. ㉮자기주장이 강한 학생은 개별적 피드백을 제공해 협력의 자세를 강조하고, 여러 번 투표하기로 한 가지를 고를 수 있게 한다.
	계획서 쓰기 [모둠]	◎ <활동 2> 계획하자, 실천 방안! • 모둠별로 문제를 해결하기 위한 실천 방안을 한 가지씩 골라 봅시다. - 돌아가며 말하기와 여러 번 투표하기를 통해 실천 방안 한 가지를 고른다. • 구글 ppt를 활용해 구체적인 계획을 세워 봅시다. - 구글 ppt를 활용해 모둠별로 계획서를 작성한다.	30	㉜구글 ppt, 체크리스트 ㉮구글 ppt 동시 작업 기능을 활용해 등교 중지 학생 2명이 함께 계획서를 쓸 수 있게 한다. ㉮모둠활동에 소극적으로 참여하는 학생에게 열심

		• 자신이 모둠 활동에 얼마나 적극적으로 참여했는지 성장 하트로 나타내 봅시다. - 활동 참여도와 태도에 따라 하트의 크기로 자기평가 한다.		카드를 제공해 키워드를 보고 한 가지씩 말할 수 있도록 돕는다. ㉑교사의 관찰평가(체크리스트)
	계획서 발표 [전체]	◎ <활동 3> 발표하자, 우리 계획! • 모둠별로 어떤 계획을 세웠나요? - 수도꼭지 잠그기 체크리스트를 작성하기로 했습니다. / 캠페인 활동을 하기 위해 포스터와 UCC를 제작하기로 했습니다. • 왜 그 방법이 효과적이라고 생각하나요? - 우리가 쉽게 실천할 수 있기 때문입니다. / 많은 사람들에게 문제점과 실천 방안을 알릴 수 있기 때문입니다. • 다른 모둠의 발표를 듣고 좋아해 평가지를 써 봅시다. - 다른 모둠의 발표를 듣고 좋은 점, 아쉬운 점, 아쉬운 점은 해결할 방안에 대해 작성한다. • 좋아해 평가지를 서로 교환하여 모둠별로 계획을 수정해 봅시다. - 다른 모둠이 써준 좋아해 평가지를 바탕으로 부족한 점을 보완한다.	15′	㉔좋아해 평가지 ㉑좋아해 평가지를 통한 상호평가의 환류 내용을 즉시 적용하게 함으로써 교육과정-수업-평가의 일체화를 도모한다. ㉑구체적인 실천 계획을 발표하게 함으로써 생활 속에서 실천하려는 자세와 세계시민으로서의 자질을 기를 수 있게 한다. ㉑학생적 발표를 통해 학생들의 창의 지성을 함양한다.
정리	학습 내용 정리	◎ 학습 내용 정리하기 • 오늘 무엇에 대해 배웠나요? - 지속 가능한 미래를 위해 우리가 할 수 있는 일에 대해 계획을 세워 보았습니다.	5′	㉔배움공책(각 24권), 심화·보충 학습지(각 24장) ㉑자기평가를 통해 스스로의 학습 과정과 태도를 반성하게 한다.
	자기 평가	◎ 자기 평가하기 • 자신의 학습 과정과 태도를 배움공책에 정리해봅시다. - 자신의 학습 과정과 태도를 성찰하여 배움공책에 작성한다.		㉑성취기준 도달·미도달 학생에게 심화·보충 학습지를 제공하여 환류가 이루어지게 함으로써 교육과정-수업-평가의 일체화를 도모한다.
	차시 예고	◎ 차시 예고하기 • 다음 시간에는 모둠별로 세운 계획에 따라 실제로 활동을 해 보겠습니다. - 다음 시간에 배울 내용을 확인한다.		

---

6) 올해 '재구성 전략' 칸과 '자료 및 유의점 칸'이 매우 작았다. 재구성 전략 칸에는 자신이 가장 불안한 조건을 써 넣는 것을 추천한다. 여러 번 반복하여 조건이 드러나면 그만큼 점수를 얻기 좋기 때문이다. '자료 및 유의점' 칸은 책에 나타나 있는 크기의 거의 절반 정도에 해당하므로 연습을 할 때는 '자료 및 유의점' 칸은 더 좁게 조정하여 작은 글씨로 과정안을 쓰는 연습을 하길 바란다.

11) 올해도 교수·학습과정안에서 교수·학습 활동이 하나로 합쳐진 형식으로 주어졌다. 하지만 여전히 '교사/학생 구분선 표시 가능'이라는 유의사항이 있었다. 어떤 형태가 주어질지 모르기에 두 가지 방식 모두 연습하는 것을 권한다.

05 2021학년도 서울특별시 교육청 교수·학습 과정안 문제 및 예시 답안

(1) 다음의 조건에 따라 교수·학습 과정안을 작성하시오.

▶ 과목 : 5학년 국어
▶ 수업 유형 : 원격수업을 위한 실시간 쌍방향 블록 수업(80분)을 구성한다. 5학년 국어 1단원과 5단원을 성취기준을 중심으로 통합하여 교과 내 융합 수업을 진행하도록 한다.
▶ 학습 주제 : 일상생활 속에서 공감하며 대화하는 방법을 알고 실천할 수 있다.
▶ 관련 성취기준

> [6국01-07] 상대가 처한 상황을 이해하고 공감하며 듣는 태도를 지닌다.
> [6국05-04] 일상생활의 경험을 이야기나 극의 형식으로 표현한다.

▶ 조건
- 성취기준에 기반하여 교육과정-수업-평가의 일체화를 구현하시오.
- 학습 단계는 도입-전개-정리로 하시오.
- 온라인 수업 도중 비디오를 끄는 학생이나 반응을 하지 않는 학생 등 소극적으로 참여하는 학생들에 대한 지도 방안을 포함하시오.
- 학생들이 생활 속에서 공감하며 대화하는 태도를 내면화할 수 있도록 하는 수업으로 구성하시오.

(2) 단원 및 차시 소개

▶ 단원 소개

> 이 단원은 공감하며 대화하는 방법을 알고 공감하며 대화하는 능력과 태도를 기르는 것이 목적이다. 학생들은 공감하며 대화해야 하는 까닭을 알고 공감하는 대화의 개념과 공감하며 대화하는 방법을 익혀 실제로 상대에게 공감하며 대화하는 능력과 태도를 지닐 수 있다. 또 예절을 지키며 누리 소통망 대화를 나눌 수 있으며 이야기를 읽고 공감하는 대화를 생활 속에서 실천할 수 있다.
> 이 단원의 국어과 핵심역량은 '의사소통 역량'이다. 이 단원에서는 공감하며 대화하는 방법을 알고, 직접 대화하는 상황에 적용하는 태도를 지님으로써 다른 사람과 효과적으로 의사소통하는 태도를 기를 수 있다.

▶ 차시 흐름도
: 국어 1단원

	차시	주요 학습 내용 및 활동
공감적 듣기	1~2 / 8	단원 도입 및 단원 학습 계획 세우기, 공감하며 대화하는 까닭 알아보기 (콘텐츠 활용형 수업)
	3~4 / 8	공감하며 대화하는 방법 알기 (실시간 쌍방향 수업)
	5~6 / 8	예절을 지키며 누리 소통망에서 대화하기 (등교수업)

: 국어 5단원

차시		주요 학습 내용 및 활동
연극	연극 준비	연극의 특성을 살펴볼 수 있다.
	연극 연습	감정이나 생각을 몸짓으로 표현할 수 있다.
		즉흥 표현을 할 수 있다.
	연극 실연	자신이 되고 싶은 인물을 떠올리며 즉흥 표현을 할 수 있다.

▶ 교과서 내용

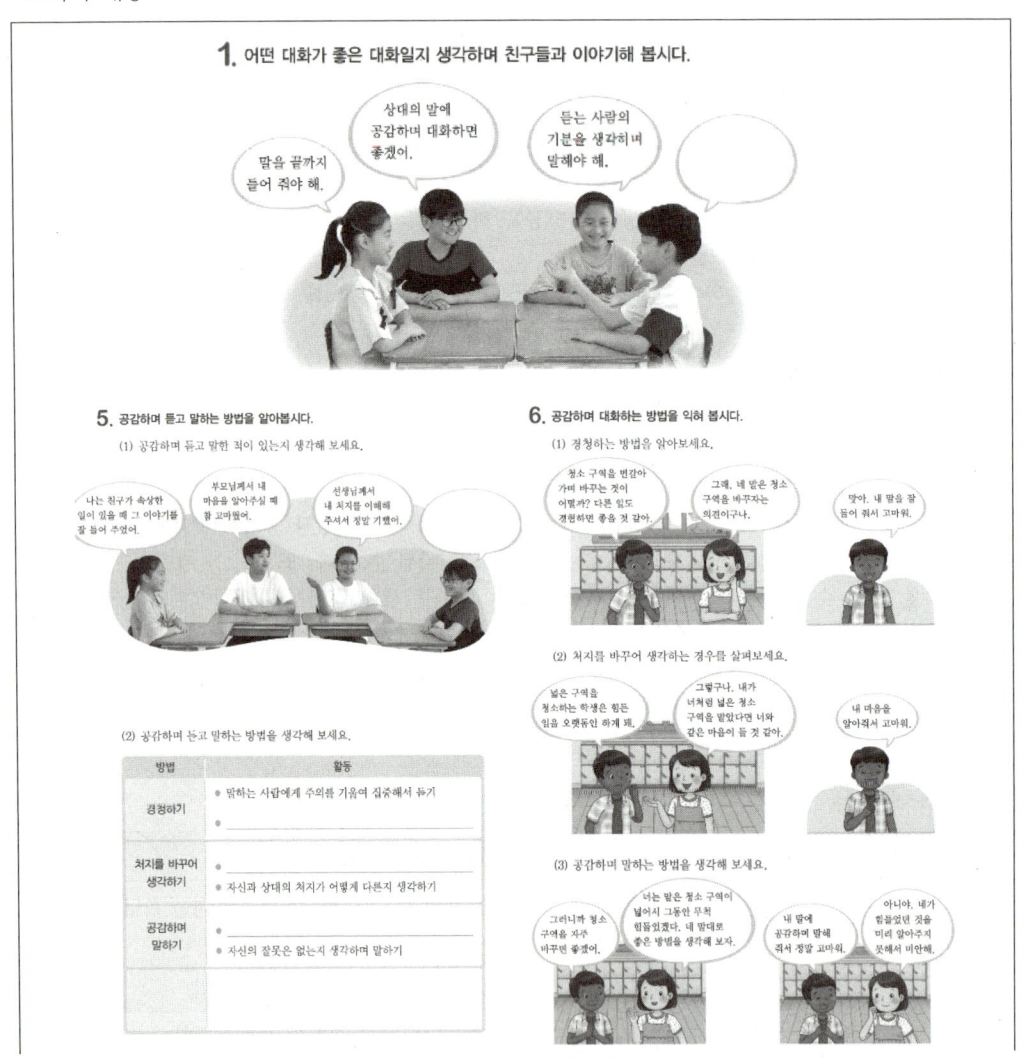

7. 공감하며 대화하는 방법을 정리해 봅시다.

8. 친구들과 상황을 정해 공감하는 대화를 나누어 봅시다.

(3) 학습 실태 및 선호도

▶ 인원 구성: 5학년 학생 24명
▶ 실태 관련 설문조사
1. 자신의 생각이나 감정을 몸짓이나 말로 표현하는 것을 어려워하는가? (N=24)

자신의 생각이나 감정을 몸짓이나 말로 표현할 수 있다.	14
자신의 생각이나 감정을 몸짓이나 말로 표현하는 것이 다소 어렵다.	6
표현을 하는 데 어려움을 겪는다.	4

2. 생활 속에서 대화를 하다가 불쾌한 감정을 느낀 경험이 있는가? (N=24)

있다.	21
없다.	3

▶ 학습 선호도
1. 어떤 활동을 좋아하는가? (N=24)

브레인스토밍	2
토의	10
역할극	12

(4) 기타 작성 조건

▶ 기자재 : 컴퓨터, TV, 웹캠, 마이크, 실물 화상기, 스마트기기 및 기타 쌍방향 원격수업 도구
▶ 자료 : 동영상, 사진 자료 / e 학습터 등의 온라인 학습 플랫폼

2021학년도 교수·학습 과정안 기출 분석

(1) 다음의 조건에 따라 교수·학습 과정안을 작성하시오.

> ▸ 과목 : 5학년 국어
> ▸ 수업 유형 : 원격수업을 위한 실시간 쌍방향 블록 수업(80분)을 구성한다. 5학년 국어 1단원과 5단원의 연극 단원을 성취기준을 중심으로 통합하여 교과 내 융합 수업을 진행하도록 한다.
>
>> ▶ 2021학년도 과정안은 블록 차시 융합 수업(80분)으로 출제되었으며, 특히 교과 '내' 융합과 실시간 쌍방향 수업 조건이 처음 등장했다. 이는 코로나 이후 현장에 막 도입된 유형이어서 많은 수험생들이 당황했지만, 서울시교육청이 최신 교육 흐름을 반영해 수험생의 적응력과 창의성을 평가하고자 했음을 보여준다. 답안지에는 '활용 플랫폼' 칸이 추가되고, 조건 아동도 온라인 수업 상황을 반영해 제시되었다. 따라서 수험생은 융합 수업, 온라인 수업, 프로젝트 수업 등 다양한 형태를 미리 연습해 새로운 형식에도 유연하게 대응할 수 있어야 한다.
>
> ▸ 학습 주제 : 일상생활 속에서 공감하며 대화하는 방법을 알고 실천할 수 있다.
> ▸ 관련 성취기준
>
> [6국01-07] 상대가 처한 상황을 이해하고 공감하며 듣는 태도를 지닌다.
> [6국05-04] 일상생활의 경험을 이야기나 극의 형식으로 표현한다.
>
>> ▶ 2020학년도와 달리 2021학년도에는 학습 주제가 명시적으로 제시되었으나, 답안지에는 '학습 목표'를 작성하는 칸이 따로 있었다. 따라서 단순히 주제를 옮겨 적기보다는 성취기준을 반영해 구체적인 목표로 재구성하는 것이 바람직하다. 예를 들어 '실천할 수 있다'를 '연극으로 표현할 수 있다'와 같이 변형하면 교과 내 융합 수업의 특징을 드러낼 수 있다. 성취기준이 답안지에도 제시되어 있었기에 이를 통해 시험 시작 전 문제를 예측할 수 있었고, 실제로 '연극 단원'이 출제되었다.
>
> ▸ 조건
> - 성취기준에 기반하여 교육과정-수업-평가의 일체화를 구현하시오.
>
>> ▶ 교육과정-수업-평가의 일체화는 서울시교육청이 지속적으로 강조하는 핵심 주제이므로 반드시 대비해야 한다. 다만 과정안에서는 눈에 잘 드러나지 않기 때문에 '재구성 전략'과 '유의점' 칸을 활용해 조건 충족을 명확히 보여줄 필요가 있다. 특히 함께 만들어가는 교육과정, 학생 중심 수업, 과정 중심 평가와 같은 구체적 방안을 활동이나 유의점에 녹여내어 채점관이 쉽게 확인할 수 있도록 작성하는 것이 중요하다.
>
> - 학습 단계는 도입-전개-정리로 하시오.

- 온라인 수업 도중 비디오를 끄는 학생이나 반응을 하지 않는 학생 등 소극적으로 참여하는 학생들에 대한 지도 방안을 포함하시오.

  ▶ 실시간 쌍방향 수업에서는 비디오를 끄거나 반응하지 않는 학생들이 발생할 수 있으므로 이에 대한 지도 방안을 반드시 '유의점'에 명시해야 한다. 예를 들어 도입 단계에서 '수업 약속'을 함께 정하고 전개 단계에서 이를 상기시키는 방법이 효과적이다. 또한 반응이 소극적인 학생에게는 '기록이'와 같은 구체적 역할을 부여하여 활동에 반드시 참여하도록 유도할 수 있다. 이처럼 다양한 방법을 유의점에 제시해 조건 충족을 분명히 드러내는 것이 필요하다.

- 학생들이 생활 속에서 공감하며 대화하는 태도를 내면화할 수 있도록 하는 수업으로 구성하시오.

  ▶ 이 조건은 수업에서 배운 내용을 학생들의 실제 삶과 연결하는지를 평가하는 것이다. 따라서 자료나 활동은 반드시 생활 속 사례와 관련되도록 구성해야 한다. 특히 연극 단원과의 융합 수업이므로 역할극을 통해 깨달은 점이나 다짐을 나누게 하면 효과적이다. 또한 일상 대화 상황을 자료로 활용하거나 동기유발을 경험과 연결하면 학생들의 태도 변화를 자연스럽게 이끌 수 있다. 마지막으로 이러한 의도를 '유의점'에 명확히 적어 조건 충족을 분명히 드러내는 것이 중요하다.

(2) 단원 및 차시 소개

▶ 단원 소개

> 이 단원은 공감하며 대화하는 방법을 알고 공감하며 대화하는 능력과 태도를 기르는 것이 목적이다. 학생들은 공감하며 대화해야 하는 까닭을 알고 공감하는 대화의 개념과 공감하며 대화하는 방법을 익혀 실제로 상대에게 공감하며 대화하는 능력과 태도를 지닐 수 있다. 또 예절을 지키며 누리 소통망 대화를 나눌 수 있으며 이야기를 읽고 공감하는 대화를 생활 속에서 실천할 수 있다.
> 이 단원의 국어과 핵심역량은 '의사소통 역량'이다. 이 단원에서는 공감하며 대화하는 방법을 알고, 직접 대화하는 상황에 적용하는 태도를 지님으로써 다른 사람과 효과적으로 의사소통하는 태도를 기를 수 있다.

▶ 단원 소개는 수업의 큰 방향성과 중점 역량을 제시하므로 반드시 읽어야 한다. 이를 소홀히 하면 차시 침범과 같은 실수를 범할 수 있다. 따라서 단원 소개를 통해 수업의 흐름을 정확히 파악하고, 활동 구상 시 핵심 역량을 유의점에 반영하는 습관을 들이는 것이 바람직하다.

▶ 차시 흐름도
: 국어 1단원

	차시	주요 학습 내용 및 활동
공감적 듣기	1~2 / 8	단원 도입 및 단원 학습 계획 세우기, 공감하며 대화하는 까닭 알아보기 (콘텐츠 활용형 수업)
	3~4 / 8	공감하며 대화하는 방법 알기 (실시간 쌍방향 수업)
	5~6 / 8	예절을 지키며 누리 소통망에서 대화하기 (등교수업)

: 국어 5단원

	차시	주요 학습 내용 및 활동
연극	연극 준비	연극의 특성을 살펴볼 수 있다.
	연극 연습	감정이나 생각을 몸짓으로 표현할 수 있다.
		즉흥 표현을 할 수 있다.
	연극 실연	자신이 되고 싶은 인물을 떠올리며 즉흥 표현을 할 수 있다.

▶ 교과서 내용

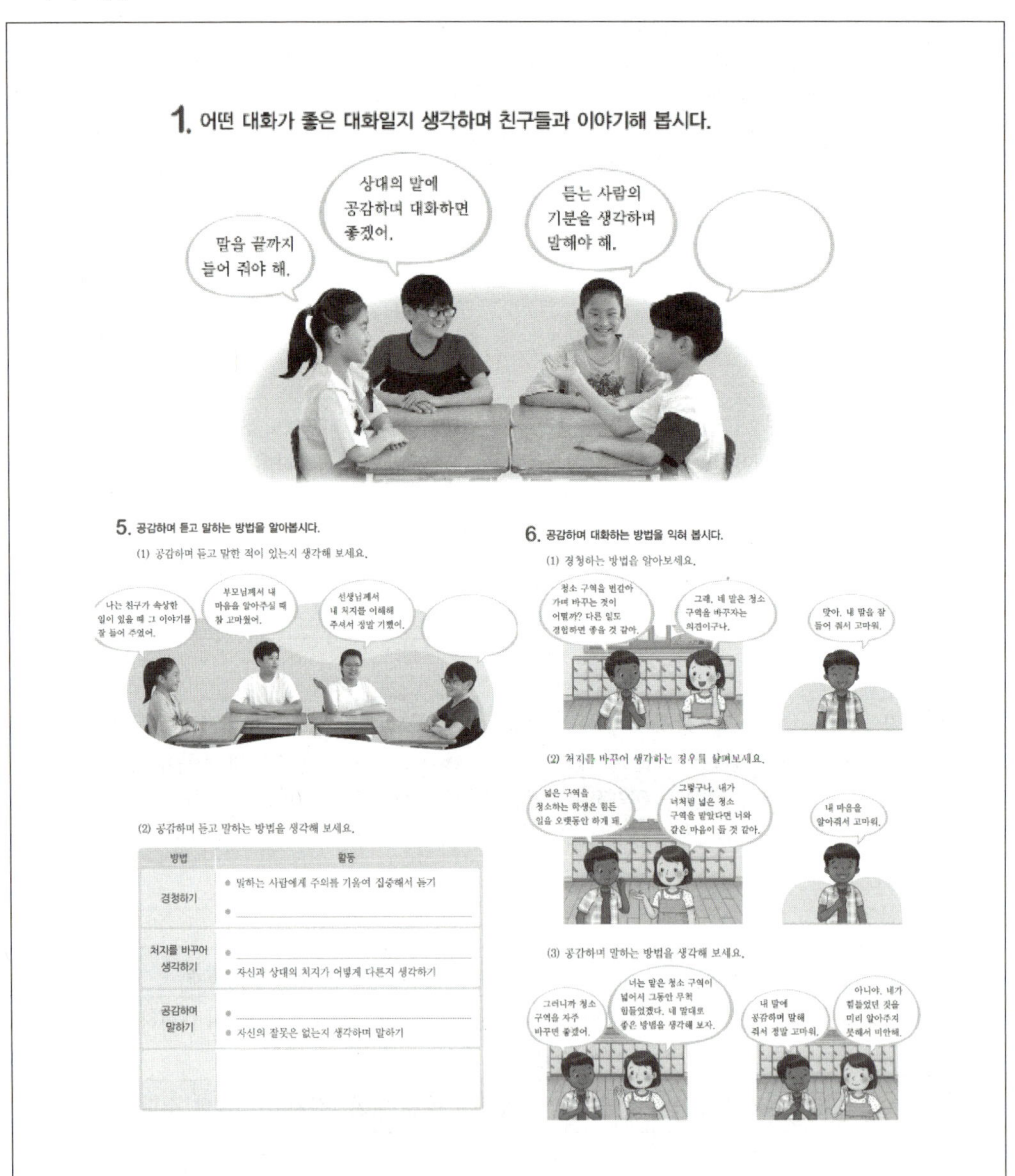

▶ 교과서 내용은 활동 설계의 핵심 자료로, 제시된 내용을 3부분으로 나누어 주요 활동에 활용하면 좋다. 이때 융합 수업의 특성을 살려 연극 단원 내용까지 함께 담아야 한다. 예를 들어 '공감하며 대화하는 방법 생각하기'와 '익히고 나누기'를 묶고, 역할극을 추가하여 총 3가지 활동으로 구성하는 방식이 효과적이다.

(3) 학습 실태 및 선호도

▶ 인원 구성: 5학년 학생 24명
▶ 실태 관련 설문조사

1. 자신의 생각이나 감정을 몸짓이나 말로 표현하는 것을 어려워하는가? (N=24)

자신의 생각이나 감정을 몸짓이나 말로 표현할 수 있다.	14
자신의 생각이나 감정을 몸짓이나 말로 표현하는 것이 다소 어렵다.	6
표현을 하는 데 어려움을 겪는다.	4

2. 생활 속에서 대화를 하다가 불쾌한 감정을 느낀 경험이 있는가? (N=24)

있다.	21
없다.	3

▶ 학습 선호도
1. 어떤 활동을 좋아하는가? (N=24)

브레인스토밍	2
토의	10
역할극	12

> ▶ 학생 수는 조건에 명시되기도 하지만, 그렇지 않은 경우 학습 실태나 선호도를 바탕으로 추론해야 하며, 이후 모둠·짝 활동 인원을 유의점에 명확히 제시해야 한다. 이를 간과하면 감점 위험이 있다.
> ▶ 학습 실태는 어려움을 겪는 학생뿐만 아니라 적극적으로 참여하는 학생도 함께 고려해야 하며, 학생 상호 교수 방식을 활용하면 두 집단을 모두 반영할 수 있다.
> ▶ 학습 선호도는 활동 형태를 결정하는 중요한 요소로, 예를 들어 역할극과 토의 선호도가 비슷하다면 두 가지 모두를 반영하는 것이 바람직하다. 다만 브레인스토밍처럼 활동 설계의 흐름을 방해한다면 굳이 반영하지 않아도 되므로, 활동 흐름과 선호도를 균형 있게 고려해야 한다.

(4) 기타 작성 조건

- 기자재 : 컴퓨터, TV, 웹캠, 마이크, 실물 화상기, 스마트기기 및 기타 쌍방향 원격수업 도구
- 자료 : 동영상, 사진 자료 / e 학습터 등의 온라인 학습 플랫폼

> ▶ 기자재 및 자료 역시 조건에 해당하므로 가능하면 과정안과 관련된 것은 적극 활용해야 한다. 특히 '실시간 쌍방향 수업'과 같은 조건에서는 e학습터, 마이크, 캠 등 온라인 수업에 필요한 도구를 활용하고, 이를 반드시 '자료 및 유의점'에 명시해 채점관이 조건 반영 여부를 쉽게 확인할 수 있도록 한다.
> ▶ 또한 해마다 특이한 자료가 함께 제시되기도 하는데, 이는 단순 장식이 아니라 수업 활동과 밀접하게 연결된 경우가 많다. 예컨대 2020학년도 고려 청자 자료처럼 본문 활동과 직접 관련된 경우 반드시 활용해야 한다. 기자재와 자료는 수업의 방향을 결정짓는 중요한 단서이므로 놓치지 않고 반영하는 것이 안전하다.

> **Tip 선배님의 한마디**
>
> - 만능 틀을 만드는 것은 필요하지만 여기에 과도하게 얽매이지 않아야 합니다. 도입·정리·평가, 일반적 유의점 등은 틀로 고정해 두되, 활동 설계는 조건과 교과서 내용에 따라 유연하게 구성하는 것이 바람직합니다. 틀에 집착하면 오히려 새로운 활동을 떠올리지 못하는 부작용이 생길 수 있습니다.
>
> - 과정안 작성은 스터디 피드백을 통해 큰 도움을 받을 수 있습니다. 같은 조건도 해석과 접근이 다르기 때문에 다양한 아이디어를 얻고 조건 적절성에 대한 안목도 기를 수 있습니다. 실제로 '교과 융합'과 같은 조건은 스터디에서 나온 아이디어가 답안을 완성하는 데 결정적일 수 있습니다.
>
> - '유의점'과 '재구성 전략' 작성은 반드시 강조해야 합니다. 활동만으로는 조건 충족 의도가 채점관에게 드러나지 않을 수 있기 때문입니다. 예를 들어 협력 조건이 있다면 활동 속 모둠 활동 외에도 유의점에 '모둠 활동을 통해 협력적 태도를 기른다'라고 명시적으로 작성해야 합니다. 다소 과하다 싶을 정도로 드러내는 것이 안전합니다. 단, 조건 자체가 비현실적이거나 억지스럽게 충족된 경우에는 점수로 이어지지 않으므로 활동과 조건을 유기적으로 연결해야 합니다.
>
> - 코로나19로 인해 블렌디드 수업과 실시간 쌍방향 수업이 실제 학교 현장에 등장하면서, 2021학년도 시험에도 처음으로 이 조건이 출제되었습니다. 현장에서도 막 정착해 가는 단계였기에 많은 수험생들이 당황했지만 이는 앞으로 반드시 연습해야 할 수업 형태가 하나 더 추가되었다는 의미입니다. 실제로 다른 지역에서도 실시간 쌍방향 조건이 수업 실연에 등장했으므로 기출문제를 변형해 이러한 수업 형태에 맞는 과정안을 작성해 보는 연습이 필요합니다.

2021학년도 교수·학습 과정안 예시답안

성취기준[12]	[6국01-07] 상대가 처한 상황을 이해하고 공감하며 듣는 태도를 지닌다. [6국05-04] 일상생활의 경험을 이야기나 극의 형식으로 표현한다.
학습 목표	일상생활 속에서 공감하며 대화하는 방법을 알고 다양하게 표현할 수 있다.
평가도구	체크리스트(교사의 관찰평가), 배움공책(자기평가), 공감 하트(동료평가)
재구성 전략[13]	• 성취기준을 중심으로 교육과정을 재구성하여 융합 수업을 진행하고, 과정 중심 평가를 실시해 교육과정-수업-평가를 일체화한다. • 비디오를 끄는 학생에게는 규칙 상기를, 반응을 하지 않는 학생에게는 역할 부여를 통해 책임교육을 실현한다. • 학생들의 삶과 관련된 자료를 통해 실생활 속에서 공감하며 대화하는 태도를 내면화하게 한다.
활용 플랫폼	ZOOM(실시간 쌍방향 도구), e학습터, 패들렛(모둠 협력 도구)
평가내용	일상생활 속에서 공감하며 대화하는 방법을 알고 다양하게 표현할 수 있는가?
환류 계획	**성취기준 도달**: 심화 학습지를 통해 이해를 확장하고, 더 다양한 표현의 기회를 제공하며 공감과 협력의 태도를 지속하도록 칭찬한다. **성취기준 미도달**: 보충 학습지를 통해 이해를 돕고, 간단한 표현의 틀을 제공해 표현을 도우며 공감과 협력의 태도를 가지도록 개별적 피드백을 제공한다.

단계	학습 요소	교수 – 학습 활동 (교사/학생 구분 선 표시 가능)[14]	시간(′)	자료(㉹) 및 유의점(㉴)
도입	전시 학습 상기	◎ 전시학습 떠올리기 • 지난 시간에 어떤 내용을 배웠나요? - 공감하며 대화하는 까닭에 대해 배웠습니다.	5′	㉹배움공책(24권) ㉴전시학습이 잘 떠오르지 않는 학생들은 배움공책을 활용하게 한다. ㉴학생들의 비디오와 오디오를 점검하고, 실시간 온라인 수업 약속을 상기한다. ㉹PPT(궁금이의 고민) ㉴동기유발 자료와 경험을 관련지어 소극적으로 참여하는 학생의 흥미를 유발한다. ㉴학습 실태와 선호도를 반영하여 수업을 구성한다. ㉴성취기준을 중심으로 교육과정을 재구성하여 융합 수업을 진행하고, 교육과정-수업-평가를 일체화한다.
	동기 유발	◎ 마음 열기 • 궁금이의 고민은 무엇입니까? - 공감하며 대화하는 방법을 몰라 고민입니다. • 비슷한 경험을 한 적이 있나요? - 공감하며 대화하지 않아 기분이 상한 적이 있습니다. / 공감하며 대화하는 방법을 몰라 친구와 소통이 잘 안 된 적이 있습니다. • 오늘 무엇을 배우면 좋겠습니까? - 공감하며 대화하는 방법입니다. / 이를 직접 몸으로 표현하는 것입니다.		
	학습 문제 제시	◎ 학습문제 제시하기 　　일상생활 속에서 공감하며 대화하는 방법을 알고, 　　다양하게 표현해보자.		

---

12) 성취기준 칸은 이미 채워진 채로 주어졌다. 따라서 답안지 배부 후, 문제지를 받기 전까지 성취기준을 바탕으로 수업 내용을 예상해보며 시간을 보냈다.
13) 올해 '재구성 전략' 칸과 '자료 및 유의점 칸'이 매우 작았다. 재구성 전략 칸은 2줄을 적으면 꽉 차는 수준이었기에, 과정안 상에 잘 드러나지 않는 부분에 중점을 두고 여러 가지 조건을 한 문장에 종합하여 적었다.
14) 올해도 교수·학습과정안에서 교수·학습 활동이 하나로 합쳐진 형식으로 주어졌다. 하지만 여전히 '교사/학생 구분선 표시 가능'이라는 유의사항이 있었다. 어떤 형태가 주어질지 모르기에 두 가지 방식 모두 연습하는 것을 권한다.

	학습 활동 안내	◎ 학습 활동 안내하기 <활동 1> 알아보자, 좋은 대화! <활동 2> 토의하자, 공감하며 대화하는 방법! <활동 3> 표현하자, 공감하며 대화하기!		
전개	탐색 [모둠] 탐색 결과 발표 [전체]	◎ <활동 1> 알아보자, 좋은 대화! • e학습터에 들어가 대화 사진 자료를 살펴봅니다. 자료 속 좋지 못한 대화 상황을 살펴보고, 모둠별로 관련된 생활 속 경험에 대해 돌아가며 말해봅시다. -배정된 소회의실에 들어가 모둠원과 대화 상황과 관련된 경험을 나누고, 왜 좋지 않은 대화인지에 대하여 이야기한다. • 전체 회의실로 돌아와 탐색한 대화 사진 자료에 어떤 대화 상황이 있었는지 채팅창에 써보도록 합시다. -친구가 급식을 받을 때 새치기하는 상황입니다. / 청소 당번인 친구와 말다툼이 생긴 상황입니다. • 만약 자신이었다면 그 상황에서 어떤 기분이 들었을 것 같나요? 손들기 기능을 이용해 한 명씩 발표해봅시다. -억울한 기분이 듭니다. / 서로의 행동을 이해하지 못해 답답합니다. • 좋지 않은 대화와 비교하여 생각했을 때, 어떤 대화가 좋은 대화일까요? -서로의 기분을 생각하며 말하는 대화입니다. / 상대방이 왜 그랬는지 정확한 상황을 파악하고 나누는 대화입니다. / 서로의 마음에 공감하며 말하는 대화입니다.	15′	㈜4명씩 6모둠으로 소회의 실을 배정한다. ㉔e학습터(대화 자료) ㈜생활과 관련된 대화 를 통해 실생활 속에서 공 감하며 대화하는 태도의 필요성을 내면화하게 한 다. ㈜생활 속에서 대화를 하 다가 불쾌한 감정을 느낀 경험이 없는 학생은 친구 의 이야기를 들으며 간접 경험할 수 있게 한다. ㈜순회지도를 통해 비디 오를 끄는 학생에게 온라인 수업 약속을 반응을 하지 않는 학생에게 개별적 피 드백을 제공해 참여하게 한다. ㈜학산적 발문으로 학생들 의 창의 지성을 함양한다.
	공감 하며 대화 하는 방법 토의 [모둠]	◎ <활동 2> 토의하자, 공감하며 대화하는 방법! • 모둠별로 공감하며 대화하는 방법에는 무엇이 있을지 토의해봅시다. 토의한 내용은 패들렛에 올려 정리해봅시다. -배정된 소회의실에서 모둠원과 함께 공감하며 대화하는 방법에 대해 정리한다. • 전체 회의실로 돌아와 패들렛에 올린 내용을 살펴봅시다. 다른 모둠이 올린 내용을 보고, 잘했다고 생각하는 내용에 공감 하트를 눌러 동료 평가를 해봅시다. -다른 모둠의 토의 결과에 대해 공감 하트를 눌러 동료 평가한다. • 가장 많은 공감 하트를 받은 '공감하며 대화하는 방법'에는 무엇이 있나요? -서로의 말에 경청하는 것입니다. / 처지를 바꾸어 생각하는 것입니다. / 상대방의 기분과 상황에 공감하는 말을 합니다.	25′	㈜반응을 하지 않는 학 생에게 기록이 역할을 부 여함으로써 책임감을 갖 고 활동에 참여하게 한 다. ㈜공감 하트를 통한 동료 평가 결과를 수업에 반영 하여 교육과정-수업-평 가의 일체화를 도모한다. ㉔패들렛 PPT(대화 문장) ㈜학급 전체 단위에서 공감하며 대화하기를 연습해봄으로써 자신의 생각이나 감정을 표현 하는 것이 어려운 학생들 의 부담을 덜고 연습의 기 회를 제공한다.

	토의 내용 적용 [전체]	• 앞서 보았던 대화 자료의 한 문장을 보고, 어떻게 하면 공감하며 대화하는 문장으로 만들 수 있을지 발표해봅시다. -문장을 바람직하게 바꾸어 손들기 기능을 이용해 발표한다. • 여러분이 바꾼 문장을 적절한 몸짓과 함께 연습해봅시다. -바꾼 문장을 적절한 표정, 몸짓과 함께 표현하는 연습을 한다.		
	역할극 준비 [모둠] 역할극 발표 [전체]	◎ <활동 3> 표현하자, 공감하며 대화하기! ○ 모둠원별로 공감하며 대화하는 상황을 역할극으로 표현하기 • 역할극을 준비하기 위해 어떤 계획을 세울 수 있을까요? 연극의 특성을 떠올리며 발표해봅시다. -대사를 정하고 적절한 행동을 연습합니다. / 역할을 나눕니다. / 소품을 준비합니다. • 모둠별로 e학습터에 있는 대화 상황 중 바꾸고 싶은 상황 1가지를 선택하여 역할극을 준비해봅시다. -소회의실에 들어가 역할극 계획을 세우고 연습한다. • 모둠별로 준비한 역할극을 소개하고 발표해봅시다. 발표하는 모둠만 마이크를 켜고 발표해봅시다. -전체 회의실에서 모둠별로 돌아가며 역할극을 발표한다. • 다른 모둠의 역할극에 대하여 칭찬할 점이 있나요? -3모둠에서 새치기한 친구가 미안한 표정을 지으며 사과하는 부분이 실감 났습니다. / 1모둠에서 당번인 친구의 처지를 이해하는 말을 한 것이 감동적이었습니다. • 역할극을 준비하면서 느낀 점이나 다짐을 채팅방에 올려봅시다. -평소 저의 대화 방법을 반성하게 되었습니다. / 공감하며 대화하니 친구와 더 좋은 관계를 맺을 수 있다는 것을 깨달았습니다.	30′	㉮체크리스트, e학습터 (대화 자료) ㉯역할극을 계획할 때 연극 단원에서 배운 내용을 떠올리게 하여 교과 내 융합을 도모한다. ㉯자신의 생각, 감정을 잘 표현하는 학생에게 또래 도우미 역할을 부여하여 모둠원의 역할극 연습을 돕도록 한다. ㉯순회지도를 통해 학생들의 역할극 준비 과정을 체크리스트로 관찰 평가한다. ㉯느낀 점을 나눔으로써 학생들이 실생활에서 공감하며 대화하는 태도를 내면화할 수 있게 한다.
정리	학습 내용 정리 자기 평가 차시 예고	◎ 학습 내용 정리하기 • 오늘 어떤 내용을 배웠습니까? -공감하며 대화하는 방법을 연극으로 표현하였습니다. ◎ 자기 평가하기 • 자신의 학습 과정과 태도를 배움공책에 정리해봅시다. -배움공책에 자신의 학습 과정과 태도를 평가한다. ◎ 차시 예고하기 • 다음 시간에는 예절을 지키며 누리 소통망에서 대화하는 것에 대하여 배워봅시다. -다음 시간에 배울 내용을 확인한다.	5′	㉮배움공책(24권), 심화·보충 학습지(각 24장) ㉯자기평가를 통해 스스로의 학습 태도를 반성하게 한다. ㉯성취기준 도달·미도달 학생에게 심화·보충 학습지를 제공하고 도달 여부를 다음 시간에 확인하도록 한다.

02 평가원 출제 기출문제

01 2025학년도 교육과정평가원 출제

유형 1 부산광역시교육청, 울산광역시교육청

(1) 과목/단원 : 과학 5학년 1학기 – 4. 용해와 용액

(2) 단원의 흐름

단원	차시	차시별 학습 활동
4. 용해와 용액	전시 차시	여러 가지 물질이 물에 용해되는 양은 어떻게 다를까요?
	본 차시	물의 온도가 달라지면 녹는 용질의 양은 어떻게 될까요?
	후속 차시	용액의 진하기는 어떻게 비교할까요?

(3) 다음의 조건에 따라 교수·학습 과정안을 작성하시오.

- 실제 수업임을 가정하여 전개의 작성 부분 ①~④를 작성하시오. (답안에 음영 처리된 부분)
- 작성부분 ①은 교사가 학생과 상호작용하여 가설을 설정하고 실험 조건을 확인하는 과정이 드러나도록 작성하시오.
- 작성부분 ①에 가설 설정의 조건이 드러나도록 작성하시오.
- 작성부분 ①에 학생들이 학습 목표와 관련된 가설을 세우는 과정이 드러나도록 작성하시오.
- 작성부분 ①에서 가설을 세운 까닭이 드러나도록 작성하시오.
- 작성부분 ①에 실험에서 같게 할 조건과 다르게 할 조건을 확인하고 지도하는 과정을 포함하여 작성하시오.
- 작성부분 ②에서 〈자료1〉을 활용하여 모둠별 토의 활동을 통해 구체적인 실험 방법을 생각하여 실험을 설계하고 수행하여 관찰하는 과정이 드러나도록 작성하시오.
- 작성부분 ②에서 학생들이 실험 결과를 발표하는 과정이 드러나도록 하시오.
- 작성부분 ③에서 〈자료1〉을 활용하여 실험과 관련된 안전상의 유의점을 2가지 작성하시오.
- 작성부분 ④에서 〈자료2〉를 활용하여 실험 결과가 드러나도록 작성하고, 이를 바탕으로 학생들이 세운 가설을 검증하는 과정이 드러나도록 작성하시오.
- 작성부분 ④에서 학습 내용을 실생활에 적용한 사례를 제시하시오.

(4) 자료

⟨자료 1⟩ (대체 이미지: 아이스크림 과학 교과서 5-1)

⟨준비물⟩: 거름종이, 백반, 비커 2개, 뜨거운 물, 차가운 물, 약숟가락, 유리막대, 보안경, 실험용 장갑, 실험복

⟨자료 2⟩ (학생의 활동지 결과가 예시로 있었습니다.)

약숟가락 횟수	1	2	3	4	5	6	7	8	9
뜨거운 물	o	o	o	o	o				
차가운 물	o	o	o	o	x				

2025학년도 교수·학습 과정안 양식 (부산, 울산)

단원명	4. 용해와 용액		차시	5
학습 목표	물의 온도에 따라 용해되는 용질의 양을 알 수 있다.			

학습 단계	학습 과정	교수·학습 활동	자료 및 지도의 유의점	시량 (분)
도입	전시학습 상기하기			
	동기유발			
	학습문제 확인			
	학습활동 안내			
전개	활동1	◎ <활동1> (작성 부분 ①)		
	활동2	◎ <활동2> (작성 부분 ②)	③	

	활동3	◎ <활동3> (작성 부분 ④)		
정리	학습내용 정리 평가 차시예고	◎ 학습내용 정리하기 ◎ 평가하기 ◎ 차시예고하기		

2025학년도 교수·학습 과정안 예시 답안 (부산, 울산) (1)

단원명	3. 날씨와 우리 생활		차시	3차시
학습 목표	이슬과 안개 발생 실험과 관련지어 그 생성 과정을 설명할 수 있다.			

학습 단계	학습 과정	교수·학습 활동	자료 및 지도의 유의점	시량 (분)
도입	전시학습 상기하기			
	동기유발			
	학습문제 확인			
	학습활동 안내			
전개	활동1	◎<활동1> 가설 설정하고 실험 조건 확인하기 • 오늘의 학습 목표와 관련된 가설을 설정하기 전에 가설 설정의 조건을 떠올려 봅시다. 어떤 것들이 있나요? - 평서문이어야 합니다. / 검증이 가능해야 합니다. / 인과 관계가 드러나야 합니다. • 잘 말해주었습니다. 여러분이 말한 가설 설정의 조건을 떠올리며 학습 목표와 관련된 가설을 모둠원들과 함께 세워 봅시다. 선생님은 돌아다니며 여러분이 가설을 세우는 과정을 확인하겠습니다. - (모둠별로 가설을 설정한다.) • 설정한 가설을 발표해 봅시다. - '물의 온도가 높아질수록 녹는 용질의 양이 늘어날 것이다.'라고 세웠습니다. • 그렇게 가설을 세운 까닭은 무엇입니까? - 물의 온도가 높을 때 용질과 용매가 더 잘 섞일 것 같기 때문입니다. • 좋습니다. 실험에서 고려해야 하는 조건에는 어떤 것이 있습니까? - 같게 할 조건과 다르게 할 조건을 고려해야 합니다. • 가설을 검증하기 위한 실험에서 같게 할 조건은 무엇이 있습니까? - 비커의 크기, 물의 양, 용질의 양, 용질의 종류가 있습니다. • 가설을 검증하기 위한 실험에서 다르게 할 조건은 무엇이 있습니까? - 물의 온도입니다. • 잘 말해주었습니다. 물의 온도만 다르게 하고, 나머지 조건은 모두 같게 해야 합니다.		
	활동2	◎<활동2> 물의 온도에 따른 용질의 양 비교 실험하기 • 모둠 바구니 속 <자료1>을 봅시다. 무엇이 보입니까?		

		- 거름종이, 백반, 비커 2개, 뜨거운 물, 차가운 물, 약숟가락, 유리막대, 보안경, 실험용 장갑, 실험복이 보입니다.	
		• <자료 1>의 준비물을 참고하여 모둠별 토의를 통해 구체적인 실험 방법을 떠올려 실험을 설계하고 모둠 칠판에 적어봅시다.	㈜ 보안경, 실험용 장갑, 실험복을 반드시 착용하도록 한다. / 뜨거운 물을 다룰 때 쏟거나 데이지 않도록 한다.
		- (모둠별로 모둠 칠판에 실험 설계 내용을 작성한다.)	
		• 어떻게 실험을 설계하였는지 발표해 봅시다.	
		- 같은 모양의 두 비커에 담긴 같은 양의 뜨거운 물과 차가운 물에 각각 약숟가락으로 백반을 한 스푼씩 넣고 녹는 백반의 양을 관찰하며 비교합니다.	
		• 모두 실험을 잘 설계하였습니다. 안전한 실험을 위해 지켜야 할 것들을 안내하겠습니다. 첫째, 보안경, 실험용 장갑, 실험복을 반드시 착용합니다. 둘째, 뜨거운 물을 다룰 때 쏟거나 데이지 않도록 조심합니다. 그럼 지금부터 안전에 유의하며 실험을 해봅시다.	
		- (모둠별로 실험을 수행한다.)	
		• 모둠별로 실험 결과를 릴레이 발표해 봅시다.	
		- 뜨거운 물과 차가운 물에 각각 약숟가락으로 백반을 넣으며 녹는 백반의 양을 관찰한 결과, 뜨거운 물에서 더 많은 양의 백반이 녹았습니다.	
	활동3	◎ <활동3> 실험 결과 정리 및 가설 검증하기	
		• 활동지의 <자료 2>에 실험 결과를 정리하고 스마트 패드로 사진을 찍어 우리반 패들렛에 올려 봅시다.	
		- (학생들이 실험 결과를 표에 정리한다.)	
		• <자료 2>를 활용하여 정리한 실험 결과를 발표해 봅시다.	
		- 뜨거운 물에서는 백반을 약숟가락으로 9번 넣을 때까지 모두 녹았으나 차가운 물에서는 3번까지만 녹고 4번째부터는 녹지 않았습니다.	
		• 잘 정리했습니다. 그렇다면 이를 바탕으로 여러분이 세웠던 가설을 검증해 봅시다.	
		- 차가운 물에서보다 뜨거운 물에서 더 많은 양의 백반이 녹았으므로 물의 온도가 높아질수록 녹는 용질의 양이 늘어난다는 가설은 참입니다.	
		• 참으로 검증된 이 가설이 실생활에 적용된 사례에는 어떤 것들이 있습니까?	
		- 코코아 가루를 더 잘 녹이기 위해서 따뜻한 물을 사용합니다.	
		- '아이스티'라는 이름과 달리 아이스티 가루 또한 차가운 물보다 뜨거운 물에서 더 잘 녹일 수 있습니다.	
정리	학습내용 정리	◎ 학습내용 정리하기	
	평가	◎ 평가하기	
	차시예고	◎ 차시예고하기	

Tip 선배님의 한마디

1. 교수학습과정안에 관하여

교수학습과정안은 배점이 10점으로 다른 영역에 비해 비중이 낮고 감점 폭도 크지 않은 과목입니다. 그러나 합격을 좌우하는 작은 차이가 될 수 있기 때문에 큰 부담은 내려놓되, 꾸준히 연습하여 조건을 빠짐없이 반영하는 습관을 들이는 것이 중요합니다.

2. 스터디 진행 방법

스터디는 다른 영역과 달리 필수적이지는 않지만, 함께 진행하면 분명 효과가 있습니다. 필자는 주 3회(월·수·금) 저녁 9시에 최근 기출부터 순서대로 과정안을 작성해 스터디 밴드에 올렸습니다. 처음 두 번은 필사를 통해 감을 익혔고, 이후에는 서로 2~3줄 정도 간략한 피드백을 주고받았습니다. 시간 소모를 최소화하면서도 다양한 시각을 접할 수 있었고, 제 과정안 작성 방식에 대한 새로운 아이디어를 얻을 수 있어 유익했습니다. 혼자 연습하는 경우도 많지만, 스터디를 활용하면 자기 점검과 시야 확장에 도움이 됩니다.

3. 그 외 과정안 꿀팁

- 과정안은 2차 시험 중 유일하게 개인 볼펜 사용이 가능하므로, 시험장에서 사용할 볼펜을 미리 정해두고 같은 볼펜으로 연습하는 것이 좋습니다. 실제 답안지 공간은 좁기 때문에 얇은 펜(예: 0.38mm)을 사용해 작은 글씨로 쓰는 연습이 필요합니다.
- 모든 과목을 골고루 연습하시길 바랍니다. 작년에 나온 과목이 또 나오기도 합니다. 울산 또한 과정안에서 2년 연속 과학이 출제되었습니다.
- 울산의 경우 개인 자 지참이 불가합니다. 시험 시 책상 위에 자를 수험생 당 하나씩 제공하기 때문에 그 자를 사용하여 줄을 추가하시면 됩니다. 그러나 그 자가 일반적인 30cm 자이기 때문에 평소에는 30cm 자로 줄을 추가하여 좁은 공간에 글씨를 쓰는 연습을 충분히 해두는 것이 좋을 것 같습니다. 실제 시험장에서는 더 긴장되고 적고 싶은 것이 많아 연습할 때보다도 훨씬 더 공간이 부족했기 때문입니다.
- 아울러 과정안 과목과 수업실연 과목은 겹치지 않으므로, 이를 염두에 두고 다음 시험 준비에 활용할 수 있습니다. 예를 들어, 과정안 과목이 과학이라면 수업 실연에서는 과학이 나오지 않는다는 뜻입니다. 이를 참고하여 다음 시험인 수업 실연에 대한 준비를 하고 과목별 발문을 살펴보시면 좋을 것 같습니다.
- 저는 평소에 과정안 작성을 할 때 구상을 하지 않고 일단 적기 시작하고 생각을 하는 스타일이었습니다. 그렇기 때문에 연습을 할 때 수정을 하는 빈도가 높았습니다. 실제 시험장에서는 공간이 부족하기 때문에 수정을 최대한 지양하는 것이 좋습니다. 따라서 바로 적기 시작하기보다 전반적인 수업의 흐름을 떠올린 뒤 작성을 시작하는 것을 더 추천합니다.
- 제가 작성한 과정안은 객관적으로 보았을 때 다소 읽기 불편했습니다. 줄을 많이 추가했고, 수정도 여러 차례 했기 때문입니다. 그러나 그 과정에서 조건을 꼼꼼히 점검하고 더 나은 방향으로 고쳐 나갔기에 내용에는 자신이 있었습니다. 다행히 결과는 만점이었습니다. 여러분도 답안이 조금 지저분해 보일까 하는 걱정보다는, 조건을 충실히 반영하고 더 나은 '내용'을 완성하는 데 집중한다면 충분히 좋은 점수를 얻을 수 있을 것입니다.

2025학년도 교수·학습 과정안 예시 답안 (부산, 울산) (2)

단원명	3. 날씨와 우리 생활		차시	3차시
학습 목표	이슬과 안개 발생 실험과 관련지어 그 생성 과정을 설명할 수 있다.			

학습 단계	학습 과정	교수·학습 활동	자료 및 지도의 유의점	시량 (분)
도입	전시학습 상기하기 동기유발 학습문제 확인 학습활동 안내			
전개	활동1	◎<활동1> 가설 설정 및 실험 조건 확인하기 T. 이번 활동에선 선생님과 여러분이 함께 이야기하여 가설을 설정하고 실험 조건을 확인해 보도록 하겠습니다. 먼저, 가설을 설정하기 위해서 만족해야 하는 조건을 떠올려 봅시다. S1. '-다'와 같은 평서문으로 끝나야 합니다. S2. 우리가 확인할 수 있는 내용이어야 하고 원인과 결과가 드러나야 합니다. T. 맞습니다. 그럼 여러분이 떠올린 조건을 가지고 오늘의 학습 목표와 관련지어 가설을 짝과 함께 세워 봅시다. S. (짝과 함께 토의하여 학습목표와 관련된 가설을 세운다.) T. 세운 가설을 발표해 봅시다. S. '물의 온도가 높아지면 물에 녹는 용질의 양은 많아질 것이다.' 입니다. T. 그렇게 가설을 세운 까닭은 무엇인가요? S. 오늘의 학습목표와 관련지어 생각했을 때, 평소 코코아를 타 마시며 뜨거운 물일수록 가루가 잘 녹았던 것이 기억났기 때문입니다. T. 가설의 조건을 잘 지키고, 오늘의 학습 목표와 관련지어 좋은 가설을 세웠습니다. 이번에는 가설을 확인하기 위한 실험에서 같게할 조건과 다르게 할 조건을 확인해 봅시다. S. 같게 할 조건은 물의 양, 용질의 종류 등 물의 온도를 제외한 모든 것이고, 다르게 할 조건은 물의 온도입니다. T. 왜 그렇게 생각했나요? S. 가설에서 원인에 해당하는 부분이 실험에서 다르게 해야 할 조건에 해당하기 때문입니다.		

	활동2	◎ <활동2> 실험 설계 및 수행하기	※ 실험
		T. 먼저 <자료1>을 봅시다. 무엇이 보입니까?	진행 중 보
		S. 학생들이 실험을 하는 사진과 실험에 필요한 준비물이 보입니다.	안경과 실
		T. <자료1>을 활용하여 모둠별 토의 활동을 통해 실험 방법을 생각하여	험용 장갑
		실험을 설계해 봅시다.	을 항상
		S. (<자료1>을 활용하여 모둠별 토의 활동을 통해 구체적인 실험 방법을 생각하	착용토록
		여 실험을 설계한다.)	한다.
		T. 토의한 결과를 발표해 봅시다.	※ 실험하
		S1. 비커 2개에 뜨거운 물과 차가운물을 각각 담고 약숟가락으로 같은 양의	는 동안 실
		백반을 한숟가락씩 넣고 젓습니다.	험복을 필
		S2. 계속 백반을 한 숟가락씩 넣어보면서 완전히 녹지 않을때는 몇 숟가락째인지	수로 입도록
		기록합니다.	한다.
		T. 이번 실험에서 주의해야 할 안전 사항은 무엇인가요?	
		S. 보안경과 실험용 장갑을 항상 착용하고, 실험하는 동안 실험복을 입습니다.	
		T. 좋습니다. 그럼 모둠별로 실험을 수행하며 관찰해 봅시다.	
		S. (모둠별로 설계한 실험에 따라 실험을 수행하고 관찰한다.)	
		T. 실험 결과를 발표해 봅시다.	
		S. 차가운 물에서는 백반이 4숟가락째부터 완전히 녹지 않았지만 뜨거운 물에선	
		완전히 녹았습니다.	
	활동3	◎ <활동3> 실험내용 적용하기	
		T. <자료2>를 활용하여 실험 결과를 바탕으로 여러분이 세운 가설이 맞는지	
		확인해 봅시다.	
		S. 차가운 물에서는 백반이 4숟가락째부터 완전히 녹지 않았지만 뜨거운 물에선	
		백반이 4숟가락째에도 완전히 녹았고, 5숟가락째에도 완전히 녹았습니다.	
		따라서 용질은 물의 온도가 높을수록 더 잘 녹으므로 '물의 온도가 높아지면 물	
		에 녹는 용질의 양은 많아질 것이다.' 라는 가설은 옳습니다.	
		T. 좋습니다. 여러분이 세운 가설이 옳았네요. 그럼 오늘 알게된 학습 내용을	
		여러분의 실생활 속 사례에 적용하여 설명해 봅시다.	
		S1. 아이스티를 타 먹을 때, 물의 온도가 높을수록 가루가 완전히 잘 녹습니다.	
		S2. 코코아를 타 마실 때, 가루가 완전히 녹지 않는다면 물의 온도를 높여주면	
		됩니다.	
정리	학습내용 정리	◎ 학습내용 정리하기	
	평가	◎ 평가하기	
	차시예고	◎ 차시예고하기	

Tip 선배님의 한마디

1. 과정안 준비물

> 1. 아날로그 시계
> 2. 30cm 자
> 3. 번지지 않는 편한 검정 볼펜 (저는 제트스트림 0.5를 사용했으며 색 볼펜은 불가합니다.)

2. 그 외 과정안 팁

- 고사장마다 차이가 있을 수 있으나, 제가 시험을 치른 곳에는 시계가 없었습니다. 이런 경우를 대비해 반드시 아날로그 손목시계를 챙겨 가시길 권합니다. 시간 관리는 필수이기 때문입니다.
- 실제 시험지에는 연습 때보다 줄이 넉넉하게 제공되지만, 만약 부족하다면 자로 선을 그어 추가할 수 있습니다. 저는 평소 연습할 때 줄이 늘 모자라 추가했지만 실제 시험에서는 딱 맞았습니다. 그래도 혹시 모르니 자를 준비해 두는 것이 좋습니다.
- 과정안 시험 용지는 B4 크기입니다. 저는 교대 앞 복사집에서 실제 시험 용지와 비슷한 크기의 연습 용지를 쉽게 구할 수 있었습니다. 실제와 같은 용지로 연습하면 글씨 크기나 가독성을 미리 고려해볼 수 있으니 꼭 활용해 보시길 추천드립니다.

교수·학습 과정안 고득점 Tip

● 과정안은 수업실연 준비 과정에서 자연스럽게 따라오는 영역입니다. 부산에서는 배점이 10점으로, 조건만 충실히 채우면 만점을 받을 수 있고 부족하더라도 소수점 감점에 그치는 경우가 많습니다. 수업실연을 준비하면서 수업의 흐름, 활동 구성, 조건 충족 등을 익히면 과정안 득점 요령도 함께 습득할 수 있습니다. 다만 과정안은 학생 발문 작성이 필수이므로 각론 지식 부족이 드러날 수 있습니다. 수업실연에서는 어려운 발문을 피해 갈 수 있지만, 과정안에서는 불가하기 때문에 본인이 약한 과목은 따로 공부하는 것이 좋습니다. 이러한 학습은 수업실연에서도 자신감을 주기에 일석이조입니다. 특히 수학, 과학은 오개념이 치명적이므로 각론 대비가 필수입니다.

● 조건 충족은 교사 발문에 거의 그대로 옮겨 적는 방식이 가장 안전합니다. 채점관이 확인하기 용이하고, 충족 여부가 명확하기 때문입니다. 어설프게 재구성하면 점수를 잃을 수 있으므로 기출·모범답안을 참고해 선배들이 조건을 어떻게 처리했는지 학습하는 것이 도움이 됩니다.

● 마지막으로 글씨는 반드시 알아볼 수 있게 또박또박 적어야 합니다. 글씨가 예쁘지 않아도 무방하지만, 채점자가 읽기 어려우면 조건 충족 여부조차 확인할 수 없어 감점으로 이어질 수 있습니다.

유형 2 대전광역시교육청, 인천광역시교육청

(1) 과목/단원 : 사회 4학년 2학기 – 2. 필요한 것의 생산과 교환

(2) 단원의 흐름

단원	차시	차시별 학습 활동
2. 필요한 것의 생산과 교환	1차시	경제활동의 의미 파악하기
	2차시	선택의 문제가 발생함을 이해하고 현명하게 선택하는 방법 알아보기
	3차시	시장이 무엇인지 알아보기

(3) 다음의 조건에 따라 교수·학습 과정안을 작성하시오.

1. 실제 수업임을 가정하고 교수·학습 과정안을 작성하시오.
2. 교사와 학생 간의 활발한 상호작용이 드러나도록 작성하시오.
3. 작성부분 ①에 학생들이 전시학습을 상기하는 내용이 드러나도록 작성하시오.
4. 작성부분 ①에 실생활 예시를 활용한 동기 유발을 포함하시오.
5. 작성부분 ①에서 〈자료 1〉을 활용하여 선택의 문제가 일어나는 이유를 이야기하도록 하시오.
6. 작성부분 ②에서 학생들이 선택을 위한 조사활동을 하도록 유도하고 모둠별로 활동 결과를 발표하도록 하시오.
7. 작성부분 ②에서 〈자료2〉를 활용하여 다른 모둠의 발표를 듣고 의사결정 대안 카드를 완성하는 활동이 드러나도록 작성하시오.
8. 작성부분 ③에서 의사결정도표의 의미와 의사결정도표를 작성하는 과정을 안내하는 발문을 제시하시오.
9. 작성부분 ④에서 학생들이 자신이 선정한 선택 기준을 발표하도록 하시오.
10. 작성부분 ④에서 사람마다 선택의 기준이 다양한 이유를 발표하도록 하시오.

(4) 교실 실태

장소	학생 수	기자재
교실	20명	TV, 교사용 컴퓨터, 칠판, 스마트패드 20대 등

(5) 자료

〈자료1〉

(하준이가 가진 용돈이 5만원이고, 5만원 내외의 스마트워치들을 구경하고 있는 그림이 있었습니다. 각각의 스마트워치에는 가격이 적혀 있었습니다.)
+ 이 중 하준이가 선택할 수 있는 5만원 이내의 스마트워치는 2개였습니다.

〈자료2〉 의사결정 대안 카드

(각각 a,b,c,d라고 적혀있는 다른 종류의 스마트워치의 그림이 있었고, 각각의 스마트워치별 조건 등이 그림 옆에 정리되어 있는 의사결정대안카드 그림이 있었습니다.)
+ 워치별 조건은 가격, 배터리 용량, 지속 시간, 액정 크기 등 4가지였습니다.
예시는 아래와 같습니다.
a: 가격 5만원 / 배터리 용량 5000mAh / 지속시간 18시간 / 액정 크기 38mm
b: 가격 5만원 / 배터리 용량 10000mAh / 지속시간 32시간 / 액정 크기 42mm
c: 가격 5만원 / 배터리 용량 5000mAh / 지속시간 26시간 / 액정 크기 46mm
d: 가격 5만원 / 배터리 용량 10000mAh / 지속시간 18시간 / 액정 크기 38mm

2025학년도 교수·학습 과정안 양식 (대전, 인천)

단원명	2. 필요한 것의 생산과 교환		차시	2차시
학습 목표	현명한 선택을 하는 방법을 알고, 이를 생활에서 실천할 수 있다.			

학습 단계	학습 과정	교수·학습 활동	자료 및 지도의 유의점	시량 (분)
도입	전시학습 상기하기	(작성 부분 ①)		
	동기유발			
	학습문제 확인 학습활동 안내			
전개	활동1	◎<활동1> (작성 부분 ②)		

	활동2	◎ <활동2> (작성 부분 ③)		
		스마트워치 의사 결정 도표		
	활동3	◎ <활동3> (작성 부분 ④)		
정리	학습내용 정리	◎ 학습내용 정리하기		
	평가	◎ 평가하기		
	차시예고	◎ 차시예고하기		

스마트워치 의사 결정 도표

대안	기준				계
	가격	배터리 용량	지속 시간	액정 크기	
A					
B					
C					
D					

우리 모둠의 결정:

2025학년도 교수·학습 과정안 예시 답안 (대전, 인천) (1)

단원명	2. 필요한 것의 생산과 교환	차시	2차시
학습 목표	현명한 선택을 하는 방법을 알고, 이를 생활에서 실천할 수 있다.		

학습 단계	학습 과정	교수·학습 활동	자료 및 지도의 유의점	시량 (분)
도입	전시학습 상기하기	(작성 부분 ①) • 지난 시간에 무엇에 대해서 배웠나요? - 지난 시간에 경제활동의 의미에 대해 배웠습니다.		
	동기유발	• 화면의 자료1을 봅시다. 무엇이 보이나요? - 하준이가 용돈 5만원으로 어떤 스마트워치를 구입할지 고민하고있는 상황이 보입니다. • 여러분도 하준이처럼 실생활에서 선택을 위한 고민을 한 경험이 있나요? - 어떤 학용품을 살지 고민한 적이 있습니다./ 어떤 과자를 살지 고민한 적이 있습니다. • 그렇다면 자료1의 하준이가 겪은 상황처럼 선택의 문제가 일어나는 이유가 무엇일까요? - 가지고 있는 돈이 한정적이어서 원하는 물건을 모두 살 수 없기 때문입니다.		
	학습문제 확인			
	학습활동 안내			
전개	활동1	◎<활동1> (작성 부분 ②) • 5명씩 4모둠을 만들어 모둠별로 자료1의 스마트워치들 중에서 하나를 선택한 후 무엇을 조사하면 좋을지 토의해봅시다. 그 후 각자 자신의 스마트패드를 사용하여 조사활동을 해봅시다. - (모둠별로 스마트워치 하나를 선택 후 각자의 스마트패드를 사용하여 조사활동을 한다.) • 모둠별로 조사 활동한 결과를 발표해봅시다. 그리고 다른 모둠의 발표를 들으면서 의사결정 대안 카드를 완성해봅시다.		
		- 저희 1모둠은 A에 대해조사했습니다. 배터리 용량은 5000mAh이고 지속시간은 18시간 입니다. 액정 크기는 38mm입니다./저희 2모둠은 B에대해 조사했습니다. 배터리 용량은 1000mAh이고 지속시간은 32시간입니다. 액정 크기는 42mm입니다. • 모두 잘 발표해주었습니다. 이번에는 완성한 의사결정 대안 카드를 발표해봅시다. - 3모둠은 C에대해 발표했습니다. 그래서 C의 배터리 용량은 5000mAh, 지속시간은 26시 간 그리고 액정 크기는 46mm라고 의사결정 대안 카드를 작성하였습니다./ 4모둠은 D에 대해 발표했습니다. 그래서 배터리 용량은 10000mAh, 지속시간은 18시간, 액정 크기는 38mm 라고 의사결정 대안 카드를 작성하였습니다.		

	활동2	◎ <활동2> (작성 부분 ③)		
		• 조사한 내용을 바탕으로 합리적인 선택을 하기위해서 어떤 활동을 하면 좋을까요?		
		- 선택 기준을 마련하고 보기 쉽게 표를 만들어서 각각의 물건을 평가하면 좋을 것 같습니다.		
		• 가로축에는 대안을 적고 세로축에는 대안을 선택하는 기준을 적어 각각의 대안에 점수를 매겨 점수를 비교해 합리적인 선택을 할 수 있도록 돕는 표를 의사결정도표라고 합니다. 의사결정도표를 작성하는 과정은 먼저 스마트워치 각각의 이름을 가로축에 적습니다. 그리고 세로축에는 비교하는 기준을 차례대로 적습니다. 마지막으로 각각의 스마트워치를 선택 기준에따라 평가하고 점수를 매겨 총합을 구합니다. 안내한 내용에 맞게 의사결정 도표를 작성해봅시다.		
		- (의사결정 도표를 작성한다.)		
		스마트워치 의사 결정 도표 	대안	기준				계
---	---	---	---	---	---
	가격	배터리 용량	지속 시간	액정 크기	
A					
B					
C					
D						 우리 모둠의 결정:		
	활동3	◎ <활동3> (작성 부분 ④)		
		• 자신의 선택 기준을 토대로 선택한 스마트워치와 그 이유를 발표해봅시다.		
		- 저는 스마트워치B를 선택했습니다. 그 이유는 저는 배터리 용량과 지속 시간을 중요하게 생각하는데 이 부분에서 가장 점수가 높기 때문입니다. 등		
		• 다양한 기준에따라 스마트워치를 선택하였네요. 그렇다면 사람마다 선택의 기준이 다양한 이유는 무엇일까요?		
		- 사람마다 필요로하는 요소가 다르기 때문입니다. / 사람마다 선호하는 가치가 다르기 때문입니다. 등		
정리	학습내용 정리	◎ 학습내용 정리하기		
	평가	◎ 평가하기		
	차시예고	◎ 차시예고하기		

1. 실전

과정안 시험은 수업실연과 함께 2일 차에 진행되었습니다. 2일 차 오전 9시부터 10시까지 진행되며, 이후 12시부터 수업실연이 이어집니다. 이때 시계가 없으므로 반드시 개인 손목시계를 준비해야 합니다. 종료 10분 전 종이 울리긴 하지만 세밀한 시간 관리를 위해 시계는 필수입니다. 필기도구는 개인 검정 볼펜만 허용되며, 검정색 이외의 볼펜은 사용할 수 없습니다. 시험 시작 후 책상 위에는 오직 검정 볼펜만 올려둘 수 있고 신분증이나 수험표도 불가합니다. 답안지에 수험번호를 적어야 하므로 사전에 반드시 암기해 두는 것이 좋습니다. 시험장에서 자 사용은 불가능했지만, 자 없이 칸을 나누는 것은 허용되었습니다. 따라서 연습할 때 자를 쓸 때와 안 쓸 때 모두 경험해 두면 실제 상황에서 당황하지 않을 수 있습니다. 답안지는 B4 크기이며, 한 칸의 크기가 교직논술 답안지보다 약 2/3 정도 작습니다. 글씨가 작은 편인 사람도 줄을 그어 칸을 나누면 여유가 거의 없으므로, 가능하다면 칸을 나누지 않고 쓰는 방법을 연습하는 것이 좋습니다.

2. 스터디

저는 과정안 공부를 1차 시험 결과가 나온 후부터 시작했습니다. 과정안은 배점이 크지 않고 감점 폭도 적은 편이라 이 시점부터 준비해도 무리가 없다고 판단했습니다. 준비는 4인 스터디로 진행했는데, 본 스터디는 다른 지역 응시자들과 함께했기에 과정안은 별도로 학교 에브리타임 앱을 통해 스터디를 구했습니다. 1차 발표 이후 과정안 스터디를 새로 찾는 수험생이 많아 합류하기 수월했습니다. 스터디는 주 3회 진행하며, 2024학년도 기출부터 거슬러 올라가며 연습했습니다. 처음에는 2024 기출을 필사하여 조건 처리 방식에 집중했고, 이후 2023 기출부터는 직접 작성해 스터디원들과 조건 반영 여부와 흐름의 자연스러움에 대해 피드백을 주고받았습니다. 시험 직전까지 꾸준히 스터디를 이어갔으며, 마지막 한 주에는 필사로만 했던 2024 기출을 직접 써보며 최근 출제 경향을 점검하고 감각을 유지했습니다.

3. 고득점 TIP

저는 과정안에서 감점 없이 10점을 받았습니다. 과정안을 작성할 때 가장 중요한 것은 **조건 충족**이라고 생각합니다. 가장 안전하고 확실한 방법은 조건에 제시된 단어와 문장을 그대로 활용하는 것입니다. 예를 들어, '활동 과정을 안내하라'는 조건이 있다면 "활동 과정은 ~입니다. 선생님이 안내한 것처럼 활동을 시작해볼까요?"와 같이 '안내'라는 핵심 키워드를 발문 속에 그대로 넣는 것입니다. 창의적인 활동이나 좋은 발문을 적더라도 조건을 반영하지 않으면 감점이 되므로, 조건 충족을 최우선으로 삼아야 합니다.

또 하나 중요한 것은 답안 작성 전 **초안 작성**입니다. 시험지 뒤에 초안 용지가 있지만 저는 조건 옆 빈 공간에 간단히 정리하는 방식을 썼습니다. 주로 교사 발문을 중심으로 초안을 적었고, 이후 답안지에 옮겨 적었습니다. 답안지 칸은 생각보다 작고 줄 수도 부족하기 때문에 줄 긋기나 칸 나누기를 최소화하려면 간단하라도 초안을 작성하는 습관이 필요합니다.

마지막으로 **주어진 자료의 적극적 활용**입니다. 2025학년도 과정안에서는 교실 실태에 스마트패드 20대가 제시되어 있었기에, 조사 활동은 개별로 진행하되 결과 발표는 모둠별로 하도록 구성했습니다. 또한 〈자료2〉에서 의사결정 대안카드가 4개뿐이었기 때문에, 흔히 하는 4명씩 5모둠 대신 5명씩 4모둠으로 편성했습니다. 이처럼 자료를 꼼꼼히 살펴 조건과 연결하여 수업을 구상한다면 과정안에서 감점 없이 높은 점수를 받을 수 있을 것입니다.

2025학년도 교수·학습 과정안 예시 답안 (대전, 인천) (2)

단원명	2. 필요한 것의 생산과 교환	차시	2차시
학습 목표	현명한 선택을 하는 방법을 알고, 이를 생활에서 실천할 수 있다.		

학습 단계	학습 과정	교수·학습 활동	자료 및 지도의 유의점	시량 (분)
도입	전시학습 상기하기	(작성 부분 ①) ◎전시학습 상기하기 • 지난 시간에 무엇을 배웠습니까? -경제활동이란 무엇인지 배웠습니다./생산과 소비가 무엇인지 배웠습니다.		
	동기유발	◎동기유발하기 • TV 화면을 봅시다. 우리반 친구의 지난 주말 일기를 가져왔습니다. 어떤 내용입니까? -새 필통을 사려고 했는데, 사고 싶은 필통은 많지만 용돈이 적어 고민이라는 내용입니다. • 여러분도 이러한 경험을 한 적이 있습니까? -여러 아이스크림 중 무엇을 살지 고민한 적이 있습니다./용돈에 맞춰서 장난감을 골라서 산 적이 있습니다. • 여러분과 비슷한 경험을 한 친구가 또 있습니다. 교과서 50쪽의 <자료 /> 을 봅시다. 하준이에게 무슨 일이 있나요? -하준이가 용돈 5만원으로 어떤 스마트워치를 선택해야 할지 고민하고 있습니다. • 이를 보았을 때, 선택의 문제가 일어나는 이유는 무엇일지 발표해 봅시다. -쓸 수 있는 돈이 한정되어 있기 때문입니다./자원이 한정되어 있기 때문입니다.		
	학습문제 확인			
	학습활동 안내			
전개	활동1	(작성 부분 ②) ◎<활동1> 조사하자, 여러 가지 스마트워치 • 이번 활동은 모둠 활동입니다. 4명씩 5모둠 대형으로 만들어 봅시다. -(모둠 대형을 만든다.) • 4가지 스마트워치 중 한 가지를 선택하는 활동을 해 보겠습니다. 선택을 하기 위해서는 무엇을 해야 할까요? -선택에 필요한 정보를 찾아보아야 합니다./스마트워치 각각의 특징을 알아보아야 합니다. • 좋습니다. 지금부터 스마트패드를 나누어 주겠습니다. 스마트패드를 이용해 각각의 스마트워치에 대해 조사해 봅시다.		

		─(스마트패드로 스마트워치에 대해 조사한다.)
		• 모둠별로 조사한 스마트워치에 대해 발표해 봅시다. 다른 모둠의 발표를 들으며 교과서 50쪽의 의사결정 대안 카드를 완성해 봅시다.
		─A는 가격 5만원, 배터리 용량 5000mAh, 지속 시간 18시간, 액정 크기 38mm입니다.
		─B는 가격 5만원, 배터리 용량 10000mAh, 지속 시간 32시간, 액정 크기 42mm입니다.
		─C는 가격 5만원, 배터리 용량 5000mAh, 지속 시간 26시간, 액정 크기 46mm입니다.
		─D는 가격 5만원, 배터리 용량 10000mAh, 지속 시간 18시간, 액정 크기 38mm입니다.
		(작성 부분 ③)
		• 조사한 내용을 바탕으로 의사결정도표를 작성해 보겠습니다. 의사결정도표란 선택을 위해 대안을 기준별로 점수를 매겨 총점이 가장 높은 대안을 선택하도록 하는 도구입니다. 의사결정도표를 작성하는 과정을 안내하겠습니다. 첫째, 대안을 나열합니다. 둘째, 대안을 평가할 선택 기준을 선정합니다. 셋째, 선택 기준에 따라 각 대안에 점수를 매깁니다. 넷째, 점수를 합산하여 총점이 가장 높은 대안을 선택합니다.
		─(의사결정도표에 대한 설명을 듣는다.)
활동2		(작성 부분 ④)
		◎ <활동2> 선정하자, 선택 기준
		• 의사결정도표를 작성하기 위해 선택 기준을 선정해 보겠습니다. 선택한 기준과 그 이유를 발표해 봅시다.
		─저는 지속 시간을 선정하였습니다. 지속 시간이 짧다면 자주 충전해 주어야 해서 불편하기 때문입니다.
		─저는 액정 크기가 중요하다고 생각합니다. 액정 크기가 커야 스마트 워치로 오는 연락 내용을 쉽게 확인할 수 있기 때문입니다.
		• 좋습니다. 모두 다양한 선택 기준을 선정해 주었군요. 이처럼 사람마다 선택의 기준이 다양한 이유는 무엇일까요?
		─사람마다 원하는 것이 다르기 때문입니다.
		─사람마다 가지고 있는 자원과 처한 환경이 다르기 때문입니다.
활동3	◎ <활동3>	

<활동3>

스마트워치 의사 결정 도표

대안	기준				계
	가격	배터리 용량	지속 시간	액정 크기	
A					
B					

		C						
		D						
		우리 모둠의 결정:						
정리	학습내용 정리	◎ 학습내용 정리하기						
	평가	◎ 평가하기						
	차시예고	◎ 차시예고하기						

1. 현장스케치

인천 과정안 시험은 검정 볼펜만 사용 가능하며, 30cm 자는 개인 지참할 수 있습니다. 만약 자를 챙기지 못했을 경우 감독관이 빌려주니 큰 걱정은 하지 않아도 됩니다. 대기실에는 별도의 시계가 없으므로 반드시 손목시계를 지참해야 하며, 시험 종료 10분 전에는 방송 안내가 나옵니다.

문제지는 **B4 크기(표지 1장 + 문제지 2장)**로, 표지나 문제지를 분리할 수 없습니다. 별도의 구상지가 제공되지만 저는 연습 때처럼 바로 답안지에 작성했습니다. 답안지 역시 B4 크기 단면 2매로, 각 면마다 수험번호와 이름을 반드시 적어야 합니다. 답안지 양식에는 줄이 나누어져 있으며 자를 활용해 추가로 줄을 그을 수 있습니다. 수험생 작성 부분은 ①~④로 나뉘어 있는데, 공간이 한정적이므로 분량을 고려해 배치해야 합니다. 예를 들어 올해 문제는 ① 도입 부분에 적어야 할 내용이 많아, 저는 동기유발부터 자로 줄을 추가해 작성했습니다. 작성 중 실수할 경우 1차 시험과 마찬가지로 두 줄을 그어 수정할 수 있지만, 작성 공간이 협소하므로 가급적 실수를 줄이는 것이 좋습니다. 2025 인천 과정안 문제는 조건이 비교적 친절해 다소 쉽게 느껴졌던 시험이었습니다. 실제 문제지에서는 조건이 흩어져 제시될 수 있으므로, 반드시 해당 조건을 올바른 작성 부분에 썼는지 마지막까지 조건 충족 여부를 여러 차례 꼼꼼히 확인하는 습관이 필요합니다.

2. 과정안 만점자의 tip

① **다양한 양식으로 연습:** 과정안 답안지 양식은 매년 조금씩 달라집니다. 예를 들어, 인천은 24학년도에는 줄이 없는 양식이었지만 25학년도에는 줄이 나누어진 양식이었습니다. 어떤 해에는 교사·학생 발문 칸이 따로 주어지기도 하므로, 반드시 여러 형태의 양식으로 연습해 보는 것이 필요합니다.

② **꾸준한 스터디:** 인천은 과정안 감점 폭이 크지 않지만, 꾸준히 연습해 감을 유지하는 것이 중요합니다. 저희 스터디는 1차 발표 전까지 주 1회, 이후에는 주 2회 작성했습니다. 초반에는 모범답안을 2회 정도 필사해 흐름을 익히고, 이후에는 직접 작성하며 상호 채점을 했습니다. 특히 조건 충족 여부를 중심으로 점검하는 것이 핵심입니다. 또한 과정안은 2차 시험 2일 차에 치르므로, 1일 차 일정이 끝난 후 과정안을 작성하며 감을 이어가는 연습이 도움이 되었습니다.

③ **조건 추가하여 연습:** 12월 중·하순쯤에는 기존 기출에 조건을 스스로 추가해 작성해 보기를 권합니다. 조건을 새롭게 녹여내는 연습은 사고를 확장시키고, 조건 자체를 구상하는 과정에서 자연스럽게 문제 유형에 익숙해질 수 있습니다. 기출 문제를 모두 풀고 난 뒤에는 수업실연 문제를 과정안 형식으로 바꿔 작성해 보는 것도 효과적인 연습법입니다.

유형 3 경상남도교육청

(1) **과목/단원** : 수학 5학년 2학기. 6단원 평균과 가능성

(2) **학습 목표** : 집단의 특성을 나타내는 대푯값으로서 평균의 의미를 설명할 수 있다.

(3) **단원의 흐름**

단원	차시	차시별 학습 활동
6. 평균과 가능성	본 차시	· 평균의 의미 알아보기
	후속 차시(1)	· 평균을 구하는 방법 알아보기
	후속 차시(2)	· 평균을 구하는 방법 활용하기

(4) **교실 실태** : 24명, 6모둠 구성

(5) **기자재** : 교사용 컴퓨터, 교과서 등

(6) **학습 준비물** : 붙임딱지(화살표 모양)

(7) **교과서 자료**

〈자료 1〉 연주네 모둠의 투호 점수 기록표

10				
9			↑	↑
8		↑	↑	↑
7		↑	↑	↑
6	↑	↑	↑	↑
5	↑	↑	↑	↑
4	↑	↑	↑	↑
3	↑	↑	↑	↑
2	↑	↑	↑	↑
1	↑	↑	↑	↑
	연주	영희	무진	하늘

↑ 붙임딱지

〈자료 2〉 연주네 모둠과 은아네 모둠의 투호 점수 기록표

10				
9			↑	↑
8		↑	↑	↑
7		↑	↑	↑
6	↑	↑	↑	↑
5	↑	↑	↑	↑
4	↑	↑	↑	↑
3	↑	↑	↑	↑
2	↑	↑	↑	↑
1	↑	↑	↑	↑
	연주	영희	무진	하늘

10					
9					
8	↑		↑		
7	↑		↑	↑	↑
6	↑	↑	↑	↑	↑
5	↑	↑	↑	↑	↑
4	↑	↑	↑	↑	↑
3	↑	↑	↑	↑	↑
2	↑	↑	↑	↑	↑
1	↑	↑	↑	↑	↑
	은아	수지	태형	훈이	수연

미진: 은아네 모둠의 점수 합이 더 높으니까 두 모둠의 점수를 각각 고르게 했을 때 은아네 모둠원 한 명의 점수가 더 높을 거야.

〈자료 3〉 학습을 통해 배울 수 있는 가치와 태도

가치와 태도	수학에 대한 흥미, 수학적 의사소통능력, 수학의 유용성 인식, 학습한 수학적 내용을 일상생활에서 활용하는 태도

(8) 다음의 조건에 따라 교수·학습 과정안을 작성하시오.

1. 도입과 전개의 작성 부분 ①~④를 작성하시오. (답안에 음영 처리된 부분)
2. 작성부분 ①에서 학생들이 〈자료 1〉을 활용하여 대푯값으로서 평균의 필요성을 인식하도록 하시오.
3. 작성부분 ②에서 학생들이 동기유발에서 다룬 내용과 연결지어 평균의 의미를 이해하도록 하시오.
4. 작성부분 ②에서 모둠별로 평균의 의미를 붙임딱지를 활용한 구체적 조작활동을 통해 토의할 수 있도록 하시오.
5. 작성부분 ②에서 교사가 평균의 정의를 정리하시오.
6. 작성부분 ③에서 학생들이 〈자료 2〉에서 미진이의 말이 옳은 지 토의하고 발표하도록 하시오.
7. 작성부분 ③에서 학생들이 〈자료 3〉의 가치와 태도를 함양할 수 있도록 하시오.

2025학년도 교수·학습 과정안 양식(경남)

학습문제	평균의 뜻을 알아볼까요?		
단원명	6. 평균과 가능성	차시	1차시
학습 목표	집단의 특성을 나타내는 대푯값으로서 평균의 의미를 설명할 수 있다.		

학습 단계	학습 과정	교수·학습 활동	자료 및 지도의 유의점	시량 (분)
도입	전시학습 상기하기	◎ 지난 시간에 배운 내용 살펴보기		
	동기유발	<작성부분 ①>		
	학습문제 확인	◎ 학습문제 확인하기		
	학습활동 안내	◎ 학습활동 안내하기		
전개	활동1	<작성부분 ②>		

	활동2	<작성부분 ③>		
정리	학습내용 정리	◎ 학습내용 정리하기		
	차시예고	◎ 차시예고하기		

2025학년도 교수·학습 과정안 예시 답안(경남)

학습문제	평균의 뜻을 알아볼까요?			
단원명	6. 평균과 가능성		차시	1차시
학습 목표	집단의 특성을 나타내는 대푯값으로서 평균의 의미를 설명할 수 있다.			

학습 단계	학습 과정	교수·학습 활동	자료 및 지도의 유의점	시량 (분)
도입	전시학습 상기하기	◎ 지난 시간에 배운 내용 살펴보기		
	동기유발	**<작성부분 ①>** • 오늘 배울 내용과 관련하여 호기심을 쑥쑥 키울 자료를 가져왔습니다. <자료 1>을 살펴봅시다. 무엇이 보이나요? - 연주네 모둠원들이 각각 10개씩 투호를 던져 나온 점수를 기록한 표가 보입니다. • 연주네 모둠의 점수를 대표하는 값을 정하려고 할 때, 어떤 방법이 필요할까요? - 각각의 점수를 고르게 나타내어 한 명의 점수를 구하는 방법이 있을 것 같습니다. • 좋습니다. 여러분이 말해준 것처럼 이 문제를 위해 점수를 고르게 나타내어 한 명의 점수를 구하는 것에 대하여 알아볼 필요성이 있겠군요.		
	학습문제 확인	◎ 학습문제 확인하기		
	학습활동 안내	◎ 학습활동 안내하기		
전개	활동1	**<작성부분 ②>** • 앞서 이야기한 고르게 나타내는 것에 대하여 알아보겠습니다. 모둠별로 <자료 1>의 붙임딱지를 활용하여 자료를 고르게 나타내는 방법을 토의하고 발표해봅시다. - 붙임딱지의 수가 많은 곳에서 적은 곳으로 옮겨붙입니다. • 왜 그렇게 생각했나요? - 붙임딱지의 수가 많은 곳에서 적은 곳으로 한 개씩 옮겨붙이면 모든 모둠원의 붙임딱지 수가 같아지기 때문입니다. 이를 통해서 모둠원의 점수를 대표하는 값을 구할 수 있습니다. • 여러분이 알아낸 방법으로 직접 붙임딱지를 활용하여 <자료 1>에서 모둠원의 점수를 대표하는 값을 구하고 발표해봅시다. - (모둠별로 붙임딱지를 활용하여 문제의 해결과정을 토의한다.) - 8점입니다. 그 이유는 각 모둠원의 점수 중 가장 높은 무진이와 하늘이의 점수인 9점		

		에서 각 1점씩에 해당하는 붙임딱지를 떼어 6점인 연주에게 붙여주었더니 모든 모둠원의 점수가 8점으로 고르게 나타났기 때문입니다. • 핵심을 짚어 잘 말해주었습니다. 연주네 모둠의 투호 점수를 모두 더해 모둠원 수 4로 나눈 값인 8을 연주네 모둠 4명의 투호 점수를 대표하는 값으로 정할 수 있습니다. 이 값을 평균이라고 합니다.	
	활동2	<작성부분 ③> • <자료 2>를 살펴봅시다. 무엇이 보이나요? - 두 모둠의 점수 기록표와 이를 분석한 미진이의 생각이 보입니다. • 여러분도 비슷한 경험이 있죠? 지난 줄넘기 대회에서 우리반이 2명 적은데도 모든 학생의 점수를 더해서 승패를 가려 억울했던 일과 비슷한 문제입니다. 이 문제를 풀 수 있다면 일상생활에서 생길 수 있는 갈등상황을 해결할 수 있을 것입니다. 여러분, 흥미가 생기나요? - 네, 흥미가 생깁니다. 그때는 어떻게 해결하면 좋을지 몰라서 그냥 넘어갔지만 평균을 이용하여 더욱 알맞은 방법으로 문제를 해결할 수 있을 것 같습니다. • 좋습니다. 그렇다면 미진이의 말에 대하여 모둠원과 함께 토의하고 옳은지 발표해봅시다. - 옳지 않습니다. 은아네 모둠은 연주네 모둠에 비해 2명 더 많습니다. 따라서 은아네 모둠의 평균은 7+6+8+7+7의 합을 5로 나눈 결과인 7이고, 연주네 모둠의 평균은 6+8+9+9의 합을 4로 나눈 결과인 8입니다. 따라서 연주네 모둠의 평균이 은아네 모둠보다 더 높습니다. • 오늘 배운 내용을 일상생활에서 어떻게 활용할 수 있을지 사례를 들어 발표해 봅시다. - 야구 선수의 평균 점수를 찾아 타율이 더 좋은 선수를 알아내는 데에 활용할 수 있습니다. • 여러분의 발표를 들으며 다양한 활용사례를 확인할 수 있었습니다. 배운 내용을 일상생활에 활용하려는 태도를 칭찬합니다. 오늘 배움의 과정에서 어떤 생각이 들었는지 자유롭게 발표해봅시다. - 수학적 지식을 일상생활에 활용할 수 있다는 것을 알게되어 수학의 유용성을 느낄 수 있었습니다.	
정리	학습내용 정리	◎ 학습내용 정리하기	
	차시예고	◎ 차시예고하기	

> **Tip 선배님의 한마디**
>
> 　　교수학습 과정안 작성은 구상실과 평가실이 따로 있는 다른 시험과 달리 대기실에서 진행됩니다. 문제지·답안지·구상지가 개별적으로 제공되며, 답안지는 음영 처리된 부분만 작성하도록 되어 있습니다. 작성 칸이 제한적이므로 핵심 발문을 간단명료하게 적는 것이 중요하며, 공간이 부족할 경우 30cm 자를 사용해 가로선을 그어 여백을 확보할 수 있습니다. 다만, 경남처럼 자 사용이 허용된 지역도 있지만 지역별 규정은 다를 수 있으므로 반드시 해당 교육청에 확인해 두는 것이 안전합니다.
>
> 　　과정안에서 가장 중요한 것은 조건 충족 여부입니다. 조건을 어떻게 달성했는지가 점수로 직결되기 때문에, 처음 연습을 시작하신다면 하이패스 모범답안을 보며 조건을 어떤 방식으로 반영했는지 분석하는 연습을 추천드립니다. 분석하다 보면 공통적으로 답안 속에서 조건이 명확히 드러나도록 작성되어 있다는 점을 확인할 수 있습니다. 채점자에게 조건을 확실히 어필하는 가장 간단한 방법은 조건에서 제시된 표현을 그대로 사용하는 것입니다. 저 역시 교사 발화와 학생 발화에 조건 문장을 최대한 그대로 반영하여 작성했습니다.
>
> 　　저는 과정안에서 9.73점을 받았습니다. 고사장에 들어가기 전까지 다섯 번밖에 써보지 못했음을 고려하면 감점이 적었던 편입니다. 하지만 꼼꼼히 대비한다면 누구든 저보다 더 높은 점수를 얻으실 수 있습니다. 제가 추천드리는 연습 방법은 다음과 같습니다. 먼저, 과정안을 처음 작성할 때는 모범답안을 최소 두 번 정도 필사하시길 권합니다. 필사를 통해 조건을 충족하기 위해 어떤 문장을 사용했는지를 분석하고, 이를 응용하면 훨씬 수월하게 작성할 수 있기 때문입니다. 또한 과목별, 수업 단계별로 다양하게 연습하는 것이 필요합니다. 전개 부분에만 익숙해져 있다가 실제 시험에서 도입이나 정리를 요구하면 당황할 수 있으므로, 전체 흐름을 고려해 골고루 연습해야 합니다. 만약 시간이 부족해 여러 번 작성할 수 없다면, 고사장에 들어가기 전까지라도 다양한 기출 모범답안을 훑어보시길 당부드립니다.
>
> 　　저는 고사장에서 답안지를 작성할 때 첫 줄부터 글씨를 작게 써 2줄로 나누어 사용했습니다. (여기서 2줄로 나누었다는 것은 자로 줄을 긋는 것이 아니라 글씨 크기를 줄여 한 줄에 두 줄 분량을 쓰는 방식입니다. 자로 줄을 긋는 것은 모든 부분을 작성한 뒤 마지막에 한 번에 했습니다.) 이렇게 하면 장점은 많은 내용을 쓸 수 있고, 줄 부족을 계산하지 않아도 된다는 점입니다. 다만 단점은 줄이 많이 남아 미관상 깔끔하지 않아 보일 수 있다는 점입니다. 제가 이렇게 한 이유는 실전 감각이 부족했고 혹시 모를 줄 부족에 대비하기 위함이었습니다. 실제로 작성 부분 1을 적고 나니 줄이 많이 남아 당황했지만, 결과적으로 감점은 크지 않았던 것 같습니다.
>
> 　　과정안은 배점이 크지 않고 감점도 소수점에 그치는 경우가 많아 준비에 소홀해지기 쉽습니다. 그러나 방심하면 시험 직전까지 후회와 불안 속에서 시간을 보내게 될 수 있습니다. 따라서 1차 시험이 끝난 후 늦어도 2주 이내에는 연습을 시작해 주마다 최소 2회 이상 꾸준히 작성해 보시길 권합니다. 시간이 촉박한 분들이라면 고사장에 들어가기 전, **"조건 위주로 단순하게 쓰자, 시간 배분 잘하자, 글씨는 작게 쓰자"**라는 세 가지 원칙만이라도 마음에 새기고 들어가시면 도움이 될 것입니다.

02 2024학년도 교육과정평가원 출제

유형 1 부산광역시교육청

(1) 과목/단원 : 사회 4학년 1학기 – 2. 지역 문제와 주민 참여

(2) 단원의 흐름

단원	차시	차시별 학습 활동
2. 지역 문제와 주민 참여	9~10차시	주민 참여가 무엇인지 설명할 수 있다.
	11~12차시 (본시)	주민 참여로 지역 문제를 해결할 수 있다.
	13~14차시	주민 참여를 할 때 필요한 자세를 알 수 있다.

(3) 학급 실태

학생수	기자재
4학년 16명	스마트패드 16대, 화이트보드, 붙임쪽지

(4) 다음의 조건에 따라 교수·학습 과정안을 작성하시오.

1. 실제 수업임을 가정하고 문제해결학습모형의 흐름에 따라 교수·학습 과정안을 작성하시오.
2. 〈수험생 작성 부분 1〉
   - 전시 학습 내용을 확인하는 발문을 제시하시오.
   - 동기유발에서 학생들의 실생활과 관련된 발문을 작성하시오.
   - 〈자료 1〉을 확인하는 내용을 작성하시오.
   - 〈자료 1〉과 동기유발을 관련짓는 내용을 작성하시오.
3. 〈수험생 작성 부분 2〉
   - 다양한 지역 문제를 확인하는 방법에 대한 내용을 작성하시오.
   - 〈자료 2〉를 활용하여 다양한 지역 문제를 붙임 쪽지에 적고 유사한 것끼리 분류하는 활동을 하도록 작성하시오.
   - 학생들의 흥미와 관심에 따라 모둠을 정하도록 작성하시오.
   - 각 지역 문제의 원인을 찾는 활동을 하도록 작성하시오.
4. 〈수험생 작성 부분 3〉
   - 다양한 자료 수집 방법을 찾아보도록 하는 발문을 작성하시오.
   - 〈자료 2〉를 활용하여 학급 친구들에게 전체 발표하는 활동을 하도록 작성하시오.
   - 문제 해결 방안을 평가하고 선택하는 활동을 하도록 작성하시오.

(5) 자료

〈자료 1〉 지역의 환경오염 문제에 대해 학생들이 캠페인을 해서 해결한다는 기사

〈자료 2〉 학생들이 스마트패드로 조사한 ○○지역의 문제 해결 사례 4가지

1) 도시 시설 문제: ○○천의 돌계단이 너무 높아서 초등학생이 올라가기 힘들다. 그래서 돌계단 사이에 보조계단을 설치하기로 했다.

2) 등하굣길 안전 문제: 학생들의 안전한 등하굣길을 위해 옐로 카펫과 노란 발자국을 설치했다.

3) 동물 보호 문제: 방음벽에 참새가 계속 부딪쳐 죽자, 참새의 천적인 독수리 스티커를 방음벽에 붙였다.

4) 교통 이용 불편 문제: 횡단보도와 신호등이 너무 많아 복잡해서 이에 대해 안내하는 방송을 설치하였다.

2024학년도 교수·학습 과정안 양식 (부산)

단원명	3. 지역의 공공 기관과 주민 참여	차시	11~12차시
학습 목표	주민 참여로 지역 문제를 해결하는 과정을 설명할 수 있다.		

학습 단계	학습 과정	교수·학습 활동	자료 및 지도의 유의점	시량 (분)
도입	전시학습 상기하기 동기유발 학습문제 확인 학습활동 안내	(작성 부분 ①)		
전개	활동1	◎ <활동1> (작성 부분 ②)		
	활동2	◎ <활동2> (작성 부분 ③)		
정리	학습내용 정리 평가 차시예고	◎ 학습내용 정리하기 ◎ 평가하기 ◎ 차시예고하기		

2024학년도 교수·학습 과정안 예시 답안 (부산)

단원명	3. 지역의 공공 기관과 주민 참여	차시	11~12차시
학습 목표	주민 참여로 지역 문제를 해결하는 과정을 설명할 수 있다.		

학습 단계	학습 과정	교수·학습 활동	자료 및 지도의 유의점	시량 (분)
도입	전시학습 상기하기	(작성 부분 ①) • 지난 시간에 무엇에 대해 배웠나요? - 지역 주민이 중심이 되어 지역 문제 해결에 참여하는 주민 참여에 대해 배웠습니다.		
	동기유발	• 좋습니다. 실생활에서 지역 문제 때문에 불편함을 겪었던 경험이 있나요? - 주민들이 쓰레기 배출일을 제대로 지키지 않아 길거리에 쓰레기들이 쌓여있는 것을 보았던 적이 있습니다. - 부모님 차를 타고 학교에 등교하는데, 주차장이 혼잡하여 지각할 뻔한 적이 있습니다. • 잘 말해주었습니다. 교과서의 <자료 1>을 봅시다. 어떤 내용인가요? - 지역의 환경오염 문제에 대해 학생들이 캠페인을 열어 해결했다는 내용입니다. • 그렇다면 <자료1>을 참고하였을 때, 여러분들이 겪은 지역 문제를 어떻게 해결할 수 있을까요? - 쓰레기 배출일을 지키자는 내용의 포스터를 제작해 홍보할 수 있습니다. - 주차 문제의 심각성을 알리는 내용의 캠페인을 진행할 수 있습니다.		
	학습문제 확인 학습활동 안내			
전개	활동1	◎<활동1> 지역 문제의 원인 찾아보기 (작성 부분 ②) • 다양한 지역 문제를 어떻게 찾을 수 있을까요? - 시청·도청의 누리집을 방문하여 찾을 수 있습니다. - 지역 신문이나 뉴스를 살펴보아 찾을 수 있습니다. • 앞서 알아본 방법을 참고하여 스마트패드로 ○○지역의 지역 문제를 조사해봅시다. - (스마트패드를 이용하여 ○○지역의 지역 문제를 조사한다.) • 조사한 지역 문제를 붙임쪽지에 적고, 화이트보드에 유사한 문제끼리 분류하여 붙입시다. - (조사한 지역 문제를 붙임쪽지에 적고, 화이트보드에 지역 문제를 분류하여 붙인다.)		

		• 조사한 지역 문제와 이를 분류한 결과를 발표해봅시다.	
		- ○○천의 돌계단은 초등학생이 올라가기 힘들다는 문제를 조사했습니다. 이는 도시의 시설과 관련한 문제이므로 도시 시설 문제로 분류하였습니다.	
		- 학생들의 등하굣길이 위험하다는 문제를 조사하였습니다. 이는 등하굣길의 안전과 관련된 문제이므로 등하굣길 안전 문제로 분류하였습니다.	
		- 투명 방음벽에 참새가 부딪혀서 죽는 일이 잦다는 문제를 조사하였습니다. 이는 동물 보호와 관련된 문제이므로 동물 보호 문제로 분류하였습니다.	
		- 사거리의 교통이 너무 복잡하다는 문제를 조사하였습니다. 이는 교통 이용과 관련된 교통 이용 불편 문제로 분류하였습니다.	
		• 좋습니다. 분류한 4가지 문제 중 자신이 흥미있고 관심이 있는 주제를 1가지 결정하여 모둠을 만들어 봅시다. 한 모둠에 4명씩 4모둠을 만들면 됩니다.	
		- (자신의 흥미와 관심에 따라 모둠을 구성한다.)	
		• 모둠원과 함께 토의하여 각 지역 문제의 원인에 대해 알아봅시다.	
		- (모둠원과 토의하여 지역 문제의 원인을 알아본다.)	
		• 토의한 결과를 발표해봅시다.	
		- ○○천의 도시 시설 문제는 돌계단의 높이가 너무 높다는 원인이 있었습니다.	
		- 등하굣길의 안전 문제는 학생들이 횡단보도를 건널 때 눈에 잘 띄지 않는다는 원인이 있었습니다.	
		- 방음벽에 참새가 자꾸 부딪혀 죽는 문제는 방음벽이 투명해 보이지 않는다는 원인이 있었습니다.	
		- 사거리의 교통 혼잡 문제는 횡단보도와 신호등이 너무 많아 복잡하다는 원인이 있었습니다.	
	활동2	◎<활동2> 지역 문제 해결 방안 탐색하고 결정하기 (작성 부분③) • 이제 여러분이 찾은 지역 문제의 해결 방안을 탐색하는 활동을 하겠습니다. 지역 문제의 해결 방안을 어떤 방법으로 찾을 수 있을까요? - 인터넷 검색을 활용할 수 있습니다. - 주민들과의 면담을 실시할 수 있을 것 같습니다. • 잘 말해주었습니다. 그렇다면 모둠원과 함께 스마트패드를 활용하여 지역 문제의 해결 방안을 찾아봅시다. - (모둠원과 함께 지역 문제의 해결 방안을 조사한다.) • 조사한 결과를 모두에게 발표해봅시다.	

		- ○○천의 도시 시설 문제를 해결하기 위해 돌계단 사이에 보조계단을 설치할 수 있습니다.
		- 등하굣길 안전 문제를 해결하기 위해 옐로카펫과 노란 발자국을 설치할 수 있습니다.
		- 동물 보호 문제를 해결하기 위해 방음벽에 독수리 스티커를 붙일 수 있습니다.
		- 교통 혼잡 문제를 해결하기 위해 교통 안내 방송을 실시할 수 있습니다.
		• 잘 말해주었습니다. 그렇다면 모둠원과 함께 여러분이 찾은 문제 해결 방안을 평가하고 결정해 봅시다.
		- (모둠원과 함께 문제 해결 방안을 평가하고 결정한다.)
		• 모둠원과 함께 해결 방안을 평가하고 결정한 내용을 발표해봅시다.
		- 도시 시설 문제를 해결하기 위해 보조계단을 설치한 것은 적절합니다. 돌계단의 높이가 높아 올라가기 힘들었던 문제를 해결할 수 있기 때문입니다.
		- 등하굣길 안전 문제를 해결하기 위해 옐로카펫과 노란 발자국을 설치한 것은 적절합니다. 이로 인해 학생들이 눈에 띄게 되어 더 안전하게 움직일 수 있기 때문입니다.
		- 동물 보호 문제를 해결하기 위해 독수리 스티커를 붙인 것은 적절합니다. 독수리 스티커를 참새들이 보고 천적이 있다고 생각하여 방음벽을 피할 수 있기 때문입니다.
		- 교통 혼잡 문제를 해결하기 위해 교통 방송을 실시한 것은 적절합니다. 교통 안내 방송의 내용을 듣고 운전한다면, 도로의 혼잡도가 개선될 수 있기 때문입니다.
정리	학습내용 정리	◎ 학습내용 정리하기
	평가	◎ 평가하기
	차시예고	◎ 차시예고하기

Tip 선배님의 한마디

과정안 영역은 다른 시험 영역에 비해 감점 폭이 크지 않지만, 흐름을 잘못 잡거나 각론을 틀리면 2점 이상 감점될 수 있으므로 긴장을 늦추면 안 됩니다. 그러나 꾸준히 연습한다면 충분히 만점을 받을 수 있는 영역이므로 반드시 준비해 두길 권합니다.

▷ 스터디 운영 방법

저는 평소 2차 스터디를 함께하는 스터디원과 함께 과정안 스터디도 함께 진행하였습니다. 집에서 주 2~3회 정도 60분의 제한 시간을 두고 과정안을 작성한 뒤, 스터디원들과 만났을 때 각자 작성한 과정안을 교환하여 피드백해주는 방식이었습니다. 초반에는 조건이 많고 막막할 수 있으니 모범답안을 2회 정도 필사하며 기본 틀과 조건 충족 방식을 익히는 것을 추천합니다. 이후에는 직접 작성하여 자연스러운 흐름과 조건 충족 여부를 점검하는 것이 좋습니다.

▷ 조건 충족

과정안에서 가장 중요한 것은 '조건 충족'입니다. 조건을 자신만의 해석으로 풀어내기보다, 채점관이 명확하게 확인할 수 있도록 조건의 문구를 교사 발화나 학생 발화에 그대로 옮겨 적는 것이 안전합니다. '이 정도면 충족되겠지'라는 생각은 위험합니다. 애매하게 작성된 부분이 없도록 반드시 조건이 드러나도록 명확하게 표현해야 합니다. 실제로 과정안 시험을 치렀을 때, 조건을 어떻게 해석해야 할지 고민이 되는 부분들이 있었는데요. 이때 자의적인 해석을 첨가하지 않고 조건의 내용을 그대로 옮겨썼고, 그 결과 만점을 받을 수 있었습니다.

▷ 연습도 실전처럼!

실제 시험에서는 시간이 부족하기 때문에 B4 용지에 실제 답안지 양식을 인쇄해 연습하고, 30cm 자로 줄을 추가하며 작은 글씨로 쓰는 연습이 필요합니다. 줄이 부족한 경우가 많으므로 이러한 훈련이 실제 시험장에서 큰 도움이 됩니다.

▷ 수업 실연과의 관련성

과정안과 수업실연은 별개의 과목이지만, 수업 흐름을 설계한다는 점에서 밀접한 연관이 있습니다. 연습 과정에서 두 과목의 문제를 혼용하여 훈련한다면 훨씬 유연한 대비가 가능합니다.

▷ 기출의 중요성

마지막으로 기출 분석은 절대 빼놓아서는 안 됩니다. 2024학년도 사회 과정안은 2020학년도 사회 기출과 단원이 동일했으며, 지역 문제 해결이라는 주제도 유사했습니다. 실제 시험에서 2020년 기출을 풀어본 경험이 큰 도움이 되었기에, 반드시 기출 문제를 최우선으로 학습하시길 권장합니다.

유형 2 경상남도교육청, 인천광역시교육청

(1) **과목/단원** : **수학** 4학년 2학기. 4단원 사각형

(2) **학습 목표**

마름모의 뜻과 성질을 이해하고 마름모를 그릴 수 있다.

(3) **단원의 흐름**

단원	차시	차시별 학습 활동
4. 사각형	전 차시	· 평행사변형의 뜻과 성질
	본 차시	· 마름모의 뜻과 성질
	후속 차시	· 여러 가지 사각형

(4) **교실실태**

24명, 6모둠 구성

(5) **기자재**

교사용 컴퓨터, TV, 스마트 기기 등

(6) **학습 준비물**

색종이, 자, 각도기

(7) **교과서 자료**

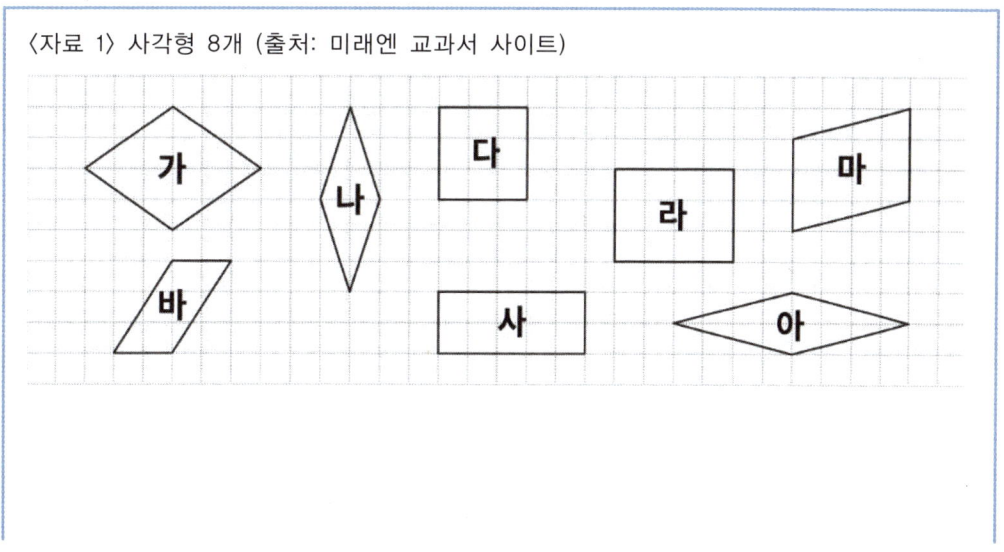

〈자료 1〉 사각형 8개 (출처: 미래엔 교과서 사이트)

〈자료 2〉 (출처: 미래엔 교과서 사이트)

〈자료 3〉 (출처: 티셀파 사이트)　　　　　　〈자료 4〉 (출처: 티셀파 사이트)

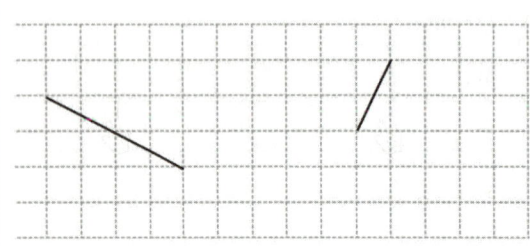

(5) 다음의 조건에 따라 교수·학습 과정안을 작성하시오.

1. 전개의 작성 부분 ①~④를 작성하시오. (답안에 음영 처리된 부분)
2. 작성부분 ①에서 학생들이 〈자료 1〉의 사각형을 분류 기준에 따라 분류하도록 하시오.
3. 작성부분 ①에서 학생들이 스스로 사각형의 이름을 짓는 활동을 하시오.
4. 작성부분 ②에서 학생들이 〈자료 2〉의 도형이 마름모인지 판단하고 그 이유를 설명하도록 하시오.
5. 작성부분 ②에서 마름모의 성질 3가지를 모둠별로 구체적 조작활동을 통해 발견할 수 있도록 하시오.
6. 작성부분 ②에서 학생들이 발견한 마름모의 성질을 교사가 정리하시오.
7. 작성부분 ③에서 마름모의 성질을 이용하여 〈자료3〉에 서로 다른 모양의 마름모 2개를 완성하도록 하시오.
8. 작성부분 ③에서 〈자료4〉에 학생들이 직접 마름모를 그리게 하시오.
8. 작성부분 ③에서 마름모의 정의를 정리하시오.
9. 작성부분 ④에서 마름모를 그리는 데에 어려움을 겪는 학생에 대한 지도방안을 작성하시오.

2024학년도 교수·학습 과정안 양식 (경남·인천)

학습문제	마름모의 뜻과 성질을 알아볼까요?			
단원명	4. 사각형		차시	6차시
학습 목표	마름모의 뜻과 성질을 이해하고 마름모를 그릴 수 있다.			

학습 단계	학습 과정	교수·학습 활동	자료 및 지도의 유의점	시량 (분)
도입	전시학습 상기하기	◎ 지난 시간에 배운 내용 살펴보기		
	동기유발	◎ 동기유발하기		
	학습문제 확인	◎ 학습문제 확인하기		
	학습활동 안내	◎ 학습활동 안내하기		
전개	활동1	◎ <활동 1> 분류하기 교사: (<자료 1>을 들어 보이며) 무엇이 보입니까? 학생: 사각형 8개가 보입니다. <작성부분 ①>		
	활동2	<작성부분 ②>	○ 대각선이라는 용어는 사용하지 마시오. -자료: 색종이, 자, 각도기	

	활동3	<작성부분 ③>	<작성부분 ④>	
정리	학습내용 정리	◎ 학습내용 정리하기		
	차시예고	◎ 차시예고하기		

2024학년도 교수·학습 과정안 예시 답안 (경남·인천) (1)

학습문제	마름모의 뜻과 성질을 알아볼까요?		
단원명	4. 사각형	차시	6차시
학습 목표	마름모의 뜻과 성질을 이해하고 마름모를 그릴 수 있다.		

학습 단계	학습 과정	교수·학습 활동	자료 및 지도의 유의점	시량 (분)
도입	전시학습 상기하기	◎ 지난 시간에 배운 내용 살펴보기		
	동기유발	◎ 동기유발하기		
	학습문제 확인	◎ 학습문제 확인하기		
	학습활동 안내	◎ 학습활동 안내하기		
전개	활동1	◎ <활동 1> 분류하기 교사: (<자료 1>을 들어 보이며) 무엇이 보입니까? 학생: 사각형 8개가 보입니다. **<작성부분 ①>** 교사: 짝끼리 <자료 1>의 사각형을 '네 변의 길이가 모두 같은가?'라는 분류 기준에 따라 분류해 봅시다. 우리 반은 24명이므로 2명씩 12짝으로 활동해 봅시다. 학생: (자를 이용해 짝과 함께 분류 활동을 수행한다.) 교사: 분류 결과를 발표해 봅시다. 학생: 네 변의 길이가 모두 같은 사각형은 가, 나, 다, 아입니다. 교사: 좋습니다. 그렇다면 사각형 가, 나, 다, 아의 이름을 지어봅시다. 이번에는 모둠 활동을 해 봅시다. 학생: (모둠별로 사각형 이름짓기 활동을 수행한다.) 교사: 모둠별로 사각형의 이름과 그렇게 지은 이유를 발표해 봅시다. 학생1: 저희 1모둠에서는 '반듯한 사각형'이라고 지었습니다. 사각형의 왼쪽과 오른쪽의 균형이 반듯하게 잘 맞기 때문입니다. 학생2: 4모둠에서는 '같은사변형'이라고 지었습니다. 평행사변형이 마주보는 두 쌍의 변이 서로 평행한 사각형이므로 이 사각형은 네 변의 길이가 모두 같은 의미를 담아 이렇게 지었습니다.	-자료: 자	

		교사: 모든 모둠이 창의적으로 사각형의 이름을 지어주었습니다. 교과서 67쪽에 적힌 설명을 다함께 읽어 봅시다. 학생: 네 변의 길이가 모두 같은 사각형을 마름모라고 합니다. 교사: 여러분이 방금 읽은 것은 마름모의 뜻입니다. 배움노트에 적어봅시다.		
	활동2	<작성부분 ②> ◎ <활동 2> 발견하기 교사: (<자료 2>를 들어 보이며) 무엇이 보입니까? 학생: 사각형 2개가 보입니다. 교사: 좋습니다. 이번 활동에서는 각자 <자료 2>의 도형이 마름모인지 판단하고, 짝과 함께 그 이유를 토의해 보겠습니다. 학생: (<자료 2>의 도형이 마름모인지 판단하고 짝과 함께 그 이유를 토의한다.) 교사: 활동 결과를 발표해 봅시다. 학생: 마름모입니다. 그 이유는 자로 재어보니 네 변의 길이가 모두 같기 때문입니다. 교사: 타당한 근거를 들어 잘 설명하였습니다. 이제 모둠 활동을 해보겠습니다. 4명씩 6모둠으로 진행하겠습니다. 모둠별로 자, 각도기를 이용하여 <자료 2>의 마름모의 성질을 직접 찾는 활동을 해 봅시다. 3가지 찾아봅시다. 학생: (모둠별 구체적 조작활동을 통해 마름모의 성질 3가지를 발견한다.) 교사: 발견한 성질을 모둠별로 발표해 봅시다. 학생1: 각도기를 이용해 마름모의 네 각의 크기를 재어 보았더니 마주보는 두 각의 크기가 각각 같았습니다. 학생2: 저희 모둠은 각도기로 네 각의 크기를 각각 재는 것에서 더 나아가 이웃한 두 각의 크기의 합을 구해 보았는데, 둘 다 180도였습니다. 학생3: 3모둠에서는 자를 활용해 마름모의 마주보는 두 꼭짓점끼리 이어 선분을 그려보았습니다. 그리고 각도기로 두 선분이 이루는 각을 재어 보았더니 직각이었습니다. 또한 한 선분은 다른 선분의 길이를 이등분함을 자로 재어 발견했습니다. 교사: 자, 각도기를 이용한 구체적인 활동을 통해 마름모의 성질 3가지를 잘 발견하였습니다. 여러분이 발견한 마름모의 성질을 선생님이 정리해 보았습니다. (칠판을 가리키며) 다함께 읽어봅시다. 학생: 마름모의 성질 첫째, 마주보는 두 각의 크기는 각각 같다. 둘째, 이웃한 두 각의 크기의 합은 180도이다. 셋째, 마주보는 두 꼭짓점끼리 이은 선분은 서로 수직으로 만나고 각각을 이등분한다.	○ 대각선이라는 용어는 사용하지 마시오. -자료: 색종이, 자, 각도기	

	활동3	<작성부분 ③> ◎ <활동 3> 그려보기	<작성부분 ④> ○ 마름모를 그리는 데에 어려움을 겪는 학생의 경우 실물 마름모 교구를 제공하여 마름모의 뜻과 성질을 먼저 이해할 수 있도록 지도한다.	
		교사: 교과서 68쪽을 봅시다. 무엇이 보입니까?		
		학생: <자료 3>에는 선분이 그려진 모눈종이가, <자료 4>에는 빈 모눈종이가 있습니다.		
		교사: 자료를 잘 관찰하였습니다. 활동 2에서 발견한 마름모의 성질을 이용하여 <자료 3>에 서로 다른 모양의 마름모 2개를 완성해 봅시다. 짝끼리 서로 도우며 활동합시다.		
		학생: (<자료3>에 서로 다른 모양의 마름모 2개를 완성한다.)		
		교사: 완성한 마름모를 발표하고, 어떤 성질을 이용했는지 말해 봅시다.		
		학생: 먼저 주어진 선분과 길이가 같은 선분을 하나 더 그렸습니다. 그리고 두 선분이 이루는 각을 재어, 마주보는 두 각의 크기가 같도록 나머지 두 선분을 그렸습니다.		
		교사: 마주보는 두 각의 크기가 각각 같은 마름모의 성질을 이용해 마름모를 서로 다른 모양으로 잘 그렸습니다. 이번에는 <자료 4>에 직접 마름모를 그려보겠습니다.		
		학생: (<자료 4>에 직접 마름모 그리기 활동을 수행한다.)		
		교사: 활동을 마친 학생들은 모둠 친구들과 함께 서로가 그린 도형이 마름모가 맞는지 비교해 봅시다. 활동 결과를 발표해 봅시다.		
		학생: 저희 모둠은 모두 마름모를 잘 그렸습니다.		
		교사: 왜 그렇게 생각하나요?		
		학생: 모둠원이 그린 사각형의 네 변의 길이가 같았기 때문입니다.		
		교사: 훌륭합니다. 마름모의 뜻을 이용해 잘 말해주었습니다. 마름모의 뜻을 다시 한 번 정리해보겠습니다. 무엇입니까?		
		학생: 네 변의 길이가 모두 같은 사각형입니다.		
		교사: 모든 학생들이 큰 목소리로 마름모의 뜻을 잘 대답해 주었습니다.		
정리	학습내용 정리	◎ 학습내용 정리하기		
	차시예고	◎ 차시예고하기		

2024학년도 교수·학습 과정안 예시 답안 (경남·인천) (2)

학습문제	마름모의 뜻과 성질을 알아볼까요?		
단원명	4. 사각형	차시	6차시
학습 목표	마름모의 뜻과 성질을 이해하고 마름모를 그릴 수 있다.		

학습 단계	학습 과정	교수·학습 활동	자료 및 지도의 유의점	시량 (분)
도입	전시학습 상기하기	◎ 지난 시간에 배운 내용 살펴보기		
	동기유발	◎ 동기유발하기		
	학습문제 확인	◎ 학습문제 확인하기		
	학습활동 안내	◎ 학습활동 안내하기		
전개	활동1	◎ <활동 1> 분류하기 교사: (<자료 1>을 들어 보이며) 무엇이 보입니까? 학생: 사각형 8개가 보입니다. <작성부분 ①> 교사: 사각형 8개를 분류해보는 활동을 해보겠습니다. 분류하기 위해 무엇이 필요한가요? 학생: 기준이 필요합니다. 교사: 그렇습니다. 지난 시간에는 '평행한 두 쌍의 변이 있는가?'를 기준으로 분류했었죠. 이번에는 어떤 기준으로 분류할 수 있을까요? 학생: 네 변의 길이가 같은 사각형과 그렇지 않은 사각형으로 분류하고 싶습니다. 교사: 좋습니다. 네 변의 길이가 같은 사각형과 그렇지 않은 사각형을 기준으로 하여 <자료1>의 사각형을 분류하고 네 변의 길이가 같은 사각형의 이름을 지어봅시다. 학생: (<자료1>을 분류하고 네 변의 길이가 같은 사각형의 이름을 붙인다.) 교사: 분류한 것을 어떻게 이름붙였는지 발표해봅시다. 학생: 가, 나, 다, 아가 네 변의 길이가 같습니다. 같은 길이 변 사각형이라고 이름지었습니다. 교사: 왜 그렇게 이름을 지었나요? 학생: 네 변의 길이가 같은 사각형이기 때문입니다.		

		교사 : 창의적인 생각입니다. 실제로 우리는 가, 나, 다, 라처럼 네 변의 길이가 같은 사각형을 '마름모'라고 이름 짓기로 약속하였습니다.	
활동2	<작성부분 ②> <활동2> 발견하기 교사 : <자료2>를 봅시다. 두 사각형이 마름모인지 판단해보겠습니다. 어떻게 판단하면 좋을까요? 학생 : 네 변의 길이를 재어 길이가 같은지 생각해보면 좋을 것 같습니다. 교사 : 좋습니다. 모두 준비되어있는 자를 이용하여 두 사각형이 마름모인지 판단해봅시다. 학생 : (두 사각형이 마름모인지 아닌지 판단해보는 활동을 한다.) 교사 : 두 사각형이 마름모인가요? 학생 : 그렇습니다. 교사 : 그 이유가 무엇인가요? 학생 : 네 변의 길이를 재었더니 모두 같았기 때문입니다. 네 변의 길이가 같은 사각형은 마름모입니다. 교사 : 마름모가 무엇인지 잘 생각하여 답하였습니다. 이번에는 모둠별로 마름모의 성질을 찾아보겠습니다. 자료 2와 같은 모양의 색종이 2장, 자, 각도기가 담긴 모둠바구니를 주겠습니다. 수학모둠으로 4명씩 6모둠을 만들었으니 나눔이가 나와서 모둠바구니를 가져가도록 합니다. 학생 : (구체적 조작활동으로 마름모의 성질을 찾는다.) 교사 : 발견한 마름모의 성질을 발표해봅시다. 학생1 : 마름모에서 마주보는 두 변이 평행합니다. 교사 : 그렇게 생각한 까닭이 무엇인가요? 학생1 : 두 변의 거리를 재어보았더니 어디에서 재든 같기 때문입니다. 교사 : 훌륭합니다. 또 다른 성질은 무엇이 있나요? 학생2 : 마주보는 두 각의 크기가 서로 같습니다. 각도기로 재어보았더니 각의 크기가 같았기 때문입니다. 교사 : 이유를 구체적으로 잘 말해주었습니다. 또 다른 의견 있나요? 학생3 : 마름모를 마주보는 꼭짓점과 닿도록 두 번 접었을 때 생기는 선분은 서로를 수직이등분합니다. 교사 : 어떻게 그것을 알게되었나요? 학생3 : 색종이를 두 번 접고 생기는 선분의 나뉘어 지는 양쪽 선분의 길이가 같고, 한 선분이 다른 선분과 이루는 각이 직각이기 때문입니다.	○ 대각선이라는 용어는 사용하지 마시오. -자료: 색종이, 자, 각도기

		교사 : 훌륭합니다. 그렇다면 마름모의 성질은 마주보는 두 변이 평행하고, 마주보는 두 각의 크기가 같으며, 마주보는 꼭짓점을 만나도록 두 번 접었을 때 생기는 선분이 서로 수직이등분한다고 정리할 수 있군요.		
	활동3	<작성부분 ③> <활동3> 그려보기 교사 : 활동 2에서 정리한 마름모의 성질을 이용하여 마름모를 직접 그려보는 활동을 해보겠습니다. <자료3>을 봅시다. 주어진 두 선분으로 마름모 2개를 완성해봅시다. 학생 : (마름모를 완성한다.) 교사 : 완성한 마름모에 앞으로 가져와서 실물화상기로 발표해봅시다. 학생 : (그린 마름모를 실물화상기로 공개한다.) 교사 : 어떤 방법으로 그렸나요? 학생 : 주어진 선분과 길이가 같은 선분을 한 점에서 그립니다. 그 후 마주보는 두 각의 크기가 같게 같은 길이로 나머지 두 선분을 모눈종이에 그립니다. 교사 : 훌륭합니다. 이번에는 <자료4>에 마름모를 자유롭게 그려봅시다. 학생 : (마름모를 완성한다.) 교사 : 어떤 방법으로 그렸는지 발표해봅시다. 학생 : 네 변의 길이가 같도록 그렸습니다. 교사 : 대단합니다. 마름모의 의미를 다시 정리해봅시다. 학생 : 네 변의 길이가 같은 사각형입니다.	<작성부분 ④> ♣자료 및 유의점 마름모를 그리는 데에 어려움을 겪는 학생들에게 주어진 선분이 더 많은 모눈종이를 제공한다	
정리	학습내용 정리	◎ 학습내용 정리하기		
	차시예고	◎ 차시예고하기		

 **Tip 선배님의 한마디**

심층면접과 수업실연과 마찬가지로 과정안에서도 가장 중요한 것은 **조건 충족**입니다. 60분 안에 조건을 자연스럽게 녹여내면 좋겠지만, 시간이 부족하다면 다소 노골적으로라도 조건을 드러내는 것이 필요합니다. 예를 들어 조건 4가 "작성 부분 ②에서 학생들이 〈자료 2〉의 도형이 마름모인지 판단하고 그 이유를 설명하도록 하시오."라면, "교사 : 여러분, 자료 2를 잘 살펴봤지요? 자료 2의 도형이 마름모인지 판단해봅시다. 그리고 그렇게 생각한 이유를 어깨짝에게 설명해봅시다."처럼 조건 문구를 그대로 발화에 담는 방식이 가장 안전합니다.

스터디를 진행할 때는 **다양한 연습**을 강조하고 싶습니다. 먼저 '범위를 다양하게 써보기'입니다. 전개 부분만 연습하기보다 도입, 정리, 학습 목표까지 모두 작성해 보는 것을 권합니다. 주로 도입과 전개가 출제되지만, 목표나 정리도 출제될 수 있으므로 대비가 필요합니다. 또 하나는 '발화 주체를 다양하게 써보기'입니다. 연습할 때 단순히 T, S로만 표기하기보다 '교사-학생', '*--' 등 다양한 방식을 시도해보면 실제 시험에서 낯선 양식이 나오더라도 당황하지 않고 대응할 수 있습니다.

또 하나 중요한 점은 **자 사용 연습**입니다. 실제 답안지는 칸이 넉넉하지 않기 때문에, 저 역시 시험에서 남은 공간이 4줄 정도 남았을 때 자로 선을 그어 분량을 조절하며 작성해야 했습니다. 시험장에서는 긴장감 때문에 더 서두르게 되므로, 미리 자를 활용해 줄을 긋는 연습을 두세 번 해두는 것을 추천합니다.

마지막으로, 과정안은 기출 문제로 먼저 연습을 시작하되, 이후에는 타 지역 기출이나 하이패스 실전 문제로 확장해보시길 권합니다. 처음에는 훨씬 어렵게 느껴지겠지만, 이런 문제를 연습하다가 다시 평가원 출제 지역 기출로 돌아오면 훨씬 수월하게 느껴질 것입니다. 추가 연습이 필요하다면 수업실연 문제를 과정안으로 바꾸어 작성해보거나, 직접 조건을 만들어 문제를 설계해보는 것도 좋은 방법입니다.

필자의 구상 스케치 & 팁

1. 현장 스케치

과정안 시험은 둘째 날 오전 9시에 진행되며, 다른 시험과 달리 별도의 자리 재배치 없이 대기실의 본인 좌석에서 응시합니다. 인천의 경우 사전 안내에 따라 자 지참이 가능했으며, 필수 준비물은 검정 펜 2자루(잉크 불량 대비), 자, 그리고 손목시계였습니다. 대기실에 시계가 없을 수 있으므로 반드시 시계를 챙기시길 권합니다. 실제로 인천에서는 종료 10분 전 방송이 나오기도 했습니다.

문제지는 B4 크기의 표지 1장과 문제 2장으로 구성되어 스테이플러로 고정되어 있었고, 표지는 분리할 수 없었습니다. 조건은 보기 좋게 정리되어 있지 않고 작은 글씨로 지면 곳곳에 흩어져 있었으므로, 빠짐없이 확인하려면 꼼꼼히 읽어야 했습니다. 종이 재질은 1차 시험지와 달리 일반 복사용지처럼 **빳빳한** 백색 용지였습니다.

답안지는 B4 크기 단면 2장(혹은 양면 1장)으로, 지도안 양식 안의 작성부분 ①~④만 음영 처리된 상태였습니다. 빈칸이 넉넉하지 않아 자로 줄을 나누면 글씨가 지나치게 작아질 수 있으므로, 글씨 크기와 분량을 잘 조절하는 것이 중요합니다. 지역에 따라 다르지만, 인천은 부분 교체가 불가능하고 답안지 전체 교체만 가능했으므로 실수를 줄이는 연습이 필요합니다. 저는 초반에는 칸을 절반으로 나누어 쓰다가, 후반에는 원래 칸 크기에 맞춰 한 문장씩 적는 방식으로 조절했습니다.

이번 답안지에서 특징적이었던 점은 지도안 양식이 하이패스에서 보던 것과 달랐다는 것입니다. 예컨대 작성부분 ①에서는 활동 1의 일부가 먼저 제시되었는데, 형식이 '교사: (발문), 학생: (대답)'으로 주어져 있었습니다. 이런 경우 기존 연습 방식에 얽매이지 말고, 반드시 제시된 형식에 맞추어 나머지를 작성해야 합니다.

평소에는 과정안 작성에 40~50분이 소요되었지만, 실전에서는 문제의 길이와 답안 작성 시의 신중함 때문에 시간이 더 걸렸고, 결국 약 3분을 남기고 완성할 수 있었습니다. 따라서 연습 단계에서는 실제보다 더 빠른 속도로 작성하는 훈련을 하여 실전에서 여유를 확보하는 것이 필요합니다.

2. 과정안 꿀팁 및 스터디 방법

저는 과정안 시험에서 10점 만점에 9.8점을 받았습니다. 과정안 채점은 결국 조건 충족 여부에 달려 있습니다. 따라서 채점관이 조건을 충족했다고 명확히 판단할 수 있도록 문제지에 제시된 조건을 최대한 그대로 활용하는 것이 중요합니다. 예를 들어 '작성부분 ②에서 학생들이 〈자료 2〉의 도형이 마름모인지 판단하고 그 이유를 설명하도록 하시오.'라는 조건이 있다면, 활동 과정에서 학생들이 직접 도형을 판단하게 하고, 발표 단계에서는 교사 발문으로 "마름모인지 판단한 결과와 그렇게 생각한 이유를 설명해 봅시다."와 같이 조건 문구를 그대로 반영하는 것이 가장 안전합니다.

또한 과정안은 꾸준히 작성하며 감을 유지하는 것이 필요합니다. 저는 2차 본스터디에서 1차 시험 직후부터 주 4~5회씩 하이패스 기출 문제를 풀었고, 12월 이후에는 기출을 모두 소화한 뒤 학교 제작 문제까지 활용했습니다. 과정안 시험은 조건을 충실히 옮겨 적고 충족 여부를 분명히 드러내는 것이 핵심이므로, 스터디에서는 조건이 답안 속에서 명확히 반영되었는지 여부를 중심으로 피드백하는 것이 효과적입니다.

유형 3 대전광역시 교육청, 울산광역시 교육청

(1) 과목/단원 : 과학 5학년 2학기 – 3. 날씨와 우리 생활

(2) 단원의 흐름

단원	차시	차시별 학습 활동
3. 날씨와 우리 생활	2차시	습도는 우리 생활에 어떤 영향을 미칠까요?
	3차시	이슬과 안개는 어떻게 만들어질까요?
	4차시	구름, 비, 눈은 어떻게 만들어질까요?

(3) 다음의 조건에 따라 교수 · 학습 과정안을 작성하시오.

- 학생과 교사의 상호작용이 드러나도록 작성하시오.

〈활동1〉 이슬 실험
- 이슬 발생 실험과정이 드러나도록 쓰시오.
- 〈자료1〉의 준비물을 활용하여 작성부분 ①을 작성하고, 이와 관련한 안전상의 유의점을 작성부분 ②에 작성하시오.
- 비커의 표면의 변화를 확인하고, 실험 결과를 학생 발문으로 확인하시오.

〈활동2〉 안개 실험
- 안개 발생 실험 과정이 드러나도록 쓰시오.
- 〈자료2〉의 준비물을 활용하여 작성부분 ③을 작성하고, 이와 관련한 안전상의 유의점을 ④에 작성하시오.
- 학생들이 향의 역할을 추론하는 과정이 드러나도록 작성하시오.
- 비커 내부의 변화를 관찰하고, 실험 결과를 학생 발문으로 확인하시오.

〈정리〉
- 이슬 발생 실험과 실제 자연 현상을 비교하는 과정이 드러나도록 작성하시오.
- 안개 발생 실험과 실제 자연 현상을 비교하는 과정이 드러나도록 작성하시오.
- 실험 내용과 관련한 학생의 경험을 발표하도록 하시오.

(4) **자료**(완전 똑같은 자료를 구할 수 없어 대체 자료를 첨부합니다. 실제 시험에서는 2번째 실험에서 비커 대신 수조를 사용하였습니다.)

위와 같이 실험 사진이 있었습니다.

〈준비물〉: 얼음, 물, 비커, 마른 수건, 집게, 면장갑

위와 같은 실험 사진이 있었습니다.

〈준비물〉 향, 비커, 얼음, 페트리 접시, 모래판, 점화기, 면장갑, 보안경

2024학년도 교수·학습 과정안 양식 (대전, 울산)

단원명	3. 날씨와 우리 생활		차시	3차시
학습 목표	이슬과 안개 발생 실험과 관련지어 그 생성 과정을 설명할 수 있다.			

학습 단계	학습 과정	교수·학습 활동	자료 및 지도의 유의점	시량 (분)
도입	전시학습 상기하기			
	동기유발			
	학습문제 확인			
	학습활동 안내			
전개	활동1	◎ <활동1> (작성 부분 ①)	작성 부분 ②	
	활동2	◎ <활동2> (작성 부분 ③)	작성 부분 ④	
	활동3	◎ <활동3> (작성 부분 ⑤)		
정리	학습내용 정리	◎ 학습내용 정리하기		
	평가	◎ 평가하기		
	차시예고	◎ 차시예고하기		

2024학년도 교수·학습 과정안 예시 답안 (대전, 울산) (1)

단원명	3. 날씨와 우리 생활		차시	3차시
학습 목표	이슬과 안개 발생 실험과 관련지어 그 생성 과정을 설명할 수 있다.			

학습 단계	학습 과정	교수·학습 활동	자료 및 지도의 유의점	시량 (분)
도입	전시학습 상기하기 동기유발 학습문제 확인 학습활동 안내			
전개	활동1	◎<활동1> 이슬 발생 실험하기 (작성 부분 ①) • 화면 속 실험 준비물을 보겠습니다. 무엇이 보이나요? - 얼음, 물, 비커, 마른 수건, 집게, 면장갑이 보입니다. • 안전한 실험을 위해 무엇에 유의해야 할까요 준비물과 관련하여 이야기 해봅시다. - 바닥에 물을 흘리면 미끄러울 수 있기에 마른 수건으로 닦아야 합니다./면장갑을 착용해야합니다. • 모둠별로 비커 안에 물과 얼음을 넣은 후 비커의 표면을 관찰해봅시다. 실험을 할 때는 안전에 항상 유의하기 바랍니다. -(안전에 유의하며 이슬 발생 실험을 한다.) • 실험이 종료되었습니다. 비커의 표면에 어떤 변화가 일어났습니까? - 물방울이 맺혔습니다./공기 중의 수증기가 응결되어 물방울이 맺혔습니다.	작성 부분 ② ㈜ 안전을 위해 물을 흘렸을 때 바로 닦도록 지도한다./면장갑을 항상 착용하도록 한다.	
	활동2	◎<활동2> 안개 발생 실험하기 (작성 부분③) • 화면 속 실험 준비물을 보겠습니다. 무엇이 보이나요? - 향, 비커, 얼음, 페트리 접시, 모래판, 점화기, 면장갑, 보안경이 보입니다. • 선생님이 돌아다니면서 점화기로 향에 불을 붙여 주겠습니다. 그 외에 준비물과 관련하여 안전에 유의할 점에는 무엇이 있을까요? - 불이 나거나, 향의 불을 끌 때는 모래판을 이용합니다./보안경과 면장갑을 착용합니다. • 향의 역할은 무엇일까요? - 응결이 잘 일어나도록 도와줍니다. • 선생님이 향에 불을 붙여 주면, 잠깐 비커에 향을 넣은 뒤 모래를 이용해 향의 불을	작성 부분 ④ ㈜ 보안경과 면장갑을 항상 착용하도록 한다./불이 나거나, 향의 불을 끌 때는 모래판을 이용하여 안전하게 끄도록 한다.	

		끓입니다. 그리고 페트리 접시로 덮고 페트리 접시 위에 얼음을 담아 관찰해봅시다.		
		- (안전에 유의하며 안개 발생 실험을 진행한다.)		
		• 실험이 종료되었습니다. 비커 내부의 변화를 발표해봅시다.		
		- 비커 내부가 뿌옇게 변했습니다.		
	활동3	◎ <활동3> 정리하기		
		(작성 부분 ⑤)		
		• 첫 번째 실험은 실재 자연 현상 중 무엇과 같습니까?		
		- 이슬과 같습니다.		
		• 왜 그렇게 생각합니까?		
		- 물체의 표면에 물방울이 맺히기 때문입니다.		
		• 두 번째 실험은 실제 자연 현상 중 무엇과 같습니까?		
		- 안개입니다.		
		• 왜 그렇게 생각합니까?		
		- 공기가 뿌옇게 되기 때문입니다.		
		• 이슬을 본 경험을 발표해봅시다.		
		- 아침 일찍 등교할 때, 아빠 창문에 물방울이 맺혔습니다./새벽에 나뭇잎에 물방울이 맺혔습니다.		
		• 안개를 본 경험을 발표해봅시다.		
		- 강원도에 여행을 갔을 때, 산 높은 곳에 안개가 끼어 있었습니다.		
정리	학습내용 정리	◎ 학습내용 정리하기		
	평가	◎ 평가하기		
	차시예고	◎ 차시예고하기		

2024학년도 교수·학습 과정안 예시 답안 (대전, 울산) (2)

단원명	3. 날씨와 우리 생활		차시	3차시
학습 목표	이슬과 안개 발생 실험과 관련지어 그 생성 과정을 설명할 수 있다.			

학습 단계	학습 과정	교수·학습 활동	자료 및 지도의 유의점	시량 (분)
도입	전시학습 상기하기			
	동기유발			
	학습문제 확인			
	학습활동 안내			
전개	활동1	◎ <활동1> 이슬 발생 실험하기 • 준비물을 보며 모둠별로 이슬 발생 실험 방법을 토의해봅시다. – (모둠별로 이슬 발생 실험 방법을 토의한다.) • 이슬 발생 실험 방법을 발표해 봅시다. – 집기병에 물과 얼음 조각을 넣습니다. • 안전을 위해 무엇을 주의해야 할까요? – 병이 깨지지 않도록 주의해야 합니다. / 맨손으로 얼음을 만지면 안 됩니다. 등 • 모둠별로 실험해 봅시다. 집기병의 표면에서 나타나는 변화를 관찰해 봅시다. – (모둠별로 집기병의 표면을 관찰한다) • 집기병의 표면에서 나타나는 변화를 발표해 봅시다. – 시간이 조금 지난 뒤 작은 물방울이 맺히기 시작했습니다. / 얼음물이 담긴 높이까지만 작은 물방울이 고르게 맺혔습니다. 등 • 이와 같은 변화가 나타나는 까닭을 이야기해 봅시다. – 집기병 바깥에 있는 공기 중 수증기가 집기병 표면에서 응결하기 때문입니다.	㉮ 얼음을 맨손으로 잡지 않도록 주의하며, 병이 깨지지 않도록 주의한다.	
	활동2	◎ <활동2> 안개 발생 실험하기 • 준비물을 보며 안개 발생 실험 방법을 발표해봅시다. – 집기병에 따뜻한 물을 넣었다가 물을 버립니다. 향에 불을 붙이고 집기병에 향을		

		넣었다가 뺍니다. 집기병 위에 조각 얼음을 담은 페트리 접시를 올립니다.	㉮ 향불에 불을 붙일 때 화상을 입지 않도록 주의한다.	
		• 향의 역할에 대해 발표해 봅시다.		
		– 향은 물방울을 관찰하도록 도울 것 같습니다. / 응결이 잘 보이도록 도울 것 같습니다.		
		• 안전을 위해 무엇을 주의해야 합니까?		
		– 향불이 너무 커지면 모래판에 넣습니다. / 뜨거운 물에 화상을 입지 않도록 주의합니다.		
		• 모둠별로 실험해 봅시다. 집기병 내부에서 나타나는 변화를 관찰해 봅시다.		
		– (모둠별로 집기병 내부의 변화를 관찰한다.)		
		• 집기병 내부에 나타난 변화를 발표해 봅시다.		
		– 집기병 안이 뿌옇게 흐려집니다. / 조각 얼음이 담긴 접시 근처에서 흐려집니다. 등		
		• 이와 같은 변화가 나타나는 까닭을 이야기해 봅시다.		
		– 집기병 안의 따뜻한 수증기가 차가운 접시와 만나 응결하기 때문입니다.		
	활동3	◎ <활동3> 집기병에서 나타나는 변화 설명하기		
		• 첫 번째 실험과 비슷한 자연 현상은 무엇인지 이유와 함께 발표해 봅시다.		
		– 이슬입니다. 이슬은 차가운 물체의 표면 위에 물방울이 맺히는 현상이기 때문입니다.		
		• 두 번째 실험과 비슷한 자연 현상은 무엇인지 이유와 함께 발표해 봅시다.		
		– 안개입니다. 안개는 주변의 공기가 차가워지면 응결하는 현상이기 때문입니다.		
		• 우리 생활에서 차가운 물체와 수증기가 만나 응결한 현상은 무엇이 있나요?		
		– 냉장고 안에서 꺼낸 음료수병 표면에 물방울이 생기는 현상을 보았습니다. / 추운 날 안경을 쓴 채로 실내에 들어가 보니 안경이 뿌옇게 흐려졌습니다.		
		• 이슬을 본 경험을 발표해 봅시다.		
		– 새벽에 운동하러 나갔더니 잎 표면에 이슬을 보았습니다.		
		• 왜 그렇게 생각했습니까?		
		– 이슬은 차가운 물체의 표면 위에 맺히는 현상이기 때문입니다.		
		• 안개를 본 경험을 발표해 봅시다.		
		– 아빠 차를 타고 가는데 앞이 뿌옇게 보여 안 보였습니다.		
		• 왜 그렇게 생각합니까?		
		– 안개는 주변의 공기가 차가워지면 응결하는 현상이기 때문입니다.		
정리	학습내용 정리	◎ 학습내용 정리하기		
	평가	◎ 평가하기		
	차시예고	◎ 차시예고하기		

1. 스터디

　평가원 출제 지역에는 과정안 시험을 치르는 지역과 그렇지 않은 지역이 있습니다. 저 역시 스터디원 중 과정안 시험 응시자가 저 혼자라서, 별도로 온라인 카페를 통해 스터디를 구해 연습했습니다. 초반에는 두 번 정도 필사를 하며 기본적인 작성 방법을 익혔고, 이후 주 3회씩 2023 기출부터 역순으로 작성했습니다. 과정안은 대부분 9점 이상을 받는 과목이므로 감점 폭이 커지면 치명적일 수 있습니다. 큰 비중을 두지 않더라도 꾸준한 연습은 반드시 필요합니다.

2. 답안지 양식

　평가원 사이트에서 제공하는 과정안 양식을 내려받아 B3 용지에 출력해 활용했습니다. 처음에는 공책에 쓰다가, 시험 2주 전부터는 실전과 같은 느낌을 주기 위해 실제 용지를 사용했습니다. 실제 답안지 감각을 익히는 것이 중요합니다.

3. 실전

　대전은 전체 시험 3일 중 2일 차 오전(9~10시)에 과정안 시험이 진행되었습니다. 과정안 과목은 수업 실연 과목과 겹치지 않기 때문에, 시험 직후 남은 수업 실연 과목 범위를 좁히는 데에도 도움이 됩니다. 시험장 환경은 다소 추웠기에, 손이 쉽게 차가워지는 분들은 핫팩을 지참하는 것을 권합니다 (단, 감독관 지시에 따라 시험 중 사용이 제한될 수 있습니다.) 필기도구는 개인 볼펜 사용이 가능했지만, 중간에 다른 볼펜으로 교체하는 것은 허용되지 않았습니다. 대전의 경우 미리 준비하지 않아도 시험장에서 모나미 0.7mm 볼펜을 지급해 주었습니다.

4. 기타 TIP

　① 스터디는 **조건 충족** 여부를 중심으로 진행하는 것이 효과적입니다. 본인은 충족했다고 생각했어도 스터디원은 인정하지 않을 수 있는데, 이 과정을 통해 조건 반영의 안목을 기를 수 있습니다.
　② 과정안은 **기본에 충실**하면 됩니다. 화려한 수업 구상보다는 주어진 조건을 빠짐없이 지키고, 제시된 흐름대로 작성하는 것이 고득점으로 가는 가장 확실한 방법입니다.

1. 과정안의 중요성

과정안은 2차 시험 중 배점이 가장 낮은 10점 과목입니다. 대부분의 수험생이 큰 부담을 가지지 않으며, 실제로 꾸준히만 연습하면 만점에 가까운 점수를 받을 수 있습니다. 저 역시 1차 시험 이후 4주 동안 주 3~5회 작성했는데 충분했습니다.

2. 연습 방법

저는 초수와 재수 때 준비 방식이 달랐습니다. 초수 때는 스터디를 통해 함께 준비했고, 재수 때는 혼자 연습했습니다. 각 방식마다 장단점이 있으니 자신에게 맞는 방법을 선택하시면 됩니다.

① 스터디할 경우

처음에는 기출을 2~3회 필사하며 조건을 드러내는 법을 익혔습니다. 이후 필사하지 않은 기출 문제를 풀고, 서로 조건 충족 여부 중심으로 피드백을 주고받았습니다. 모범답안과 다르더라도 조건에 맞으면 이유를 함께 기록하며 학습했습니다.

② 혼자서 할 경우

재수 때는 혼자서 조건 충족 여부를 직접 점검했습니다. 모범답안과 다르더라도 조건만 충족하면 맞다고 판단했습니다. 시험이 가까워질수록 과목별 기출을 묶어 분석했는데, 수학·과학은 각론 지식 비중이 크므로 헷갈리는 개념을 따로 정리했고, 국어·사회는 조건 반영 방식을 중점적으로 고민했습니다. 시험 직전에는 과목별 전략을 세워 대비했습니다.

3. 시험장에서

실제 답안지는 칸 수와 크기가 작아 한 줄에 두 줄을 쓰는 것이 어렵습니다. 한 활동당 약 15칸 내외가 제공되므로, 조건 충족에 몇 줄이 필요한지 미리 계산하고 작성 계획을 세우는 것이 중요합니다. 발문 형식은 · - 또는 T-S 모두 허용되므로 본인에게 편한 방식을 사용하시면 됩니다.

02 2023학년도 교육과정평가원 출제

유형 1 부산광역시교육청, 울산광역시교육청

(1) **과목/단원** : 국어 6학년 2학기 – 8. 작품으로 경험하기

(2) **단원의 흐름**

단원	차시	차시별 학습 활동
8. 작품으로 경험하기	1~2차시	영상을 보고 경험한 내용을 이야기할 수 있다.
	3~4차시 (본시)	영화 감상문을 쓸 수 있다.
	5~6차시	자신의 경험을 떠올리며 작품을 감상할 수 있다.

(3) **다음의 조건에 따라 교수ㆍ학습 과정안을 작성하시오.**

- 도입의 ①부분과 전개의 ②, ③, ④,⑤부분을 작성하시오
- 작성 ②에서 영화 감상과 관련하여 자료 및 지도의 유의점을 적으시오
- 작성 ③에서 학생들에게 활동지 1을 활용하여 활동을 하도록 작성하고 활동의 결과를 교사발문으로 확인하시오
- 작성 ④부분에서 활동지 2를 활용하여 작성하고, 학생들이 제목, 영화감상문에서 쓰고 싶은 내용, 글쓰기 순서대로 활동을 하도록 하시오.
- 작성 ⑤부분에 동료평가를 포함하도록 작성하시오. 이때 교사가 평가의 기준을 정해 제시하시오.

(4) **자료**

〈활동지1〉

민호가 영화 「피부 색깔 = 꿀색」을 보고 쓴 영화 감상문입니다. 영화 감상문을 쓸 때 들어갈 내용을 친구들과 이야기해 봅시다.

서로를 따뜻하게 감싸 안는 대한민국이 되자

「피부 색깔 = 꿀색」이라는 영화를 보았다. 제목부터가 뭔가 전하고 싶은 이야기가 많은 영화라고 생각했다. 이 영화는 벨기에 입양된 우리 동포 융이라는 사람이 어린 시절을 회상하며 이야기가 시작된다.

융은 다섯 살에 해외로 입양된다. 하지만 융은 벨기에의 가족과 자신의 피부색이 다르다는 사실과 한국에 친부모가 있을지도 모른다는 생각에 잘 적응하지 못하고 힘들어한다. 게다가 융의 가족은 한국에서 여자아이를 한 명 더 입양한다. 융은 한국에서 새로 입양된 여동생과 자신이 닮았다는 말을 듣기 싫어하며 동생과 가족을 멀리한다. 그리고 융은 학교에서 말썽을 일으키고 집에서 거짓말까지 하면서 점점 더 엇나가는 행동을 한다.

융의 장난만큼은 아니지만 나도 가끔은 친구나 동생에게 심한 장난을 한다. 하지만 융의 행동이 주위의 관심과 사랑을 받고 싶고 자신이 누구인지를 찾으려는 몸부림이라는 것을 알았을 때 마음이 많이 아팠다. 자신이 누구인지 알 수 없어 방황하던 융은 영화의 마지막에 이렇게 말한다. "엄마, 누가 내 고향을 물으면 여기도 되고 거기도 된다고 하세요." 나는 융의 말을 모두 이해할 수는 없지만 '꿀색'이라는 말이 따뜻하게 느껴졌다.

예전에 「국가대표」라는 영화를 보았다. 그 영화에서 주인공은 엄마를 찾으려고 국가대표가 되려고 했다. 해외 입양 문제는 우리나라의 아픈 역사를 보여 주는 한 부분이다.

이 영화를 보면서 나는 융이라는 사람에게 이런 말을 해 주고 싶었다. "비록 우리나라의 아픈 역사 때문에 벨기에에서 살지만 우리는 똑같은 한국인입니다."라고 말이다. 영화를 보는 내내 나는 입양된 사람들이 우리 역사에서 겪은 아픔을 생각했다. 본인의 의지와 상관없이 다른 나라에서 살아야 하는 사람들, 그리고 우리나라에 온 사람들까지, 나는 우리가 지금 서로를 따뜻하게 감싸 안아야 할 때라고 생각한다.

1. 영화 감상문의 제목은 어떻게 정하면 좋을까요?

2. 각 문단에 들어갈 영화감상문의 내용과 그렇게 생각한 이유를 적어봅시다.

영화를 보게 된 까닭, 영화의 줄거리, 영화를 보며 떠오른 자신의 경험, 영화를 본 뒤 느낌과 감상, 영화의 주제

문단	영화감상문의 내용	이유
1문단		
2문단		
3문단		
4문단		
5문단		

3. 영화 감상문을 어떻게 쓰는지 정리해봅시다.

〈활동지2〉

영화 「피부 색깔 = 꿀색」의 영화 감상문을 써봅시다.

1. 제목을 정해봅시다.

2. 영화 감상문에 쓰고 싶은 내용에 ○표 해보세요.

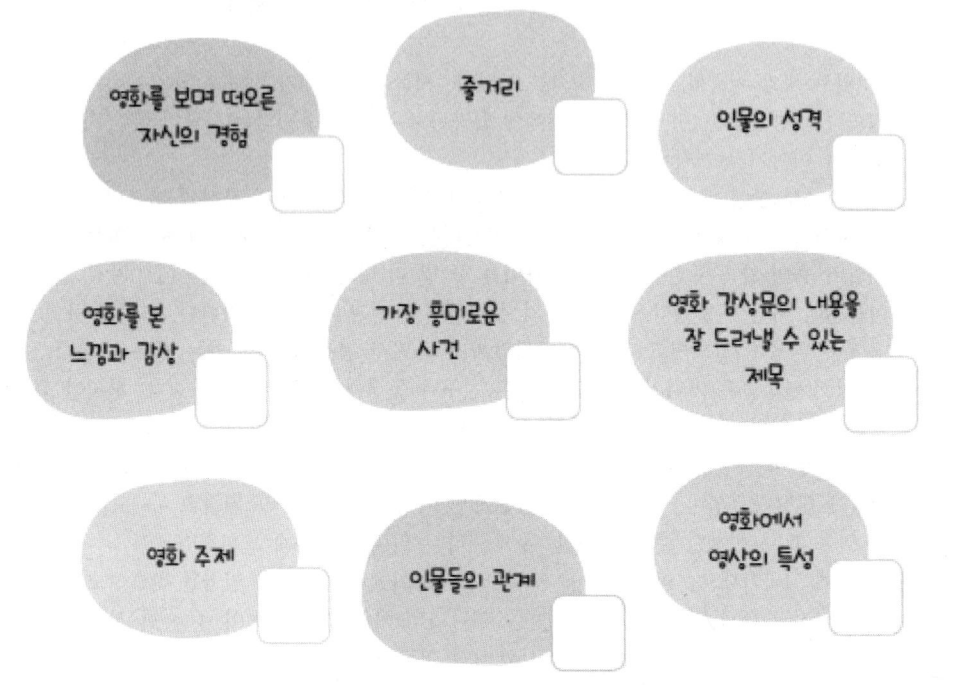

3. 자신의 생각이나 느낌을 담아 영화 감상문을 써보세요.

2023학년도 교수·학습 과정안 양식(부산·울산) (B4용지)

단원명	8. 작품으로 경험하기		차시	3-4차시
학습 목표	영화 감상문을 쓸 수 있다.			

학습 단계	학습 과정	교수·학습 활동	자료 및 지도의 유의점	시량 (분)
도입	전시학습 상기하기	(작성 부분 ①)		
	동기유발			
	학습문제 확인			
	학습활동 안내			
전개	활동1	◎ <활동1> 영화 감상하기 • 이번 활동에서는 <피부 색깔=꿀색> 영화를 감상하겠습니다. 영화의 줄거리, 주제를 잘 생각하며 영화를 감상해 봅시다. - (영화를 감상한다.)	(작성 부분 ②)	
	활동2	◎ <활동2> 영화 감상문에 들어갈 내용 알기 (작성 부분 ③)		
	활동3	◎ <활동3> 영화 감상문 쓰기 (작성 부분 ④)		
	활동4	◎ <활동4> 동료평가하기 (작성 부분 ⑤)		

정리	학습내용 정리	◎ 학습내용 정리하기		
	평가	◎ 평가하기		
	차시예고	◎ 차시예고하기		

2023학년도 교수·학습 과정안 예시 답안 (부산·울산) (1)

단원명	8 작품으로 경험하기		차시	3-4차시
학습 목표	영화 감상문을 쓸 수 있다.			

학습 단계	학습 과정	교수·학습 활동	자료 및 지도의 유의점	시량 (분)
도입	전시학습 상기하기	◎ 전시학습 상기하기 (작성 부분 ①) • 지난 시간 무엇을 배웠는지 떠올려 보고, 발표해 봅시다. - 지난 시간 영상을 보고 경험한 내용에 대해 말하는 법을 배웠습니다.		
	동기유발	◎ 동기유발하기 • 영화를 보고 나서 영화의 내용을 잘 정리하기 위해서는 어떻게 할 수 있습니까? - 영화 감상문을 쓰면 더 오래 기억할 수 있습니다. • 오늘 이와 관련하여 어떤 활동을 하면 좋을지 발표해봅시다. - 영화감상문에 들어갈 내용을 알아보고 싶습니다. - 배운 내용을 바탕으로 영화 감상문을 작성해보고 싶습니다.		
	학습문제 확인	◎ 학습문제 확인하기 영화감상문에 들어갈 내용을 알고, 영화 감상문을 써 보자.		
	학습활동 안내			
전개	활동1	◎ <활동1> 영화 감상하기 • 이번 활동에서는 <피부 색깔 = 꿀색> 영화를 감상하겠습니다. 영화의 줄거리, 주제를 잘 생각하며 영화를 감상해 봅시다. - (영화를 감상한다.) (이하 생략)	(작성부분 ②) 학생들이 영화의 주요 내용을 파악하도록 중요한 부분은 메모 하며 감상하도록 한다.	

	활동2	◎ <활동2> 영화 감상문에 들어갈 내용 알기		
		(작성 부분 ③)		
		• 이번 활동은 자료①을 보고 영화 감상문을 쓸 때 들어가야 할 내용을 알아보겠습니다. 각 문단별 영화 감상문에 들어갈 내용을 적고, 그렇게 생각한 까닭을 적은 후 발표해 봅시다.		
		- 1문단은 영화를 보게 된 까닭입니다. 그렇게 생각한 이유는 제목부터 어떤 내용인지 설명 하고 있기 때문입니다.		
		- 2문단은 영화의 줄거리입니다. 그 이유는 영화가 어떤 내용인지 설명하고 있기 때문입니다.		
		- 3문단은 영화를 보며 떠오른 자신의 경험입니다. 그 이유는 융의 상황에서 자신의 경험을 떠올리고 있기 때문입니다.		
		- 4문단은 영화를 본 뒤 느낌과 감상입니다. 그 이유는 '우리 동포들이 다시 자랑스럽게 찾아올 수 있는 우리나라가 되면 좋겠다.' 라는 문장에서 살펴볼 수 있습니다.		
		- 5문단은 영화의 주제입니다. 영화에서 전하고 싶은 큰 주제가 드러나 있기 때문입니다.		
	활동3	◎ <활동3> 영화 감상문 쓰기		
		(작성 부분 ④)		
		• 이번 활동은 직접 영화감상문을 써보는 활동입니다. 자료를 사용하여 영화감상문의 제목을 정하고, 영화감상문에 넣을 내용을 정한 뒤 글을 써보는 순서대로 활동을 진행 하겠습니다.		
		먼저 제목을 정하고, 그렇게 정한 이유를 발표해봅시다.		
		- 다른 사람을 이해하는 따뜻한 마음을 갖자. 라고 정했습니다. 그 이유는 영화를 보면서 가장 큰 주제가 자신과 다른 사람을 이해하는 것이라고 생각했기 때문입니다.		
		• 이번에는 영화 감상문에 넣을 내용을 정하고 이유를 발표해 봅시다.		
		- 저는 모든 내용을 넣기로 정했습니다. 그 이유는 영화 감상문에 들어갈 수 있는 내용을 모두 넣어야 완성도 있는 감상문을 적을 수 있다고 생각했기 때문입니다.		
		• 이번에는 영화 감상문에 넣을 내용을 정하고 이유를 발표해봅시다.		
		- 저는 모든 내용을 넣기로 정했습니다. 그 이유는 영화 감상문에 들어갈 수 있는 내용을 모두 넣어야 완성도 있는 감상문을 적을 수 있다고 생각했기 때문입니다.		
		• 이제 앞서서 정했던 내용을 생각하며 영화감상문을 발표해봅시다.		

	활동4	◎ <활동4> 동료평가하기		
		(작성 부분 ⑤)		
		• 이제 다른 학생들의 글을 읽어보았으니 동료평가지인 '너나 사랑평가지'에 다른 친구의 글을 평가해봅시다. 이때 앞서 정했던 영화 감상문에 들어갈 내용이 잘 들어가 있는지, 전하고자 하는 내용이 잘 전달되었는지를 기준으로 평가해봅시다.		
		– (교사가 정했던 기준을 생각하며 다른 친구들의 영화감상문을 동료평가한다.)		
정리	학습내용 정리	◎ 학습내용 정리하기		
	평가	◎ 평가하기		
	차시예고	◎ 차시예고하기		

2023학년도 교수·학습 과정안 예시 답안 (부산·울산) (2)

단원명	8. 작품으로 경험하기	차시	3-4차시
학습 목표	영화 감상문을 쓸 수 있다.		

학습 단계	학습 과정	교수·학습 활동	자료 및 지도의 유의점	시량 (분)
도입	전시학습 상기하기	◎ 전시학습 상기하기		
		(작성 부분 ①)		
		• 지난 시간에 어떤 내용을 배웠나요?		
		– 영상을 보고 경험한 내용을 이야기 할 수 있다는 것을 배웠습니다.		
	동기유발	◎ 동기유발하기		
		• 오늘 볼 영화의 제목을 보니 어떤 내용일 것 같나요?		
		– 피부 색깔로 인해 일어나는 사건에 관련한 내용일 것 같습니다.		
		• 영화를 감상하고 어떤 활동을 하면 좋을까요?		
		– 감상문을 작성하면 좋을 것 같습니다.		
	학습문제 확인	◎ 학습문제 확인하기		
		영화를 감상하고, 순서에 맞게 감상문을 작성해 보자.		
	학습활동 안내			
전개	활동1	◎ <활동1> 영화 감상하기	(작성부분 ②) 영화를 감상 하면서 중요	

		• 이번 활동에서는 <피부 색깔 = 꿀색> 영화를 감상하겠습니다. 영화의 줄거리, 주제를 잘 생각하며 영화를 감상해 봅시다. - (영화를 감상한다.) (이하 생략)	한 내용은 메모하도록 지도한다.	
	활동2	◎ <활동2> 영화 감상문에 들어갈 내용 알기 (작성 부분 ③) • 활동지 1을 보고 영화 감상문에 들어갈 내용을 알아봅시다. 민호의 감상문을 읽어보고 각 문단의 내용에 어떤 내용이 있는지 말해봅시다. - 1문단에는 제목에 관한 이야기를 하고 있습니다./ 2문단에는 영화의 내용을 요약하고 있습니다./ 3문단은 자신의 경험과 관련하여 영화 내용에 대한 감상을 적었습니다./ 4문단은 비슷한 영화를 본 경험과 그 감상에 관한 내용입니다./ 5문단은 주인공인 융에게 하고 싶은 말과 영화의 주제에 관한 내용입니다.		
	활동3	◎ <활동3> 영화 감상문 쓰기 (작성 부분 ④) • 활동지 2를 봅시다. 영화 감상문을 작성하기 위해 제일 먼저 할 것은 무엇입니까? - 제목을 정하는 것입니다. • 다음으로 할 것은 무엇입니까? - 영화 감상문에 쓰고 싶은 내용을 정하는 것입니다. • 제목을 정하고, 영화 감상문에 쓰고 싶은 내용을 정한 뒤에 글을 써봅시다. - (제목, 영화감상문에서 쓰고 싶은 내용을 정하고 글쓰기를 한다.)		
	활동4	◎ <활동4> 동료평가하기 (작성 부분 ⑤) • 자신이 쓴 글을 짝과 바꾸어 읽고 평가해봅시다. 선생님이 제시한 평가 기준을 다같이 읽어봅시다. - 감상문과 어울리는 제목을 붙였나요?/ 영화 감상문과 어울리는 내용을 잘 적었나요?/ 영화를 본 느낌과 감상이 잘 드러나게 적었나요?		
정리	학습내용 정리 평가 차시예고	◎ 학습내용 정리하기 ◎ 평가하기 ◎ 차시예고하기		

1. 스터디 방법
저는 2차 스터디에서 따로 대면으로 과정안을 작성하고 피드백할 시간은 없었습니다. 대신 밴드를 만들어 일주일에 세 번씩 각자 과정안을 올리고, 자정까지 댓글로 피드백을 주고받는 방식으로 운영했습니다. 피드백에 의문이 있으면 다음날 스터디에서 직접 묻거나 메시지로 확인했습니다. 온라인 피드백 방식이었지만, 꾸준히 조건 충족 여부를 점검할 수 있어 효과적이었습니다.

2. 연습 방법
처음에는 최근 2~3개년 기출을 하이패스 모범답안이나 블로그, 카페 자료를 활용해 필사했습니다. 읽어보는 것과 직접 써보는 것은 다르므로 반드시 적어보시길 권합니다. 실습 때 쓰던 과정안과 달리, 임용 과정안은 "점수를 매기기 위한 과정안"이라는 점을 명심해야 합니다. 필사가 끝난 뒤에는 필사하지 않은 기출 문제를 풀며 연습했는데, 이때 중요한 점은 ① 조건을 드러내게 적기 ② 제시문과 자료 최대한 활용하기 ③ 60분 안에 완성하기입니다.

3. 실전
실제 시험지를 받아보고 가장 놀란 점은 칸의 크기가 생각보다 매우 작다는 것이었습니다. 울산은 과정안에 한해 개인 검정 볼펜 지참이 허용되었는데, 저는 0.8mm를 사용했습니다. 쓰는 데는 무리가 없었지만 수정하기는 불편했습니다. 칸이 좁아 제공된 30cm 자로 칸을 나누는 것은 불가능했으므로, 평소 작은 글씨로 또박또박 쓰는 연습이 꼭 필요합니다. 발문 형식은 · - 또는 T-S 모두 가능하므로, 시험지에 제시된 예시 형식을 그대로 따라 쓰면 됩니다.

4. 기타 TIP
① 조건 충족이 최우선입니다. 작성 공간이 매우 좁으므로 길게 쓰려 하지 말고, 조건에 맞게 간결하게 작성하세요.
② 스터디 피드백은 반드시 '조건 충족'을 기준으로 주고받으세요. 어떤 문장이 어떤 조건을 충족했는지 명확히 짚어주는 것이 중요합니다.
③ 과정안은 10점 배점으로 비중이 크지 않습니다. 따라서 자투리 시간을 활용해 꾸준히 연습하는 것이 좋습니다. 잠들기 전, 점심 후 졸릴 때 등 하루 1시간 정도, 주 3~4회만 반복해도 충분히 대비할 수 있습니다.

유형 2 경상남도교육청

(1) **과목 및 학년:** 사회 5학년 1학기 1-2) 우리 국토의 자연환경 (2/4)

(2) **학급 인원:** 21명

(3) **학습 목표:** 우리나라의 산지, 하천, 평야의 분포를 알 수 있다.

(4) **단원의 흐름**

단원	차시	차시별 학습 활동
2) 우리 국토의 자연 환경	전 차시	우리나라 지형의 특징 알아보기
	본 차시	우리나라의 산지, 하천, 평야의 분포 알아보기
	후속 차시	우리나라 기후의 특징 알아보기

(5) **학급 실태**

학생수	기자재
5학년 21명	교과서, 칠판, 교사용 컴퓨터, 스마트 기기 등

(6) **다음의 조건에 따라 교수·학습 과정안을 작성하시오.**

> 1. 실제 수업임을 가정하고 교수·학습 과정안을 작성하시오.
>
> 2. 교사와 학생 간의 활발한 상호작용이 드러나게 작성하시오.
>
> 3. 〈수험생 작성 부분 1〉
> - 전시 학습 내용을 확인하는 발문을 제시하시오.
> - 학생들이 각 지형의 특징을 응답할 수 있도록 작성하시오.
> - 〈자료1〉을 활용하여 학생들의 여행 경험을 본시 학습 목표와 연관 지어 제시하시오.
>
> 4. 〈수험생 작성 부분 2〉
> - 〈자료2〉를 읽고 학생들이 〈자료2〉를 파악할 수 있게 하시오.
> - 학생들이 탐구 주제를 파악할 수 있도록 도움을 주시오.
> - 학생들이 탐구 문제를 스스로 질문 형태로 만들 수 있는 발문을 제시하시오.

5. 〈수험생 작성 부분 3〉
- 가설의 의미를 언급하시오.
- 가설 설정을 돕는 발문을 제시하시오.
- 가설의 내용과 형식에 맞게 적절한 가설을 제시하시오.
- 가설 설정의 이유를 타당한 근거를 들어 발표하도록 하시오.

6. 〈수험생 작성 부분 4〉
- 학생들이 조사할 내용을 생각할 수 있는 발문을 제시하시오.
- 조사할 내용은 스마트 기기를 이용해 검색하도록 하시오.
- 학생들이 조사한 내용을 〈자료2〉의 백지도에 표시하도록 하시오.
- 가설이 검증되었는지 여부를 확인하는 발문을 제시하시오.

(7) 자료

2023학년도 교수·학습 과정안 양식 (경남)(B4용지)

단원명	1. 2) 우리 국토의 자연 환경	차시	7~8차시
학습 목표	우리나라의 산지, 하천, 평야의 분포를 알 수 있다.		

학습 단계	학습 과정	교수·학습 활동	자료 및 지도의 유의점	시량 (분)
도입	전시 학습 상기 및 동기 유발	〈수험생 작성 부분 1〉		
	탐구 주제 확인	〈수험생 작성 부분 2〉		
전개	활동1 : 가설 설정	〈수험생 작성 부분 3〉		
	활동2 : 자료 분석 및 가설 검증	〈수험생 작성 부분 4〉		
	활동3 : 결론	◎ 결론 산지는 주로 동쪽에 많이 있고, 평야는 주로 서쪽에 많이 있다. 하천은 주로 동쪽에서 서쪽으로 흘러간다.		
정리	학습내용 정리	◎ 학습내용 정리하기		
	평가	◎ 동료 평가하기		
	차시 예고	◎ 차시 예고하기		

2023학년도 교수·학습 과정안 예시 답안 (경남)

단원명	2. 2) 우리 국토의 자연 환경	차시	7~8차시
학습 목표	우리나라의 산지, 하천, 평야의 분포를 알 수 있다.		

학습 단계	학습 과정	교수·학습 활동	자료 및 지도의 유의점	시량 (분)
도입	전시 학습 상기 및 동기 유발	〈수험생 작성 부분 1〉 ◎ 전시 학습 내용 떠올리기 및 동기 유발하기 • 지난 시간에 무엇에 대해 배웠습니까? - 우리나라 지형의 특징에 대해 배웠습니다. • 우리나라 지형에는 어떤 특징이 있었습니까? - 산지는 높은 산이 모여 이루어진 지형으로 다른 곳보다 높습니다. / 평야는 넓고 평평한 땅으로 농사를 짓습니다. / 하천은 물이 위에서 아래로 흐르고 주변에서 농사를 짓기도 합니다. • 교과서 40쪽에 보이는 〈자료1〉을 보고 자신이 여행 갔던 경험과 관련지어 어떤 지형인지, 어떤 특징이 있는지 발표해 봅시다. - 가족끼리 지리산에 간 적이 있었는데 산이라서 다른 곳보다 높이 있었습니다. / 친구들과 계곡에 놀러 갔었는데 높은 곳에서 낮은 곳으로 물이 흐르는 것을 볼 수 있었습니다. / 할머니 댁에 갔는데 벼농사 짓는 땅이 넓게 펼쳐져 있었습니다.		
	탐구 주제 확인	〈수험생 작성 부분 2〉 ◎ 탐구 주제 확인하기 • 교과서 41쪽 〈자료2〉를 봅시다. 무엇이 보입니까? - 우리나라 지도가 있습니다. / 백지도입니다. / 우리나라 지형 단면도가 있습니다. • 백지도와 지형 단면도를 보았을 때 알 수 있는 것은 무엇입니까? - A가 B보다 낮습니다. / B가 A보다 높습니다. • 이 자료를 활용하여 오늘 수업에서 무엇을 알아보면 좋을 것 같습니까? - 우리나라 지형이 어디에 분포해있는지 알고 싶습니다. - 우리나라의 산지, 하천, 평야가 어떻게 분포해있는지 궁금합니다. • 여러분이 이야기한 것을 탐구 문제로 만들어봅시다. 어떻게 만들면 될까요? - 질문 형태로 만들면 좋을 것 같습니다. / 궁금한 내용이니 물음표를 쓰고 싶습니다. - '우리나라의 산지, 하천, 평야는 어디에 분포해있을까?' 라고 하면 좋겠습니다.		
전개	활동1 : 가설 설정	〈수험생 작성 부분 3〉 ◎ 가설 설정하기 • 우리가 함께 정한 오늘의 탐구 문제는 무엇이었나요? - '우리나라의 산지, 하천, 평야는 어디에 분포해있을까?' 입니다.		

		• 이 문제를 해결하기 위해 가장 먼저 해야 할 것은 무엇입니까?
		- 가설을 설정해야 합니다.
		• 가설을 설정할 때 어떻게 해야 할까요?
		- 인과 관계가 드러나야 하며, 검증할 수 있고, 평서문으로 써야 합니다.
		• 여러분이 이야기한 가설의 조건을 떠올리면서 모둠별로 가설을 설정해 봅시다. 4명씩 4모둠, 3명씩 1모둠으로 만들고 모둠 토의를 시작해 봅시다.
		- (모둠별 토의 후 가설을 설정한다.)
		• 모둠별로 설정한 가설을 이유와 함께 발표해 봅시다.
		- 산지는 산에 있으니 높은 지형이 많은 동쪽에 위치할 것이다. <자료2>의 지형 단면도를 보면 동쪽의 지형이 서쪽의 지형보다 더 높기 때문입니다.
		- 평야는 평평한 땅이니 낮은 지형이 많은 서쪽에 위치할 것이다. <자료2>의 지형 단면도를 보면 서쪽의 지형이 동쪽의 지형보다 더 낮기 때문입니다.
		- 하천은 물이 흘러야 하니 높은 곳에서 낮은 곳으로 흐를 수 있는 산지에서 평야로 내려가는 남서쪽에 위치할 것이다. <자료2>의 지형 단면도를 보면 동쪽이 서쪽보다 지형이 높기 때문에 동쪽에서 서쪽으로 하천이 흐를 것이기 때문입니다.
		• 모두 타당한 이유와 함께 가설을 잘 세워주었습니다.
활동2 : 자료 분석 및 가설 검증		〈수험생 작성 부분 4〉 ◎ 자료 분석하기 및 가설 검증하기
		• 여러분이 세운 가설이 맞는지 함께 확인해 봅시다. 어떤 자료를 사용하면 좋을 것 같습니까?
		- 우리나라 지형 지도를 살펴보면 좋을 것 같습니다.
		- 우리나라 지리 정보를 알려주는 국가 누리집에 검색해보면 될 것 같습니다.
		• 좋습니다. 서랍에서 태블릿 pc를 꺼내어 가설을 확인하기 위해 필요한 자료를 수집하고, 수집한 자료를 바탕으로 교과서 41쪽 <자료2>의 백지도에 표시해 봅시다.
		- (모둠별로 가설 검증을 위한 자료를 수집하고 분석한다.)
		- (분석한 자료를 토대로 백지도에 표시한다.)
		• 둘 가고 둘 남기로 다른 모둠의 발표를 들어 봅시다. 모둠 평가지를 들고 자리를 이동하면서 어떤 자료를 사용하였고, 가설을 검증할 수 있는지 평가해 봅시다.
		- (둘 가고 둘 남기로 결과를 확인한다.)
		• 여러분이 세운 가설이 맞았습니까?
		- 네, 맞습니다.

		• 각각의 가설을 검증한 결과를 확인해 봅시다.		
		- 우리나라 산맥도를 보니 주로 큰 산맥은 동쪽에 위치해있었습니다. 따라서 '산지는 동쪽에 분포할 것이다.' 는 가설은 맞았습니다. 그리고 북쪽에도 많이 있음을 확인하였습니다.		
		- 누리집에 검색해보니 우리나라는 동쪽에 높은 지형이 있기 때문에 하천이 남서쪽으로 흐른다고 하였습니다. 따라서 '하천은 남서쪽에 위치할 것이다.' 는 맞는 가설입니다.		
		- 우리나라 지형 지도를 보니 평평한 땅은 주로 남쪽과 서쪽에 분포해있었습니다. 평야는 하천의 하류에 위치하기 때문입니다. 따라서 '평야는 서쪽에 위치할 것이다.' 가설은 맞습니다. 조금 더 보완하면 남서쪽이라고 해야 합니다.		
	활동3 : 결론 및 일반화	◎ 결론 및 일반화하기 산지는 주로 동쪽에 많이 있고, 평야는 주로 서쪽에 많이 있다. 하천은 주로 동쪽에서 서쪽으로 흘러간다.		
정리	학습내용 정리	◎ 학습내용 정리하기		
	평가	◎ 동료 평가하기		
	차시 예고	◎ 차시 예고하기		

Tip 선배님의 한마디

과정안 작성은 구상실이나 평가실이 아닌 대기실 자리에서 진행됩니다. 문제지·답안지·구상지가 모두 개별적으로 제공되며, 답안지는 음영 처리된 부분만 작성하도록 되어 있습니다. 칸이 제한적이므로 핵심 발문을 간결하게 작성해야 하며, 필요할 경우 30cm 자를 사용해 선을 그어 공간을 확보할 수 있습니다. 다만, 지역마다 자 사용 여부가 다르므로 반드시 응시 교육청 안내를 확인하시길 바랍니다.

-답안지 작성 팁
 ① 선 긋는 것도 시간이 소요되므로 연습할 때 미리 포함시키시길 바랍니다.
 ② 답안지 양식은 교육과정 논술 답안지와 유사한 재질이므로, 1차 시험 때 사용한 펜을 그대로 쓰는 것을 권장합니다. 두껍거나 잘 번지는 펜은 피하는 것이 좋습니다.
 ③ 교사·학생 발화 형식이 제시되어 있다면 반드시 동일하게 작성하세요(예: •(교사), -(학생) / T, S 등).

-조건 충족 방법
 조건은 반드시 명확하게 드러내야 합니다. 과정안에서는 비언어적 표현이 불가능하므로, 조건의 문구를 그대로 활용하는 것이 가장 확실합니다. 예를 들어, 조건이 "학생들의 여행 경험을 활용하시오"라면 교사 발문에 "이 사진을 보고 떠오르는 여러분의 여행 경험을 이야기해봅시다"라고 직접 반영해야 합니다.

-연습 방법
 과정안 기출은 많지 않아 문제 수가 부족하게 느껴질 수 있습니다. 이럴 때는 수업실연 문제를 변형하여 과정안으로 작성하거나, 반대로 과정안 문제를 수업실연으로 풀어보는 것도 좋은 방법입니다. 다양한 답안지 양식(2016년 평가원 양식 등)을 활용해 연습하면 실제 시험장에서 당황하지 않을 수 있습니다.

-실전 유의점
 2023학년도 시험에서는 문제지가 자료와 조건을 포함해 5페이지, 답안지는 별도 2페이지였으며 구상지도 1장이 제공되었습니다. 생각보다 분량이 많고 종이가 크기 때문에 작성 시간이 예상보다 더 걸릴 수 있습니다. 따라서 반드시 B4 사이즈 실전 답안지로 연습해보길 권합니다. 수정은 교직 논술과 같은 교정 부호 사용이 가능하니, 큰 부담 없이 바로 작성하면 됩니다.
 저는 과정안에서 0.4점 감점을 받았는데, 아마도 자료와 조건의 연결 부분이나 가설 작성이 부족했던 것 같습니다. 정확한 감점 사유는 알 수 없지만, 이 경험을 통해 조건 충족의 명확성이 얼마나 중요한지 다시금 깨달았습니다. 여러분은 저보다 더 좋은 아이디어로 과정안을 완성하실 수 있을 것입니다.

유형 3 대전광역시교육청, 인천광역시교육청

(1) **과목/단원** : 과학 5학년 2학기. 2단원 생물과 환경

(2) **학습 목표**
각 서식지에 살기에 유리한 특징을 지닌 생물의 특징을 설명할 수 있다.

(3) **단원의 흐름**

단원	차시	차시별 학습 활동
2. 생물과 환경	전 차시	· 비생물 요소가 생물에 미치는 영향
	본 차시	· 다양한 환경에 적응된 생물의 특징
	후속 차시	· 환경오염이 생물에 미치는 영향

(4) **교실실태**
24명, 6모둠 구성

(5) **기자재**
교사용 컴퓨터, TV, 스마트 기기 등

(6) **교과서 자료**

⟨자료 3⟩

⟨대벌레⟩　　　　　⟨선인장⟩　　　　　⟨부레옥잠⟩

(5) 다음의 조건에 따라 교수·학습 과정안을 작성하시오.

1. 전개의 활동 1, 활동 2, 활동 3, 정리를 작성하시오. (답안지에 음영 처리된 부분)
2. 활동 1에서 ⟨자료 1⟩과 ⟨자료 2⟩를 활용하여 관찰하고, 학생들이 관찰 결과를 발표하도록 하시오.
3. 활동 1에서 관찰 결과 발표 시 다음과 같은 내용을 반드시 포함하시오.
   - 서식지의 특징과 관련한 관찰기준
   - 여우의 생김새와 관련한 관찰기준
4. 활동 2에서 ⟨자료 1⟩과 ⟨자료 2⟩를 활용하여 각 서식지에서 살아남기에 유리한 특징을 지닌 여우 가족을 선택하여 구체적 조작활동을 하시오.
5. 활동 2에서 여우 가족을 선택한 까닭에 대해 모둠별 토의 활동을 진행하고 결과를 발표하시오.
6. 활동 3에서 스마트기기(개인별) 활용하여 여우 외에 서식지에서 살아남기에 유리한 특징을 지닌 다른 포유동물의 사례를 조사하여 발표하도록 하시오.
7. 포유동물의 사례 발표 시 다음과 같은 내용을 반드시 포함하시오.
   - 포유동물의 이름
   - 포유동물이 서식지에서 살아남기에 유리한 특징
8. 정리에서 ⟨자료 3⟩을 활용하고, 학습 목표와 관련하여 과학적 개념을 정리하시오.

Tip 선배님의 한마디

● **실제 시험 현장 되돌아보기**: 교수·학습 과정안 시험은 2차 시험 둘째 날 1교시에 치러집니다. 시험 분위기는 1차 시험과 비슷했고, 전날 대기실로 사용했던 교실에서 자신의 자리에 앉아 작성했습니다. 답안 작성 중 줄을 추가하기 위해 20cm 자를 사용했는데, 해마다 규정이 달라지는 만큼 반드시 공고문을 확인해야 합니다. 실제로 이전 해에는 자 사용이 금지되어 문제지를 반 접어 자처럼 활용하기도 했습니다. 시험장에는 타이머가 따로 배치되지 않고 9시 시작 종과 종료 10분 전 안내만 있었으므로 아날로그 손목시계를 반드시 챙기는 것이 필요합니다. 답안지는 B4 크기지만 칸이 좁아 글씨를 크게 쓰면 부족할 수 있으므로 0.5mm 이하의 얇은 펜을 사용하는 것이 좋습니다.

● **스터디 방식 추천 방식**: 저는 과정안 스터디를 3명이서 밴드로 운영했습니다. 각자 작성한 과정안을 사진으로 올리면 나머지 스터디원이 조건 충족 여부를 조건 번호로 표시하고, 아쉬운 점이나 대안을 간단히 댓글로 달았습니다. 이후에는 제 답안과 모범답안, 스터디원의 답안을 비교하면서 복습했는데, 이때 가장 중점을 둔 부분이 바로 '조건 충족 여부'였습니다. 교수·학습 과정안은 채점이 조건 충족을 중심으로 이루어지기 때문에, 어떤 답안이든 조건을 명확하게 보여주는지가 핵심입니다.

연습을 처음 시작할 때는 과목별(국어·수학·사회·과학)로 모범답안을 1개씩 선정해 시간 제한 없이 필사해보길 권합니다. 처음에는 백지에 무엇을 써야 할지, 교사·학생 발화를 어떤 기호로 써야 할지 막막하기 때문에 모범답안을 그대로 따라 써보며 구조와 형식을 익히는 과정이 필요합니다. 필사로 감을 잡은 뒤에는 작성 시간을 초안 작성까지 포함해 50분으로 정해놓고 연습하는 것이 좋습니다. 저도 연습할 때는 보통 40분 정도 걸렸지만, 실제 시험에서는 '한 글자도 틀리면 안 된다'는 긴장감 때문에 시간이 더 소요되었습니다. 따라서 시간 안배 훈련은 반드시 필요합니다.

또한 연습할 때 타이머 대신 아날로그 손목시계를 활용하길 추천합니다. 실제 시험장에는 시계도, 타이머도 없고 종료 10분 전 방송만 나오기 때문에, 시간 관리는 오로지 수험생 몫입니다. 최근 기출문제를 중심으로 과목을 바꿔가며 꾸준히 연습하면 시험장에서 다양한 형태의 조건에도 당황하지 않고 대응할 수 있을 것입니다. 저의 경우 주당 3~4개의 지도안을 꾸준히 작성하며 연습했는데, 이러한 루틴이 실전에서 안정감을 주었습니다.

2023학년도 교수·학습 과정안 예시 답안 (대전·인천) (1)

학습문제	각 서식지에 유리한 특징을 지닌 생물의 특징을 알아볼까요?		
단원명	2. 생물과 환경	차시	5차시
학습 목표	각 서식지에 유리한 특징을 지닌 생물의 특징을 설명할 수 있다.		

학습 단계	학습 과정	교수·학습 활동	자료 및 지도의 유의점	시량 (분)
도입	전시학습상기하기	◎ 지난 시간에 배운 내용 살펴보기		
	동기유발	◎ 동기유발하기		
	학습문제 확인	◎ 학습문제 확인하기		
	학습활동 안내	◎ 학습활동 안내하기		
전개	활동1	◎ <활동 1> 관찰하기 ■ 서식지 카드와 다양한 여우 카드 관찰하기 ○ 서식지 카드를 관찰하고 발표해봅시다. 서식지의 특징을 발표할 때에는 기온과 주변 환경의 색을 기준으로 발표해봅시다. - 사막은 매우 덥고 모래가 많아 황토색입니다. - 북극은 매우 춥고 눈이 많아 흰색입니다. - 고원은 서늘하고 여러 가지 색의 풀이 섞여 있습니다. ○ 다양한 여우 카드를 관찰하고 발표해봅시다. 여우의 생김새를 발표할 때에는 여우의 털색과 귀의 크기를 기준으로 발표해봅시다. - a여우는 여러 가지 색의 털이 섞여있고 귀의 크기는 보통입니다. - b여우는 털이 하얀색이고 귀의 크기가 작습니다. - c여우는 털이 황토색이고 귀의 크기가 큽니다.		
	활동2	◎ <활동 2> 연결하기 ■ 각 서식지에 살기에 유리한 특징을 지닌 여우 선택하여 구체적 조작활동 하기 ○ 서식지 카드에 각 서식지에 살기에 유리한 특징을 지닌 여우 카드를 짝지어 올려봅시다. - (각 서식지 카드에 여우카드를 올려 놓는다.) ○ 4명씩 6모둠을 만들어 서식지 카드에 여우 카드를 짝지은 까닭에 대해 모둠별 토의 활동을 해봅시다. - (모둠별 토의 활동을 한다.) ○ 토의 결과를 발표해봅시다. - 사막에는 c여우가 살기에 유리할 것 같습니다. 털색이 황토색이라 모래에 숨기 유리하고 귀의 크기가 커서 열을 많이 내보낼 수 있기 때문입니다. - 북극에는 b여우가 살기에 유리할 것 같습니다. 털색이 흰색이라 눈 밭에 숨기 유리하고 귀의 크기가 작아 열을 조금만 내보내기 때문입니다.		

		- 고원에는 a여우가 살기에 유리할 것 같습니다. 털색이 여러 색이 섞여 있어 풀 숲에 숨기 유리하고 귀의 크기가 보통이라 서늘한 기후에 살기 좋기 때문입니다.		
	활동3	◎ <활동 3> 조사하기 ■ 서식지에 살기에 유리한 특징을 지닌 포유동물의 사례 조사하기 ○ 태블릿 pc를 활용하여 여우 외에 서식지에 살기에 유리한 특징을 지닌 다른 포유동물의 사례를 조사해봅시다. 포유동물이란 사람처럼 젖을 먹여 키우는 동물을 말합니다. - (각자 태블릿 pc를 활용하여 다른 포유동물의 사례를 조사한다.) ○ 조사한 사례를 발표해봅시다. 포유동물의 사례를 발표할 때에는 포유동물의 이름과 서식지에 살기에 유리한 특징을 포함하여 발표해봅시다. - 낙타입니다. 낙타는 속눈썹이 길고 콧구멍을 열고 닫을 수 있어 눈과 코에 모래가 들어가지 않고, 발바닥이 넓적해 모래에 발이 잘 빠지지 않습니다. 또한, 등의 혹에 지방을 저장해 오랜시간 아무것도 먹지 않고 버틸 수 있습니다.		
정리	학습내용 정리	◎ 학습내용 정리하기 ■ 적응 개념 도입하기 ○ TV의 사진을 봅시다. 사진을 보고 각 생물의 특징이 서식지에 살기에 유리한 까닭을 말해봅시다. - 대벌레는 나뭇가지처럼 생겨 나뭇가지 사이에 숨기에 유리할 것 같습니다. - 선인장은 줄기가 굵고 잎이 가시로 변해 많은 물을 저장할 수 있어 사막에 살기 유리할 것 같습니다. - 부레옥잠은 공기주머니가 있어 물에 떠서 살기에 유리할 것 같습니다. ○ 이와 같이 오랜 시간에 걸쳐 생물이 각 서식지에 살기에 유리한 특징을 지니고 살아가는 것을 적응이라고 합니다.		
	차시예고	◎ 차시예고하기		

Tip 선배님의 한마디

● 문제는 처음부터 끝까지 꼼꼼히 읽고, 해당 학년·단원·본차시 수업이 무엇인지 반드시 확인해야 합니다. 시험장에서는 긴장으로 인해 평소 하지 않던 실수를 할 수 있기 때문입니다. 이후 조건을 살펴보며 활동별로 반드시 포함해야 할 요소를 묶어 표시해 두면 좋습니다. 문제지에는 활동 내용이 구체적으로 제시되므로, 각 활동에 조건을 반영하고 제시 자료를 활용하여 구상하다 보면 자연스럽게 수업의 흐름이 잡힙니다. 과정안은 조건 충족 여부가 핵심이므로, 수업 설계에 대한 부담은 내려놓고 조건을 충실히 반영하는 데 집중하는 것이 좋습니다.

● 문제지에 제시된 조건은 지도안에 명시적으로 드러내는 것이 가장 안전한 방법입니다. 예를 들어 '〈자료 1〉을 활용하여'라는 조건이 있다면 교사 발문에도 그대로 넣어주고, '활동 2에서 여우 가족을 선택한 까닭에 대해 모둠별 토의 활동을 진행하고 결과를 발표하시오'라는 조건이라면 '여우 가족을 선택한 까닭에 대해 모둠별 토의 활동을 해봅시다. 토의 결과를 발표해봅시다.'라고 적어도 충분합니다. 다소 단순해 보이더라도 조건을 충족하는 가장 확실한 방법이며, 과정안에서는 창의적인 활동명이나 번뜩이는 발문보다 조건 충족이 우선입니다. 결국 교수·학습 과정안에서 가장 중요한 것은 문제에 제시된 조건을 하나도 빠뜨리지 않고 담아내는 것입니다.

● 교수·학습 과정안은 '문제 파악 → 키워드 위주 구상 → 답안 작성'의 흐름으로 접근하면 안정적입니다. 특히 '키워드 위주 구상 단계'를 거치면 돌이킬 수 없는 실수를 예방할 수 있습니다. 구상 없이 바로 답안을 작성하다가 조건을 놓치면 답안지를 교체해야 하는데, 이는 큰 시간 손실로 이어지고 결국 마무리를 못 해 점수가 낮아질 위험이 있습니다. 따라서 1차 교직논술처럼 간단한 틀을 잡아두고 핵심 발문과 키워드를 중심으로 구상한 후 답안에 옮기면 충분히 시간을 맞출 수 있습니다. 예컨대 '5분 문제·조건 파악 - 10분 구상 - 35분 작성 - 10분 검토 및 수정'처럼 자신만의 루틴을 만들어 두면 실수를 줄이고 안정적으로 고득점을 노릴 수 있습니다.

2023학년도 교수·학습 과정안 예시 답안 (대전·인천) (2)

학습문제	각 서식지에 유리한 특징을 지닌 생물의 특징을 알아볼까요?		
단원명	2. 생물과 환경	차시	5차시
학습 목표	각 서식지에 유리한 특징을 지닌 생물의 특징을 설명할 수 있다.		

학습 단계	학습 과정	교수·학습 활동	자료 및 지도의 유의점	시량 (분)
도입	전시학습상 기하기	◎ 지난 시간에 배운 내용 살펴보기		
	동기유발	◎ 동기유발하기		
	학습문제 확인	◎ 학습문제 확인하기		
	학습활동 안내	◎ 학습활동 안내하기		
전개	활동1	<활동 1> 여우 가족과 서식지 관찰하기 T: 첫 번째 활동은 모둠 활동입니다. T: 쉬는 시간에 나눠준 <자료 1>과 <자료 2>를 꺼내봅시다. 자료에 어떤 것들이 있습니까? S1: <자료 1>에는 다양한 서식지가 있습니다. S2: <자료 2>에는 다양한 생김새의 여우 가족이 있습니다. T: 지금부터 모둠별로 서식지 카드와 여우 가족 카드를 관찰하겠습니다. 각각의 카드를 관찰할 때 무엇을 기준으로 관찰하면 좋겠습니까? S1: 서식지는 온도를 기준으로 관찰하면 좋겠습니다. S2: 여우 가족은 털이나 귀를 기준으로 관찰하면 좋겠습니다. T: 모둠원과 자유롭게 이야기를 나누며 서식지 카드는 온도 등의 기준으로 관찰해보고, 여우 가족 카드는 털, 귀 등의 기준으로 관찰해봅시다. Ss: (모둠별로 이야기를 나누며 서식지 카드와 여우 가족 카드를 관찰 기준에 맞게 관찰한다.) T: 서식지의 관찰 결과를 발표해봅시다. S1: 서식지 1은 온도가 매우 높고, 서식지 2는 온도가 매우 낮으며 서식지 3은 두 서식지의 중간 정도 온도일 것 같습니다. T: 왜 그렇게 생각했나요? S1: 서식지 1은 모래로 뒤덮여 있고, 서식지 2는 눈으로 뒤덮여 있으며 서식지 3은 풀이 조금 자라 있기 때문입니다.		

		T: 여우 가족 카드의 관찰 결과를 발표해봅시다. T: 모두 여우 가족의 특징을 잘 관찰했습니다.	S1: 여우 가족 1은 회색과 황토색의 털이 섞여 있고, 여우 가족 2는 몸 전체가 흰 털로 덮여 있으며, 여우 가족 3은 황토색의 짧은 털로 덮여 있습니다. S2: 여우 가족 1은 두 여우 가족의 중간 정도 크기의 귀를 가지고 있고, 여우 가족 2는 짧고 둥근 귀를 가지고 있으며, 여우 가족 3은 큰 귀를 가지고 있습니다.		
활동2		<활동 2> 여우 가족 선택하기 T: 두 번째 활동은 모둠 활동입니다. T: 먼저 첫 번째 활동에서 관찰한 결과를 바탕으로 각 서식지에서 살아남기에 유리한 특징을 지닌 여우 가족을 선택하여 각각의 서식지 카드와 연결 지어 봅시다. 연결한 후에는 여우 가족을 선택한 까닭에 대해 모둠별로 토의를 진행합니다. T: 토의 결과를 발표해봅시다. T: 왜 그렇게 생각했나요? T: 모두 각 서식지에서 살아남기에 유리한 특징을 지닌 여우 가족 카드를 잘 찾아주었습니다.	Ss: (각 서식지에서 살아남기에 유리한 특징을 지닌 여우 가족을 선택하여 각각의 서식지 카드와 연결하고 선택한 까닭을 모둠원과 토의한다.) S1: 서식지 1에서는 여우 가족 3이 살아남기 유리합니다. S2: 서식지 2에서는 여우 가족 2가 살아남기 유리합니다. S3: 서식지 3에서는 여우 가족 1이 살아남기 유리합니다. S1: 여우 가족 3은 큰 귀를 가지고 있어 온도가 매우 높은 서식지에서도 열을 쉽게 방출할 수 있기 때문입니다. S2: 여우 가족 2는 짧고 둥근 귀를 가지고 있고, 털이 풍성해서 온도가 매우 낮은 서식지에서도 추위를 잘 견딜 수 있기 때문입니다. S3: 여우 가족 1은 털 색깔이 서식지와 비슷하여 적들로부터 몸을 숨기기 쉽고 먹잇감을 사냥할 때도 유리하기 때문입니다.		
활동3		<활동 3> 새로운 동물 조사하기 T: 세 번째 활동은 개인 활동입니다. 쉬는 시간에 나누어 준 개인별 스마트 기기를 꺼내봅시다. T: 이번에는 스마트기기를 활용하여 여우 가족처럼 서식지에서 살아남기에 유리한 특징을 지닌 다른 포유동물을 조사해봅시다.	Ss: (스마트 기기를 활용하여 서식지에서 살아남기에 유리한 특징을 지닌 다른 포유동물을 조사한다.)		

		T: 조사한 포유동물의 이름과 서식지에서 살아남기에 유리한 특징을 발표해봅시다. T: 포유동물의 사례를 잘 찾아주었습니다.	S1: 북극곰은 짧고 둥근 귀를 가지고 있고, 온몸이 서식지의 색깔과 비슷한 하얀 털로 덮여 있어 온도가 매우 낮은 북극에서 살아남기에 유리합니다.	
정리	학습내용 정리	◎ 학습내용 정리하기 T: 각 서식지에서 살아남기 유리한 특징을 가진 다양한 동물들을 알아보았습니다. 이러한 특징들은 동물들이 자손을 낳으면 그대로 전달이 됩니다. 이처럼 특정 서식지에서 오랜 기간에 걸쳐 살아남기에 유리한 특징이 다음 세대에 전달되는 것을 적응이라고 합니다. T: 앞의 TV 화면을 봅시다. 어떤 것이 보이나요? T: 앞서 배운 것과 적응의 의미를 생각해보면서 대벌레, 선인장, 부레옥잠은 각각 환경에서 살아남기에 어떤 유리한 특징을 가지고 있는지 발표해봅시다. T: 모두 배운 내용을 적용하여 특징을 잘 찾아주었습니다.	S1: 대벌레가 보입니다. S2: 선인장이 보입니다. S3: 부레옥잠이 보입니다. S1: 대벌레는 가늘고 길쭉해서 나뭇가지가 많은 환경에서 몸을 숨기기 유리합니다. S2: 선인장은 굵은 줄기에 물을 저장하고 가시가 뾰족해 물의 손실을 막을 수 있어 건조한 환경에서 살아남기에 유리합니다. S3: 부레옥잠은 공기주머니가 있어 물에 뜰 수 있기 때문에 물이 많은 환경에서 살아남기에 유리합니다.	
	차시예고	◎ 차시예고하기		

> **Tip 선배님의 한마디**
>
> ● **작성 Tip: 평가원 출제** 지역 과정안은 답안 작성 범위가 제한적이므로, 고득점을 위해서는 무엇보다 조건을 빠짐없이 충족하는 것이 핵심입니다. 조건을 꼼꼼히 읽다 보면 활동 구성도 자연스럽게 정해집니다. 예를 들어, 활동 2에서 '구체적 조작활동'을 하라는 조건은 사실상 서식지 카드와 여우 가족 카드를 연결하라는 의미입니다. 이처럼 조건의 의도를 정확히 파악해 발문과 학생 답변에 반영한다면 어렵지 않게 흐름을 완성할 수 있습니다. 과정안은 멋을 내기보다 조건 충족 여부가 가장 중요한 과목이므로, 꼼꼼히 조건을 챙기면 오히려 가장 안정적으로 점수를 얻을 수 있는 효자 과목이 될 것입니다.

02 2022학년도 교육과정평가원 출제

유형 1 부산광역시교육청

(1) 과목/단원 : 사회 5학년 1학기 – 1단원. 국토와 우리 생활

(2) 단원의 흐름

단원	차시	차시별 학습 활동
2. 우리 국토와 자연환경	11차시	우리나라의 기후를 살펴봅시다.
	12차시	우리나라 기온의 특징을 알아봅시다.
	13차시 (본시)	우리나라 강수량의 특징을 알아봅시다.
	14차시	우리나라의 자연재해를 알아봅시다.

(3) 다음의 조건에 따라 교수·학습 과정안을 작성하시오.
- 도입의 ①부분과 전개의 ②, ③, ④부분을 작성하시오.
- 작성 부분 ①에서 동기유발은 학생들의 실생활과 학습 목표를 관련지어 작성하시오.
- 작성 부분 ②에서 〈자료 1〉을 활용한 탐구 활동을 하고 학생들에게 지도를 읽는 방법을 지도하시오. 학생들이 탐구 활동을 통해 결론을 도출하도록 하시오.
- 작성 부분 ③에서 〈자료 2〉를 활용한 탐구 활동을 하고 학생들에게 그래프를 읽는 방법을 지도하시오. 학생들이 탐구 활동을 통해 결론을 도출하도록 하시오.
- 작성 부분 ④에서 〈자료 3〉을 참고하여 학생들이 스마트 패드를 활용해 강수량과 인문 환경의 관련성을 모둠별로 조사하도록 하시오.

(4) 자료

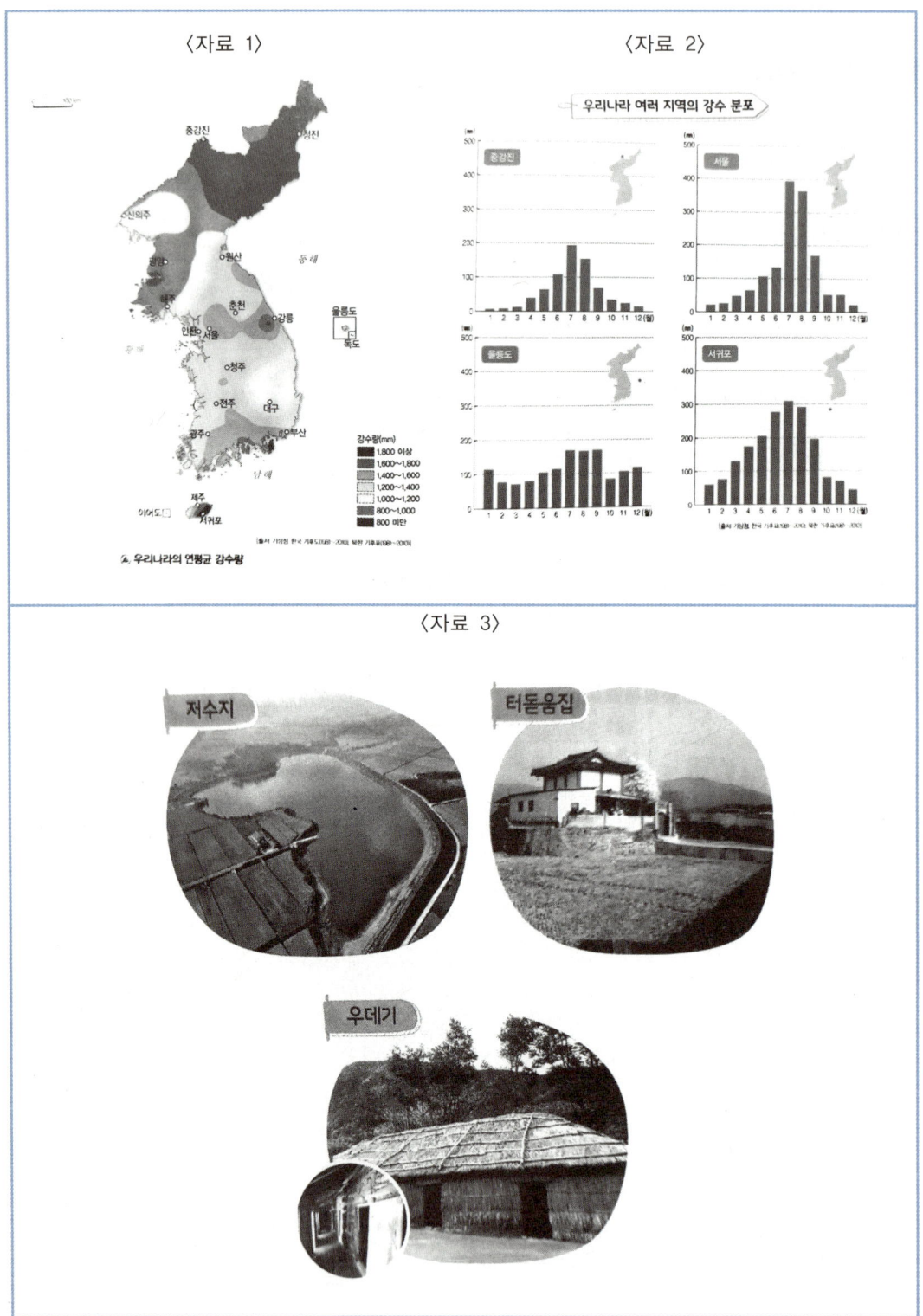

2022학년도 교수·학습 과정안 양식 (부산)(B4용지)

단원명	1. 국토와 우리 생활		차시	13차시
학습 목표	우리나라 강수량의 특징을 설명할 수 있다.			

학습 단계	학습 과정	교수·학습 활동	자료 및 지도의 유의점	시량 (분)
도입	전시학습 상기하기	(작성 부분 ①)		
	동기유발			
	학습문제 확인			
	학습활동 안내			
전개	활동1	• 강수량이란 비, 눈 등을 포함한 어떤 곳에 일정 기간 동안 내린 물의 총량입니다. • <자료1>을 활용하여 탐구활동을 해봅시다. (작성 부분 ②)		
	활동2	• <자료2>를 활용하여 탐구활동을 해봅시다. (작성 부분 ③)		
	활동3	• <자료3>을 활용하여 탐구활동을 해봅시다. (작성 부분 ④)		
정리	학습내용 정리	◎ 학습내용 정리하기		
	평가	◎ 평가하기		
	차시예고	◎ 차시예고하기		

2022학년도 교수·학습 과정안 예시 답안(부산)

단원명	1. 국토와 우리 생활	차시	13차시
학습 목표	우리나라 강수량의 특징을 설명할 수 있다.		

학습 단계	학습 과정	교수·학습 활동	자료 및 지도의 유의점	시량 (분)
도입	전시학습 상기하기	(작성 부분 ①) • 저번 사회 시간에 무엇을 배웠는지 빙글빙글 발표로 다시 떠올려봅시다. 모둠원들이 돌아가며 기억에 남는 내용을 말해봅시다. - 우리나라는 여름에 기온이 높고, 겨울에는 낮은 특징이 있었습니다.		
	동기유발	• 일상생활 속에서 비나 눈이 많이 왔던 것을 본 경험이 있습니까? - 여름 장마철 때 비가 아주 많이 왔었습니다. - 작년 겨울에 다른 지역에 폭설이 내렸다는 뉴스를 본 적 있습니다. • 여러분 모두 비슷한 경험을 한 적이 있는 것 같습니다. 오늘 사회시간에는 무엇을 배우고 싶습니까? - 우리나라는 비나 눈이 언제, 어디에 많이 오는지에 대해 배우면 좋겠습니다.		
	학습문제 확인 학습활동 안내			
전개	활동1	• 강수량이란 비, 눈 등을 포함한 어떤 곳에 일정 기간 동안 내린 물의 총량입니다. • <자료1>을 활용하여 탐구활동을 해봅시다. (작성 부분 ②) • <자료1>의 지도를 함께 살펴봅시다. 무엇이 보입니까? - 지도 위 지역이 여러 가지 색깔로 칠해져 있고, 범례가 있습니다. • 범례를 보면 무엇을 알 수 있습니까? - 각각의 색은 연평균 강수량을 뜻하고, 단위는 mm라는 것을 알 수 있습니다. • <자료1>의 지도는 어떻게 읽을 수 있습니까? - 칠해진 색이 진할수록 그 지역의 연평균 강수량이 많다고 읽을 수 있습니다. • 모둠별로 <자료1>을 탐구하여 우리나라 강수량의 지역별 특징을 알아봅시다. - (모둠별로 <자료1>을 탐구하여 우리나라 강수량의 지역별 특징에 관한 결론을 도출한다.) • 우리나라의 강수량의 지역별 특징은 무엇입니까? - 우리나라는 지역별로 강수량이 다르고, 제주도, 강릉 등의 지역에 강수량이 많습니다. - 우리나라는 남쪽 지역이 북쪽 지역보다 강수량이 많습니다.		

	활동2	• <자료2>를 활용하여 탐구활동을 해봅시다.		
		(작성 부분 ③)		
		• <자료2>의 그래프를 함께 살펴봅시다. 가로축과 세로축은 각각 무엇을 의미합니까?		
		- 가로축에는 월이, 세로축에는 강수량이 표시되어 있습니다.		
		- 강수량의 단위는 mm입니다.		
		• <자료2>의 그래프는 어떻게 읽을 수 있습니까?		
		- 그래프에 나타난 막대의 길이가 길수록 해당 월의 강수량이 많다고 읽을 수 있습니다.		
		• 모둠별로 <자료 2>를 탐구하여 우리나라 강수량의 월별 특징을 알아봅시다.		
		- (모둠별로 <자료 2>를 탐구하여 우리나라 강수량의 월별 특징에 관한 결론을 도출한다.)		
		• 우리나라 강수량의 월별 특징은 무엇입니까?		
		- 우리나라는 7, 8월 여름에 강수량이 많고, 겨울에는 비교적 적은 특징이 있습니다.		
		- 여름 장마철에 비가 집중적으로 많이 오기 때문인 것 같습니다.		
	활동3	• <자료3>을 활용하여 탐구활동을 해봅시다.		
		(작성 부분 ④)		
		• 여러분이 앞 활동에서 살펴본 우리나라 강수량의 특징은 사람들이 생활하는 데에 어떤 영향을 주었을 것 같습니까?		
		- 강수량이 많고 적은 것에 따라 다양한 생활방식이 생겼을 것 같습니다.		
		• <자료 3>을 보고, 모둠별로 스마트패드를 활용하여 강수량과 인문환경의 관련성을 조사해봅시다.		
		- (모둠별로 스마트패드를 활용하여 강수량과 인문환경의 관련성을 조사한다.)		
		• 모둠별로 조사한 내용을 발표해봅시다.		
		- 저수지는 여름철에 비가 집중적으로 내리고 다른 계절에는 비교적 적은 우리나라 강수량의 특징을 반영하여 물을 모아둔 것입니다.		
		- 터돋움집은 특정 시기에 집중적인 우리나라 강수량의 특징을 반영하여 집이 침수되지 않도록 한 것입니다.		
		- 우데기는 겨울철 눈이 많이 오는 울릉도 지역에서 이동하기 편할 수 있도록 한 집의 형태입니다.		
정리	학습내용 정리	◎ 학습내용 정리하기		
	평가	◎ 평가하기		
	차시예고	◎ 차시예고하기		

> **Tip 선배님의 한마디**
>
> ▸ **형식보다 조건 충족에 집중하기**
>
> 　교수·학습 과정안에서 가장 중요한 것은 형식이 아니라 조건 충족입니다. 실제 2022년 시험에서는 기존과 다른 양식이 제시되어 활동 1, 2, 3을 중간부터 적도록 하였고, 별도의 활동명을 쓰지 않아도 되었습니다. 또한 교사 발문 기호가 제시되어 있었기에 그대로 사용했고, 학생 발문은 이에 맞춰 임의로 설정해 작성했습니다. 이처럼 형식은 점수에 큰 영향을 주지 않으므로, 낯선 양식이 나오더라도 당황하지 말고 주어진 칸 안에서 조건을 얼마나 명확하게 충족할 수 있는지에 집중하는 것이 중요합니다.
>
> ▸ **주어진 칸을 효율적으로 이용하기**
>
> 　답안지 칸은 실제로 매우 좁기 때문에 조건을 여러 번 강조하거나 발문 흐름을 자연스럽게 만들고자 하다 보면 쉽게 공간이 부족해질 수 있습니다. 따라서 저는 답안지의 줄 수를 먼저 세어본 뒤, 개요를 짤 때 교사와 학생 발문의 개수를 조절했습니다.
>
> 　만약 조건이 모호해 확신이 서지 않는다면 칸 여유를 고려해 최대한 두 가지 해석을 모두 언급하는 것이 좋습니다. 예를 들어 '지도, 그래프를 읽는 방법을 지도하시오'라는 조건에서 범례나 축만 언급해야 하는지, 혹은 색과 길이를 해석해 강수량의 많고 적음을 설명해야 하는지 헷갈렸을 때 저는 둘 다 포함했습니다. 이렇게 해야 혹시 모를 감점을 예방할 수 있습니다.
>
> 　공간을 확보하기 위해서는 글씨를 작고 정갈하게 쓰는 연습, 문장을 간결하게 다듬는 연습, 필요시 자를 사용해 줄을 추가하는 방법이 효과적입니다. 이런 전략들은 반복적인 연습을 통해 충분히 익숙해질 수 있습니다.

유형 2   울산광역시교육청

(1) **과목/단원** : 과학 3학년 1학기. 2단원 물질의 성질 (6차시)

(2) **단원의 흐름**

단원	차시	차시별 학습 활동
2. 물질의 성질	3~4차시	여러 가지 물질의 성질 알아보기
	5차시	물질의 성질이 우리 생활에 어떻게 이용되는지 알아보기
	6차시 (본시)	종류가 같은 물체를 서로 다른 물질로 만드는 까닭 알아보기
	7~8차시	서로 다른 물질을 섞었을 때 나타나는 변화 알아보기

(3) **차시 전개**

> 종류가 같은 물체를 서로 다른 물질로 만든 예를 찾고, 물질의 성질과 물체의 기능을 관련지어 종류가 같은 물체를 서로 다른 물질로 만드는 까닭을 설명할 수 있다.

(4) **다음의 조건에 따라 교수 · 학습 과정안을 작성하시오.**

① 답안지의 음영 처리된 부분을 제외하고 작성하시오.
② 학습목표를 직접 도출하여 작성하시오.
③ 과학과 발견 학습 모형의 흐름에 맞는 활동을 채우시오.
④ 학생과 교사의 상호작용이 드러나도록 작성하시오.
⑤ 활동 1에서 〈자료 1〉을 활용하여 여러 가지 컵을 이루고 있는 물질의 성질과 컵의 좋은 점을 연관지어 탐색하도록 작성하시오. (자료를 모두 활용하시오.)
⑥ 활동 2에서 〈자료 2〉를 활용하여 여러 가지 장갑을 이루고 있는 물질의 성질과 장갑의 좋은 점을 연관지어 탐색하도록 작성하시오. (자료를 모두 활용하시오.)
⑦ 활동 3에서 종류가 같은 물체를 서로 다른 물질로 만드는 까닭을 발견하도록 작성하시오.
⑧ 학습 내용 정리에서 여러 가지 신발 사례를 활용하여 작성하시오.
⑨ 학생들의 사고를 촉진하는 발문을 하시오.

(5) 자료

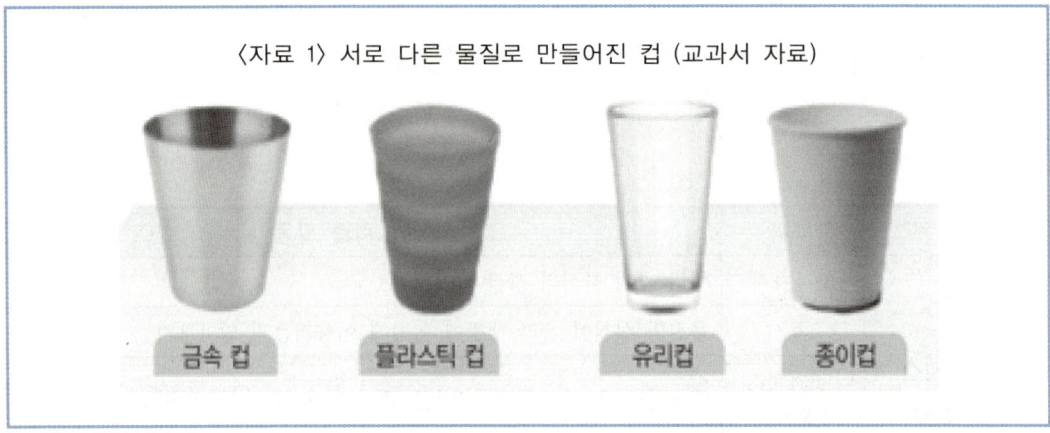

〈자료 1〉 서로 다른 물질로 만들어진 컵 (교과서 자료)

금속 컵   플라스틱 컵   유리컵   종이컵

〈자료 2〉 서로 다른 물질로 만들어진 장갑 (교과서 자료)

비닐(플라스틱)장갑   고무장갑

면(섬유)장갑   가죽 장갑

2022학년도 교수·학습 과정안 양식(울산)(B4용지)

단원명	2. 물질의 성질		차시	6차시
학습 목표				

학습 단계	학습 과정	교수·학습 활동	자료 및 유의점	시량 (분)
도입	전시학습상 기하기	◎ 지난 시간에 배운 내용 살펴보기		
	동기유발	◎ 동기유발하기 아기 돼지 삼형제 이야기 '아기 돼지 삼형제는 서로 다른 물질로 집을 지었습니다. 첫째는 짚으로, 둘째는 나무로, 셋째는 벽돌로 집을 지었습니다. 종류가 같은 물체를 서로 다른 물질로 만든 이유가 무엇일까요?'		
	학습문제 확인	◎ 학습문제 확인하기		
	학습활동 안내	◎ 학습활동 안내하기		
전개	활동 1	◎ <활동 1>		
	활동 2	◎ <활동 2>		
	활동 3	◎ <활동 3>		
정리	학습내용 정리	◎ 학습내용 정리하기		
	평가	◎ 평가하기		
	차시예고	◎ 차시예고하기		

2022학년도 교수·학습 과정안 예시 답안(울산)

단원명	2 물질의 성질	차시	6차시
학습 목표	종류가 같은 물체를 서로 다른 물질로 만드는 까닭을 설명할 수 있다.		

학습 단계	학습 과정	교수·학습 활동	자료 및 유의점	시량 (분)
도입	전시학습상 기하기	◎ 지난 시간에 배운 내용 살펴보기		
	동기유발	◎ 동기유발하기 아기 돼지 삼형제 이야기 "아기 돼지 삼형제는 서로 다른 물질로 집을 지었습니다. 첫째는 짚으로, 둘째는 나무로, 셋째는 벽돌로 집을 지었습니다. 종류가 같은 물체를 서로 다른 물질로 만든 이유가 무엇일까요?"		
	학습문제 확인	◎ 학습문제 확인하기		
	학습활동 안내	◎ 학습활동 안내하기		
전개	활동 1	◎ <활동 1> 여러 가지 컵의 좋은 점 생각해 보기 T: 아기 돼지 삼형제의 집처럼 종류가 같은 물체를 서로 다른 물질로 만든 예로 무엇이 있습니까? S: 컵과 장갑, 모자 등이 있습니다. T: 교과서 40쪽의 <자료 1>을 살펴봅시다. 무엇이 보입니까? S: 금속 컵, 플라스틱 컵, 유리컵, 종이컵이 있습니다. T: 각각의 컵은 어떤 물질로 이루어져 있습니까? S1: 금속 컵은 금속, 플라스틱 컵은 플라스틱입니다. S2: 유리컵은 유리, 종이컵은 종이입니다. T: 여러 가지 컵을 이루고 있는 물질의 성질을 짝과 함께 이야기해 봅시다. S: (짝과 함께 여러 가지 컵을 이루고 있는 물질의 성질을 토의한다.) T: 짝과 함께 토의한 내용을 발표해 봅시다. S1: 금속은 단단하고, 플라스틱은 다양한 모양의 물체를 쉽게 만들 수 있습니다. S2: 유리는 투명하고, 종이는 잘 찢어집니다. T: 여러 가지 컵을 살펴보고 좋은 점을 컵을 이루고 있는 물질과 연관지어 이야기 해봅시다. S1: 금속 컵은 단단한 금속으로 이루어져 있기 때문에 잘 깨지지 않습니다.		

	S2: 플라스틱 컵은 다양한 물체를 만들 수 있는 플라스틱으로 이루어져 있기 때문에 모양과 색깔이 다양합니다. S3: 유리컵은 투명한 유리로 이루어져 있기 때문에 무엇이 들어있는지 알기 쉽습니다. S4: 종이컵은 싸고 가벼운 종이로 이루어져 있기 때문에 이용하기 편리합니다.	
활동 2	◎ <활동 2> 여러 가지 장갑의 좋은 점 생각해보기 T: 우리가 일상생활에서 사용하는 장갑에는 무엇이 있습니까? S: 비닐장갑, 고무장갑, 털장갑 등이 있습니다. T: 교과서 41쪽의 <자료 2>를 살펴봅시다. 무엇이 보입니까? S: 비닐장갑, 고무장갑, 면장갑, 가죽 장갑이 보입니다. T: 짝과 함께 여러 가지 장갑을 이루고 있는 물질을 이야기해 봅시다. S1: 비닐장갑은 비닐, 고무장갑은 고무로 이루어져 있습니다. S2: 면장갑은 면, 가죽 장갑은 가죽으로 이루어져 있습니다. T: 여러 가지 장갑의 좋은 점을 장갑을 이루고 있는 물질과 연관지어 짝과 함께 이야기해봅시다. S1: 비닐장갑은 투명한 비닐로 이루어져 있기 때문에 안을 쉽게 확인할 수 있습니다. S2: 고무장갑은 질긴 고무로 이루어져 있기 때문에 튼튼합니다. S3: 면장갑은 부드러운 면으로 이루어져 있기 때문에 따뜻합니다. S4: 가죽 장갑은 질긴 가죽으로 이루어져 있기 때문에 바람이 들어오지 않습니다. T: 모두들 장갑의 좋은 점을 잘 발견해 주었습니다. 어떻게 이렇게 잘 발견할 수 있었습니까? S: 장갑을 이루고 있는 물질의 성질을 떠올려 보았습니다.	
활동 3	◎ <활동 3> 종류가 같은 물체를 서로 다른 물질로 만드는 까닭 알아보기 T: 컵과 장갑처럼 종류가 같은 물체를 서로 다른 물질로 만드는 까닭이 무엇일지 모둠 친구들과 토의해 봅시다. 4명씩 6모둠으로 앉아봅시다. S: (모둠 친구들과 토의한다.) T: 모둠 친구들과 토의한 내용을 발표해 봅시다. S1: 종류가 같은 물체라도 그 물체를 이루고 있는 물질에 따라 좋은 점이 서로 다르기 때문입니다. S2: 생활 속에서 각자 상황에 알맞은 물건을 골라 사용하기 때문입니다. T: 왜 그렇게 생각했습니까? S1: 물질의 성질에 따라 물체의 기능이 달라지기 때문입니다. T: 모둠 친구들과 협력하여 잘 탐색해 주었습니다.	

정리	학습내용 정리	◎ 학습내용 정리하기		
		T: 만약 금속이나 유리로 된 신발을 신으면 어떨 것 같습니까?		
		S: 불편할 것 같습니다.		
		T: 왜 그렇게 생각합니까?		
		S1: 금속은 단단하기 때문에 신발이 구부러지지 않기 때문입니다.		
		S2: 유리는 쉽게 깨지기 때문에 발이 다칠 수 있을 것 같습니다.		
		T: 그럼 신발을 고무나 가죽으로 만들면 어떨 것 같습니까?		
		S: 신발의 기능에 맞기 때문에 편리하게 사용할 수 있습니다.		
	평가	◎ 평가하기		
	차시예고	◎ 차시예고하기		

유형 3 경상남도교육청

(1) **과목 및 학년** : 국어 3학년 2학기. 2단원 중심 생각을 찾아요

(2) **학급 인원** : 20명

(3) **학습목표**: 글을 읽고 중심 생각을 찾아 쓸 수 있다.

(4) **단원의 흐름**

단원	차시	차시별 학습 활동
2. 중심 생각을 찾아요	전 차시	아는 내용이나 겪은 일과 관련지어 글 읽기
	본 차시	글을 읽고 중심 생각 찾기
	후속 차시	알고 싶은 내용이 담긴 글을 읽고 간추려 발표하기

(5) 다음의 조건에 따라 교수·학습 과정안을 작성하시오.

1. 답안지의 음영 처리된 부분만 교수·학습 활동을 작성하시오.
2. 도입에서 전시학습 상기, 동기유발, 학습문제 확인, 학습활동 안내를 포함하여 작성하시오.
3. 활동 1에서 〈자료1〉을 활용하고, 활동 1에서 읽기 전 활동을 진행하도록 하시오.
4. 활동 2에서 〈자료1〉을 활용하시오.
5. 활동 2에서 중심문장과 뒷받침문장의 의미를 지도하고, 학생들이 두 번째 문단의 중심문장과 뒷받침문장을 찾는 활동을 진행하도록 하시오.
6. 활동 3에서 〈자료2〉를 활용해 3개의 활동이 순서대로 진행되도록 작성하시오.
7. 교사와 학생의 긍정적인 상호작용이 드러나도록 작성하시오.

(6) **자료**

〈자료 1〉

〈숲이 우리에게 주는 이로움〉

　숲은 우리에게 크고 작은 도움을 많이 주고 있습니다. 그럼 숲이 우리에게 어떤 도움을 주는지 알아볼까요?
첫째, 숲속의 식물은 스스로 맑은 공기를 만들어 냅니다. 그래서 숲은 우리가 시원하고 깨끗한 공기를 마실 수 있게 해 줍니다.
둘째, 숲은 산사태를 예방해 줍니다. 나무가 쓰러지지 않기 위해 흙 속에 뿌리를 단단히 고정하고 있기 때문입니다.
셋째, 숲은 사람의 마음을 편안하게 해 줍니다. 숲의 초록 빛깔이 사람의 마음을 가장 편안하게 해 주는 색깔이기 때문입니다.
　이처럼 숲은 우리에게 다양한 이로운 점들을 주고 있습니다. 지금 당장 근처 숲으로 산책을 떠나 보는 것이 어떨까요?

〈자료2〉

1. 문단별로 중심문장을 찾아서 쓰세요.

문단	중심 문장	뒷받침문장
1문단		
2문단		
3문단		
4문단		
5문단		

2. 자신이 생각하기에 가장 중요한 문장은 무엇인지 쓰세요.

3. 글의 중심 생각은 무엇인가요?

2022학년도 교수·학습 과정안 양식(경남)(B4용지)

학습문제	중심 생각은 어떻게 찾을까?		
단원명	2. 중심 생각을 찾아요.	차시	7~8차시
학습 목표	글을 읽고 중심 생각을 찾아 쓸 수 있다.		

학습 단계	학습 과정	교수·학습 활동	자료 및 지도의 유의점	시량(분)
도입				10'
전개	활동1			20'
		◎ 글의 주요 내용 파악하기 • <활동지>에 있는 읽기 자료를 읽어봅시다. - 읽기 자료를 읽는다. • 글을 읽어보니 어떤 내용입니까? - 숲이 우리에게 어떤 소중함을 주는지 설명하는 글인 것 같습니다.		
	활동2			20'
	활동3			20'
정리	학습내용 정리	◎ 학습내용 정리하기		10'
	평가	◎ 평가하기		
	차시예고	◎ 차시예고하기		

2022학년도 교수·학습 과정안 예시 답안(경남)

학습문제	중심 생각은 어떻게 찾을까?		
단원명	2. 중심 생각을 찾아요	차시	7~8차시
학습 목표	글을 읽고 중심 생각을 찾아 쓸 수 있다.		

학습 단계	학습 과정	교수·학습 활동	자료 및 지도의 유의점	시량 (분)
도입	전시학습 상기	◎ 지난 시간 학습한 내용 돌아보기 • 지난 시간에 배운 내용을 떠올려 봅시다. 생각이 나지 않는다면 배움 공책을 살펴보아도 좋습니다. - 아는 내용이나 겪은 일과 관련지어 글을 읽어보았습니다.		10'
	동기유발	◎ 동기유발하기 • 책이나 글을 읽은 후, 무엇을 말하고자 하는지 한눈에 찾은 경험이 있습니까? - 잘 모르겠습니다. / 글에서 나타내는 내용이 무엇인지 한눈에 알기 어려웠던 기억이 있습니다.		
	학습문제 확인	◎ 학습문제 확인하기 • 오늘 공부할 학습문제를 확인해 봅시다. - 글을 읽고 중심 생각을 찾아 써봅시다.		
	학습활동 안내	◎ 학습활동 안내하기 <활동 1> 살펴보자, 글 <활동 2> 알아보자, 중심문장과 뒷받침문장 <활동 3> 찾아보자, 중심 생각		
전개	활동1	◎ 읽기 전 글의 내용 예상하기 • <활동지>에 오늘 읽을 글이 있습니다. 글의 제목이 무엇입니까? - <숲이 우리에게 주는 이로움>입니다. • 글을 읽기 전, 제목을 보고 어떤 내용일 것 같은지 짝과 함께 예상해봅시다. - (제목을 보고 짝과 함께 글의 내용을 예상한다) • 글이 어떤 내용일 것 같습니까? - 숲이 어떤 이로운 점이 있는지에 대한 내용일 것 같습니다. / 숲이 우리에게 주는 이로운 점을 알려주는 내용일 것 같습니다. ◎ 글의 주요 내용 파악하기 • <활동지>에 있는 읽기 자료를 읽어봅시다. - 읽기 자료를 읽는다.		20'

		· 글을 읽어보니 어떤 내용입니까? – 숲이 우리에게 어떤 소중함을 주는지 설명하는 글인 것 같습니다.		
	활동2	◎ 중심문장과 뒷받침문장 알아보기 · <활동지>의 읽기 자료를 다시 한번 살펴봅시다. 모두 몇 문단으로 이루어져 있습니까? – 총 다섯 문단으로 이루어져 있습니다. · 각 문단에서 말하고자 하는 내용을 찾으려면 어떻게 하면 되겠습니까? – 문단의 문장들을 살펴보아야 합니다. · 두 번째 문단을 함께 살펴봅시다. 두 번째 문단에서 가장 중요한 내용을 나타내는 문장과, 그 문장을 보충해 주는 문장이 무엇인지 모둠별로 토의하여 찾아봅시다. – (모둠별로 토의를 통해 두 번째 문단에서 가장 중요한 내용을 나타내는 문장과, 그 문장을 보충해 주는 문장을 찾는다.) · 두 번째 문단에서 가장 중요한 내용을 나타내는 문장은 무엇입니까? – '첫째, 숲속의 식물은 스스로 맑은 공기를 만들어 낸다.' 입니다. · 왜 그렇게 생각했습니까? – 두 번째 문단의 내용 중 가장 핵심적인 내용을 말하고 있어서 그렇게 생각했습니다. · 그 문장을 보충해 주는 문장은 무엇입니까? 또, 왜 그렇게 생각했습니까? – '그래서 숲은 우리가 시원하고 깨끗한 공기를 마실 수 있게 해 줍니다.' 입니다. 앞의 문장에 대해 보충하여 설명해주고 있어서 그렇게 생각했습니다. · 모두 잘 찾아주었습니다. 이와 같이, 문단에서 가장 중요한 내용을 나타내는 문장을 '중심문장', 중심문장을 보충 설명해주는 문장을 '뒷받침문장' 이라고 합니다. – (중심문장과 뒷받침문장에 대하여 이해한다.)	20 '	
	활동3	◎ 문단별 중심문장과 뒷받침문장 찾기 · 모둠별로 토의를 통해 각 문단의 중심문장과 뒷받침문장을 찾고, 찾은 중심문장과 뒷받침문장을 모둠 칠판에 써봅시다. – (모둠 토의를 통해 중심문장과 뒷받침문장을 찾고, 모둠 칠판에 쓴다.) · 첫 번째 문단의 중심문장과 뒷받침문장은 무엇입니까? – 첫 번째 문단의 중심문장은 '숲은 우리에게 크고 작은 도움을 많이 주고 있습니다.' 입니다. / 뒷받침문장은 '그럼 숲이 우리에게 어떤 도움을 주는지 알아볼까요?' 입니다.	20 '	

		· 세 번째 문단의 중심문장과 뒷받침문장은 무엇입니까?		
		- 세 번째 문단의 중심문장은 '둘째, 숲은 산사태를 예방해 줍니다.' 입니다. / 뒷받침 문장은 '나무가 쓰러지지 않기 위해 흙 속에 뿌리를 단단히 고정하고 있기 때문입니다.' 입니다.		
		· 모두 문단별로 중심문장과 뒷받침문장을 잘 찾아주었습니다.		
		◎ 글의 중심 생각 찾기		
		· 문단별로 찾은 중심문장 중, 자신이 생각하기에 가장 중요하다고 생각되는 문장을 한 가지 선택하여 써 봅시다.		
		- (문단별 중심문장 중 가장 중요하다고 생각되는 문장을 선택하여 쓴다.)		
		· 어떤 문장이 가장 중요하다고 생각했습니까?		
		- '이처럼 숲은 우리에게 다양한 이로운 점들을 주고 있습니다.' 라고 생각합니다.		
		· 왜 그렇게 생각했습니까?		
		- 이 글의 제목과 비슷하기 때문입니다. / 다른 중심문장들을 모두 포함할 수 있는 문장이기 때문입니다.		
		· 글에서 가장 중요하고 핵심적인 내용을 글의 '중심 생각' 이라고 합니다. 이 글의 중심 생각을 찾으려면 어떻게 하면 되겠습니까?		
		- 중심문장 중 가장 중요한 문장을 살펴보면 됩니다.		
		· 이 글의 중심 생각은 무엇입니까?		
		- '숲은 우리에게 다양한 이로운 점을 주고 있다.' 입니다.		
		· 모두 글의 중심 생각을 잘 찾아주었습니다.		
정리	학습내용 정리	◎ 학습내용 정리하기		10'
	평가	◎ 평가하기		
	차시예고	◎ 차시예고하기		

> **Tip 선배님의 한마디**
>
> 평가원 출제 지역의 과정안 문제는 타 지역과 달리 수업 전체가 아니라 교수·학습 활동의 일부, 특히 교사와 학생의 상호작용을 쓰도록 요구하는 경우가 많습니다. 다만 특정 활동의 유의점을 작성하라는 조건이 제시된 사례도 있었으므로, 평소 다양한 범위를 연습해두는 것이 안전합니다. 답안지 양식 역시 해마다 달라질 수 있으니 여러 형태의 교수·학습 과정안으로 연습하시길 권장합니다.
>
> 2022학년도 기출의 경우에는 이례적으로 80분 블록 차시 과정안을 요구했지만 활동의 흐름과 수업 방향이 조건 속에 제시되어 있었기에, 조건에만 집중하면 충분히 대응할 수 있었습니다.
>
> 결국 과정안에서 가장 중요한 것은 조건 충족이며, 이를 답안에 명확히 드러내는 것이 핵심입니다. 따라서 문제에서 제시된 단어나 발문을 그대로 활용하는 연습을 꾸준히 해야 합니다. 예를 들어 '읽기 전 활동을 하시오.'라는 조건은 "글을 읽기 전, 제목을 보고 어떤 내용일지 짝과 예상해봅시다."와 같이 교사 발문으로 옮기면 됩니다.
>
> 다만 평가원 출제 지역은 연습문제가 많지 않아 기출을 다 푼 뒤에는 문제를 찾기 어렵다는 점이 있습니다. 이럴 때는 하이패스 부록 문제를 적극 활용하거나, 스터디 내에서 직접 문제를 만들어 풀어보는 방식으로 대비하는 것이 도움이 됩니다.

유형 4 대전광역시교육청

(1) **과목/단원** : 수학 6학년 1학기. 6단원 직육면체의 부피와 겉넓이

(2) **학습 목표**

　1) 직육면체의 겉넓이를 구하는 여러 가지 방법을 찾아 식으로 나타내고 설명할 수 있다.
　2) 직육면체와 정육면체의 겉넓이를 구할 수 있다.

(3) **단원의 흐름**

단원	차시	차시별 학습 활동
6. 직육면체의 부피와 겉넓이	전 차시	· 직육면체의 겉넓이 개념 이해하기
	본 차시	· 직육면체의 겉넓이를 구하는 여러 가지 방법 알기 · 정육면체의 겉넓이를 구하는 방법 알기
	후속 차시	[도전 수학] 여러 가지 입체 도형의 부피 구하기

(4) **교과서 자료**

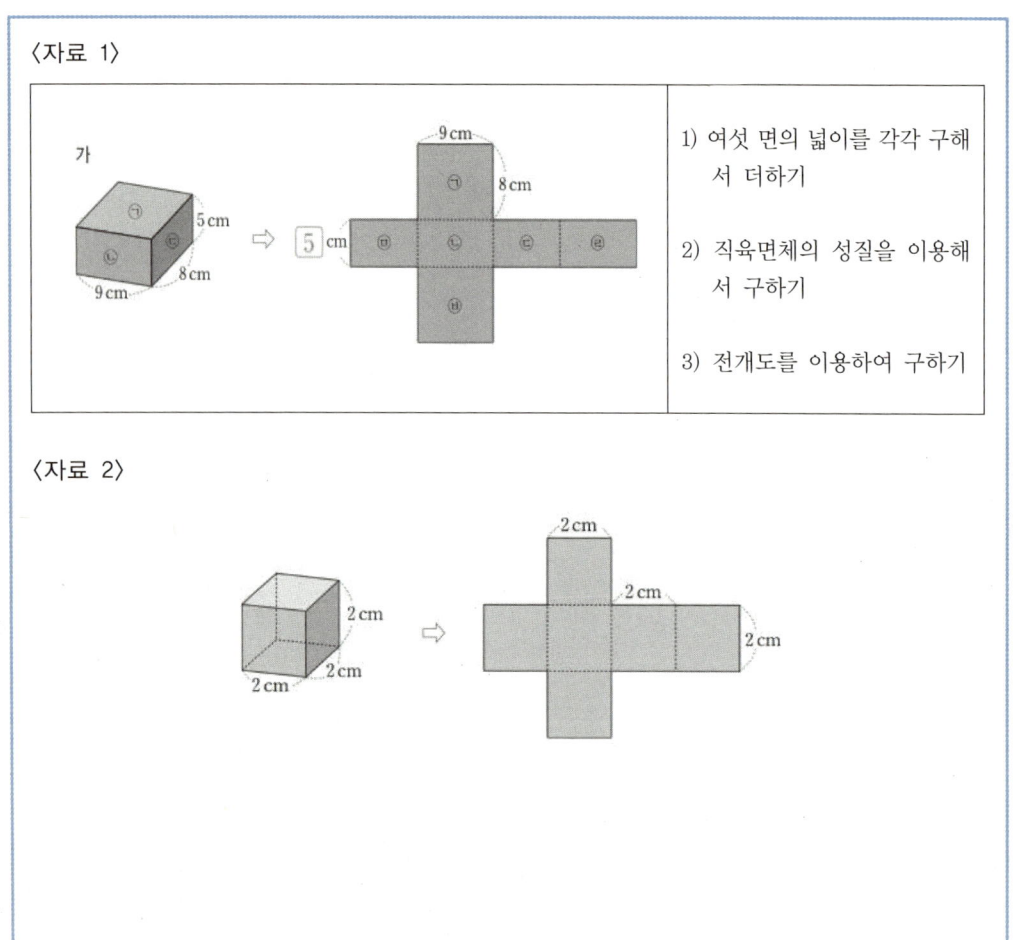

〈자료 3〉

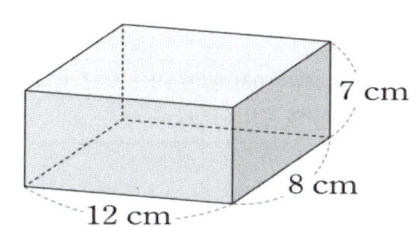

- 철수: 직육면체는 합동인 면이 3쌍이라는 성질이 있어. 이것을 이용하면, 겉넓이는 12×8+12×7+8×7=236(cm²)이야.

- 민지: 밑면의 넓이를 2배한 후, 옆면의 넓이를 구하면 돼. 겉넓이를 구하면 12×8+(12+8)×7=236(cm²)이야.

〈자기표현 능력〉
자신의 사고 과정과 생각을 정확하고 효과적으로 표현할 수 있는 능력을 말한다. [15]

(5) 다음의 조건에 따라 교수·학습 과정안을 작성하시오.

① 전개의 활동 1, 활동 2, 활동 3을 작성하시오. (답안지에 음영 처리된 부분)
② 활동 1에서는 학생들이 〈자료 1〉을 활용하여 직육면체의 겉넓이를 구하는 3가지 방법을 탐구하게 하고, 그 과정이 구체적으로 드러나도록 작성하시오.
③ 활동 2에서는 〈자료 2〉를 활용하고, 정육면체의 성질을 확인하게 하며, 학생들이 직육면체의 겉넓이를 구하는 방법을 적용하여 정육면체의 겉넓이를 구하는 방법을 도출하게 하시오.
④ 활동 3에서는 〈자료 3〉을 활용하고, 학생의 발문에서 드러난 오류를 수정하여 겉넓이를 구하는 활동을 하시오.
⑤ 활동 3에서는 학생의 '자기표현 능력'을 신장시킬 수 있는 발문이 드러나도록 작성하시오.
⑥ 교사와 학생의 상호작용이 드러나도록 작성하시오.

---

15) 이는 정확하지 않을 수 있음

2022학년도 교수·학습 과정안 양식(대전)(B4용지)

학습문제	직육면체와 정육면체의 겉넓이 구하는 방법을 알아볼까요?		
단원명	6. 직육면체의 부피와 겉넓이	차시	7차시
학습 목표	직육면체의 겉넓이를 구하는 여러 가지 방법을 찾아 식으로 나타내고 설명할 수 있다. 직육면체와 정육면체의 겉넓이를 구할 수 있다.		

학습 단계	학습 과정	교수·학습 활동	자료 및 지도의 유의점	시량 (분)
도입	전시학습 상기하기	◎ 지난 시간에 배운 내용 살펴보기 T: 지난 시간에는 어떤 내용을 배웠나요? S: 겉넓이란 물체 겉면의 넓이를 말합니다.		
	동기유발	◎ 동기유발하기		
	학습문제 확인	◎ 학습문제 확인하기		
	학습활동 안내	◎ 학습활동 안내하기		
전개	활동1			
	활동2			
	활동3			
정리	학습내용 정리	◎ 학습내용 정리하기		
	평가	◎ 평가하기		
	차시예고	◎ 차시예고하기		

2022학년도 교수·학습 과정안 예시 답안(대전)

학습문제	직육면체와 정육면체의 겉넓이 구하는 방법을 알아볼까요?		
단원명	6. 직육면체의 부피와 겉넓이	차시	7차시
학습 목표	직육면체의 겉넓이를 구하는 여러 가지 방법을 찾아 식으로 나타내고 설명할 수 있다. 직육면체와 정육면체의 겉넓이를 구할 수 있다.		

학습 단계	학습 과정	교수·학습 활동	자료 및 지도의 유의점	시량 (분)
도입	전시학습상 기하기	◎ 지난 시간에 배운 내용 살펴보기 T: 지난 시간에는 어떤 내용을 배웠나요? S: 겉넓이가 무엇인지 배웠습니다. / 겉넓이란 물체 겉면의 넓이를 말합니다.		
	동기유발	◎ 동기유발하기		
	학습문제 확인	◎ 학습문제 확인하기		
	학습활동 안내	◎ 학습활동 안내하기		
전개	활동1	◎ <활동 1> 직육면체의 겉넓이 구하는 방법 알기 • 직육면체의 겉넓이를 구하는 여러 가지 방법 탐구하기 T: 짝과 함께 <자료 1>을 활용하여 직육면체의 겉넓이를 구하는 여러 가지 방법을 탐구해봅시다. S: (짝과 함께 <자료 1>을 활용하여 직육면체의 겉넓이를 구하는 3가지 방법을 탐구한다.) T: 어떤 방법으로 직육면체의 겉넓이를 구할 수 있을지 발표해볼까요? S1: 면이 6개이므로 여섯 면의 넓이를 각각 구한 뒤 모두 더합니다. S2: 직육면체의 성질을 이용합니다. 직육면체는 합동인 두 면이 3쌍 있으므로 세 면의 넓이를 구한 뒤 2를 곱합니다. S3: 전개도를 보고, 2개의 밑면의 넓이와 4개의 옆면의 넓이를 구해 더합니다. • 직육면체의 겉넓이 구하는 방법을 식으로 나타내고, 겉넓이 구하기 T: 이번에는 그 과정이 구체적으로 드러나게 식으로 나타내고 겉넓이를 구해봅시다. S1: 첫 번째 방법으로 구하면, 겉넓이는 　　(9×8)+(9×5)+(8×5)+(9×5)+(8×5)+(9×8) = 314(cm²)입니다. S2: 두 번째 방법으로 구하면, 겉넓이는 　　(9×8 + 9×5 + 8×5) ×2 = 314(cm²)입니다. S3: 세 번째 방법으로 구하면, 겉넓이는 　　(9×8)×2 + (8+9+8+9)×5 = 314(cm²)입니다.		
	활동2	◎ <활동 2> 정육면체의 겉넓이 구하는 방법 알기 • 직육면체의 겉넓이 구하는 방법을 활용하여 정육면체의 겉넓이 구하는 방법 예상하기 T: <자료 2>를 봅시다. 어떤 도형이 보이나요? S: 정육면체입니다.		

		T: 정육면체의 성질에는 어떤 것이 있을까요? S: 6개의 모든 면이 서로 합동입니다. / 6면의 넓이가 모두 같습니다. 등 T: 직육면체의 겉넓이 구하는 방법을 활용하여 정육면체의 겉넓이 구하는 방법을 짝과 함께 예상해봅시다. S: (짝과 함께 토의하며 정육면체의 겉넓이 구하는 방법을 예상한다.) T: 정육면체의 겉넓이는 어떻게 구할까요? S: 정육면체는 여섯 면의 넓이가 모두 같으므로 한 면의 넓이를 구하고 6배를 하면 겉넓이를 구할 수 있습니다. T: <자료 2>의 정육면체의 겉넓이를 직접 구해봅시다. S: 2×2×6=24(cm^2)입니다.		
	활동3	◎ <활동 3> 겉넓이 구하는 방법 적용하기 ● 문제에서 잘못된 부분 찾기 T: <자료 3>을 봅시다. 모둠원들과 함께 문제에서 잘못 말하고 있는 학생들을 찾고, 그 이유를 이야기해봅시다. 이때, 자신의 생각을 정확하고 효과적으로 표현해봅시다. S: (모둠별로 토의를 한다.) T: 잘못 이야기한 학생과 그 이유를 발표해볼까요? S1: '철수'입니다. 직육면체는 합동인 면이 2개씩 3쌍 있습니다. 따라서 3면의 넓이의 합을 구해 2배를 해야 하는데 2배를 하지 않고 계산했습니다. S2: '민지'입니다. 직육면체의 밑면은 2개인데 한 밑면의 넓이만 구했습니다. 또한 옆면의 가로를 잘못 써서 옆면의 넓이를 잘못 구했습니다. ● 잘못된 부분을 바르게 계산하여 도형의 겉넓이 구하기 T: 이번에는 잘못 쓴 식을 고쳐 직육면체의 겉넓이를 바르게 구해봅시다. S: (모둠원들과 함께 협력하여 직육면체의 겉넓이를 바르게 구한다.) T: 친구들 앞에서 발표해봅시다. S1: 철수의 경우 (12×8+12×7+8×7)×2 = 472(cm^2)로 바르게 구할 수 있습니다. S2: 민지의 경우 12×8×2 + (12+8+12+8)×7 = 472(cm^2)입니다. T: 네, 모든 친구들이 자신의 생각을 정확히, 효과적으로 잘 표현해주었습니다.		
정리	학습내용 정리	◎ 학습내용 정리하기		
	평가	◎ 평가하기		
	차시예고	◎ 차시예고하기		

04 2021학년도 교육과정평가원 출제

유형 1 부산광역시교육청

(1) **과목/단원** : 과학 4학년 1학기. 2단원 지층과 화석
(2) **단원의 흐름**

단원	차시	차시별 학습 활동
2. 지층과 화석	5차시	퇴적암은 어떤 과정을 거쳐 만들어질까요?
	6차시	여러 가지 화석을 관찰하고 분류해볼까요?
	7차시 (본시)	화석은 어떻게 만들어질까요?
	8차시	화석은 어디에 이용될까요?

(3) 다음의 조건에 따라 교수·학습 과정안을 작성하시오.

① 본 차시 학습 목표를 도출하여 적으시오.
② (작성 부분 ①)에 〈자료 1〉을 활용하여 화석 모형을 만드는 재료와 제작 방법을 포함하시오.
③ (작성 부분 ⑤)에 〈자료 1〉을 활용하여 '화석 모형 만들기'를 위한 준비물을 작성하시오.
④ (작성 부분 ②)에 학생들이 완성된 화석 모형을 관찰하고 화석 모형과 실제 화석을 비교하는 활동을 포함하시오.
⑤ (작성 부분 ②)에서 학생들이 화석 모형과 실제 화석의 공통점, 차이점을 탐구하도록 하시오.
⑥ (작성 부분 ③)에서 학생들이 〈자료 2〉를 활용하여 화석이 생성되는 과정을 탐구하도록 하시오.
⑦ (작성 부분 ④)에서 화석이 잘 만들어지기 위한 조건을 설명하시오.

(4) 교과서 자료

⟨자료 1⟩

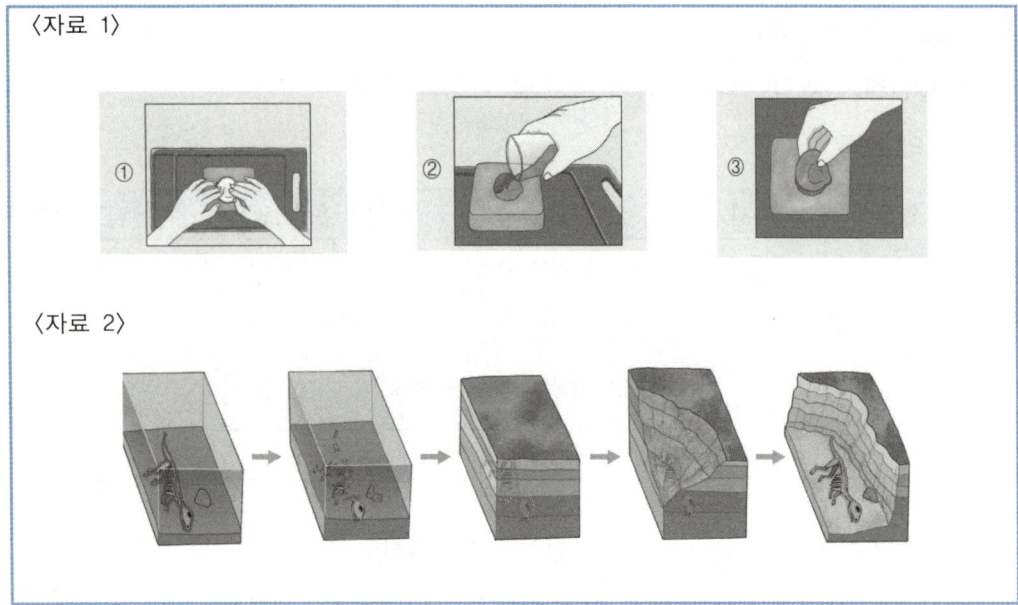

⟨자료 2⟩

2021학년도 교수·학습 과정안 양식 (부산)

단원명	2. 지층과 화석		차시	7차시
학습 목표				

학습 단계	학습 과정	교수·학습 활동	자료 및 지도의 유의점	시량 (분)
도입	전시학습상기하기	◎ 지난 시간에 배운 내용 살펴보기		
	동기유발	◎ 동기유발하기		
	학습문제 확인	◎ 학습문제 확인하기		
	학습활동 안내	◎ 학습활동 안내하기		
전개		(작성 부분 ①)	(작성 부분 ⑤)	
		◎ 나만의 화석 모형 만들기	유 알지네이트 반죽은 미리 녹여두면 굳을 수 있으므로 교사가 수업 중에 반죽하여 제공한다.	
		(작성 부분 ②)		
		(작성 부분 ③)		
		(작성 부분 ④)		
정리	학습내용 정리	◎ 학습내용 정리하기		
	평가	◎ 평가하기		
	차시예고	◎ 차시예고하기		

2021학년도 교수·학습 과정안 예시 답안(부산)

단원명	2. 지층과 화석		차시	7차시
학습 목표	화석 모형을 만들어 실제 화석과 비교하고 화석이 만들어지는 과정을 설명할 수 있다.			

학습 단계	학습 과정	교수·학습 활동	자료 및 지도의 유의점	시량 (분)
도입	전시학습상기하기	◎ 지난 시간에 배운 내용 살펴보기		
	동기유발	◎ 동기유발하기		
	학습문제 확인	◎ 학습문제 확인하기		
	학습활동 안내	◎ 학습활동 안내하기		
전개	활동 1	(작성 부분 ①) T. <자료 1>을 보니 실험을 위해 어떤 준비물이 필요합니까? S1. 찰흙과 조개껍데기가 필요합니다. S2. 찰흙에 채워 넣기 위한 알지네이트 반죽이 필요합니다. T. <자료 1>을 보며 예상한 실험 방법을 이야기해 봅시다. S1. 찰흙 반대기에 조개껍데기를 눌러서 찍습니다. S2. 찰흙 반대기에 생긴 조개껍데기 자국에 알지네이트 반죽을 붓습니다. S3. 알지네이트 반죽이 굳으면 찰흙에서 떼어냅니다.	자 조개껍데기, 찰흙 반대기, 찰흙 판, 알지네이트 반죽 (알지네이트 가루, 물)	
		◎ 나만의 화석 모형 만들기	유 알지네이트 반죽은 미리 만들어두면 굳을 수 있으므로 교사가 수업 중에 반죽하여 제공한다.	
	활동 2	(작성 부분 ②) T. 자신이 만든 화석 모형을 관찰하고 실험 관찰 책에 작성하여 봅시다. ■ 화석 모형을 관찰하고 실험 관찰에 그림과 글로 나타낸다. T. 화석 모형을 관찰한 결과를 발표해 봅시다. S1. 조개 모양을 하고 있습니다. S2. 자세히 보면 줄무늬가 보입니다. T. 화석 모형과 실제 화석을 비교하여 공통점, 차이점을 짝과 토의해 봅시다. ■ 화석 모형과 실제 화석을 비교하면서 공통점, 차이점에 대해 짝과 탐구한다. T. 화석 모형과 실제 화석의 공통점과 차이점을 발표해 봅시다. S1. 화석 모형과 실제 화석의 모양과 무늬가 같습니다. S2. 실제 화석은 화석 모형보다 단단하고 색과 무늬가 선명합니다. S3. 실제 화석은 화석 모형과 달리 만들어지는 데에 오랜 시간이 걸립니다.		

	활동 3	(작성 부분 ③) T. <자료 2>를 보고 화석이 만들어지는 과정에 대해 짝과 토의해봅시다. ■ <자료 2>를 보며 화석이 생성되는 과정에 대하여 짝과 탐구한다. T. 짝과 탐구한 화석이 만들어지는 과정을 발표해봅시다. S1. 호수나 바다 바닥에서 죽은 동물이나 식물 위에 퇴적물이 계속 쌓입니다. S2. 퇴적물이 계속 쌓여서 단단한 지층이 만들어집니다. 그리고 그 속의 죽은 생물이 화석이 됩니다.		
		(작성 부분 ④) T. 어떻게 하면 화석이 잘 만들어질지 짝과 토의하여 봅시다. ■ 화석이 잘 만들어지기 위한 조건에 대하여 짝과 토의한다. T. 화석이 잘 만들어지는 조건은 첫째, 죽은 생물 위에 퇴적물이 빠르게 쌓여야 합니다. 둘째, 생물 몸에 단단한 부분이 있어야 합니다. ■ 화석이 잘 만들어지는 조건을 확인한다.		
정리	학습내용 정리	◎ 학습내용 정리하기		
	평가	◎ 평가하기		
	차시예고	◎ 차시예고하기		

Hi-PASS 2차 수업과정안

> **Tip 선배님의 한마디**

부산광역시를 비롯한 평가원 출제 지역에 응시하는 경우, '**조건이 명시적으로 드러나도록 쓰기**'에 초점을 맞추어야 합니다. 창의성을 발휘하지 않아도 이미 활동과 흐름이 주어져 있기 때문에 조건만 충족하면 교수·학습 과정안 시험에서 만점을 받을 수 있습니다.

올해 과정안의 조건은 대체로 한 조건 안에 여러 가지 작은 조건이 포함되어있는 형태로 나왔습니다. 이 경우 문장을 여러 부분으로 나누어 각각의 작은 조건을 놓치지 않고 처리하여야 합니다. 항상 채점 기준은 '**조건 충족**'임을 염두에 두고 과정안을 작성하는 연습을 하여야 합니다.

제가 올해 조건을 충족한 방법을 알려드리겠습니다. 문장이 긴 조건은 반드시 작은 단위로 나누어 한 조건 속 작은 조건들을 놓치지 않고 처리하여야 합니다.

조건 ①	본 차시 학습 목표를 도출하여 적으시오.
처리 방법	학습 문제의 어미는 **고학년의 경우 '~해보자' 저학년은 '~해봅시다.'**로 작성합니다. 위 차시의 학습 내용은 크게 〈① 화석 모형 만들기 ② 화석 모형을 관찰하고 실제 화석과 화석 모형 비교하기 ③ 화석의 생성과정 알기〉이므로 이 세 가지 활동을 아래와 같이 한 문장으로 적절히 압축하였습니다. 화석 모형을 만들어 / 실제 화석과 비교하고 / 화석이 만들어지는 과정을 설명할 수 있다. TIP) 영역별 학습 목표의 어미 | 기능 영역	~을/를 찾을 수 있다. ~을/를 쓸 수 있다.
태도 영역	~하는 태도를 가진다.
인지 영역	~을/를 설명할 수 있다. ~을/를 알 수 있다. | * 영역이 따로 주어지지 않을 경우 인지 영역이라 가정하고 학습 목표를 작성합니다.
조건 ②	(작성 부분 ①)에 ˇ 〈자료 1〉을 활용하여 ˇ 화석 모형을 만드는 재료와 ˇ 제작 방법을 포함하시오.
처리 방법	1. '〈자료 1〉을 보니'와 같이 발문을 시작하여 자료를 활용하였음을 명시하였습니다. 2. 예상하기 활동을 통해 학생들이 화석 모형 만드는 재료를 예상, 발표하도록 하였습니다. 3. 예상하기 활동을 통해 자료를 보고 제작 방법을 예상하여 발표하도록 하였습니다. TIP) 과학의 경우 **POE 모형**을 적용하면 수업 실연과 교수·학습 과정안 구성이 쉬워집니다. 저는 과학 과목이 출제가 될 경우 〈① 자료 보고 예상하기 ② 실험 하고 관찰하기 ③ 설명하기〉의 과정을 사용하여 항상 연습하였습니다. 실전에서도 과정안 문제가 POE 모형이 적용 가능한 형태로 출제되어 발문을 쉽게 구성할 수 있었습니다. '과학은 POE를 사용하자' 라 생각하고 어떤 발문을 사용할지 기억해두면 과학 수업 실연과 과정안 작성에 방향을 잡을 수 있을 것입니다.

조건 ③	(작성 부분 ⑤)에 ˇ〈자료 1〉을 활용하여 ˇ'화석 모형 만들기'를 위한 준비물을 작성하시오.
처리 방법	〈자료 1〉에 이름 없이 준비물 사진만 있었습니다. 각론 지식을 활용하여 '알지네이트 반죽', '찰흙 반대기', '조개껍데기'를 작성하였습니다. 준비물 사진이 있었으므로 각론 내용이 잘 기억나지 않더라도 충분히 충족시킬 수 있는 조건이었습니다.
조건 ④	(작성 부분 ②)에 ˇ학생들이 완성된 화석 모형을 관찰하고 ˇ화석 모형과 실제 화석을 비교하는 활동을 포함하시오.
조건 ⑤	(작성 부분 ②)에서 학생들이 실제 화석과 화석 모형의 공통점, 차이점을 탐구하도록 하시오.
처리 방법	1. 짝과 함께 화석 모형을 관찰하고 실험 관찰에 작성하도록 하였습니다. 2. 화석 모형과 실제 화석을 직접 비교하고 공통점, 차이점에 대해 토의하게 하는 짝 활동을 진행했습니다. 3. 짝 토의를 통해 알아낸 실제 화석과 화석 모형의 공통점, 차이점을 발표하도록 하여 답안에 명시하였습니다.
조건 ⑥	(작성 부분 ③)에서 ˇ학생들이 〈자료 2〉를 활용하여 ˇ화석이 생성되는 과정을 **탐구**하도록 하시오.
처리 방법	1. '〈자료 2〉를 보고'와 같이 발문을 시작하여 자료를 활용하였음을 명시하였습니다. 2. 화석이 만들어지는 과정을 **짝과 토의하여 탐구**하도록 하였습니다. 3. 화석이 만들어지는 과정을 발표하여 **탐구**한 것을 공유하도록 하였습니다.
조건 ⑦	(작성 부분 ④)에서 화석이 잘 만들어지기 위한 조건을 **설명**하시오.
처리 방법	1. 화석이 잘 만들어지기 위한 조건을 먼저 짝과 토의하여 예상해보도록 하였습니다. 2. 교사가 화석이 잘 만들어지기 위한 조건을 명시적으로 설명하게 하였습니다. (학생의 발표보다 교사의 설명이 조건에 더 부합하는 내용이었습니다.)

Hi-PASS 2차 수업과정안

📃 Q&A

Q 필요한 준비물이 무엇이 있나요?

A 반드시 아날로그 시계와 15cm 자를 준비하여야 합니다.

Q 실제 시험의 과정안 양식이 궁금합니다.

A 2021 시험 양식은 작성 부분이 총 5칸으로 나뉘어 있었으며 나머지 부분은 음영 처리되어있어 작성하지 않아도 되었습니다. 각 칸은 분량에 맞게 줄이 그어져 있습니다. 반드시 작성 부분 안에 답안을 적어야 하므로 분량이 부족하면 가로줄을 그어 작성하여야 합니다. **평소 발문을 정선하여 답안을 작성하는 연습**을 해 실제 시험 시 칸이 모자라는 불상사를 방지하여야 합니다.

Q 교수·학습 과정안 시험은 어떻게 준비해야 하나요?

A 2차 시험을 준비하는 첫 주에는 하이패스의 모범 답안들을 필사합니다. 이때 무작정 따라 쓰는 것이 아니라 조건을 처리한 부분에 줄을 치며 어떻게 조건이 드러나는지 확인하며 작성해야 합니다. 둘째 주부터는 기출문제를 풀어봅니다. 그리고 스터디원이 조건이 잘 드러나게 작성했는지 서로 채점해 줍니다. 셋째 주부터는 스터디원과 유의점들을 정리합니다. 최근 유의점을 작성하지 않는 추세이나 혹시 모를 출제를 대비하여 도입, 전개, 정리 부분에 각각 작성할 유의점을 두 가지 정도만 정리하고 기억합니다.

Q 과정안과 수업 실연을 위해 각론을 공부하여야 하나요?

A 올해 시험은 각론 내용을 반영하여 출제되었습니다. 특히 (작성 부분 ④)의 경우 화석이 잘 만들어지는 조건에 대해 각론 지식을 바탕으로 설명해야 했습니다. 하지만 제가 다시 2차를 공부한다면 각론 공부는 하지 않을 것입니다. 그 이유는 아주 기본적인 각론 지식만을 묻기 때문입니다. 1차 시험 때 각론 공부를 열심히 하였다면 충분히 기억이 나는 수준의 각론 지식을 물으므로 **각론 공부보다는 조건을 명시적으로 처리하는 연습에 집중하는 것이 효율적**입니다. 만약 각론 내용이 기억이 잘 나지 않는다면 각론 내용을 간략하게 정리한 차시표를 구해 개인 공부 시간에 조금씩 보는 것을 추천합니다.

유형 2 울산광역시교육청

(1) **과목/단원** : 사회 6학년 2학기. 1단원 세계 여러 나라의 자연과 문화 (10~11차시)

(2) **학습 목표** : 기후에 따른 사람들의 생활 모습을 탐색할 수 있다.

(3) **차시 전개**

> 기후별 특성을 파악하고, 이를 바탕으로 기후 환경이 인간 생활에 미치는 영향을 이해하며 기후에 따른 생산 활동과 생활 방식 등을 알아보도록 한다.

(4) 다음의 조건에 따라 교수·학습 과정안을 작성하시오.

① 답안지의 음영 처리된 부분을 제외하고 작성하시오.
② 사회과 탐구 학습 모형의 흐름에 맞는 활동을 채우시오.
③ 학생과 교사의 상호작용이 드러나도록 작성하시오.
④ 동기유발 시 계절과 관련하여 이번 차시에 배울 내용이 포함되게 작성하시오.
⑤ 학생들의 실생활과 관련된 동기유발을 하시오.
⑥ 학습문제 확인에서 탐구 문제가 명시적으로 드러나게 작성하시오.
⑦ 학습문제 확인에서 본시와 관련된 가설을 포함하여 작성하시오. (단, 가설의 조건을 채울 것)
⑧ 활동 1에서 〈자료 1〉을 활용하여 작성하시오. (카드를 모두 사용하지 않아도 됨)
⑨ 활동 2에서 〈자료 1〉과 〈자료 2〉를 활용하고, 가설에 대한 결론을 포함하여 작성하시오. (카드를 모두 사용하지 않아도 됨)
⑩ 학생들의 사고를 촉진하는 발문을 하시오.

(5) **자료**

〈자료 1〉 생활 모습 카드 (교과서 자료)

△ 지중해 주변의 올리브 재배

△ 모로코의 진흙집

△ 캐나다의 침엽수림

△ 사파리 관광 산업

△ 북극 다산 과학 기지

〈자료 2〉 기후 카드

열대 기후	건조 기후	온대 기후

냉대 기후	한대 기후

2021학년도 교수·학습 과정안 양식 (울산)

단원명	1. 세계 여러 나라의 자연과 문화	차시	10~11차시
학습 목표	기후에 따른 사람들의 생활 모습을 탐색할 수 있다.		

학습 단계	학습 과정	교수·학습 활동	자료 및 유의점	시량 (분)
도입	전시학습상 기하기	◎ 지난 시간에 배운 내용 살펴보기		
	동기유발	◎ 동기유발하기		
	학습문제 확인	◎ 학습문제 확인하기 [탐구 문제 파악 및 가설 설정]		
	학습활동 안내	◎ 학습활동 안내하기		
전개	활동 1	◎ <활동 1> [탐색]		
	활동 2	◎ <활동 2> [증거 제시]		
	활동 3	◎ <활동 3> [일반화]		
정리	학습내용 정리	◎ 학습내용 정리하기		
	평가	◎ 평가하기		
	차시예고	◎ 차시예고하기		

2021학년도 교수·학습 과정안 예시 답안(울산)

단원명	I. 세계 여러 나라의 자연과 문화		차시	10~11차시
학습 목표	기후에 따른 사람들의 생활 모습을 탐색할 수 있다.			

학습 단계	학습 과정	교수·학습 활동	자료 및 유의점	시량 (분)
도입	전시학습상기하기	◎ 지난 시간에 배운 내용 살펴보기		
	동기유발	◎ 동기유발하기		
		T : 선생님이 우리 반 활동사진 4장을 준비했습니다. 어떤 사진인가요?		
		S1 : 우리 반 친구들이 수영장에 가서 수영을 하는 모습입니다.		
		S2 : 우리 반 친구들이 낙엽을 가지고 작품을 만드는 모습입니다.		
		T : 각 사진들이 찍힌 계절은 언제일까요? 왜 그렇게 생각했는지도 함께 발표해봅시다.		
		S1 : 여름인 것 같습니다. 더위를 식히기 위해 짧은 옷을 입고 수영하기 때문입니다.		
		S2 : 가을인 것 같습니다. 가을에 단풍이 들고 낙엽이 지기 때문입니다.		
		T : 우리 반 친구들의 생활 모습이 이렇게 달라지는 이유는 무엇일까요?		
		S : 계절이 달라지기 때문입니다. / 계절이 바뀌면서 날씨와 기온이 달라지기 때문입니다.		
		T : 그렇다면, 기후가 달라지면 사람들의 생활 모습은 어떻게 달라질까요?		
		S : 날씨와 기온이 달라져 사람들의 생활 모습도 달라질 것 같습니다. / 오늘 공부해보고 싶습니다.		
	학습문제 확인	◎ 학습문제 확인하기 [탐구 문제 파악 및 가설 설정]		
		T : 오늘 무엇에 대해 공부해보면 좋을까요?		
		S : 사람들의 생활 모습이 달라지는 원인입니다.		
		T : 그렇다면, 오늘의 탐구 문제는 무엇인가요?		
		S : '사람들의 생활 모습이 달라지는 원인은 무엇일까?' 입니다.		
		T : 오늘의 탐구 문제를 해결하기 위해 앞서 계절에 대해 이야기했던 것을 떠올리며 우리 반의 가설을 만들어봅시다. 가설의 조건은 무엇인가요?		
		S : 원인과 결과가 드러나야 합니다. / 탐구 문제를 해결할 수 있어야 합니다.		
		T : 우리 반의 가설을 발표해봅시다.		
		S1 : '기후가 달라지면 사람들의 생활 모습도 달라질 것이다.' 입니다.		
		S2 : '기후가 사람들의 생활에 영향을 미쳐 지역별로 다양한 생활 모습이 나타날 것이다' 입니다.		

	학습활동 안내	◎ 학습활동 안내하기		
전개	활동 1	◎ <활동 1> [탐색]		
		T : 우리 반의 가설을 확인하기 위해 어떤 자료를 탐색하면 좋을까요?		
		S : 기후가 다른 여러 나라의 생활 모습이 담긴 사진을 보고 이야기하면 좋을 것 같습니다.		
		T : 교과서 61쪽을 펴봅시다. 무엇이 보이나요?		
		S : 5장의 생활 모습 카드가 보입니다.		
		T : 모둠별로 생활 모습 카드를 보고, 사진에 나온 지역의 기후는 어떨지 생각해봅시다.		
		S : (모둠별로 생활 모습 카드를 살펴보고, 사진에 나온 지역의 기후에 대해 토의한다.)		
		T : 모둠별로 토의한 내용을 발표해봅시다. '모로코의 진흙집' 카드에 나온 지역의 기후는 어떨 것 같나요?		
		S : 비가 많이 오지 않을 것 같습니다.		
		T : 왜 그렇게 생각했나요?		
		S : 지붕이 평평하기 때문입니다.		
		T : '북극 다산 과학 기지' 카드에 나온 지역의 기후는 어떨 것 같나요?		
		S : 기온이 매우 낮고 추울 것 같습니다.		
		T : 왜 그렇게 생각했나요?		
		S : 바닥이 눈으로 뒤덮여 있기 때문입니다.		
		T : 사람들의 생활 모습과 기후는 어떤 관련이 있을까요?		
		S : 사람들의 생활 모습은 그 지역의 기후에 많은 영향을 받는 것 같습니다.		
	활동 2	◎ <활동 2> [증거 제시]		
		T : 교과서 62쪽을 봅시다. 무엇이 보이나요?		
		S : 기후 카드 5장이 보입니다.		
		T : 사람들의 생활 모습과 기후의 관계를 생각하며 모둠 친구들과 함께 61쪽의 생활 모습 카드와 기후 카드를 연결해봅시다.		
		S : (모둠원과 토의하여 생활 모습 카드와 기후 카드를 각각 연결한다.)		
		T : 활동한 내용을 발표해봅시다. 첫 번째 생활 모습 카드는 어떤 기후와 연결하였나요?		
		S : 온대 기후와 연결하였습니다. 기후가 온화하여 올리브 재배가 쉽기 때문입니다.		
		T : 네 번째 생활 모습 카드는 어떤 기후와 연결하였나요?		
		S : 냉대 기후와 연결하였습니다. 잎이 뾰족한 침엽수림이 널리 분포하기 때문입니다.		
		T : 정답을 확인해봅시다. 모든 모둠이 생활 모습 카드와 기후 카드를 잘 연결해주었습니다. 어떻게 이렇게 잘 연결할 수 있었나요?		

		S : 기후와 사람들의 생활 모습과의 관계를 생각하며 연결했기 때문입니다.		
		T : 우리 반 가설을 다시 한번 확인해봅시다. 생활 모습 카드와 기후 카드를 살펴보고 연결하면서 어떤 점을 알게 되었나요?		
		S1 : 우리가 만든 가설처럼, 기후가 사람들의 생활과 밀접하게 관련되어 있다는 것을 알게 되었습니다.		
		S2 : 기후에 따라 지역별로 다양한 생활 모습이 나타납니다.		
		T : 다음 활동에서 우리가 세운 가설이 정말 맞는지 검증해봅시다.		
	활동 3	◎ <활동 3> [일반화]		
정리	학습내용 정리	◎ 학습내용 정리하기		
	평가	◎ 평가하기		
	차시예고	◎ 차시예고하기		

유형 3 경상남도교육청, 대전광역시교육청

(1) **과목/단원** : 수학 4학년 2학기. 4단원 사각형

(2) **학급 인원** : 24명

(3) **단원의 흐름**

단원	차시	차시별 학습 활동
4. 사각형	전 차시	단원 도입
	본 차시	• 수직과 수선의 의미를 알기 • 삼각자와 각도기를 사용하여 주어진 직선에 대한 수선 긋기
	후속 차시	평행과 평행선 이해하기

(4) **교과서 자료**

〈자료 1〉

두 직선이 만나서 이루는 각이 직각인 곳을 모두 찾아 보기 와 같이 표시해 봅시다.

보기

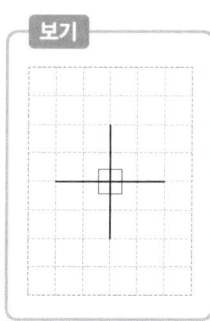

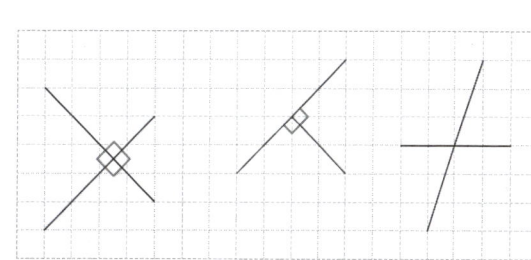

두 직선이 만나서 이루는 각이 직각일 때, 두 직선을 서로 수직이라고 합니다. 또 두 직선이 서로 수직으로 만났을 때, 한 직선을 다른 직선에 대한 수선이라고 합니다.

〈자료 2〉

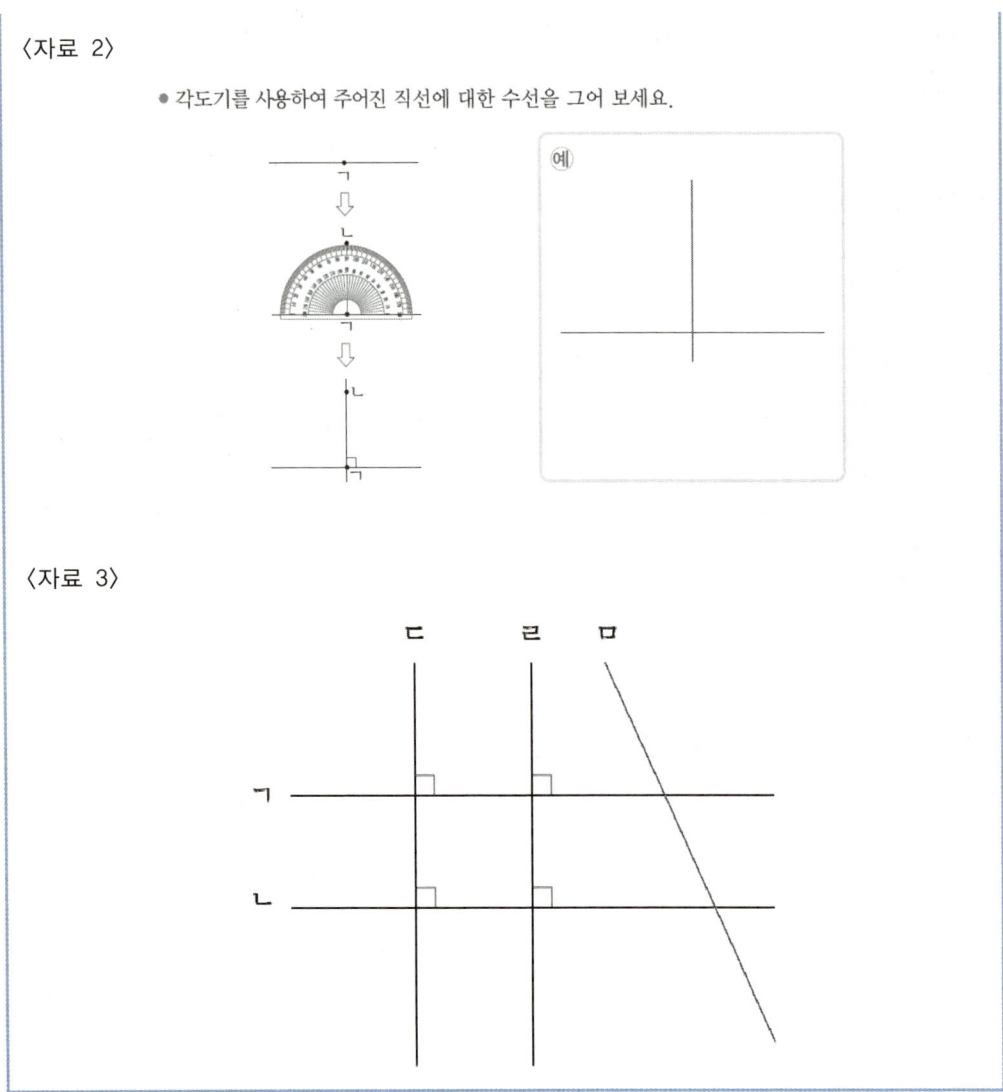

● 각도기를 사용하여 주어진 직선에 대한 수선을 그어 보세요.

〈자료 3〉

(5) 다음의 조건에 따라 교수·학습 과정안을 작성하시오.

① 전개의 활동 1, 활동 2의 일부, 활동 3을 작성하시오. (답안지에 음영 처리된 부분)
② 활동 1에서는 〈자료 1〉을 활용하여 학생들이 삼각자를 이용해 직각을 찾고, 수직과 수선의 의미를 알도록 작성하시오.
③ 활동 2에서는 〈자료 2〉를 활용하여 각도기를 이용해 주어진 직선에 수선을 긋는 방법을 지도하도록 작성하시오.
④ 활동 3에서는 〈자료 3〉을 활용하여 수직과 수선의 의미를 학생들이 이해하는지 점검하도록 작성하시오.
⑤ 교사와 학생의 상호작용이 드러나도록 작성하시오.

2021학년도 교수·학습 과정안 양식 (경남, 대전)

학습문제	수직을 알아볼까요?		
단원명	4. 사각형	차시	2차시
학습 목표	수직과 수선의 의미를 알 수 있다. 삼각자와 각도기를 사용하여 주어진 직선에 대한 수선을 그을 수 있다.		

학습 단계	학습 과정	교수·학습 활동	자료 및 지도의 유의점	시량 (분)
도입	전시학습 상기하기	◎ 지난 시간에 배운 내용 살펴보기		
	동기유발	◎ 동기유발하기 – 삼각자를 이용해 직각을 이루는 부분을 교실에서 찾아보기	짠삼각자	
	학습문제 확인	◎ 학습문제 확인하기		
	학습활동 안내	◎ 학습활동 안내하기		
전개	활동1	(작성부분①)	짠삼각자, <자료 1>	
	활동2	교사: 이번 활동에서는 삼각자와 각도기를 이용하여 주어진 직선에 대한 수선을 그려보 겠습니다. • 삼각자를 이용하여 주어진 직선에 대한 수선 그리기 교사: 삼각자를 이용하여 주어진 직선에 대한 수선을 그리려고 합니다. 어떻게 그리면 좋을까 요? 학생 1: 삼각자에서 직각을 낀 변 중 한 변을 주어진 직선에 맞춥니다. 학생 2: 직각을 낀 다른 한 변을 따라 선을 그으면 됩니다. 교사: 생각한 방법으로 삼각자를 이용하여 주어진 직선에 대한 수선을 그려보세요. (활동이 끝난 후) 모두 주어진 직선에 대한 수선을 잘 그려주었습니다. (작성부분②)	짠삼각자, 각도기, <자료 2>	
	활동3	(작성부분③)	짠<자료 3>	
정리	학습내용 정리	◎ 학습내용 정리하기		
	평가	◎ 평가하기		
	차시예고	◎ 차시예고하기		

2021학년도 교수·학습 과정안 예시 답안(경남, 대전) (1)

학습문제	수직을 알아볼까요?		
단원명	4. 사각형	차시	2차시
학습 목표	수직과 수선의 의미를 알 수 있다. 삼각자와 각도기를 사용하여 주어진 직선에 대한 수선을 그을 수 있다.		

학습 단계	학습 과정	교수·학습 활동	자료 및 지도의 유의점	시량 (분)
도입	전시학습 상기하기	◎ 지난 시간에 배운 내용 살펴보기		
	동기유발	◎ 동기유발하기 - 삼각자를 이용해 직각을 이루는 부분을 교실에서 찾아보기	자)삼각자	
	학습문제 확인	◎ 학습문제 확인하기		
	학습활동 안내	◎ 학습활동 안내하기		
전개	활동1	교사 : 이번 활동에서는 수직과 수선의 의미를 알아보도록 하겠습니다. • 그림에서 직각을 이루는 곳 찾아보기 교사 : <자료 1>의 그림에서, 두 직선이 만나서 이루는 각이 직각인 곳을 삼각자로 찾아 <보기>와 같이 표시해 봅시다. 어느 그림에서 직각을 찾을 수 있습니까? 학생 1 : 첫 번째 그림과 두 번째 그림에서 찾을 수 있습니다. 학생 2 : 세 번째 그림에서는 직각을 찾을 수 없습니다. • 수직과 수선의 의미 알기 교사 : 두 직선이 만나서 이루는 각이 직각일 때, 두 직선은 서로 수직이라고 합니다. 또 두 직선이 서로 수직으로 만났을 때, 한 직선을 다른 직선에 대한 수선이라고 합니다. '수직'과 '수선'을 이용하여 <자료 1>의 그림을 설명해 봅시다. 학생 1 : 첫 번째 그림에서, 두 직선은 서로 수직입니다. 학생 2 : 두 번째 그림에서, 한 직선은 다른 직선에 대한 수선입니다. 학생 3 : 세 번째 그림에서, 두 직선은 수직이 아닙니다.	자)삼각자, <자료 1>	
	활동2	교사 : 이번 활동에서는 삼각자와 각도기를 이용하여 주어진 직선에 대한 수선을 그려보겠습니다. • 삼각자를 이용하여 주어진 직선에 대한 수선 그리기 교사 : 삼각자를 이용하여 주어진 직선에 대한 수선을 그리려고 합니다. 어떻게 그리면 좋을지 설명해 봅시다. 학생 1 : 삼각자에서 직각을 낀 변 중 한 변을 주어진 직선에 맞춥니다. 학생 2 : 직각을 낀 다른 한 변을 따라 선을 그으면 됩니다. 교사 : 생각한 방법으로 삼각자를 이용하여 주어진 직선에 대한 수선을 그려보세요. (활동이 끝난 후) 모두 주어진 직선에 대한 수선을 잘 그려주었습니다.	자)삼각자, 각도기, <자료 2>	

		• 각도기를 이용하여 주어진 직선에 대한 수선 그리기	
		교사: 각도기를 이용하여 주어진 직선에 대한 수선을 그리려고 합니다. 가장 먼저 어떻게 해야 할지 <자료 2>를 이용하여 설명해 봅시다. 학생 1: 주어진 직선 위에 점 ㄱ을 찍습니다. 교사: 직선과 한 점이 있을 때, 수선을 그리려면 각도기를 어떻게 놓으면 좋겠습니까? 학생 2: 각도기의 중심을 점 ㄱ에 맞추고, 각도기의 밑금을 주어진 직선과 맞춥니다. 교사: 수직과 수선의 의미를 생각해보았을 때, 점 ㄴ은 어디에 찍어야 합니까? 학생 3: 각도기에서 90°가 되는 눈금 위에 점 ㄴ을 찍습니다. 교사: 마지막 단계에서 두 직선이 수직임을 나타내기 위해 어떻게 해야 합니까? 학생 4: 점 ㄱ과 점 ㄴ을 직선으로 잇고, 직각 표시를 합니다. 교사: 생각한 방법으로 각도기를 이용하여 주어진 직선에 대한 수선을 그려보세요. (활동이 끝난 후) 모두 주어진 직선에 대한 수선을 잘 그려주었습니다.	
	활동3	교사: 이번 활동에서는 주어진 그림에서 수직과 수선을 찾아보는 활동을 하겠습니다. • 그림에서 수직과 수선 찾아보기 교사: <자료 3>에서, 서로 수직인 직선은 무엇입니까? 학생 1: 직선 ㄱ과 직선 ㄷ, 직선 ㄱ과 직선 ㄹ, 직선 ㄴ과 직선 ㄷ, 직선 ㄴ과 직선 ㄹ이 서로 수직입니다. 교사: 그렇게 생각한 이유는 무엇입니까? 학생 1: 두 직선이 만나서 이루는 각이 직각이기 때문입니다. 교사: 직선 ㄷ의 수선은 무엇입니까? 학생 2: 직선 ㄱ, 직선 ㄴ입니다. 교사: 그렇게 생각한 이유는 무엇입니까? 학생 2: 직선 ㄷ과 직선 ㄱ, 직선 ㄷ과 직선 ㄴ은 서로 수직이기 때문입니다. 교사: 모두 수직과 수선의 의미를 이해하여 주어진 그림에서 수직과 수선을 잘 찾아주었습니다.	㉧<자료 3>
정리	학습내용 정리	◎ 학습내용 정리하기	
	평가	◎ 평가하기	
	차시예고	◎ 차시예고하기	

> **Tip 선배님의 한마디**
>
> 2021 기출은 활용해야 할 자료가 많았지만, 조건에 충실히 자료 내용을 옮겨 쓰면 되는 비교적 평이한 문제였습니다. 활동 1에서는 '수직'과 '수선'의 정의가 학생들에게 새롭게 제시되는 개념이므로, 교사가 직접 정의를 제시하는 것이 적절합니다. 굳이 학생 발문으로 이끌어내려 하기보다 정의를 제시하고 간단히 자료에 적용하는 정도로 작성해도 충분합니다. 활동 2에서는 각도기를 이용해 수선을 그리는 방법이 자료 그림으로 제시되어 있었는데, 이를 설명하는 과정에서 점수 차이가 발생할 수 있습니다. 특히 '각도기의 중심', '밑금'과 같은 정확한 용어를 사용하는 것이 중요하므로 각론 내용을 숙지하는 연습이 필요합니다. 활동 3에서는 주어진 그림을 학생들이 설명하는 방식으로 답안을 작성하는 것이 핵심입니다. '수직'과 '수선'의 용어를 활용해 그림을 설명하게 하고, 그 이유를 정의에 입각해 답하도록 하는 것이 조건 충족에 도움이 됩니다.

2021학년도 교수·학습 과정안 예시 답안(경남, 대전) (2)

학습문제	수직을 알아볼까요?		
단원명	4. 사각형	차시	2차시
학습 목표	수직과 수선의 의미를 알 수 있다. 삼각자와 각도기를 사용하여 주어진 직선에 대한 수선을 그을 수 있다.		

학습 단계	학습 과정	교수·학습 활동	자료 및 지도의 유의점	시량 (분)
도입	전시학습상 기하기	◎ 지난 시간에 배운 내용 살펴보기		
	동기유발	◎ 동기유발하기 - 삼각자를 이용해 직각을 이루는 부분을 교실에서 찾아보기	짜삼각자	
	학습문제 확인	◎ 학습문제 확인하기		
	학습활동 안내	◎ 학습활동 안내하기		
전개	활동1	◎ <활동 1> 개념 알아보기 T: 삼각자를 이용해 <자료 1>에서 직각을 모두 찾아봅시다. S: (각자 삼각자를 이용해 직각을 찾는다.) T: 자신이 찾은 직각을 짝꿍과 공유해봅시다. S: (짝 활동을 진행한다.) T: 짝꿍과 함께 이야기한 내용을 발표해봅시다. S: 저희는 직각인 부분을 6곳 찾았습니다. 삼각자의 직각 부분을 맞대었을 때 딱 맞는 곳이 6곳 있었기 때문에 그곳을 직각이라고 표시했습니다. T: 이처럼 두 직선이 만나서 이루는 각이 직각일 때, 두 직선을 서로 수직이라고 부릅니다. T: 두 직선이 이처럼 서로 수직으로 만날 때, 한 직선을 다른 직선에 대한 수선이라고 합니다. 활동지를 보며 각각의 의미를 함께 정리해 봅시다. S: (수직과 수선의 의미를 배움 공책에 정리한다.)	짜삼각자, <자료 1>	
	활동2	◎ <활동 2> 수선 그어보기 교사: 이번 활동에서는 삼각자와 각도기를 이용하여 주어진 직선에 대한 수선을 그려보겠습니다. 삼각자를 이용하여 주어진 직선에 대한 수선을 그리려고 합니다. 어떻게 그리면 좋을까요? 학생 1: 삼각자에서 직각을 낀 변 중 한 변을 주어진 직선에 맞춥니다. 학생 2: 직각을 낀 다른 한 변을 따라 선을 그으면 됩니다. 교사: 생각한 방법으로 삼각자를 이용하여 주어진 직선에 대한 수선을 그려보세요. (활동이 끝난 후) 모두 주어진 직선에 대한 수선을 잘 그려주었습니다. T: 각도기를 이용해서 수선을 어떻게 그릴 수 있을지 모둠원 친구들과 토의해봅시다.	짜삼각자, 각도기, <자료 2>	

		S: (모둠끼리 수선을 그리는 방법에 대해 토의한다.) T: 모둠 친구들과 토의한 결과를 발표해봅시다. S: 직선에 점 ㄱ을 찍습니다. 그런 다음 주어진 직선에 각도기 밑금을 맞춥니다. 그 이후에 각도기의 눈금이 0인 곳부터 시작하여 90이 되는 곳에 점 ㄴ을 찍습니다. 그 이후 점 ㄱ과 점 ㄴ 중에 찍은 점을 직선으로 이어 수선을 그릴 수 있습니다. T: 먼저 직선에 점을 찍고, 그에 각도기를 맞추어 90도를 찾아 다시 한번 점을 찍어 두 점을 이으면 수선을 그릴 수 있다고 아주 잘 정리해주었네요. 그러면 우리가 함께 정리한 방법대로 수선을 그려볼까요? S: (각도기를 사용하여 수선을 그린다.) T: 여러분이 그린 직선이 수선이 맞는지 점검하기 위해서 어떻게 해야 할지 발표해봅시다. S: 삼각자의 직각 부분을 수선의 수직 부분에 대어 딱 맞는지 확인합니다.		
	활동3	◎ <활동 3> 적용해보기 T: 오늘 배운 수직과 수선의 의미를 정확하게 이해했는지 점검해보는 활동을 하도록 하겠습니다. 직선 5개가 보이나요? T: 이 직선들에서 수선과 수직을 모두 찾고 그 이유를 정리해봅시다. S: (직선에서 수직과 수선을 찾고 이유를 각자 정리한다.) T: 자신이 정리한 내용을 발표해봅시다. S: 직선 ㄱ과 직선 ㄷ, 직선 ㄹ / 직선 ㄴ과 직선 ㄷ, 직선 ㄹ / 직선 ㄷ과 직선 ㄱ, 직선 ㄴ / 직선 ㄹ과 직선 ㄱ, 직선 ㄴ이 서로 수선입니다. S: 수선이 만나 이루는 각이 수직이라고 정리할 수 있습니다.	㉝자료 3	
정리	학습내용 정리	◎ 학습내용 정리하기		
	평가	◎ 평가하기		
	차시예고	◎ 차시예고하기		

> **Tip 선배님의 한마디**
>
> 과정안 문제는 문제지가 두 장이었고, 답안지에는 단원명·차시·학습 목표가 이미 제시되어 있어 교수·학습 활동만 작성하면 되었습니다. 활동 2의 앞부분도 제시되어 있어 뒷부분만 이어 쓰면 되었고, '수직과 수선의 정의'도 자료에 포함되어 있어 작성이 비교적 수월했습니다. 전반적으로 자료가 구체적으로 제공되어 큰 어려움은 없는 문제였습니다.
>
> 또한 올해 대전 지역 답안지는 T-S 형태가 아닌 빈칸 형식이었고, 과정안 답안지는 칸이 부족한 경우가 많으므로 분량을 조절하며 작성해야 합니다. 답안지를 교체하면 시간 손실이 크기 때문에 가급적 한 번에 완성하는 연습이 필요합니다.

Hi-PASS 2차 수업과정안

> **Tip 선배님의 한마디**
>
> 　평가원 교수·학습 과정안의 출제 유형은 보통 조건에 수업 활동의 내용을 구체적으로 명시해주는 방식입니다. 즉, 활동 1에서는 무엇을 할지, 활동 2에서는 무엇을 할지가 조건에 드러나 있습니다. 따라서 고득점을 위한 핵심은 조건을 답안에 명확히 기재하는 것입니다. 예를 들어 동기유발 조건이 '학생들의 경험이 들어간 동기유발을 하시오'라면, 답안에 '여러분의 경험을 떠올려 대답해봅시다.'와 같은 발문을 직접적으로 적어 주는 것이 가장 확실한 방법입니다.
>
> | | |
> |---|---|
> | 조건 ② | 활동 1에서는 〈자료 1〉을 활용하여 학생들이 삼각자를 이용해 직각을 찾고, 수직과 수선의 의미를 알도록 작성하시오. |
> | | 조건 충족을 위해 **자료 1, 삼각자, 직각, 수직과 수선의 의미**라는 단어가 필수적으로 들어가야 합니다. 해당 조건은 개념의 의미도 자료에 주어졌기 때문에 어렵지 않게 처리할 수 있는 조건이라고 생각합니다. |
> | 조건 ③ | 활동 2에서는 〈자료 2〉를 활용하여 각도기를 이용하여 수선을 긋는 방법을 지도하도록 작성하시오. |
> | | 먼저 모둠원 학생들끼리 각도기를 이용해 수선을 긋는 방법을 고민하는 시간을 가지도록 했습니다. 그 이후 학생들이 각도기를 이용해 수선을 긋는 방법을 알아냈다는 방식으로 서술하여 해당 조건을 처리할 수 있습니다. |
> | 조건 ④ | 활동 3에서는 〈자료 3〉을 활용하여 수직과 수선의 의미를 학생들이 이해하는지 점검하도록 작성하시오. |
> | | 답안에 **수직과 수선의 의미, 학생들의 이해도 점검**이라는 단어를 포함하여 직관적으로 학생들의 이해도 점검을 진행하는 활동이라는 것을 명시해야 합니다. |
>
> 　조건을 명확하게 인정받기 위해서는 조건에 제시된 단어들과 어구들을 답안에 넣어서 사용하시는 것이 좋습니다. 과정안은 수업 실연처럼 무조건 학생 중심의 수업일 필요도 없고(가능하다면 좋겠지만) 깔끔하게 어떤 활동을 하고 있는지 간결하게 드러나게 쓰는 것이 중요하다고 생각합니다.

CHAPTER 03

교수·학습과정안 실전문제

01 교수·학습과정안 실전문제
02 교수·학습과정안 예시답안

PART 01 교수·학습과정안 실전문제

교수 · 학습 과정안 실전문제 (1)

관리번호		성명		감독관 서명	

(1) 다음의 조건에 따라 교수· 학습 과정안을 작성하시오.

본 수업은 국어과 5학년 2학기 5단원 '여러 가지 매체 자료' 중 '알리고 싶은 인물 소개하기'를 주제로 정보화 기기를 활용하며 진행하는 수업이다. 본 차시에 해당하는 국어과 성취기준은 '[6국02-05] 매체에 따른 다양한 읽기 방법을 이해하고 적절하게 적용하며 읽는다.'이며 차시 학습 주제는 '알리고 싶은 인물 소개하기'이다.

1. 성취기준을 중심으로 '도입-전개-정리'의 80분 수업으로 구상하시오.
2. 교육과정-수업-평가가 일관성 있게 이루어지도록 구성하시오.
3. 전개 활동에서 에듀테크 또는 스마트 플랫폼을 활용하는 수업을 구상하시오.
4. 조사할 대상을 잘 떠올리지 못하는 학생을 위한 내용 생성 활동을 포함하시오.
5. 학생들이 지식정보처리 역량을 기를 수 있는 활동을 포함하시오.
6. 교사와 학생 간 상호작용이 드러나도록 수업을 구성하시오.
7. 디벗 활용이 미숙한 학생에 대한 지도방안을 포함하시오.
8. 학습 실태를 반영한 활동을 구안하시오.
9. 교사의 확산적 발문을 3개 이상 포함하시오.

(2) 자료 및 기자재

교과서, 전자칠판, 디벗, 개인 이어폰, 마우스, 이외의 다른 기자재를 자유롭게 활용할 수 있음

(3) 차시 전개

교과서 구성 차시	
1-2	여러 가지 매체 자료를 알아보기
3-4	매체 자료의 특성을 생각하며 알맞은 방법으로 읽기
5-6	알맞은 방법으로 매체 자료를 읽고 주요 내용 정리하기
7-8	매체 자료의 특성을 생각하며 이야기를 읽고 현실세계와 비교하기
9-10	알리고 싶은 인물 소개하기

(4) 교과서 내용

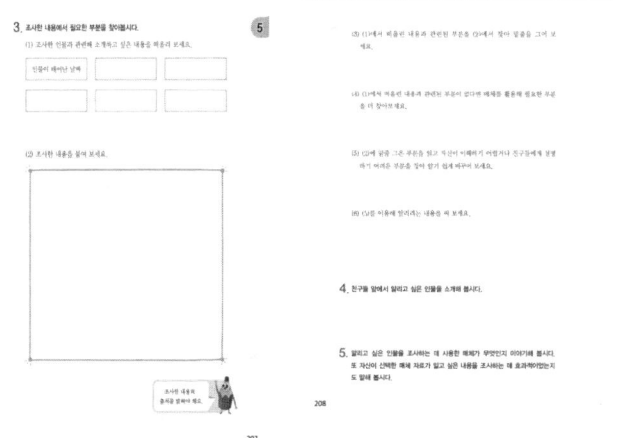

(5) 학습 실태

인터넷을 활용한 매체자료를 목적에 맞게 가공할 수 있는가?	그렇다.	4
	중간이다.	5
	그렇지 않다.	14

정보화 기기를 잘 활용할 수 있는가?	잘 활용할 수 있다.	17
	잘 활용하지 못한다.	5
	잘 모르겠다.	1

교수 · 학습 과정안 실전문제 (2)

관리번호		성명		감독관 서명	

(1) 다음의 조건에 따라 교수 · 학습 과정안을 작성하시오.

▶ 과목 : 3학년 과학, 국어 (융합)
▶ 관련 성취기준

[4국03-01] 중심 문장과 뒷받침 문장을 갖추어 문단을 쓰고, 문장과 문단을 중심으로 고쳐 쓴다.
[4과06-01] 지구가 대기로 둘러싸여 있음을 알고, 지구 표면을 구성하는 육지와 바다의 특징을 비교할 수 있다.

▶ 조건

1. 성취기준을 중심으로 두 교과를 융합한 80분 수업으로 구상하시오.
2. 교육과정-수업-평가가 일관성 있게 이루어지도록 구성하시오.
3. 학생이 스스로 질문하고, 생각을 쓰는 과정을 포함하시오.
4. 중심 문장과 뒷받침 문장을 잘 이해하지 못하는 학생에 대한 지도를 포함하시오.
5. 학생들이 협력적 소통 역량·지식정보처리 역량을 기를 수 있는 활동을 포함하시오.
6. 글쓰기를 하는 동안 개별 맞춤형 피드백이 가능하도록 구성하시오.
7. 학습 실태를 반영한 활동을 구성하시오.

(2) 성취기준 해설

[4국03-01] 이 성취기준은 문단을 짜임새 있게 쓰는 능력을 길러 글을 쓰는 과정에서 이를 적용할 수 있도록 하기 위해 설정하였다. 문단의 개념, 문단의 기능과 역할, 중심 문장과 뒷받침 문장의 관계, 중심 문장과 뒷받침 문장을 쓰는 방법, 중심 문장과 뒷받침 문장을 갖추어 문단을 쓰는 방법, 문장과 문단을 중심으로 글을 고쳐 쓰는 방법 등을 학습한다.

(3) 성취기준 적용 시 고려사항

쓰기는 특정한 상황 안에서 이루어지는 의미 구성 행위이다. 쓰기가 이루어지는 상황 맥락에 대한 이해 없이는 필자의 의도, 전달하고자 하는 바를 효과적으로 표현할 수 없다. 이때의 상황 맥락은 텍스트의 생산·수용 과정에 직접적으로 개입하는 맥락을 의미한다. 쓰기의 상황 맥락 요인으로는 예상 독자, 글의 주제, 글의 목적, 매체 등을 들 수 있다. 다양한 쓰기 과제를 제시하여 상황 맥락 요인에 따라 쓰기 과정과 결과가 달라질 수 있음을 지도한다.
학습에 필요한 기본적인 쓰기 능력과 태도를 갖출 수 있도록, 교과 학습의 토대가 되는 쓰기 활동이 이루어지도록 한다. 특히 국어과 내 타 영역의 성취기준, 타 교과의 성취기준, 범교과 학습 주제와 관련된 쓰기 활동을 계획하여 쓰기 활동이 학습자의 교과 학습에 실제적으로 기여할 수 있도록 지도한다.

(4) 차시 흐름도

차시	주요 학습 내용 및 활동
1	설명하는 글을 쓴 경험 나누기
2	중심 문장과 뒷받침 문장 알기
3	중심 문장과 뒷받침 문장을 파악하며 글 읽기
4	중심 문장과 뒷받침 문장을 생각하며 문단 쓰기 (본시)

(5) 교과서 내용

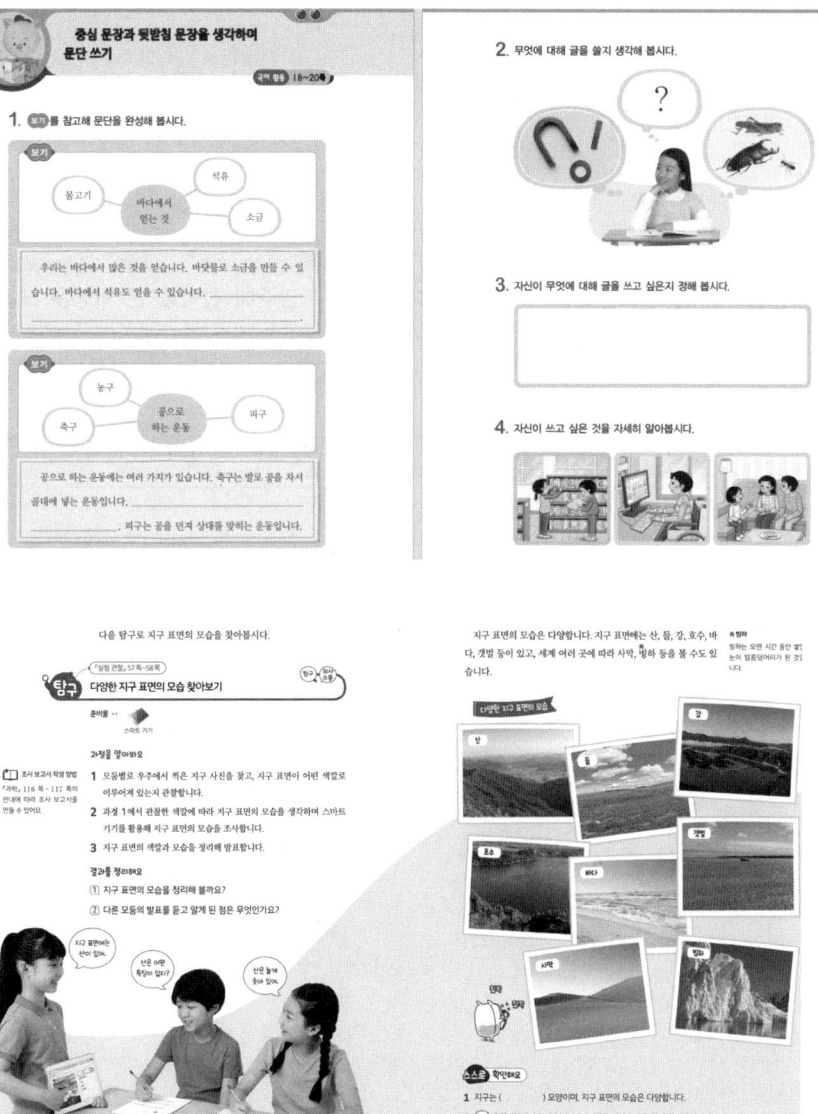

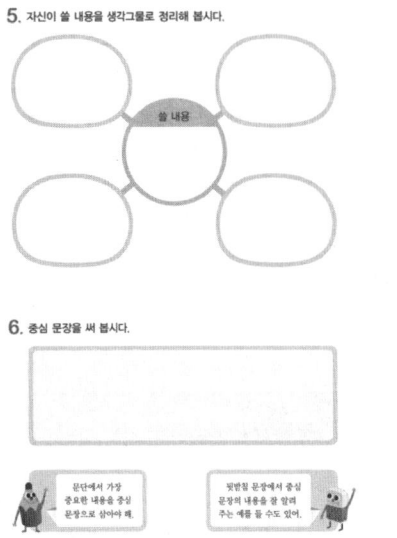
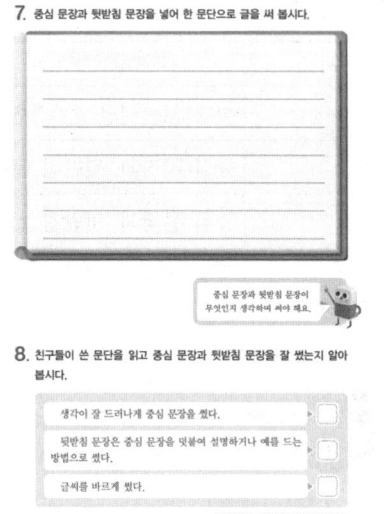

(6) 학습 실태
- 학급 학생들의 글쓰기 능력 차이가 크다.
- 학급 학생들 대부분이 크롬북을 잘 활용할 수 있으나 지난주에 전학을 온 학생은 크롬북 사용에 익숙하지 않다.

(7) 기타 작성 조건
- 교과서, TV, 노트북, 태블릿, 크롬북 이외의 다른 기자재를 자유롭게 활용할 수 있음

교수·학습 과정안 실전문제 (3)

관리번호		성명		감독관 서명	

(1) 다음의 조건에 따라 교수·학습 과정안을 작성하시오.

본 수업은 사회과 4학년 1학기 3단원 지역의 공공 기관과 주민 참여 중 '우리 지역 문제의 해결 방안을 실천해 볼까요'를 주제로 진행한 수업이다. 본 차시에 해당하는 사회과 성취기준은 '[4사03-06] 주민 참여를 통해 지역 문제를 해결하는 방안을 살펴보고, 지역 문제의 해결에 참여하는 태도를 기른다.'이며 차시 제목은 '우리 지역 문제의 해결 방안을 실천해볼까요'이다.

1. 성취기준을 중심으로 40분 수업으로 구상하시오.
2. 학습 단계에 따라 '도입-전개-정리'로 작성하시오.
3. 학습목표는 성취기준과 차시 주제를 종합적으로 반영하여 행동 진술로 나타내시오.
4. 학습 선호도와 학습 실태를 반영한 지도 방법을 제시하시오.
5. 무기력한 학생에 대한 구체적인 피드백을 포함하시오.
6. 실생활 사례를 활용하여 학습 활동을 구성하시오.
7. 학생들의 확산적 사고를 촉진할 수 있는 교사의 발문을 포함하시오.
8. 교육과정-수업-평가를 일관성 있게 이루어지게 하시오.

(2) 사용할 수 있는 자료 및 기자재

TV, 실물화상기, 스마트 패드, 이외의 다른 기자재를 자유롭게 활용할 수 있음

(3) 차시 전개

교과서 구성 차시	
13	우리 지역 문제의 해결 방안을 생각해 볼까요
14	우리 지역 문제의 해결 방안을 실천해 볼까요 (본시)
15	공부한 내용을 정리해 볼까요

(4) 교과서 내용

(5) 학습 실태와 학습 선호도

우리 지역의 지역 문제에는 어떤 것이 있는지 알고 있는가?	잘 알고 있다.	4
	보통이다.	20
	잘 모르겠다.	1

선호하는 학습 활동은 무엇인가?	글쓰기	22
	모둠 토의	2
	역할극	1

교수·학습 과정안 실전문제 (4)

관리번호		성명		감독관 서명	

(1) 다음의 조건에 따라 교수·학습 과정안을 작성하시오.

▶ 프로젝트 : 나쁜 친구는 없다

▶ 과목 : 6학년 도덕, 국어, 창체

▶ 관련 성취기준

[6국05-03]비유적 표현의 특성과 효과를 살려 생각과 느낌을 다양하게 표현한다.
[6국05-05]작품에 대한 이해와 감상을 바탕으로 하여 다른 사람과 적극적으로 소통한다.
[6도04-02]올바르게 산다는 것의 의미와 중요성을 알고, 자기반성과 마음 다스리기를 통해 올바르게 살아가기위한 능력과 실천 의지를 기른다.
[06 창체] 웹기반 소프트웨어를 활용하여 책을 출판한다

▶ 본시 성취기준

[6도04-02] 올바르게 산다는 것의 의미와 중요성을 알고, 자기반성과 마음 다스리기를 통해 올바르게 살아가기 위한 능력과 실천 의지를 기른다.

▶ 프로젝트 개요

본 단원은 학교폭력예방을 주제로 비유적 표현과 웹 기반 소프트웨어를 활용하여 더 나은 공동체를 위한 자신의 생각을 짧은 이야기 책으로 표현하고 서로의 작품을 감상함으로써 공동체형 인성을 기르고자 한다. 학교폭력에 대한 자신의 직·간접적 경험을 나누고 학교폭력 피해자를 위해 자신이 할 수 있는 일을 비유적 표현을 사용한 시로 표현한다. 나아가 학교폭력예방을 주제로 짧은 이야기를 만들고 이를 디지털 출간하여 나누는 과정을 통해, 학교폭력예방의 필요성에 공감하고 타인을 존중하는 태도를 기르는 프로젝트 학습을 구성하였다. 학습 주제는 학교폭력예방을 주제로 글쓰기이며 국어, 도덕, 창체 연계하여 6차시 프로젝트 수업으로 재구성하였고, 본 수업은 그 중 1차시에 해당된다.

▶ 프로젝트 학습 운영 계획

프로젝트명	나쁜 친구는 없다	관련 교과	국어, 도덕, 창체
대상 학년	6학년	중심 단원	비유하는 표현
프로젝트 학습 개요	'학교폭력 예방'을 주제로 내가 상처받았던 경험을 나누고, 시와 이야기를 만들어 전자책을 발행한다. 디지털 공간에서 서로의 작품을 읽고 더 나은 작품으로 함께 만들어 가는 경험을 통해 타인 존중의 마음과 공동체형 인성을 신장하기 위하여 프로젝트 학습을 구성하였다.		

차시	관련 교과	차시 학습 주제	활동 내용	수업도구
1	도덕	우리들의 이야기	* 학교폭력과 관련된 경험 나누기 * 우리 반 친구들의 경험 읽고, 공감하는 글 쓰기	에듀테크 도구
2	창체	시와 글로 표현하는 우리들의 이야기	* 협력적 소통 및 디지털 출판을 위한 에듀테크 도구 활용 익히기	
3	국어		* 비유하는 표현을 사용하여 시 쓰고 공유하기 * 친구와 함께 나와 친구의 이야기 개요 만들기 * 완성된 이야기 전자책 출판하기	
4				
5				
6	국어, 도덕	친구를 대하는 나의 태도	* 서로의 작품을 감상하고 소감문 남기기	

▶ 조건

1. 프로젝트 개요와 차시 내용을 참고하여 설계하시오.
2. 학습 단계는 도입-전개-정리로 하시오.
3. 성취기준에 기반하여 교육과정-수업-평가의 일체화를 구현하시오.
4. 전개 단계에서 학생참여활동을 포함하시오.
5. 학생 24명을 대상으로 한 수업을 구성하시오.
6. 협력적 소통을 위해 에듀테크 도구를 활용하시오.
7. 공동체형 인성을 기를 수 있는 활동으로 구성하시오.

▶ 사용할 수 있는 자료 및 기자재

기자재 : 컴퓨터, TV, 스마트기기(모든 학생이 스마트기기를 가지고 있으며 활용 가능함) 등

▶ 차시흐름도

차시	주요 학습 내용 및 활동
1(본시)	우리들의 이야기- 학교폭력에 대한 직/간접 경험 나누기
2	캔바/ 북 크리에이터 등 활용 방법 익히기
3	시로 표현하는 우리들의 이야기
4	우리들의 이야기 개요 짜고 서로 고쳐주기
5	전자책 출판하기
6	친구를 대하는 나의 태도

(2) 교과서 내용

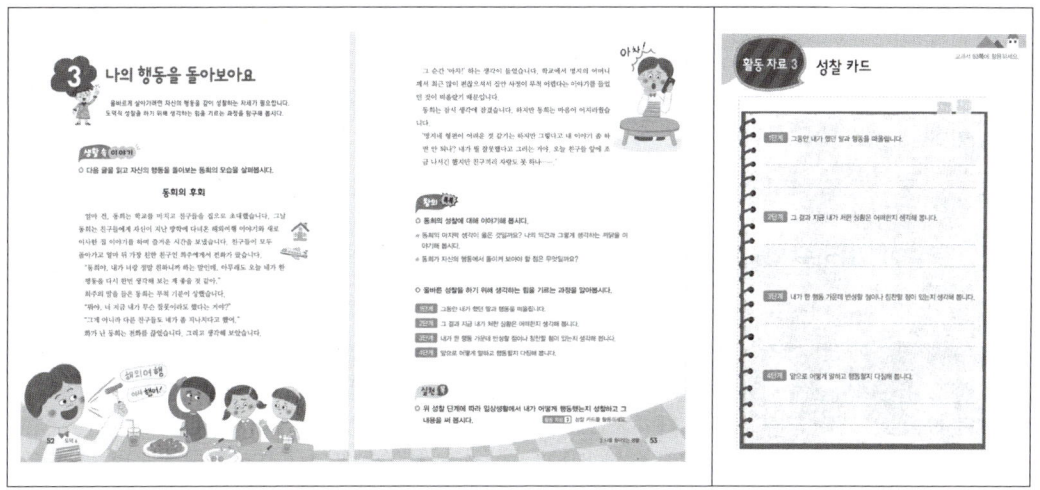

(3) 참고 자료

[공동체형 인성]
공동체형 인성은 모든 존재의 존엄성에 대한 인식을 바탕으로 차이와 다양성을 포용하며 건강하게 공존하는 세상을 함께 만들어갈 수 있는 역량을 갖춘 인성을 의미한다.

교수·학습 과정안 실전문제 (5)

관리번호		성명		감독관 서명	

(1) 다음의 조건에 따라 교수·학습 과정안을 작성하시오.

1. 수학 교과의 추론, 문제해결, 정보처리, 연결 역량을 신장시킬 수 있는 방안으로 수업을 구성하시오.
2. 교실 사물과 학생 몸으로 직각, 예각, 둔각을 표현하는 수업을 진행하시오.
3. 여러 가지 각을 사진으로 촬영하여 태블릿PC로 확인하고 지오보드를 자료로 활용하시오.
4. 4학년 학생 19명을 대상으로 5개 모둠을 구성하시오.
5. 교과 내 지식과 기능 간 통합이 이루어지도록 구성하시오.
6. 다음의 성취기준에 의해 과정 중심 평가 계획을 수립하고 수업 중 평가를 반영하시오.

[4수03-02] 각과 직각을 이해하고, 직각과 비교하는 활동을 통해 예각과 둔각을 비교할 수 있다.

(2) 단원의 개관 – 수학 4학년 1학기 2. 각도

각은 다각형을 정의하는데 필요한 요소로서 도형 영역에서 기초가 되는 개념이다. 이번 단원에서는 3학년에서 학습한 각, 직각의 개념을 바탕으로 각의 크기 즉 각도를 이해하고, 측정하는 방법에 대해 학습한다. 이는 4학년에서 학습하게 되는 여러 가지 삼각형을 직각삼각형, 예각삼각형, 둔각삼각형으로 분류하는 활동 등 후속 학습의 다양한 도형을 이해하기 위한 중요한 기초가 된다.

이번 단원에서는 각의 크기를 다양한 방법으로 비교하는 활동을 통해 표준 단위가 필요함을 알게 한다. 표준 단위인 도(°)를 알아보고 각도기를 이용하여 각도를 재고 그려본다. 직각을 기준으로 예각과 둔각으로 구별하고, 각도를 어림하고 각도기로 재어 확인하는 활동을 통해 양감을 기르도록 한다. 각도의 합과 차를 구하는 방법을 알고, 삼각형과 사각형의 내각의 크기의 합을 구하는 방법을 학습하게 된다.

(3) 본시 학습목표

직각과 비교하는 활동을 통해 예각과 둔각을 구별할 수 있다.

(4) 단원 지도 계획

주제	차시	주요 학습 내용 및 활동
각의 크기는 얼마일까요	3	각의 크기를 표현하는 방법에 대해 생각하게 한다. 각도의 뜻을 알고 각도의 단위인 (°)를 알게 한다. 각도기 이용법을 알고, 각을 측정하고 읽는 방법을 알게 한다. 각도기를 이용하여 다양한 각도를 재어보게 한다.
각을 어떻게 그릴까요	4	각을 정확하게 그리는 방법을 생각하게 한다. 각도기와 자를 이용하여 각을 그리는 방법을 알게 한다. 각도기와 자를 이용하여 여러 가지 각을 그리게 한다.
직각보다 작은 각과 직각보다 큰 각을 알아볼까요	5	실생활에서 각을 분류해 보는 활동을 통해 예각과 둔각에 대해 알게 한다. 다양한 문제 상황에서 예각과 둔각을 구별하게 한다.
각도가 얼마쯤 될까요	6	각도를 어림해야 하는 상황에 대해 생각하게 한다. 삼각자의 각을 생각하여 각도를 어림하고, 각도기로 재어 확인하게 한다. 다양한 각도를 어림하고, 각도기로 재어 확인하게 한다.
각도의 합과 차는 얼마일까요	7	두 각의 합을 어림하고 두 각을 모아 보는 활동을 통해 각도의 합을 구하는 방법을 알게 한다. 두 각의 차를 어림하고 두 각을 겹쳐 보는 활동을 통해 각도의 차를 구하는 방법을 알게 한다.

(5) 교과서 내용

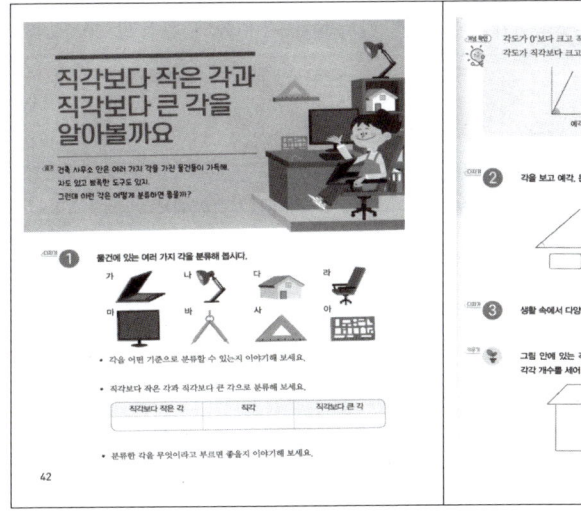
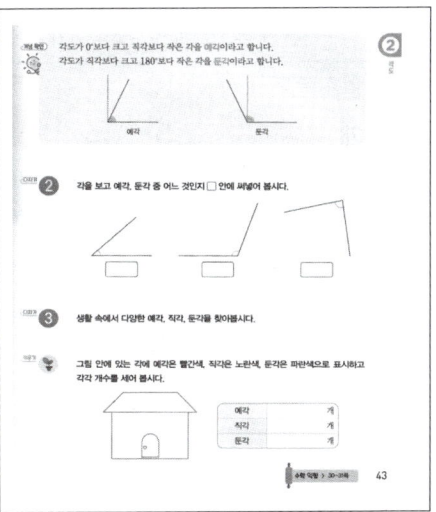

교수・학습 과정안 실전문제 (6)

관리번호		성명		감독관 서명	

(1) 다음의 조건에 따라 교수・학습 과정안을 작성하시오.

본 수업은 국어과 4학년 2학기 5단원 '의견이 드러나게 글을 써요' 중 '자신의 의견을 제안하는 글쓰기'를 주제로 정보화 기기를 활용하며 진행하는 수업이다. 본 차시에 해당하는 국어과 성취기준은 '[4국03-03] 대상에 대한 자신의 의견과 그렇게 생각한 이유가 드러나게 글을 쓴다.'이며 차시 학습 주제는 '자신의 의견을 제시하는 글쓰기'이다.

1. 성취기준을 중심으로 '도입-전개-정리'의 80분 수업으로 구상하시오.
2. 교육과정-수업-평가가 일관성 있게 이루어지도록 구성하시오.
3. 전개 활동에서 에듀테크 또는 스마트 플랫폼을 활용하는 수업을 구상하시오.
4. 글쓰기 소재를 잘 떠올리지 못하는 학생에 대한 지도를 포함하시오.
5. 학생들이 공동체・대인관계 역량을 기를 수 있는 활동을 포함하시오.
6. 교사와 학생 간 상호작용이 드러나도록 수업을 구성하시오.
7. 한국어 의사소통이 불편한 다문화 가정 학생에 대한 지도방안을 포함하시오.
8. 학습 실태를 반영한 활동을 구안하시오.
9. 교사의 확산적 발문을 3개 이상 포함하시오.

(2) 사용할 수 있는 자료 및 기자재

교과서, TV, 스마트 패드, 한국어 자료, 이외의 다른 기자재를 자유롭게 활용할 수 있음

(3) 차시 전개

교과서 구성 차시	
1-2	문장의 짜임에 맞게 말하기
3-4	문장의 짜임을 생각하며 의견 표현하기
5-6	자신의 의견을 제시하는 글쓰기 (본시)
7-8	의견을 제시하는 글을 쓰고 온라인 팸플릿 만들기

(4) 교과서 내용

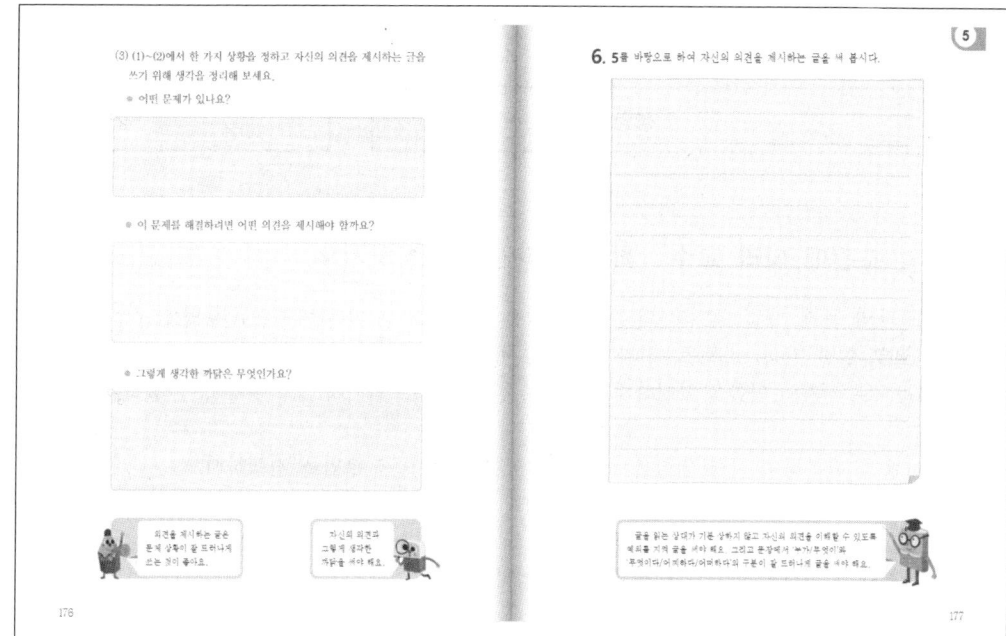

(5) 학습 실태

정보화 기기를 잘 활용할 수 있는가?	잘 활용할 수 있다.	19
	잘 활용하지 못한다.	3
	잘 모르겠다.	1

주변에서 의견을 제시할 필요가 있는 상황을 떠올릴 수 있는가?	그렇다.	4
	중간이다.	5
	그렇지 않다.	14

교수 · 학습 과정안 실전문제 (7)

관리번호		성명		감독관 서명	

(1) 다음의 조건에 따라 교수· 학습 과정안을 작성하시오.

1. 수학 교과의 문제 해결, 추론, 의사소통 역량을 신장시킬 수 있는 방안으로 수업을 구성하시오.
2. 학습자료로 칠판 자석, 바둑돌, 산가지, 수판, 미니화이트보드를 활용하여 수업을 진행하시오.
3. 모둠활동으로 각자의 역할을 확실하게 부여하여 한 학생도 소외되지 않고 활동할 수 있도록 설계하시오.
4. 학습 내용을 반복하여 학생 역할을 골고루 경험할 수 있도록 수업을 진행하시오.
5. 2학년 학생 19명을 대상으로 5개 모둠을 구성하시오.
6. 교과 내 지식과 기능 간 통합이 이루어지도록 구성하시오.
7. 정리 단계에서 자신의 학습을 성찰하도록 구성하시오.
8. 다음의 성취기준에 의해 과정 중심 평가 계획을 수립하고 수업 중 평가를 반영하시오.

[2수01-09] □가 사용된 덧셈식과 뺄셈식을 만들고, □값을 구할 수 있다.

(2) 단원의 개관 – 수학 2학년 1학기 3. 덧셈과 뺄셈

일상생활에서 덧셈과 뺄셈을 이용한 문제 상황은 아주 많다. 친구와 내가 모은 칭찬 붙임 딱지 수의 합이나, 지난주와 이번 주에 읽은 책 수의 합, 우리 반 남학생 수와 여학생 수의 합, 가지고 있는 사탕의 수에서 친구에게 주고 남은 사탕 수, 줄넘기를 가장 많이 넘은 친구와 가장 적게 넘은 친구의 줄넘기 횟수의 차 등 덧셈과 뺄셈이 필요한 상황을 자주 접하게 된다. 이러한 현실 상황에서의 문제를 해결하기 위해서 덧셈과 뺄셈의 의미는 물론 덧셈과 뺄셈의 해결 방법을 알 필요가 있으며, 이를 알고리즘에 의한 해결 방법뿐만 아니라 여러 가지 방법을 이용하여 해결할 수 있도록 하는 것 또한 중요하다. 이에 이 단원은 덧셈과 뺄셈 상황에서 계산하는 방법을 알아야 할 필요성을 느끼고 알고리즘에 의한 방법을 인지한 후 이를 일상생활에서 유용하게 사용할 수 있도록 설정하였다.
어떤 수를 □로 나타내고 이를 포함하는 간단한 덧셈식, 뺄셈식에서 □의 값을 구해보는 경험을 하게 된다. 이 단원의 도입 소재는 2학년 학생들에게 친숙한 동물원 현장 체험 학습이다. 동물원을 체험 학습하는 과정에서 동물의 수나, 생태, 보호해야 할 동물과 동물원에서 일하는 사육사, 해설사, 수의사 등 다양한 직업도 더불어 이해할 수 있도록 하였다.

(3) 본시 학습목표

모르는 어떤 수를 □를 사용하여 덧셈식과 뺄셈식으로 나타내고 □의 값을 구할 수 있다.

(4) 단원 지도 계획

주제	차시	주요 학습 내용 및 활동
[놀이 수학] 수카드 뽑기 놀이를 해 볼까요	10	받아올림과 받아내림이 있는 두 자리 수의 덧셈과 뺄셈을 익히고 놀이에서 이길 수 있는 방법을 이해하게 한다.
덧셈과 뺄셈의 관계를 식으로 나타내어 볼까요	11	덧셈식을 보고 뺄셈식으로 나타내게 한다. 뺄셈식을 보고 덧셈식으로 나타내게 한다.
□의 값을 어떻게 구할 수 있을까요	12	어떤 수를 □로 나타내게 한다. □을 사용하여 덧셈식과 뺄셈식으로 나타내고 □의 값을 구하게 한다.
세 수의 계산을 해 볼까요	13	세 수의 계산 방법을 알고 계산하게 한다.
얼마나 알고 있나요	14	이 단원에서 배운 내용을 문제를 풀며 정리하게 한다.

(5) 교과서 내용

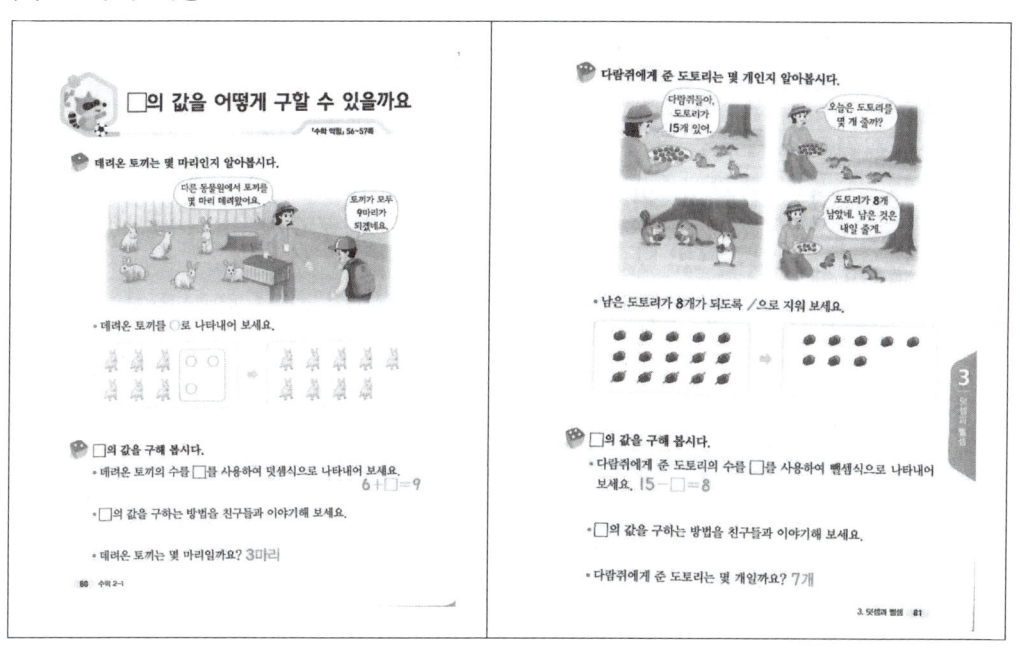

교수·학습 과정안 실전문제 (8)

관리번호		성명		감독관 서명	

(1) 다음의 조건에 따라 교수· 학습 과정안을 작성하시오.

본 수업은 사회과 6학년 2학기 1단원 세계 여러 나라의 자연과 문화 중 14/23차시 '환경이 세계 여러 나라 사람들의 생활 모습에 미치는 영향을 조사하고 설명할 수 있다.'를 목표로 문제해결 수업 모형을 활용하여 전개하고자 한다. 본 차시에 해당하는 성취기준은 다음과 같다.

[6사07-04] 의식주 생활에 특색이 있는 나라나 지역의 사례를 조사하고,
이를 바탕으로 하여 인간 생활에 영향을 미치는 여러 자연적·인문적 요인을 탐구한다.

1. 모둠원들과 협력하는 과정이 드러나게 하시오.
2. 정보활용 능력, 의사소통 및 협업능력을 키울 수 있도록 구상하시오.
3. 동기유발 시, 교사 본인의 경험을 살려 나타내시오.
4. 모둠별 발표는 갤러리워크 기법을 사용하시오.
5. 학생 간 피드백은 PMI 기법을 적용하시오.
6. 6학년 학생 20명을 대상으로 하시오.

(2) 사용할 수 있는 자료 및 기자재

TV, 실물화상기, 태블릿PC, 사전 이외의 다른 기자재를 자유롭게 활용할 수 있음	차시 학습자료 -프로젝트 보고서, 포스트잇, 태블릿PC, 메모보드

(3) 차시 전개

단원	주제	차시	차시별 학습 활동
1. 세계 여러 나라의 자연과 문화	①지구, 대륙 그리고 국가들	1	단원 학습 내용 예상하기
		2~3	세계 지도, 지구본, 디지털 영향 지도의 특징 알아보기
		4	세계의 여러 대륙과 대양 알아보기
		5	각 대륙에 속한 나라 살펴보기
		6~7	세계 여러 나라의 면적과 모양 살펴보기
		8	세계 지도, 지구본, 디지털 영상 지도를 활용하여 세계 여러 나라 소개해 보기
	②세계의	9	세계의 다양한 기후 알아보기

	10~11	기후에 따른 사람들의 생활 모습 살펴보기
다양한 삶의 모습	12~13	세계 여러 나라 사람들의 다양한 생활 모습 살펴보고 조사하기
	14	환경에 따라 달라지는 세계 여러 나라 사람들의 생활 모습 조사하기
	15	세계 여러 나라 사람들의 생활 모습을 이해하고 존중하는 태도 알아보기

(4) 전 차시 수업 내용

- 대륙별로 모둠을 정하여 대륙에 속한 나라들 중 자신이 관심있는 나라들의 자연환경, 인문환경, 문화 등을 조사하기

(5) 문제해결학습

문제확인-문제발생 원인 파악-문제해결 방안 탐색-문제해결 방안 결정-문제해결 방안 실천

(6) 갤러리워크

- 학생들의 지식, 기술, 의견을 보드에 제시 후 나열함
- 이미지, 그래픽 등 다양한 형태로 제시 가능
- 모둠 활동 결과 발표 시 유용함

(7) PMI 기법

장점(Plus), 단점(Minus), 흥미로운 점(Interesting)을 다각적으로 살펴봄으로써 최선의 아이디어를 결정하는데 도움을 줌

교수·학습 과정안 실전문제 (9)

관리번호		성명			감독관 서명	

(1) 다음의 조건에 따라 교수·학습 과정안을 작성하시오.

이 단원에서는 우리가 살고 있는 지구의 모양과 땅, 바다, 공기에 대한 특징을 이해하고, 이를 지구의 위성인 달과 비교함으로써 지구에 대한 호기심과 관심을 갖도록 구성하였다. 또한, 여러 가지 자료를 조사하여 지구의 모양과 표면의 모습을 알고, 지구의 바다와 지구를 둘러싼 공기를 이해하도록 하였으며 달과 비교하여 지구가 생명이 살 수 있는 소중한 곳임을 인식하도록 하였다. 아울러 지구와 달은 관찰하는 학습을 통하여 학생들이 천체에 흥미를 가지고 탐구하려는 태도를 갖도록 하였다.

▶ 과목/단원: 과학 3학년 1학기 5. 지구의 모습
▶ 수업 유형: 학생 모둠활동으로 활동 중심 수업으로 구성한다.
▶ 성취기준 : [4과06-02] 바닷물의 특징을 육지의 물과 비교하고, 바닷가에서 볼 수 있는 다양한 지형을 조사할 수 있다.

1. 단계는 도입-전개-정리로 하시오.
2. 학생들의 학습 실태를 고려하여 수업을 구성하시오.
3. 전개 단계에서 학습준비물을 이용하여 육지와 바다의 넓이를 비교하도록 구성하시오.
4. 학생의 경험을 떠올리며 육지의 물과 바닷물의 맛을 비교하는 수업을 구성하시오.
5. 성취기준에 기반하여 교육과정-수업-평가의 일체화를 구현하시오.
6. 3학년 학생 26명을 대상으로 수업을 구상하시오.
7. 과정중심평가 계획을 수립하고 수업 중 평가를 반영하시오.
8. 정리 단계에서 자신의 학습을 성찰하도록 구성하시오.

(2) 차시별 흐름도

차시	차시명
1차시	이곳 저곳을 탐험해 볼까요?
2차시	지구의 모양
3차시	지구표면의 모습
4차시(본시)	지구의 육지와 바다
5차시	소중한 공기
6차시	달의 모양과 표면 모습
7~8차시	서로 다른 지구와 달
9~10차시	지구를 위해 할 일을 만화로 표현해 볼까요?
11차시	단원 정리하기

▶ 교과서

(3) 학습 실태

문 항		매우 그렇다	그렇다	보통이다	그렇지 않다	매우 그렇지 않다
1	친구들과 협력하여 과제를 해결하는 것을 선호합니까?	9 (34%)	16 (62%)	1 (4%)	0	0
2	주어진 문제를 혼자 해결할 때 보다 친구들과 함께 할 때 더 잘 해결된다고 생각합니까?	8 (31%)	15 (58%)	3 (11%)	0	0

(4) 학습준비물

▶ 바다의 모습 영상, 지구본, 지구본 퍼즐, 풍선 지구본, 유리컵, 소금, 생수, 숟가락

교수·학습 과정안 실전문제 (10)

관리번호		성명		감독관 서명	

(1) 다음의 조건에 따라 교수·학습 과정안을 작성하시오.

본 수업은 국어과 6학년 2학기 2단원 관용 표현을 활용해요 중 2차시 '여러 가지 관용 표현의 뜻을 안다'를 목표로 전문가 협동 학습 모형을 활용하여 전개하고자 한다. 본 차시에 해당하는 성취기준은 다음과 같다.
[6국04-04] 관용 표현을 이해하고 적절하게 활용한다.
[6국04-03] 낱말이 상황에 따라 다양하게 해석됨을 탐구한다.

1. 모둠원들과 협력하는 과정이 드러나게 하시오.
2. 지식정보처리 역량과 협력적소통 역량을 키울 수 있도록 구상하시오.
3. 안내자 및 조력자로서 교사의 역할이 드러나게 수업을 구상하시오.
4. 자료(기자재)와 학습자료(그림 카드)를 활용하시오
5. 학급 구성원 24명(다문화 학생 1명 포함되어 있음)
6. 본 학습의 주제는 '신체와 관련된 관용 표현'으로서, 주제 관련한 연극으로 동기유발하시오.

(2) 사용할 수 있는 자료 및 기자재

TV, 실물화상기, 스마트 패드, 사전 이외의 다른 기자재를 자유롭게 활용할 수 있음	차시 학습자료 -눈, 코, 입, 손, 발, 머리 그림카드 -관용 표현 학습지, 화이트보드, 마커

(3) 차시 전개

단원	단원 학습 목표	차시	차시 학습 목표
2. 관용 표현을 활용해요.	관용 표현을 적절하게 활용해 자신의 생각을 효과적으로 말할 수 있다.	1	관용 표현을 활용하면 좋은 점을 안다.
		2	여러 가지 관용 표현의 뜻을 안다
		3	여러 가지 관용 표현을 알고 효과적으로 말할 수 있다.
		4~5	이야기를 듣고 말하는 사람의 의도를 파악할 수 있다.
		6~7	생각이 효과적으로 드러나는 표현을 활용해 말할 수 있다.
		8~9	행복한 우리 반을 위한 약속을 정할 수 있다.

(4) 전 차시 수업 내용

- 관용 표현을 활용하면 좋은 점을 알아본다
- 속담 카드 놀이를 한다

(5) 학습 모형 및 단계

전문가 협동 학습 모형은 특정한 주제를 맡은 학습자들끼리 모여 그 주제를 깊이 있게 연구한 다음, 원래의 집단으로 돌아가 서로를 가르치는 방법이다. 국어과에서 이 모형은 대체로 특정한 주제를 깊이 있게 공부할 때 적용할 수 있다. 특히 문법 영역이나 언어 사용 기능 영역에서 지식이나 개념을 가르치는 데 적합하므로, 문법 영역에 해당하는 관용 표현 학습에 적용하게 되었다. 뿐만 아니라 해당 모형은 학습자의 자발적인 학습 참여를 유도하고 탐구력을 기르는 데 유리한 단계로 이루어져 있어 국어과 문법 영역이 추구하는 기능인 '자료 수집하기'와 '비교·분석하기', '종합·설명하기'를 신장할 수 있다.	

단 계	주요 활동
계획하기	동기 유발 학습문제 및 소주제 확인 역할 분담
탐구하기	주제 해결 방법 탐색 주제 해결 상호 교수 방법 탐구
서로 가르치기	상호 교수 질의 및 응답
발표 및 정리하기	전체 발표 문제점 확인 및 정리

// Hi-PASS 2차 수업과정안

교수·학습 과정안 실전문제 (11)

관리번호		성명		감독관 서명	

(1) 다음의 조건에 따라 교수·학습 과정안을 작성하시오.

1. 수학 교과의 문제해결역량, 추론역량, 의사소통역량을 신장시킬 수 있는 방안으로 수업을 구성하시오.
2. 학습 단계는 기본 학습 모형을 적용하시오.(도입-전개-정리)
3. 5학년 학생 24명을 대상으로 6개 모둠을 구성하시오.
4. 학습자가 주체가 되어 적극적이고 자발적인 참여가 발생하도록 수업을 구성하시오.
5. 교과서를 활용하여 학습 활동을 찾아내도록 하되, 창의적으로 개발할 수 있습니다.
6. 교과 내 지식과 기능 간 통합이 이루어지도록 구성하시오.
7. 정리 단계에서 자신의 학습을 성찰하도록 구성하시오.
8. 다음의 성취기준을 참고하여 과정 중심 평가 계획을 수립하고 수업 중 반영하되, 결과에 따른 피드백 계획을 포함하시오.
   [6수-02-05] 직육면체와 정육면체의 겨냥도와 전개도를 그릴 수 있다.

(2) 단원의 개관 - 수학 5학년 2학기 5. 직육면체

우리는 일상생활에서 쉽게 도형을 발견할 수 있다. 우리 주변에는 다양한 기하학적 이미지가 존재하며, 작게는 물건을 담는 상자에서부터 크게는 건물에 이르기까지 다양한 기하학적 이미지에 둘러싸여 생활한다. 이 단원에서는 생활 속에서 흔히 발견할 수 있는 상자 모양인 직육면체를 알아보고 직육면체의 면, 모서리, 꼭짓점을 이해할 수 있도록 지도한다. 또 직육면체의 특수한 경우로서 정육면체의 특징을 이해하고 직육면체와 정육면체의 공통점과 차이점을 알아본다. 직육면체의 여러 가지 성질과 겨냥도를 살펴보며, 정육면체와 직육면체의 전개도를 이해하고 그릴 수 있도록 학습한다. 직육면체에 대한 구체적이고 다양한 조작 활동으로 학생들이 주변 사물에 대한 공간 지각 능력을 향상시킬 수 있도록 지도하는 것이 바람직하다.

(3) 본시 학습목표

- 직육면체의 전개도를 그리는 방법을 안다.
- 직육면체의 전개도를 다양한 방법으로 그릴 수 있다.

(4) 단원 지도 계획

차시	주제	수업 내용 및 활동
1	단원 도입	· 실생활에서 직육면체를 접하게 되는 상황을 이해하게 한다. · 단원 도입 그림을 보고 직육면체와 관련지어 이야기하게 한다.
2	직사각형 6개로 둘러싸인 도형을 알아볼까요	· 직육면체를 알 수 있게 한다. · 직육면체에서 면, 모서리, 꼭짓점을 알고 찾을 수 있게 한다. · 직육면체를 만들어보고 특징을 알아보게 한다.
3	정사각형 6개로 둘러싸인 도형을 알아볼까요	· 정육면체를 알 수 있게 한다. · 정육면체에서 면, 모서리, 꼭짓점을 알고 찾을 수 있게 한다. · 직육면체의 특수한 경우로서 정육면체를 알 수 있게 한다. · 정육면체를 관찰하고 특징을 알아보게 한다.
4	직육면체의 성질을 알아볼까요	· 직육면체에서 서로 마주 보는 면은 서로 평행함을 알게 한다. · 직육면체에서 서로 만나는 면 사이의 관계를 알아보고, 서로 만나는 두 면은 서로 수직임을 알게 한다.
5	직육면체의 겨냥도를 알아볼까요	· 직육면체의 모양을 잘 알 수 있도록 그린 그림이 겨냥도라는 것을 이해하게 한다. · 직육면체의 겨냥도를 그릴 수 있게 한다.
6	정육면체의 전개도를 알아볼까요	· 입체도형 교구를 활용하여 정육면체의 전개도를 이해하고 그릴 수 있게 한다. · 다양한 정육면체의 전개도 그리는 방법을 탐구할 수 있게 한다.
7 (본시)	직육면체의 전개도를 알아볼까요	· 입체도형 교구를 활용하여 직육면체의 전개도를 이해하고 그릴 수 있게 한다. · 다양한 직육면체의 전개도 그리는 방법을 탐구할 수 있게 한다.
8	[도전수학] 주사위의 전개도를 완성해 볼까요	· 정육면체와 관련된 실생활 문제를 해결하고 설명할 수 있게 한다.

(5) 진단평가 결과

가) 직육면체와 정육면체의 면, 꼭짓점, 모서리의 수를 써봅시다.

(N=24)

구분	정답	오답	미응답	계
학생 수(명)	23	1	0	24
백분율(%)	95.8	4.2	0	100

나) 직육면체에 대한 설명을 보고 맞는 것에는 O, 틀린 것에는 X 표시를 해봅시다.

(N=24)

구분	3개 정답	2개 정답	1개 정답	모두 오답	계
학생 수(명)	21	2	1	0	24
백분율(%)	87.5	8.3	4.2	0	100

(6) 교과서 내용

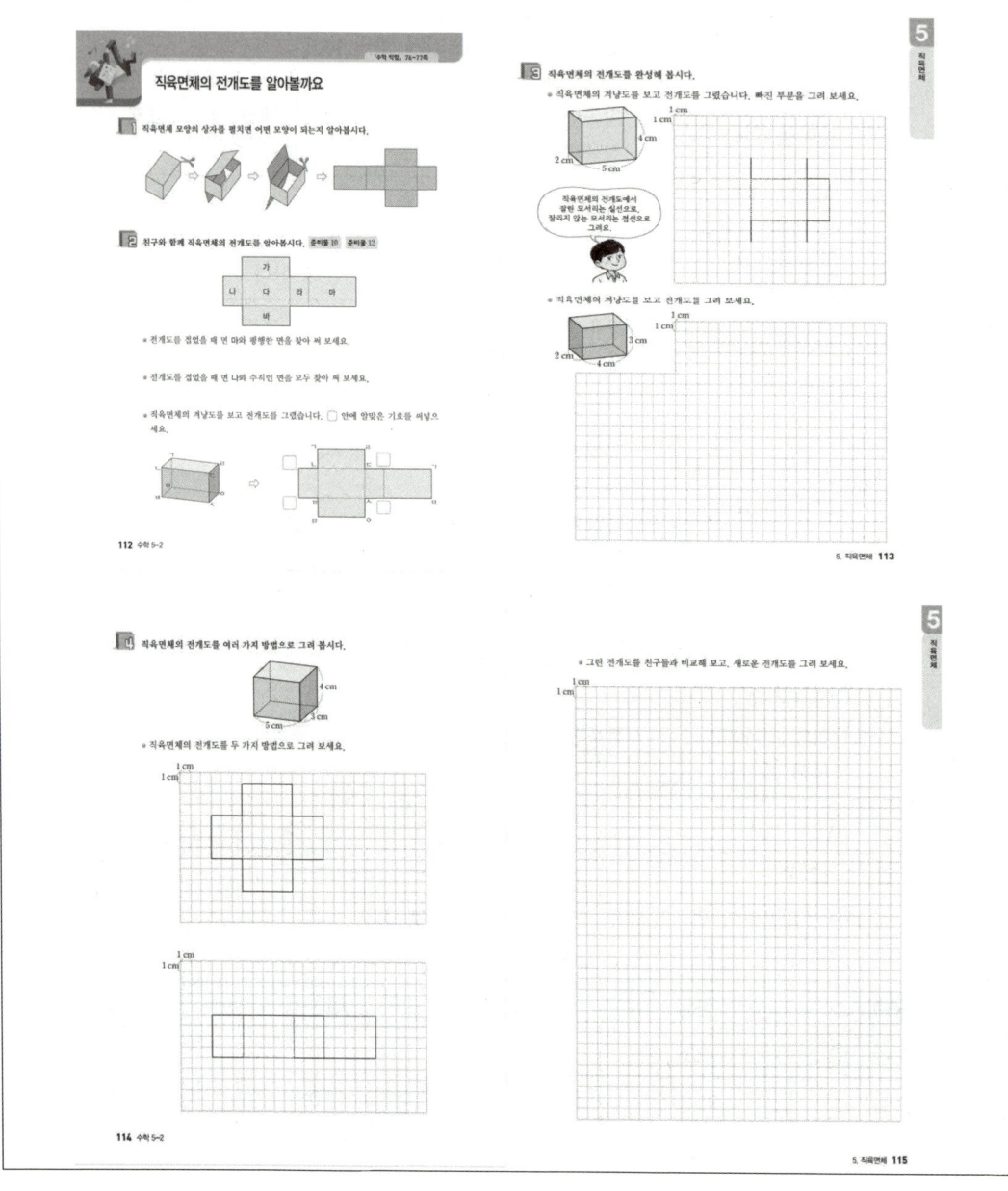

교수·학습 과정안 실전문제 (12)

관리번호		성명		감독관 서명	

(1) 다음의 조건에 따라 교수· 학습 과정안을 작성하시오.

1. 비판적·창의적 사고 역량, 문화 향유 역량을 신장시킬 수 있는 방안으로 수업을 구성하시오.
2. 학습 단계는 토의·토론학습 모형을 적용하시오.
3. 학생 각자가 다양한 가치를 접하고 이를 입증하는 근거의 타당성을 평가하는 토론 방법을 활용하시오.
4. 4학년 1반 학생 20명을 대상으로 개별 활동과 전체 활동을 적정하게 활용하여 수업하시오.
5. 학생들의 능동적 참여를 유도할 수 있는 활동을 구성하시오.
6. 자신의 의견을 분명하게 표현하지 못하는 학생에 대한 지도 방안을 포함하시오.
7. 학생들에게 과정중심평가와 적절한 피드백이 이루어지도록 하시오.

(2) 사용 가능한 자료 및 기자재

TV, 실물화상기, 스마트 패드, 이외의 다른 기자재를 자유롭게 활용할 수 있음	이전 차시 팀별 프로젝트 산출물, 포스트잇, 스탠딩 클립보드, 엽서 크기 종이, 미니 이젤

(3) 주제 및 수업 안내
- 주제: 책을 활용하여 '나'를 일깨우고, '너'를 이해하며, '우리'가 함께 하는 세상 바라보기
- 수업 안내: 학생들은 하루 종일 무엇인가를 끊임없이 읽고, 생각하고, 쓴다. 그러나 책 속에 풍덩 빠져서 즐거워하는 학생을 찾기가 쉽지 않다. 학생들이 이 프로젝트를 통해서 책 읽기를 즐겁고 재미있는 활동으로 느끼기를 바란다. 책은 혼자 조용히 읽을 때도 좋고, 수업하면서 친구와 같이 소리 내고, 자유롭게 상상하며, 함께 읽으면서 새로운 가치와 감동을 경험하는 것도 행복하다는 것을 느끼게 될 것이다.

(4) 활용 도서

나만 빼고 세상 모두가 완벽한 줄 알았던 불평쟁이들에게 찾아온 기막힌 반전! 나는 왜 이렇게 재미가 없을까? 내 피부는 왜 이렇게 까만 걸까? 우리 집은 왜 이렇게 가난할까? 4학년 5반은 아이들과 선생님까지 자신에 대한 불평 불만이 가득하다. 외모부터 성격, 이름에 이르기까지 불만도 참 각양각색이다. 그러던 5월 13일, 4학년 5반은 온종일 자신에 대한 불만과 친구에 대한 부러움으로 속을 끓이는 날을 보냈다. 그렇게 슬픈 결말을 맞나 싶었는데, 아이들은 종례 시간에 생각지도 못한 사실을 알게 된다. 담임선생님께서 친구들이 불만을 적은 쪽지를 읽어 주시는 동안 내가 단점이라고 생각했던 것들을 다른 사람들이 부러워할 수 있다는 것을 깨달았다.

출처: 인터넷 교보문고

(5) 관련 교과 및 성취기준

교과	성취기준	단원
국어	[4국01-03] 상황에 적절한 준언어·비언어적 표현을 활용하여 듣고 말한다. [4국01-06] 주제에 적절한 의견과 이유를 제시하고 서로의 생각을 교환하며 토의한다. [4국05-04] 감각적 표현에 유의하여 작품을 감상하고, 감각적 표현을 활용하여 자신의 생각이나 감정을 표현한다.	4-1-1. 생각과 느낌을 나누어요 4-1-10. 인물의 마음을 알아봐요
창체	[적응] 친교활동, 상담활동 등	

(6) 차시 전개

단계	차시	교과	활동 내용
읽기 전 활동	1	국어 창체	·책 표지(앞, 뒤)를 통해 예상할 수 있는 점 최대한 많이 찾기 - 우리 반 친구들의 (80%, 50%, 20%)가 떠올릴 만한 것으로 나누어 생각해 보기 ·내가 가진 불만(단점)을 익명으로 공유하기
	2	국어	·삽화만 보고 이야기 상상하기 ·그림 속 상황을 상상하며 그럴듯하고 재미있는 이야기 꾸미기
읽기 중 활동	3	창체 국어	·〈자존감 회복〉 프로젝트- 응원 댓글 쓰기 ·익명의 편지함 활동과 연계하여 친구들이 생각한 단점(약점)을 장점으로 바꿔 보기 ·너만 그런 거 아니라는 따뜻한 위로 건네기
	4	창체	·칭찬 샤워하기 - 1~3명의 친구에게 고마운 점, 칭찬할 점, 격려할 점을 따뜻하게 나누기
	5	국어 (본시)	·주제 선정 - 잘하는 점을 더 발전시키는 것이 중요하다/ 행복은 마음 속에 있다 등 ·타당한 까닭이나 자신의 경험을 들어 자유롭게 생각 나누기
읽기 후 활동	6~7	국어 창체	·'4학년 1반 불평쟁이들'모둠 책 만들기 ·불평쟁이에게 힘이 되는 말, 상처가 되는 말 알리기 - 나 또는 친구의 불평 쪽지를 활용

교수 · 학습 과정안 실전문제 (13)

관리번호		성명		감독관 서명	

(1) 다음의 조건에 따라 교수· 학습 과정안을 작성하시오.

1. 수학 교과의 문제 해결, 추론, 의사소통, 정보처리 **역량**을 신장시킬 수 있는 방안으로 수업을 구성하시오.
2. 학습 단계는 원리 탐구 학습 모형을 적용하시오.
    (새로운 문제 상황 제시 → 수학적 원리의 필요성 인식 → 수학적 원리가 내재된 조작 활동 → 수학적 원리의 형식화 → 수학적 원리 익히기 및 적용하기)
3. 4학년 학생 24명을 대상으로 6개 모둠을 구성하시오.
4. 학습자가 주체가 되어 적극적이고 자발적인 참여가 발생하도록 수업을 구성하시오.
5. 교과서를 활용하여 학습 활동을 찾아내도록 하시오.
6. 교과 내 지식과 기능 간 통합이 이루어지도록 구성하시오.
7. 정리 단계에서 자신의 학습을 성찰하도록 구성하시오.
8. 다음의 성취기준에 의해 과정 중심 평가 계획을 수립하고 수업 중 평가를 반영하시오.

[4수03-03] 직선의 수직 관계와 평행 관계를 이해한다.

(2) 단원의 개관 – 수학 4-2-4. 사각형

이 단원에서는 평면에서 두 직선이 이루게 되는 특별한 관계인 수직과 평행을 공부한다. 두 직선이 만날 때 이루는 각이 직각인 경우에 수직과 수선을 정의하고 삼각자나 각도기를 사용하여 수선을 그어본다. 또 한 직선에 대하여 수직인 두 직선을 아무리 늘여도 만나지 않는다는 것을 관찰시켜 평행과 평행선을 정의한다. 삼각자를 사용하여 평행선을 그어 보게 하고 평행선 사이의 거리를 알게 한다. 수직과 평행 개념은 평행사변형이나 직사각형을 정의하거나 이해하는 데 필요한 선행 개념이다.

생활 속에서는 수직과 평행의 개념이 필요한 경우가 많다. 수직과 평행의 개념은 도형의 구성 요소인 선분(또는 모서리)이나 직선들의 관계를 규정하거나 이해하는 데 절대적으로 필요하다. 우리 주변에서 볼 수 있는 여러 사물 중 고궁을 기하학적으로 탐구하여 수직과 평행 및 여러 가지 사각형의 성질을 알아보기로 한다. 이 단원에서는 사다리꼴, 평행사변형, 마름모, 직사각형, 정사각형의 개념을 알고 그 성질을 이해하도록 한다.

(3) 본시 학습목표

평행선 사이의 거리를 잴 수 있으며, 평행선 사이의 거리는 어디서 재어도 같음을 알 수 있다.

(4) 단원 지도 계획

주제	차시	주요 학습 내용 및 활동
단원 도입	1	그림에서 수직과 평행, 여러 가지 사각형 모양이 있는 곳 찾기 생활 주변에서 수직과 평행, 여러 가지 사각형 모양이 사용되는 사례 찾기
수직을 알아볼까요	2	두 직선이 수직으로 만나는 곳 찾고, 수직과 수선 이해하기 삼각자와 각도기로 주어진 직선에 수선 그어 보기
평행을 알아볼까요	3	서로 만나지 않는 두 직선 찾고, 평행과 평행선 이해하기 삼각자로 주어진 직선과 평행한 직선을 그어 보기 한 점을 지나고 주어진 직선과 평행한 직선 그어 보기
평행선 사이의 거리를 알아볼까요	4	평행선 위의 두 점을 잇는 선분을 여러 개 긋고 길이 재어 보기 평행선 사이의 거리 이해하고, 평행선 사이의 거리 재어 보기 평행선 사이의 거리가 주어진 길이만큼 되도록 평행선 그어보기 평행선 사이의 거리는 어디서 재어도 같음을 이해하기
사다리꼴을 알아볼까요	5	여러 가지 사각형에서 평행한 변이 한 쌍이라도 있는 사각형을 찾고 사다리꼴이라 약속하기 모눈종이에 여러 가지 사다리꼴을 그려보기 사다리꼴 종이띠를 잘라서 여러 가지 사다리꼴을 만들어 보기

(5) 교과서 내용

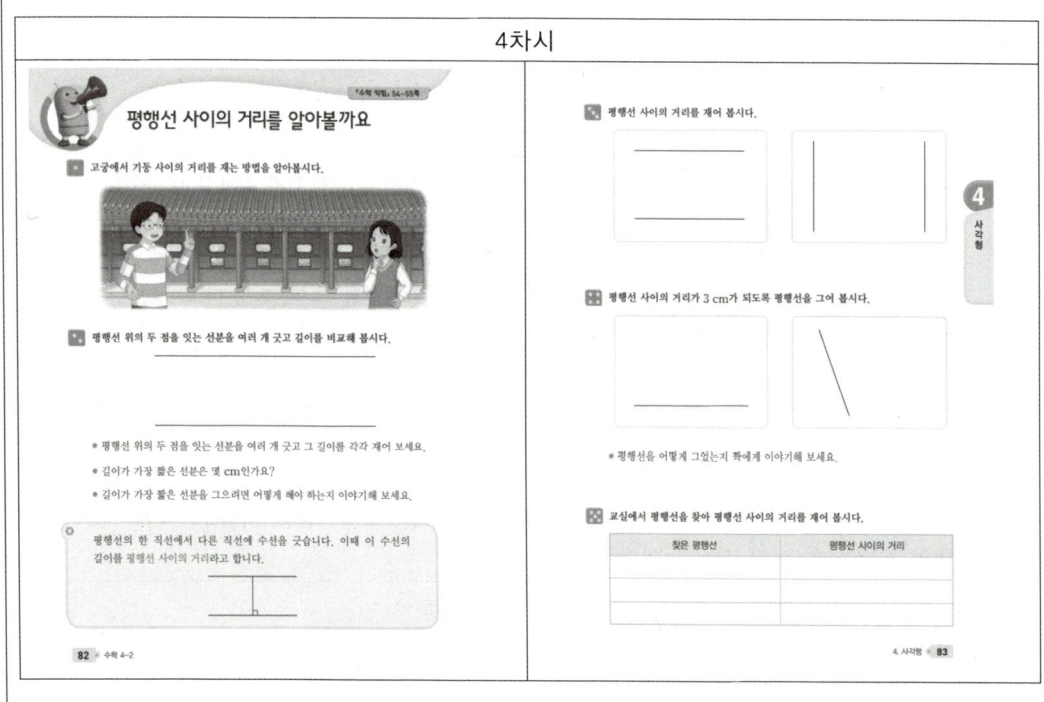

교수·학습 과정안 실전문제 (14)

관리번호		성명		감독관 서명	

(1) 다음의 조건을 반영하여 교수·학습 과정안을 작성하시오.

1. 도입-전개-정리 단계로 하시오.
2. 학습목표는 행동적 목표로 진술하고, 목표를 성취할 수 있는 평가기준을 설정하시오.
3. 학생들의 학습 실태와 선호도를 반영하여 과정안을 구성하시오.
4. ADHD 학생에 대한 지도 방안을 포함하시오.
5. 6학년 학생 29명에 맞게 수업을 구성하시오.
6. 전개에 확산적 발문이 3개 이상 포함되도록 하시오.
7. 학생들의 문제해결력을 신장시킬 수 있는 학생 중심 활동의 수업전략을 구상하시오.

(2) 단원의 개관 : 국어 6-2. 6단원 정보와 표현 판단하기

이 단원은 표현의 적절성과 정보의 타당성을 판단할 수 있도록 하는 것이 목적이다. 학생들은 표현의 적절성과 정보의 타당성을 판단하며 광고나 뉴스를 비판적으로 읽는 능력이 필요하다. 이를 위해 광고에 나타난 표현의 적절성과 뉴스에 나타난 정보의 타당성을 판단하며 관심 있는 내용으로 뉴스를 만들고 우리 반 뉴스 발표회를 하는 활동으로 구성했다.

이 단원의 활동으로 학생들은 글을 읽고 표현의 적절성과 정보의 타당성을 판단하는 능력을 기르게 된다.

(3) 차시 전개

차시	주요 학습 내용 및 활동
1~2	• 단원 도입 • 뉴스와 광고를 보고 세계에 관심을 가지기
3	• 광고를 보고 광고에 드러난 의도와 표현 특성 알아보기
4 (본시)	• 광고를 보고 표현의 적절성 판단하기
5	• 뉴스의 짜임 알기

(4) 교과서 내용

1. '참 좋은 연필' 광고를 보고 말하려는 것이 무엇인지 알기
   (참 좋은 나무로 만듭니다 - 예쁜 글씨가 술술 써지는 연필. 참 좋은 흑연으로 만듭니다 - 절대로

부러지지 않는 연필심. 참 좋은 사람들이 만듭니다 – 아름다운 자연을 살리는 연필. 참 좋은 당신을 위한 참 좋은 쓱쓱 연필)
2. 광고를 보고 표현의 적절성을 판단하는 방법 알기
3. 광고에서 과장되거나 감추고 있는 내용 찾기
   (씽씽 자전거 – 바람을 타고 씽씽! 운동 만점! 기쁨 두 배! 시장 점유율 1위! 안전성은 세계 최고! 가볍고 튼튼한 씽씽 자전거)

(5) 사용가능한 기자재 및 자료

TV, 컴퓨터, 실물화상기, 인터넷
그 밖에 여러 가지 교수매체를 활용하여 사용할 수 있다.

(6) 학생 학습 실태

	잘 알고 있다.	16
전 차시 학습 내용을 이해하고 있는가?	보통이다.	2
	모르고 있다.	11

(7) 학습선호도

	전체 활동	8
어떤 학습 조직을 가장 좋아하는가?	모둠 활동	16
	개별 활동	5

교수·학습 과정안 실전문제 (15)

관리번호		성명		감독관 서명	

(1) 다음의 조건을 반영하여 교수·학습 과정안을 60분간 작성하시오.

1. 학습 단계는 도입-전개-정리로 하시오.
2. 5학년 학생 26명을 대상으로 구성하시오.
3. 학습목표에 행동을 평가할 수 있는 내용이 포함되도록 목표를 설정하시오.
4. 학생들의 학습 실태와 선호도를 반영하여 활동을 구성하시오.
5. 부정적 상호작용을 하는 학생들에 대한 피드백을 포함하시오.
6. 부진 학생에 대한 지도 방안을 포함하시오.
7. 전개에 확산적 발문이 2개 이상 포함되도록 하시오.
8. 스스로 학습 성취를 진단할 수 있는 평가를 포함하시오.

(2) 단원의 개관 : 수학 5-2 1. 수의 범위와 어림하기

본 단원은 학생들에게 친숙한 일상생활의 여러 상황을 통해서 수의 범위를 나누어 보고, 어림해 보는 활동으로 구성하였다.

이 단원에서는 학생들이 체력 증진을 위해 실시하는 여러 가지 체력 검정 평가 종목을 이용하여 체력 등급을 알고 그에 맞는 수의 범위를 찾는 데 초점을 두었다. 또한 어림하기에서는 체력 활동과 관련된 물건을 구입하거나 체력 증진 활동 프로그램 속에서 올림과 버림, 반올림의 개념을 이해하도록 하고, 이를 실생활에 적용하도록 구성하였다. 이를 통해 이상, 이하, 초과, 미만의 의미와 쓰임을 파악하고 활용할 수 있는 능력을 기르도록 하였고, 올림, 버림, 반올림과 같은 어림값을 구하는 방법을 알고 실생활에 적용할 수 있도록 하였다. 또한 학습을 통해 학생들이 수학의 유용성과 수학에 대한 태도 및 실천 능력을 기르도록 하였다.

(3) 단원의 목표

올림과 버림, 반올림의 뜻을 알고 어림수로 나타낼 수 있다.

(4) 성취기준

[6수03-02] 어림값을 구하기 위한 방법으로 올림, 버림, 반올림의 의미와 필요성을 알고, 이를 실생활에 활용할 수 있다.

(5) 차시 전개

차시	주요 학습 내용 및 활동
6	- 버림의 뜻을 알고 버림하여 어림수로 나타내어 보게 한다. - 버림이 이용되는 상황을 생활에서 찾아보게 한다.
7(본차시)	- 반올림의 뜻을 알고 반올림하여 어림수로 나타내어 보게 한다. - 반올림이 이용되는 상황을 생활에서 찾아보게 한다.
8	- 이 단원에서 배운 내용을 문제를 풀며 정리하게 한다.

(6) 교과서 내용

1. 수직선에서 반올림 약속하기
2. 생활 장면에서 반올림하여 나타내기
3. 소수 반올림하기

(7) 사용 가능한 매체

- 수직선, 자, 실물화상기, 컴퓨터 등

＊그 밖의 기자재나 매체도 활용할 수 있다.

(8) 학생 학습 실태

올림과 버림에 대해 이해하고 있는가?	잘 알고 있다.	19
	보통이다.	5
	모른다.	2

어림이 필요한 상황 예시를 몇 개 들 수 있는가?	5개 이상	10
	1개 이상 5개 미만	8
	댈 수 없다.	8

(9) 학습선호도

어떤 학습활동을 가장 선호하는가?	구체물 조작	15
	게임	9
	학습지 풀기	2

어떤 학습 조직을 가장 좋아하는가?	개별 활동	4
	모둠 활동	14
	짝 활동	8

02 교수·학습과정안 예시답안

교수·학습 과정안 실전문제 (1) 예시 답안

교육과정 재구성 전략	• 국어 수업을 할 때 다양한 에듀테크, 스마트 플랫폼을 활용하도록 하여, 디지털 기기 활용 능력을 높임과 동시에 보다 다채롭고 창의적인 수업을 가능케 한다. • 과제 해결을 위해 다양한 영역의 지식과 정보를 탐색하고 문제해결에 비판적으로 활용하도록 하며 지식정보처리 역량을 신장할 수 있도록 한다. • 조사할 대상을 잘 떠올리지 못하는 학생, 디벗 활용을 어려워하는 학생에게 맞춤형 자료와 개별적 피드백을 제공함으로써 학습 목표의 달성을 이끈다.	
평가 도구	자기평가(자기평가지), 동료평가(패들렛댓글), 교사의 관찰평가(체크리스트)	
평가 기준	지식·이해	매체를 활용한 조사활동 시 유의사항을 말할 수 있다.
	과정·기능	매체를 활용하여 알리고 싶은 인물을 소개할 수 있다.
	가치·태도	바른 태도로 알리고 싶은 인물을 소개할 수 있다.
학습 목표	매체를 활용하여 알리고 싶은 인물을 소개할 수 있다.	
피드백	성취 도달	인터넷 매체를 활용하여 더 소개하고 싶은 분야를 조사하도록 한다.
	성취 미도달	다양한 보충 자료와 개별적 피드백을 제공해 조사활동에 참여하도록 이끈다.

단계	학습 요소	교수·학습활동		시간(분)	자료(㉠) 및 유의점(㉡)
		교사	학생		
도입	전시학습 상기	○ 전시학습 상기 • 지난 시간에 무엇을 배웠나요?	- 매체의 종류와 다양한 매체를 읽어보았습니다.	5′	㉠ PPT(매체사진) ㉡ 지난 시간에 학습한 매체 종류를 확인하며 매체를 활용한 조사활동과 발표수업임을 알 수 있도록 한다. ㉡ 확산적 발문을 통해 학생의 다양하고 창의적인 사고를 촉진시킨다. ㉡ 교육과정-수업-평가가 일관성 있게 이루어질 수 있도록 학습목표와 활동을 설정한다.
	동기유발	○ 동기유발 • 이번 단원에서 읽은 영상매체에는 어떤 등장인물이 있나요? • 매체자료에 나온 등장인물과 내 삶은 어떤 점이 같고, 달랐나요?	- 꾸준히 노력해 한계를 극복한 김득신이 기억납니다. - 저는 힘든 일이 있을 때 포기한 적이 많았는데 김득신의 도전이 감동적이었습니다.		
	학습 문제 확인	○ 학습 문제 확인하기 • 학습할 문제를 알아봅시다.	- (학습할 문제를 확인한다.)		
		매체를 활용하여 알리고 싶은 인물을 소개해 봅시다.			
	학습 활동 안내	○ 학습 활동 안내하기			
		<활동1> 알리고 싶은 인물 떠올리기 <활동2> 매체를 활용해 인물 조사하기 <활동3> 알리고 싶은 인물 소개하기			

단계	학습 요소	교수·학습활동		시간 (분)	자료(㉲)및 유의점(㉮)
		교사	학생		
전개	<활동1> 알리고 싶은 인물 탐색하기 (전체)	<활동1> 알리고 싶은 인물 떠올리기 ○좋아하는 인물 떠올리기 • 여러분이 좋아하는 인물을 발표해 봅시다. ○조사하고 싶은 인물 정하기 • 자신이 관심을 가지는 분야에 대해 생각그물맵을 그려봅시다. • 관심있는 분야와 관련된 인물을 생각그물맵에 추가해봅시다. • 생각그물맵의 인물들 중 여러사람에게 알리고 싶은 인물을 선택해 발표해봅시다.	- 이순신 장군을 존경합니다. /우리나라의 독립을 위해 싸운 독립운동가를 존경합니다. 등 - (평소 관심사를 바탕으로 생각 그물맵을 그린다.) - (관심분야의 인물을 생각그물맵에 적는다.) - 저는 발레를 좋아해서 발레리나를 알리고 싶습니다. /사회시간에 배웠던 세종대왕의 업적에 대해 자세히 알아보고 싶습니다 등.	15′	㉲학습지(생각그물맵) ㉮학생들의 관심사와 관련된 확산 질문을 통해 다양한 사례를 떠올리도록 유도한다. ㉮소개하고자 하는 인물을 찾지 못하는 학생을 위해 학생들의 다양한 관심사를 공유하게 하여 다른 친구의 관심사 및 소개인물을 듣고 소개 인물을 탐색할 수 있도록 돕는다.
	<활동2> 매체를 활용해 조사하기 (개인)	<활동2>매체를 활용해 인물 조사하기 ○여러가지 매체를 활용해 인물 조사하기 • 자신이 정한 인물을 조사하려면 어떤 매체를 활용해야 할까요? • 매체를 잘 활용하려면 어떤 점을 주의하면 좋을까요? • 주의할 점을 생각하며 알리고자 하는 인물에 대해 조사해봅시다. ○조사 내용 정리하기 • 조사한 인물과 관련해 소개하고 싶은 내용은 무엇인가요? • 소개하고자 하는 내용과 조사한 내용을 비교해보고, 소개하고자 하는 내용이 조사내용에 없다면 매체를 활용해 필요한 부분을 더 찾아봅시다.	- 제가 알리려는 인물은 현대의 인물이라 인터넷으로 조사하려 합니다. /장영실은 위인전에 내용이 잘 정리되어 있습니다. 등 - 조사하려는 인물에 적합한 매체를 선택합니다. /출처를 확인합니다. 등 - (학생의 조사 대상에 따라 책 또는 온라인 매체를 선택하여 알리고자 하는 인물을 조사한다.) - 인물이 태어난 시대상황과 생애에 대해 알리고 싶습니다. / 사회에 기여한 점에 대해 알리고 싶습니다 등. - (알리고자 하는 내용에 필요한 내용을 추가로 조사한다.)	25′	㉲디벗(23개), 마우스(23개) 위인전 태블릿(스마트 플랫폼) ㉮매체의 종류를 떠올리며 조사학습의 도구를 다양하게 탐색하도록 하여 지식정보처리 역량을 신장시킨다. ㉮조사도구를 비교하도록 하여 잘 정리된 도서 또한 조사에 활용하도록 지도한다. ㉮교사의 확산적 발문을 통해 교사와 학생 간 상호작용을 촉진시킨다. ㉮학습 실태 조사를 반영하여 인터넷 조사자료를 조사목적별로 목차형성 후 정리하여 가공하도록 지도한다.

단계	학습 요소	교수·학습활동 교사	교수·학습활동 학생	시간(분)	자료(㉾)및 유의점(㉮)
	<활동3> 매체를 활용해 발표하기 (전체)	○발표자료 만들기 • 두 발표자료를 비교해보고 발표자료를 만들 때 주의할 점을 찾아 발표해봅시다. • 소개하고자 하는 내용이 잘 드러나도록 조사보고서를 패들렛에 정리해 봅시다. <활동3>알리고 싶은 인물 소개하기 ○알리고 싶은 인물 소개하기 • 인물을 소개할 때 바른 태도는 무엇일까요? • 조사한 내용을 바탕으로 알리고 싶은 인물을 소개해 봅시다. • 친구들의 발표를 듣고, 좋은 점, 보완할 점 패들렛 댓글로 작성해 봅시다.	- 어려운 말이 섞여있어 이해하기 어렵습니다. / 인터넷에 있는 글을 그대로 복사하지 않습니다. 등 - (패들렛(에듀테크 플랫폼)에 조사한 내용을 정리한다.) - 청중이 들을 수 있도록 큰 목소리로 이야기 합니다./자세를 바르게 합니다. 등 - (조사한 내용을 바탕으로 알리고자 하는 인물을 소개한다.) - (친구들의 발표를 듣고, 동료평가 댓글을 쓴다.)	30'	㉾PPT(발표자료 예시) ㉮학습실태조사를 반영하여 디벗을 사용하지 못하는 학생이 온라인 조사보고서를 작성할 수 있도록 돕는다. ㉾디벗(23개),패들렛(스마트 플랫폼) ㉮소개자료 제작 시 활용하는 매체 별 유의사항을 알고 발표에 활용하도록 지도한다. ㉮동료평가 시 지식,기능,태도 등의 평가기준에 맞추도록 안내한다.
정리	학습 내용 정리 (전체)	○학습 내용 정리하기 • 오늘 무슨 활동을 하였나요? • 오늘 수업을 하며 느낀 점이 무엇인가요?	- 알리고 싶은 인물에 대해 조사하고 소개해보았습니다. - 조사할 때 다양한 매체를 활용할 수 있습니다. - 매체에 따라 읽는 방법이 달라질 수 있습니다. - 다양한 사람들을 알고 존경할만한 점을 찾았습니다.	5'	㉾PPT, 자기평가지(23부) ㉮허용적인 수업 분위기 조성을 통해 교사와 학생 간 활발한 상호작용을 이끈다. ㉮자기평가지 작성을 통해 자신의 학습 과정과 태도를 스스로 성찰하여 평가하도록 한다.
	차시 예고	○차시 예고하기 • 다음 시간에는 토론의 필요성에 대해 알아보겠습니다.	- (다음 시간에 학습할 내용을 확인한다.)		

교수·학습 과정안 실전문제 (2) 예시 답안

교육과정 재구성 전략	• 타 교과의 성취기준과 관련된 쓰기 활동을 통하여 쓰기 활동이 학습자의 교과 학습에 실제적으로 기여하도록 하였다. • 과학과 내용 요소를 글의 소재와 내용으로 하여 국어과 글쓰기 기능을 융합하여 교과간 연계를 강화하여 깊이 있는 학습이 되도록 한다. • 글쓰기 내용(과학과 내용요소)을 떠올리지 못하는 학생에게는 과학책을 보며 글쓰기 내용을 참고할 수 있도록 하여 학습 목표 달성을 이끈다.	
평가 도구	자기평가(자기평가지), 동료평가(붙임딱지, 동료평가지), 교사의 관찰평가(체크리스트)	
평가 기준	지식·이해	지구 표면을 구성하는 육지와 바다의 특징을 알고 설명할 수 있다.
	과정·기능	중심 문장과 뒷받침 문장을 갖추어 문단을 쓸 수 있다.
	가치·태도	쓰기가 깊이 있게 생각하는 것을 돕는 다는 것을 느낄 수 있다.
학습 목표	지구의 표면을 구성하는 육지와 바다의 특징을 중심 문장과 뒷받침 문장을 갖추어 문단 쓰기를 할 수 있다.	
피드백	성취 도달	중심 문장을 더 추가하여 여러 문단으로 된 글을 써보도록 한다.
	성취 미도달	예시글에서 중심 문장과 뒷받침 문장을 찾아볼 수 있도록 한다.

단계 [평가]	학습 요소 [학습형태]	교수·학습활동 교사	교수·학습활동 학생	시간(분)	자료(㉲)및 유의점(㉴)
도입 [관찰]	전시학습 상기 [전체]	○전시학습 상기 • 예시글을 봅시다. 중심 문장은 몇 번인가요? • '장승은 나그네에게 길을 알려주기도 했습니다.'는 어떤 역할을 하는 문장인가요? • 하나의 문단은 1개의 중심 문장과 중심 문장을 뒷받침하는 몇 개의 뒷받침 문장으로 되어 있습니다.	- 1번, '장승은 여러 가지 구실을 했습니다.' 입니다. - 중심 문장을 뒷받침해줍니다.	5'	㉲PPT(예시글) ㉴각 문장에 번호를 써서 중심 문장 찾기를 손가락 신호로 답하게 하여 학생들의 이해를 파악한다.
	동기유발	○동기유발 • 드디어 우주여행이 가능해졌습니다. 옆 행성에 사는 친구에게 지구의 어떤 모습을 알려주고 싶나요?	- 지구의 표면에는 다양한 모습(사막, 빙하 등)이 있다는 것을 알려주고 싶습니다.		㉲사진 ㉴호기심을 자극할 사진 자료를 활용한다.
	학습 문제 확인	○학습 문제 확인하기 • 학습할 문제를 알아봅시다. 지구의 표면을 구성하는 육지와 바다의 특징을 중심 문장과 뒷받침 문장을 갖춘 문단으로 써 봅시다.	- (학습할 문제를 확인한다.)		
	학습 활동 안내	○학습 활동 안내하기			㉴교육과정-수업-평가가 일관성 있게 이루어질 수 있도록

단계 평가	학습요소 학습형태	교수·학습활동 교사	교수·학습활동 학생	시간(분)	자료(⚐)및 유의점(⚑)
		<활동1> 선택하자! 지구의 모습 <활동2> 표현하자! 지구 <활동3> 소개하자! 우리 지구			학습목표와 활동을 설정한다.
전개	주제 선택하기 모둠+개인	<활동1>선택하자! 지구의 모습 • 지구 표면의 모습에서 한 가지 주제를 떠올려보세요. • 각자가 떠올린 주제를 서로 이야기하며 모둠 내에서 서로 다른 주제를 선택하세요. • **이는 어떤 주제를 선택했나요? • 그 주제를 선택한 이유는 무엇인가요?	- 갯벌입니다. - 지구의 갯벌은 매우 중요한 역할을 합니다. 우주인들에게 갯벌의 소중함을 알려주고 싶습니다. - 사막은 지구 어디에 많이 있을까? 사막에도 생물이 살고 있을까? 등	25'	⚑모둠안에서 각각 서로 다른 주제(사막, 빙하, 갯벌, 산, 호수 등)를 선택하도록 한다. ⚐크롬북, 태블릿(전입생에게 익숙한 자료 제공)
	글쓰기 자료 준비하기 개인	• 각자 선택한 주제(갯벌, 빙하, 사막 등)에 대해 가장 중요하다고 생각하는 내용을 알 수 있는 질문을 만들고, 질문과 그 답을 배움공책에 간단하게 정리해보세요.			⚑선택한 주제에 대한 특징이 잘 떠오르지 않을 경우 과학책을 참고하거나 검색을 할 수 있도록 한다.
	문단쓰기 개인+모둠	<활동2>표현하자! 지구 ○중심 문장, 뒷받침 문장 떠올리기 • 자신이 선택한 지구 표면의 특징을 떠올려 글을 쓰고, 중심 문장과 뒷받침 문장으로 구분해보세요. ○글(문단) 쓰기 • 중심 문장 1개, 뒷받침 문장 2~3개 정도로 한 문단을 써 봅시다. • 중심 문장과 뒷받침 문장 구분이 어려울 경우 챗봇에게 물어볼 수 있습니다. • 캔바에 들어가서 모둠내에서 정한 순서에 맞게 자신의 슬라이드에 문단쓰기를 하고, 필요한 사진 등을 추가합니다.	- '갯벌은 다양한 역할을 합니다.' 는 중심 문장입니다. - '갯벌은 다양한 생물들이 살아가는 터전입니다.' 는 뒷받침 문장입니다. - (중심 문장과 뒷받침 문장을 구분하며 한 문단 쓰기를 한다.)	30'	⚐캔바, 크롬북(24개), 챗봇 ⚑협업도구인 캔바로 작업을 하고 글에 어울리는 그림 등을 삽입하여 시의 완성도를 높인다. ⚑중심 문장과 뒷받침 문장을 구분과 글쓰기에 어려움이 있을 때 챗봇을 활용하여 개별 맞춤형 피드백을 제공한다. ⚑캔바와 챗봇 등을 활용하여 지식정보처리 역량을 키운다. ⚑서로 글을 읽고 피드백하여 글을 수시로 수정할 수 있도록 하
동료		• 모둠별로 다 썼으면 다른 친구가 쓴 글을 읽고 추가하거나 수정해	- 친구가 쓴 글을 읽고 서로의 글에 의견을 남긴다.		

단계 평가	학습 요소 학습형태	교수·학습활동		시간 (분)	자료(㉠)및 유의점(㉲)
		교사	학생		
		야 한 내용이 있으면 메모를 달 아주고, 메모를 확인한 후 자신의 글을 수정합니다.			㉲ 협력적 소통 역 량을 함양한다.
교사 동료	감상하기 개인 + 전체	<활동3>소개하자! 우리 지구 ○ 모둠별로 발표하기 • 모둠별로 소개하는 내용을 듣고 동료 평가지에 표시한다. • 발표 내용과 관련하여 궁금한 점 또는 새롭게 알게 된 내용을 이야 기한다.	- (동료평가지에 발표한 모둠을 평가하고, 궁금한 점 또는 새롭 게 알게된 점을 적는다.)	15'	
정리 자기	학습 내용 정리 전체 차시 예고	○ 학습 내용 정리하기 • 오늘 무슨 활동을 하였나요? • 배운 것을 글로 쓰면서 어떤 생각 이 들었나요? ○ 차시 예고하기 • 다음 시간에는 공기의 역할에 대해 배우겠습니다.	- 지구 표면의 모습을 중심 문장 과 뒷받침 문장을 이용하여 글 로 써 봤습니다. - 생각을 글로 쓰니 더 깊게 생각 할 수 있었습니다. / 글쓰기가 어렵지만 깊이 있게 생각하는 데 도움이 됩니다. 등 - (다음 시간에 학습할 내용을 확인한다.)	5'	㉠자기평가지(24 부) ㉲자기평가지 작 성을 통해 쓰기 효능 감을 느낄 수 있도록 한다.

교수·학습 과정안 실전문제 (3) 예시 답안

교육과정 재구성 전략	• 사회 수업에서 스마트 기기를 활용하여 학생들이 다양한 자료를 접하며 수업하도록 한다. 또한 이를 통해 학생들이 적절한 정보를 수집하는 지식정보처리역량을 신장하도록 한다. • 실생활에서 직접 접할 수 있는 우리 지역 문제를 학습 자료로 활용하여 학생들의 흥미도를 증진시키고, 지역의 소속감을 기르며 실제적인 학습이 이루어지도록 한다.	
평가 도구	자기평가(자기평가지), 관찰평가(체크리스트)	
평가 기준	지식·이해	우리 지역 문제의 해결 방안에 대한 실천 계획을 설명할 수 있다.
	과정·기능	우리 지역 문제의 해결 방안에 대한 실천 계획을 토의하고 발표할 수 있다.
	가치·태도	우리 지역 문제에 대한 해결 의지를 가지고 모둠 활동에 적극적으로 참여할 수 있다.
학습 목표	우리 지역 문제의 해결 방안에 대한 구체적인 실천 계획을 세워 발표할 수 있다.	
피드백	성취 도달	작성한 제안서를 실제 공공기관에 전달하는 추가 활동을 진행한다.
	성취 미도달	보충 활동지를 제공하여 지역 문제에 대한 해결 방안의 예시를 접하도록 한다.

단계	학습 요소	교수·학습활동		시간(분)	자료(㉾) 및 유의점(㉲)
		교사	학생		
도입	전시학습 상기 동기유발 학습 문제 파악 학습 활동 안내	○전시학습 상기 • 지난 시간에 어떤 내용을 배웠습니까? ○동기유발 • (우리 지역 신문을 보여주며) 신문의 내용은 무엇인가요? • 신문을 보며 어떤 생각을 했나요? • 우리 지역 주민뿐만 아니라 다른 지역의 자원봉사자분들도 함께 힘을 합쳐 지역 문제를 해결한 모습을 보고 어떤 생각을 했나요? ○학습 문제 확인하기 • 공부할 문제를 확인해봅시다. 우리 지역 문제의 해결 방안에 대한 구체적인 실천 계획을 세워 발표해봅시다. ○학습 활동 확인하기 <활동1> 우리지역 문제의 해결 방안은? <활동2> 해결 방안의 실천 방법은? <활동3> 지역 문제 해결 방안 제안서 쓰기	- 우리 지역 문제와 그 해결방안을 조사해보았습니다. - 플로깅을 통해 우리 지역의 쓰레기를 치우고, 건강도 챙긴다는 내용입니다. - 모두가 우리 주변의 일상생활 문제에 대해 관심을 가지고 힘을 모으면 어려운 일도 해결할 수 있다는 것입니다. - 지역 문제를 해결하기 위해서는 우리 지역 주민들뿐만 아니라 다른 지역 주민들도 함께 도울 수 있다는 것입니다. -공부할 문제를 확인한다.	5′	㉾PPT(우리 지역 신문) ㉲실생활 자료인 우리 지역 신문을 활용하여 실제적 학습을 돕는다. ㉲확산적 발문을 통해 학생의 창의적 사고를 촉진한다. ㉲동기유발을 통해 학생의 언어로 학습 문제를 이끌어내어 학습자 중심의 수업을 실현한다. ㉲성취 기준과 학습 주제를 종합하여 행동 진술형 학습문제를 설정한다.

단계	학습 요소	교수·학습활동 교사	교수·학습활동 학생	시간(분)	자료(㉯)및 유의점(㉤)
전개	<활동1> 생각 열기 (전체)	<활동1> 우리지역 문제 해결 방안? • 우리 지역에는 어떤 문제가 있나요? • 어떤 해결방법이 있을까요? • 우리 지역 주민들의 노력으로 어떻게 달라질 수 있을까요?	- 쓰레기 문제, 불법 주차 문제, 층간 소음 문제, 가로등이 적은 문제 등이 있습니다. - 분리 배출의 중요성을 강연을 통해 알리는 것입니다. 등 - 하루에 배출되는 쓰레기의 양이 줄어들 것입니다. / 쓰레기를 함부로 버리지 않게 되면 더러웠던 길이 깨끗해질 것입니다.	5′	㉯스마트패드(25대), 패들렛 ㉤학생의 확산적 사고를 촉진하는 발문을 제공한다. ㉤지난 활동 내용을 정리한 패들렛 자료를 함께 살펴보며 지역 문제에 어떤 것이 있는지 어려워하는 학생에게 개별 피드백을 제공한다.
	<활동2> 실천방법 토의 (모둠)	<활동2> 해결방안의 실천방법은? • 지난 시간에 조사하고 토의한 해결 방안 중, 스스로 실천할 수 있는 것과 공공 기관이나 시민 단체의 협조가 필요한 것으로 나누어 써 봅시다. • 우리 지역 문제에 대해 일상에서 꾸준히 실천할 수 있는 구체적인 해결 방법에 대해 토의해 발표해봅시다.	- 스스로 실천할 수 있는 것에는 담장을 허물어 개인 주차장 마련하기, 불법 주차 신고 어플리케이션 이용하기 등이 있습니다. - 협조가 필요한 것에는 안전 운전 다짐 스티커 나눠주기, 단속 카메라 수 늘리기, 빈 주차장 개방하기 등이 있습니다. - 모둠별로 지역 문제 해결방안을 스스로 꾸준히 실천할 실질적인 방법에 대해 토의해 발표한다.	15′	㉯활동지(25부) ㉤무기력하여 모둠 활동에 소극적으로 참여하는 학생에게는 흥미도를 고려한 자료를 제공해주고, 잘 참여했을 때 긍정적 피드백을 제공한다.
	<활동3> 제안서 작성 (모둠)	<활동3> 지역 문제 해결 방안 제안서 쓰기 • 우리 지역 문제의 해결 방안 중 공공 기관이나 시민 단체의 협조가 필요한 해결방안에 대해 제안서를 써 봅시다. • 왜 그런 제안서를 작성했나요? • 제안할 내용과 제안을 보낸 곳에 발표해 봅시다.	- 주요 제안은 학교 앞 횡단보도마다 옐로 카펫을 설치해 달라는 것입니다. - 학생들의 등하굣길 교통사고를 예방하기 위해 제안했습니다. - 실제로 공공기관에 제안하는 것처럼 제안서를 발표한다.	10′	㉯제안서(25장) ㉤학생의 확산적 사고를 촉진하는 발문을 제공한다. ㉤학생간의 발표를 들음으로써 다양한 상호작용과 과정중심평가가 드러나게 하여 교육과정, 수업, 평가를 일체화한다.
정리	학습 내용 정리 (전체)	○학습 내용 정리하기 -오늘 무슨 활동을 하였나요? - 오늘 수업을 통해 느낀 점은 무엇인가요?	- 지역 문제의 해결방안을 실천하기 위한 방법에 대해 토의하고, 제안서를 작성해보았습니다. - 지역 문제를 해결하기 위해서는 지역 주민 모두가 관심을 가져야 한다는 것을 알게 되었습니다. / 내가 스스로 실천하는 것이 중요하다는 것을 깨닫게 되었습니다. 등	5′	㉯PPT(정리) ㉤학생들이 다양한 상호작용을 할 수 있는 허용적인 수업 분위기를 유도한다. ㉤확산적 발문을 통해 학생들의 실천 의지를 스스로 다지도록 한다.
	차시 예고	- 다음 시간에는 이번 단원에서 학습한 내용을 정리하겠습니다.	- 공부할 내용을 확인한다.		

교수·학습 과정안 실전문제 (4) 예시 답안

프로젝트명	나쁜 친구는 없다	관련 단원	도덕 3. 나를 돌아보는 생활
본시 학습주제	우리들의 이야기		
성취기준	[6도04-02] 올바르게 산다는 것의 의미와 중요성을 알고, 자기반성과 마음 다스리기를 통해 올바르게 살아가기 위한 능력과 실천의지를 기른다.		
학습목표	올바르게 산다는 것의 의미와 중요성을 알고, 자기반성과 마음 다스리기를 통해 올바르게 살아가기 위한 능력과 실천의지를 기를 수 있다.		
수업 전략	▶ 학교폭력에 대한 이미지나 단어 등의 자신의 경험을 브레인스토밍한다. ▶ 나와 친구의 학교폭력에 대한 직/간접적 경험을 패들렛에 작성하여 에듀테크 도구를 활용한 협력적 소통을 활성화 한다. ▶ 에듀테크 활용능력이 미흡한 학생은 또래친구 및 순환지도를 지속적으로 한다.		

단계 평가	학습요소 학습형태	교수·학습활동 교사	교수·학습활동 학생	시간(분)	자료(㉯)및 유의점(㉴)
도입 관찰	전시학습 상기 전체	○전시학습 상기 • 올바르게 산다는 것은 무엇인가요? • 성찰은 무엇인가요?	- 말이나 생각, 행동 등이 잘못되거나 벗어남 없이 옳고 바르다는 것입니다. - 성찰은 자신의 일을 반성하며 깊이 살핀다는 뜻입니다.	5'	㉯PPT(전시학습)
	동기유발	○동기유발 • 오늘은 여러분의 이야기를 해 보겠습니다. 여러분은 학교폭력하면 어떤 단어가 떠오르나요?	-왕따, 폭력, 슬픔, 분노 등입니다.		㉯학교폭력 관련 단어 사진 자료 ㉴교육과정-수업-평가가 일관성 있게 이루어질 수 있도록 학습목표와 활동을 설정한다.
	학습 문제 확인	○학습 문제 확인하기 • 학습할 문제를 알아봅시다. 올바르게 산다는 것의 의미와 중요성을 말하고, 올바르게 살아가기 위한 실천 의지를 표현해 보자	- (학습할 문제를 확인한다.)		
	학습 활동 안내	○학습 활동 안내하기 <활동1> 학교폭력, 무엇이 떠오르니? <활동2> 나와 친구의 상처 이야기 <활동3> 공감, 학교폭력!			
전개	활동1 전체	<활동1> 학교폭력, 무엇이 떠오르니? • 학교폭력하면 떠오르는 낱말을 발표해 봅시다 • 학교폭력 하면 떠오르는 사진자료를 패들렛에 올려봅시다.	-왕따, 폭력, 아픔 등입니다. - 사이버 폭력, 폭언 사진 등을 올린다.	10'	㉴학생들이 자유롭게 학교폭력 하면 연상되는 사진이나 낱말을 찾도록 안내한다.

단계 / 평가	학습요소 / 학습형태	교수·학습활동 (교사)	교수·학습활동 (학생)	시간(분)	자료(㉜)및 유의점(㈜)
	개인	• ○○이가 찾은 사진은 무엇인가요? • ○○이가 그랬던 경험이 있나요? • 패들렛의 사진들을 보고 피해자의 감정, 또는 사진에서 느껴지는 분위기를 댓글로 남겨봅시다. • 기억에 남는 댓글을 발표해봅시다.	- 친구가 없어 혼자 지내는 모습입니다. - 4학년 때 전학왔는데 친구를 사귀기 너무 어려웠습니다. - (학교폭력 사진 밑에 댓글을 남긴다.) - 많이 마음이 아팠겠구나./ 이런 일이 일어나지 않기를/ 괜찮아 질거야.		㉜스마트패드
동료	활동2 개인 + 모둠	<활동2> 나와 친구의 상처 이야기 • 학교폭력과 관련된 경험이나 이야기를 패들렛에 글로 작성해 봅시다. • 모둠내에서 친구의 글을 읽고 가해자의 입장과 피해자의 입장에 대하여 서로 이야기를 나누어 봅시다. • 내가 쓴 글을 발표해 봅시다.	- (학교폭력 경험과 관련된 글을 패들렛에 작성한다.) - (모둠 내에서 돌아가며 말하기를 통해 토의 활동을 한다.) - 저는 왕따를 당했던 친구를 알고 있습니다. 저는 그 친구의 가장 친한 친구였는데 아이들이 제 친구를 왕따 시켜서 그 때는 친한 티를 내는 것이 무서웠습니다. 등	10′	㉜스마트패드 ㈜학생들이 편안하게 이야기를 할 수 있도록 허용적 분위기를 조성한다. ㈜서로의 진솔한 경험을 공유하는 학생 참여활동을 구현한다.
교사 동료	활동3 개인 + 전체	<활동3> 공감 학교폭력! • 우리 반 친구들의 학교폭력과 관련된 이야기를 읽어보았습니다. 올바르게 산다는 것의 의미를 생각하며 5명의 친구의 글에 공감하는 댓글을 남겨봅시다. • 친구의 글과 댓글을 보고 별표를 달아봅시다.	- (친구가 쓴 글을 읽고 올바르게 산다는 관점에서 서로의 글에 의견을 남긴다.) - (친구의 글에 별표를 주며 동료평가한다.)	10′	㉜ TV 스크린 ㈜ 학생들이 올바르게 산다는것의 의미와 관련지어 댓글을 쓰도록 독려한다.

단계 [평가]	학습 요소 [학습형태]	교수·학습활동		시간 (분)	자료(㉴)및 유의점(㉮)
		교사	학생		
정리 [자기]	학습 내용 정리 [전체]	○학습 내용 정리하기 • 오늘 학교폭력 경험을 나누는 활동에서 느낀점은 무엇인가요? • 학교폭력을 주제로 생각해 보았을 때 올바르게 살아가기 위해서 우리는 어떻게 행동해야 할까요? • 자기평가지에 활동 느낌을 작성해 봅시다	-학교폭력을 하는 사람은 몰라도 당하는 사람은 마음의 상처가 컸을 것입니다. /사람은 모두 소중한 존재라는 것을 느꼈습니다. 등 - 친구를 이해하려고 노력하고, 무엇보다 고운말을 사용해야할 것입니다. / 친구의 입장에서 생각해보고 존중하는 태도를 가져야하겠습니다. 등 - (활동 후 소감과 느낌을 작성한다.)	5′	㉴자기평가지(24부) ㉮학교폭력 경험을 나누는 활동을 통해 공동체형 인성을 함양하도록 한다. ㉮자기평가지에 활동 후 느낀 점을 작성하며 학습 내용을 성찰하도록 한다.
	차시 예고	○차시 예고하기 • 다음 시간에는 캔바와 북 크리에이터 활용을 배우도록 하겠습니다.	-(다음 시간 학습 내용을 안내받는다.)		

과정 중심 평가 계획	
성취 기준	[6도04-02] 올바르게 산다는 것의 의미와 중요성을 알고, 자기반성과 마음 다스리기를 통해 올바르게 살아가기 위한 능력과 실천의지를 기른다.
평가 내용	올바르게 산다는 것의 의미와 중요성을 말할 수 있으며, 자기반성과 마음 다스리기를 통해 올바르게 살아가기 위한 능력과 실천의지를 표현할 수 있다.
평가 방법	자기평가, 관찰평가, 동료평가
평가 기준	

평가 기준		
	상	올바르게 산다는 것의 의미와 중요성을 말할 수 있으며, 자기반성과 마음 다스리기를 통해 올바르게 살아가기 위한 능력과 실천의지를 표현할 수 있다.
	중	올바르게 산다는 것의 의미를 말할 수 있으며, 자기반성을 통해 올바르게 살아가기 위한 실천의지를 표현할 수 있다.
	하	올바르게 산다는 것의 의미를 이해하며, 올바르게 살아가는 것의 중요성을 이해할 수 있다.

평가 시 유의 사항	올바르게 산다는 것의 의미와 중요성을 말하고, 올바르게 살아가기 위한 실천의지가 충분히 내면화 되어 표현할 수 있도록 한다.
피드백	이야기를 통해 올바르게 산다는 것의 의미와 중요성을 말로 표현하고, 올바르게 살아가기 위한 능력과 실천의지에 대해 친구와 토의·토론을 한다.

교수·학습 과정안 실전문제 (5) 예시 답안

단원명	2. 각도			차시	5/12	쪽수	44~45
성취기준	[4수03-02] 각과 직각을 이해하고, 직각과 비교하는 활동을 통해 예각과 둔각을 비교할 수 있다.						
학습목표	직각과 비교하는 활동을 통해 예각과 둔각을 구별할 수 있다.						
교과역량	추론, 문제해결, 정보처리, 연결				학습모형	기본 학습 모형	

□ 과정중심평가 계획

평가내용	구분	평가 기준	평가방법
직각과 비교하는 활동을 통해 예각과 둔각 구별하기	상	각과 직각의 의미를 이해하고, 여러 가지 각과 직각을 그릴 수 있다.	관찰평가
	중	생활 주변에서 각과 직각의 예를 찾아 그 의미를 설명할 수 있다.	
	하	그림이나 구체물을 이용하여 주어진 도형에서 각과 직각을 찾을 수 있다.	

학습단계	주요활동	교수·학습 활동		시간(분)	자료 및 유의점 협력학습 기법
		교사	학생		
도입	동기유발	□ 학습 분위기 조성 ○ 도연이의 하루 ppt - 도연이의 하루를 살펴봅시다. 시계의 시침과 분침이 무엇을 만들고 있나요? - 각의 벌어진 정도를 무엇이라고 하나요?	- 각을 만들고 있습니다. - 각도입니다.	5'	㉔ 도연이의 하루 ppt
	학습목표확인	직각보다 작은 각과 직각보다 큰 각을 알아봅시다.			㉳ 협력학습 내용 및 과정을 이해할 수 있도록 안내한다. ㉳ 4명씩 4모둠, 3명씩 1모둠으로 구성한다.
	학습활동안내	□ 학습내용 안내 ○ 끼리끼리 모여! - 예각과 둔각 알아보기 ○ 각을 보고 예각, 둔각 구별하기 ○ 모둠별 미션! - 예각과 둔각 찾아보기 □ 모둠별 협력학습 활동 안내 ○ 돌아가며 말하기로 각 이름 발표하기 ○ 체크리스트기법을 활용한 협력학습 활동 되돌아보기			
범례제시 및 분류하기	각 분류하기 모둠내 협력학습	□ 끼리끼리 모여! ○ 각 분류하기 - 시계의 시침과 분침이 만드는 각도를 분류해봅시다. 가장 먼저 무엇을 해야 할까요?	- 분류 기준을 정해야 합니다.	5'	㉔ 모둠별 토의학습지 ㉳ 각 분류 활동을 통해 문제해결역

학습 단계	주요 활동	교수·학습 활동		시간(분)	자료 및 유의점 협력학습 기법
		교사	학생		
		- 어떤 기준으로 각을 분류하면 좋을까요? - 직각을 기준으로 각을 분류해 봅시다.	- 직각을 기준으로 분류하면 좋겠습니다. - (직각보다 작은 각과 직각보다 큰 각을 구분하여 본다.) <과정평가1>: 기준을 세워 다양한 각을 분류하기 (관찰평가) ⇒ 1차 피드백		량을 증진시킨다.
공통의 성질 추상화 하기	예각 둔각 개념 형성 개별학습 ↓ 모둠내 협력학습	○예각과 둔각 알아보기 - 분류한 각의 특징에 알맞은 이름을 지어 보세요. 그렇게 생각한 까닭도 말해봅시다. - 모둠 친구들의 의견을 듣고 우리 모둠에서 결정한 생각을 발표해 봅시다.	-각의 이름을 지어보고 그렇게 생각한 까닭을 모둠 친구들에게 이야기한다. - 모둠별로 의견을 발표한다. <과정평가2>: 다양한 각의 이름을 발표하고 모둠원이 협력하여 의견을 조율하는 과정 (관찰 평가) ⇒ 2차 피드백	5'	枣 모둠별 토의학습지 ㉘돌아가며 말하기 협력 기법을 사용해 모둠원간 협력적 의사소통을 증진시킨다. ㉘각의 이름을 직접 짓는 활동을 통해 추론역량을 증진시킨다.
개념 정의 하기	예각 둔각 개념 형성 개별학습 ↓ 모둠내 협력학습	○예각과 둔각 알아보기 -0°보다 크고 직각보다 작은 각은 예각(銳角), 직각보다 크고 180°보다 작은 각은 둔각(鈍角)이라고 약속합시다. ○오개념 확인하기 - 0°와 240°, 변의 길이에 따른 예각, 둔각 개념을 확인해봅시다.	- 한자의 의미를 생각하며 예각과 둔각을 약속한다. - 0°와 240°, 변의 길이에 따른 예각, 둔각 개념을 확인해본다.	5'	㉘오개념 확인을 통해 예각과 둔각의 개념이 바르게 형성되도록 돕는다.
개념 익히기	예각 둔각 구별 하기 모둠내 협력학습	□ 예각 둔각 구별하기 ○긴 색종이로 각 만들기 - 모둠원 중 한 명이 긴 색종이를 활용하여 각을 만들고 다른 모둠원들은 그 각이 예각, 직각, 둔각 중 어떤 각인지 맞춰봅시다. ○지오보드로 각 만들기 - 두 명이 짝이 되어 가위, 바위 보를 합시다. 진 사람이 지오보드로 각을 만들고 이긴 사람이 예각, 직각, 둔각을 맞춥니다.	- 모둠원이 돌아가며 각을 만들고 맞추는 활동을 통해 예각과 직각, 둔각을 구별한다. - 두 명이 짝이 되어 각을 만들고 구별하는 활동을 한다.	7'	枣지오보드 긴색종이 ㉘한 모둠은 세명이 함께 활동하도록 한다. ㉘지오보드 교구 활용을 통해 정보처리 역량을 증진시킨다.

	다양한 각을 만들어 보기	☐ 모둠별 미션! - 모둠별로 제비뽑기를 하며 미션을 완수해봅시다. [모둠내 협력학습] 미션1: 교실에 있는 사물 중 예각과 둔각을 찾아 사진을 찍고 태블릿 PC로 확인해보세요. 미션2: 몸으로 예각과 둔각을 만들어 사진을 찍고 태블릿 PC로 확인해보세요. <과정평가3>: 모둠원이 협력하여 실생활에서 예각과 둔각을 발견할 수 있는지 평가(관찰 평가) ⇒ 3차 피드백	- 모둠별로 제비뽑기를 하며 미션을 완수한다.	8'	㉝태블릿 PC ㉧몸으로 예각과 둔각을 만드는 활동을 통해 수학 교과의 지식과 기능이 통합되도록 한다. ㉧교실사물에서 각을 찾게 하여 실생활과의 연결 역량을 증진시킨다.
정리	학습 내용정리	☐ 공부한 내용 정리하기 - 예각이란 무엇인가요? - 둔각이란 무엇인가요? - 학급 친구들 사진을 보며 예각과 둔각을 말해봅시다.	- 0°보다 크고 직각보다 작은 각입니다. - 직각보다 크고 180°보다 작은 각입니다. - 친구들의 사진을 보며 예각과 둔각을 구별해본다.	5'	
	차시예고	☐ 학습 내용 안내 - 다음 시간에는 각도를 어림하고 실제로 재어 확인하겠습니다.	- 다음 시간에 학습할 내용을 안내받는다.		

교수·학습 과정안 실전문제 (6) 예시 답안

교육과정 재구성 전략		・국어 수업을 할 때 다양한 에듀테크, 스마트 플랫폼을 활용하도록 하여, 디지털 기기 활용 능력을 높임과 동시에 보다 다채롭고 창의적인 수업을 가능케 한다. ・학생들이 직접 생활 속 문제를 탐색하고 이에 대한 자신의 의견을 제시하도록 함으로써, 공동체·대인관계 역량을 신장할 수 있도록 한다. ・글쓰기 소재를 잘 떠올리지 못하는 학생, 한국어 의사소통이 불편한 다문화 가정 학생에게 맞춤형 자료와 개별적 피드백을 제공함으로써 학습 목표의 달성을 이끈다.
평가 도구		자기평가(자기평가지), 동료평가(패들렛 댓글), 교사의 관찰평가(체크리스트)
평가 기준	지식	자신의 의견을 제시하는 글을 쓰는 방법을 말할 수 있다.
	기능	자신의 의견을 제시하는 글을 쓸 수 있다.
	태도	생활 속 문제에 관심을 가지고 자신의 의견을 제시하는 글을 쓰는 활동에 적극 참여한다.
학습 목표		자신의 의견을 제시하는 글을 쓸 수 있다.
피드백	성취 도달	다른 문제 상황에 대해서도 의견을 제시하는 글을 적어보도록 이끈다.
	성취 미도달	다양한 보충 자료와 개별적 피드백을 제공해 의견을 제시하는 글을 쓰도록 이끈다.

단계	학습 요소	교수·학습활동 교사	교수·학습활동 학생	시간(분)	자료(㉧) 및 유의점(㉤)
도입	전시학습 상기	○전시학습 상기 ・지난 시간에 무엇을 배웠나요?	- 문장의 짜임을 생각하며 의견을 표현해봤습니다.	5'	㉧PPT(댐 설치 문제 관련 영상) ㉤학습 실태를 반영해 학생들에게 관련 영상 자료를 제시함으로써 학습 동기를 유발한다. ㉤교사의 확산적 발문을 통해 학생들의 다양하고 창의적인 사고를 촉진시킨다. ㉤한국어 의사소통이 불편한 다문화 가정 학생을 위해 자막이 삽입된 영상을 활용한다. ㉤교육과정-수업-평가가 일관성 있게 이루어질 수 있도록 학습목표와 활동을 설정한다.
	동기유발	○동기유발 ・영상 속 상황에서 어떤 문제가 있나요?	- 댐 설치와 관련해 기관과 주민들 간에 갈등이 발생했습니다.		
		・이 문제에 대한 여러분의 생각은 어떤가요?	- 주민들의 의견을 들은 뒤 결정해야 한다고 생각합니다. 등		
		・문제를 해결하기 위해 우리가 할 수 있는 일은 무엇일까요?	- 의견을 제시하는 글을 써서 인터넷 메일로 보냅니다./홈페이지 게시판에 의견을 제시하는 글을 작성합니다.		
	학습 문제 확인	○학습 문제 확인하기 ・학습할 문제를 알아봅시다.	- (학습할 문제를 확인한다.)		
		자신의 의견을 제시하는 글을 써 보자.			
	학습 활동 안내	○학습 활동 안내하기 <활동1> 찾아보자, 생활 속 문제! <활동2> 떠올려보자, 나의 의견과 까닭! <활동3> 써보자, 의견을 제시하는 글!			

단계	학습 요소	교수·학습활동 교사	교수·학습활동 학생	시간(분)	자료(㉐) 및 유의점(㉔)
전개	<활동1> 생활 속 문제 탐색하기 (모둠)	<활동1> 찾아보자, 생활 속 문제! ○의견을 제시할 필요가 있는 상황 탐색하기 • 모둠원과 함께 스마트 패드를 활용해 우리 생활 주변에 어떤 문제 상황들이 있는지 찾아봅시다. ○문제 상황 선정하기 • 모둠별로 어떤 문제 상황을 해결하면 좋을까요? • 모둠별로 그 문제 상황을 고른 이유는 무엇인가요?	- 모둠원과 함께 스마트 패드를 활용해 생활 주변의 문제 상황들을 탐색한다. - 우리 고장 쓰레기 소각장 설치와 관련된 갈등 상황을 해결하면 좋겠습니다. 등 - 쓰레기 소각장 설치와 관련해 관련 기관과 주민 간의 의견 충돌이 지속적으로 발생하고 있기 때문입니다. 등	20'	㉐스마트패드(23개) ㉔에듀테크를 활용하여 학생들의 디지털 기기 활용 능력을 높인다. ㉔학습 실태를 반영해 의견을 제시할 필요가 있는 상황을 정보화 기기를 통해 탐색하도록 한다. ㉔정보화 기기를 잘 활용하지 못하는 학생들을 위해 사용 방법을 상기시킨다. ㉔모둠별로 실생활 문제 상황에 관심을 가지고 탐색함으로써 공동체·대인관계 역량을 기르도록 한다. ㉔교사의 확산적 발문을 통해 학생들의 다양한 응답을 이끌어낸다.
	<활동2> 의견과 까닭 마련하기 (개인)	<활동2> 떠올려보자, 나의 의견과 까닭! ○자신의 의견과 까닭 떠올리기 • 선정한 문제를 해결하기 위해서는 어떤 의견을 제시해야 할지 떠올려 봅시다. • 그렇게 생각한 까닭 3가지를 패들렛에 적어 봅시다. ○생각 공유하기 • 선정한 문제에 대한 자신의 의견을 발표해볼까요? • 왜 그렇게 생각했나요?	- (패들렛에 선정한 문제에 대한 자신의 의견을 적는다.) - (패들렛에 그렇게 생각한 까닭 3가지를 적는다.) - 우리 고장 쓰레기 소각장 설치에 반대합니다. 등 - 쓰레기 소각으로 인해 우리 고장의 환경이 오염될 수 있기 때문입니다./ 쓰레기 소각장이 설치되는 데 많은 시간과 비용이 소요되어 주민들이 불편함을 겪기 때문입니다. 등	20'	㉐활동지(23부), 패들렛(스마트 플랫폼) ㉔한국어 의사소통이 불편한 다문화 가정 학생에게 수준에 맞는 한국어 자료와 함께 개별적 피드백을 제공한다. ㉔글쓰기 소재를 떠올리기 어려워하는 학생에게 브레인스토밍 기법을 활용하여 자신의 생각을 자유롭게 적어보도록 개별 피드백을 제공한다. ㉔교사의 확산적 발문을 통해 교사와 학생 간 상호작용을 촉진시킨다.

단계	학습요소	교수·학습활동 교사	교수·학습활동 학생	시간(분)	자료(짜)및 유의점(유)
	<활동3> 의견을 제시하는 글쓰기 (모둠 및 전체)	<활동3> 써보자, 의견을 제시하는 글! ○자신의 의견을 제시하는 글쓰기 • 의견을 제시하는 글에는 어떤 내용이 포함되어야 할까요? • 의견을 제시하는 글에 들어가야 할 내용을 생각하며, 문제 상황에 대해 의견을 제시하는 글을 작성해 봅시다. • 작성한 내용을 발표해 볼까요? • 친구들의 발표를 듣고, 서로의 글에 댓글을 달며 좋은 점, 보완할 점 등을 작성해 봅시다.	- 문제 상황, 자신의 의견, 의견에 대한 까닭이 포함되어야 합니다. - (의견을 제시하는 글을 작성해 패들렛에 게시한다.) - (작성한 글을 발표한다.) - (친구들의 발표를 듣고, 서로의 글에 댓글을 달며 동료평가를 한다.)	30′	짜스마트패드(23개), 패들렛(스마트 플랫폼) 유교사의 확산적 발문을 통해 교사와 학생 간 상호작용을 촉진한다. 유글쓰기 소재를 떠올리기 어려워하는 학생에게 예시와 함께 개별 피드백을 제공한다. 유패들렛 게시글을 읽고 서로 댓글을 달며 학생들 간 동료평가를 할 수 있게 한다.
정리	학습 내용 정리 (전체)	○학습 내용 정리하기 • 오늘 무슨 활동을 하였나요? • 오늘 수업을 하며 느낀 점은 무엇인가요?	- 생활 속 문제에 대해 의견을 제시하는 글을 적어 보았습니다. - 생활 속 문제에 대해 의견을 제시하는 글을 적어 직접 보내면 문제 해결에 많은 도움이 될 것 같습니다./ 앞으로 생활 속 문제에 더 관심을 가지고, 적극적으로 의견을 제시해야겠다는 생각이 들었습니다. 등	5′	짜PPT, 자기평가지(23부) 유생활 속 문제 해결을 위해 글쓰기 활동을 한 소감을 나누며 공동체·대인관계 역량을 기르도록 이끈다. 유허용적인 수업 분위기 조성을 통해 교사와 학생 간 활발한 상호작용을 이끈다.
	차시 예고	○차시 예고하기 • 다음 시간에는 의견을 제시하는 글을 쓰고 온라인 팸플릿을 만들어 봅시다.	- (다음 시간에 학습할 내용을 확인한다.)		유자기평가지 작성을 통해 자신의 학습과정과 태도를 스스로 평가하도록 한다.

교수·학습 과정안 실전문제 (7) 예시 답안

단원명	3. 덧셈과 뺄셈		차시	12/13	쪽수	112~115
성취 기준	[2수-01-09] □가 사용된 덧셈식과 뺄셈식을 만들고, □값을 구할 수 있다.					
학습 목표	• 모르는 어떤 수를 □를 사용하여 덧셈식과 뺄셈식으로 나타내고 □의 값을 구할 수 있다.					
교과 역량	문제해결역량, 추론역량, 의사소통역량				학습 모형	기본 학습 모형

학습 단계	주요 활동	교수·학습 활동		시간 (분)	자료(㉧) 및 유의점(㉴) 과정중심평가(㉼)
		교사	학생		
도입	전시학습 상기	○지난 학습내용 떠올리기 • 이번 단원에서 우리는 무엇에 대하여 배우고 있습니까? • 덧셈식을 뺄셈식으로 서로 바꾸어 나타낼 수 있습니까?	-덧셈과 뺄셈입니다. -네, 서로 바꾸어 나타낼 수 있습니다.	5	
	동기유발	○학습분위기 조성 • 숫자 노래 부르며 공부할 마음 갖기	-숫자 노래 부르며 공부할 마음 갖기		㉴협력학습 내용을 이해하도록 한다.
		이야기를 읽고, □의 값을 구해 봅시다.			
		활동 1: 데려온 토끼 수 구하기 활동 2: 산가지로 □의 값 구하기 활동 3: 다람쥐에게 준 도토리 구하기			
전개	조작을 통한 원리발견	○[활동1] 데려온 토끼 수 구하기 • 이야기를 듣고 협력하여 문제 풀기		10	㉧수판, 칠판자석, 바둑돌, 미니 화이트보드, 보드마커
		희철이네 마을 근처에는 토끼를 기르는 사육장이 있습니다. 어느 날 토끼장을 갔더니 사육사 선생님이 다른 동물원에서 토끼를 몇 마리 데리고 왔다고 하셨습니다. 원래 있던 토끼는 6마리였는데 토끼를 세어보니 9마리입니다. 데려온 토끼는 몇 마리일까요?			㉴전체활동과 동시에 모둠활동을 진행한다.
	<모둠 활동>	• 칠판 수판에 자석을 붙여 봅시다 • 모둠 친구들과 바둑돌을 이용하여 문제를 풀어 봅시다. • 모둠 친구들과 돌아가며 말하기로 □를 이용한 덧셈식을 만들어봅시다. • 칠판 자석과 모둠 바둑돌을 보며 □의 값을 구해봅시다.	-(칠판 수판에 대표 학생이 자석을 붙인다.) -(모둠활동 바둑돌을 놓는다.) ○○○○○○●●● - 6 + □ = 9 입니다. - □ = 3 입니다.		㉴4명 4모둠, 3명 1모둠으로 구성한다. 3명인 모둠은 1번이 중복 역할을 수행하도록 한다. ㉴추론, 문제해결, 의사소통역량 ㉼태도(관찰, 발표)

학습 단계	주요 활동	교수 · 학습 활동		시간 (분)	자료(㉔) 및 유의점(㊬) 과정중심평가(㉣)
		교사	학생		
	문제 해결하기 <모둠 활동>	○[활동2] 산가지로 □의 값 구하기 · 덧셈식에서 □의 값을 산가지를 이용하여 구해봅시다. · 모둠원 4번이 미니화이트보드에 덧셈식을 적어봅시다. · 모둠원 1번이 남은 산가지 개수 확인하고 □의 값을 구해봅시다.	- (모둠원 2번이 9개 산가지 중 5개를 모둠원 3번 학생에게 준다.) - 5 + □ = 9 입니다. - □ = 4	10	㉔산가지(모둠별 9개), 미니 화이트보드, 보드마커 ㊬모둠원 역할을 확실히하여 토의하며 해결하도록 한다. ㊬문제해결, 추론, 의사소통역량 ㉣지식, 기능(관찰)
	실생활에 적용하기 <모둠 활동>	○[활동3] 다람쥐에게 준 도토리 구하기 · 교과서 81쪽의 문제를 산가지를 이용하여 풀어봅시다. - 전체 도토리 개수: 15개 - 다람쥐에게 준 도토리 개수: □ - 남은 도토리 개수: 8개 · □을 이용한 덧셈식을 만들어봅시다. · 남은 산가지 개수를 확인하고 □의 값을 구해봅시다.	- (모둠원 3번이 15개 산가지 중 8개를 모둠원 4번 학생에게 준다.) - 8 + □ = 15입니다. - (모둠원 2번이 남은 산가지 개수 확인하고 □의 값을 구한다.) - □ = 7입니다.	10	㉔산가지(모둠별 15개), 미니 화이트보드, 보드마커 ㊬모둠원 전체가 각자 역할을 수행하도록 한다. ㊬활동1, 2에서의 역할을 바꾸어 활동하도록 한다. ㉣지식, 기능(관찰)
정리	학습내용 정리하기 <전체 활동>	○ 정리하기 · 오늘 우리는 무엇에 대하여 공부하였습니까? · 오늘 활동을 통하여 느낀 점이나 알게 된 점을 이야기해봅시다.	-덧셈식에서 □에 들어갈 수에 대하여 알아보았습니다. -산가지를 나누어 주며 공부하니 재미있었습니다. / 덧셈식에서 모르는 수도 찾을 수 있습니다. 등	5	㊬학생 전체가 모두 발표하도록 한다.
	차시예고	○차시 예고하기 · 다음 시간에는 세 수의 계산 방법에 대해 공부하겠습니다.	-(다음 시간에 학습할 내용을 안내받는다.)		

교수·학습 과정안 실전문제 (8) 예시 답안

교육과정 재구성 전략	6학년 2학기 사회과에서는 우리나라부터 세계까지 다양한 지구촌 환경, 문화, 문제를 배우는 것으로 교육과정이 구성되어 있다. 교과서에 제시된 사례들로 수업을 할 때 지식전달 위주의 수업이 될 수 있다. 이를 보완하여 학생중심수업이 될 수 있도록 학생들이 조사하고 보고서를 작성하는 프로젝트 수업으로 교육과정을 재구성하고자 한다. 사회, 도덕과에서는 지구촌 환경과 문화, 그리고 문제를 알아보고 국어, 실과에서 지구촌 문제를 해결하는 업사이클링 발명품을 만들어 해결하는 프로젝트를 통해 세계 시민으로서 지속가능한 미래를 만들어가기 위해 준비해야 할 역량을 기르고자 한다. 본 수업에서는 '지구촌 환경과 문화' 프로젝트 중 환경과 문화가 생활에 미치는 영향을 알아보고자 한다. 전 차시에 대륙별로 모둠을 정하여 대륙에 속한 나라들 중 자신이 관심있는 나라들의 자연환경, 인문환경, 문화 등을 조사하도록 하였다. 모둠별로 조사한 국가의 자연환경(지리적, 기후적 특징, 자원, 지형 등), 인문환경(산업, 교통, 수도, 인구밀도, 교육 등), 문화(의식주, 언어, 종교 등), 경제(과학발달 정도, 사회 계층 구조, 주요 무역 상대국 등) 프로젝트 보고서를 갤러리워크를 통해 점검하고, 학생들이 서로 포스트잇으로 PMI 피드백을 주고 받으며 보고서를 개선하고자 한다. 피드백을 바탕으로 보완한 보고서를 발표하면서 대륙에 대한 이해, 더 나아가 세계에 대한 이해를 하고자 한다.	
평가 도구	관찰법, 포트폴리오	
평가 기준	지식	환경이 세계 여러 나라 사람들의 생활 모습에 미치는 영향을 알고 말과 글로 설명할 수 있는가?
	기능	환경이 세계 여러 나라 사람들의 생활 모습에 미치는 영향을 기자재를 활용하여 탐색할 수 있는가?
	태도	팀원과 아이디어를 공유하며 협력적으로 의사소통 할 수 있는가?
학습 목표	환경이 세계 여러 나라 사람들의 생활 모습에 미치는 영향을 조사하고 설명할 수 있다.	
피드백	성취 도달	정리한 정보를 활용하여 새로운 탐구를 할 수 있도록 한다.
	성취미도달	갤러리워크시 자연환경에 따른 생활모습을 바탕으로 정리하도록 한다.

단계	학습 요소	교수·학습활동		시간(분)	자료(㉔)및 유의점(㉛) 평가(㉣)
		교사	학생		
도입 (전체)	동기유발	◎ 선생님 눈으로 본 세계 여러 나라의 모습 - 사진을 보고 그 지역의 특징을 추측해봅시다. - 지구촌 환경과 문화 프로젝트 탐구문제를 떠올려봅시다. - 지구촌 환경과 문화 프로젝트 탐구문제를 해결하기 위해서는 어떻게 해야 할지 생각해봅시다.	- 열대기후지역 같습니다. / 나무가 많은 나라인 것 같습니다. / 인구밀도가 많은 나라인 것 같습니다. 등 - "세계시민으로서 함께 살아갈 지구촌 주민들과 서로 의존하고 교류하기 위해서는 어떻게 해야 할까?" 입니다. - 세계 여러 나라의 생활방식에 대해 조사해야 합니다. / 세계 여러 나라의 환경에 대해서 조사해야 합니다.	5	㉔여행사진 ㉛전 차시 학습했던 자연환경, 인문환경 등을 떠올리며 지역의 특징을 추측하도록 지도한다. ㉛세계 여행을 통해 지구촌 주민들과 교류하는 것을 지도한다. ㉛동기유발을 통해 학습문제를 떠올릴 수 있도록 한다.
	학습문제 파악	◎ 학습 문제 살펴보기			

단계	학습 요소	교수·학습활동 교사	교수·학습활동 학생	시간(분)	자료(㉔)및 유의점(㉴) 평가(㉵)
		환경이 세계 여러 나라 사람들의 생활 모습에 미치는 영향을 조사하고 설명해 보자.			
	학습활동 안내	◎ 학습활동 안내하기 [활동1] 지구촌 환경과 문화 갤러리워크 [활동2] 모둠별 발표하기			
전개 (전체-모둠)	문제 해결방안 탐색 정보 활용 능력	◎ [활동1] 지구촌 환경과 문화 갤러리워크 - 벽면에 게시된 프로젝트 보고서를 관람하며 포스트잇에 PMI 의견을 적어 서로의 보고서를 개선해봅시다. - 갤러리워크는 좋은 점, 궁금한 점, 개선할 점 순으로 진행하도록 하겠습니다. - 모둠별 프로젝트 보고서에 부착된 포스트잇을 확인하며 필요한 자료를 조사하여 보고서를 개선해봅시다. - 갤러리워크를 통해 수집한 자료를 분석해 생활 모습에 영향을 준 원인을 찾아보고, 조사 내용이 잘 드러나도록 발표 준비를 합니다.	- 학생들은 주어진 시간 동안 모둠별 프로젝트 보고서를 관람하며 포스트잇에 좋은 점, 궁금한 점, 개선할 점을 정리하여 피드백한다. - 좋은 점, 궁금한 점, 개선할 점을 보고 필요한 자료는 태블릿PC로 조사하여 보고서를 수정한다.	15	㉔프로젝트 보고서, 포스트잇, 잔잔한 음악, 태블릿PC ㉴갤러리워크 중에는 방역수칙을 지키며 조용히 관람한다. ㉴PMI피드백의 예시문을 제시하여 친절하고 도움이 되는 문장을 적을 수 있도록 지도한다. ㉵포트폴리오(지식, 기능)지구촌의 환경과 문화를 조사할 수 있는가?
(전체)	문제 해결방안 결정 의사소통 및 협업 능력	◎ [활동2] 모둠별 발표하기 - 모둠별로 조사한 대륙별 환경과 문화를 소개해봅시다. - 다른 모둠의 발표를 들으면서 발표내용 중 더 조사해보고 싶은 내용을 배움공책에 정리합니다. - 환경과 문화를 조사하여 프로젝트 보고서를 작성하면서 알게 된 점을 발표해봅시다.	- 세계 여러 나라의 옷들은 사람들이 사는 곳의 자연환경과 생활 방식에 따라 다르다는 것입니다. / 세계 여러 나라의 음식은 자연환경 외에도 풍습, 종교 등 인문환경의 영향도 받습니다. 등	15	㉔프로젝트 보고서 ㉴조사한 나라별 환경과 문화를 분석하여 대륙별 문화의 특징을 생각해보도록 한다. ㉵관찰평가(태도)다른 모둠의 발표를 경청하는가?
정리 (전체)	학습 정리	◎ 오늘 배운 내용 정리하기 - "지구촌 환경과 문화" 프로젝트를 마무리하며 공부한 소감을 발표해봅시다.	- 포스트잇에 프로젝트를 하며 세계 여러 나라의 환경과 문화를 조사하고 발표한 소감을 칠판 메모보드에 붙입니다.	5	㉔메모보드, 포스트잇 ㉴탐구문제에 대한 자신의 생각을 포스트잇에 적도록 한다.
	차시 예고	◎ 차시 예고하기 - 다음 시간에는 다양한 문화를 대하는 자세에 대해 알아보겠습니다.			

교수·학습 과정안 실전문제 (9) 예시 답안

단원명	5. 지구의 모습	차시	4/11
본시 학습주제	지구의 육지와 바다	교수·학습방법	실험수업, 의사소통
성취기준	[4과06-02] 바닷물의 특징을 육지의 물과 비교하고, 바닷가에서 볼 수 있는 다양한 지형을 조사할 수 있다.		
학습목표	■ 지구에서 육지와 바다의 넓이를 비교할 수 있다. ■ 바닷물의 특징을 육지의 물과 비교할 수 있다.		
수업 전략	• 지구본에서 바다는 모두 연결되어 있고 육지는 분리되어 있음을 알도록 한다. • 지구본 퍼즐을 맞추고, 풍선 지구본을 던지며 바다가 육지보다 넓음을 체험하도록 한다. • 모둠별 발표시 발표자를 모둠에서 결정하며, 모든 학생이 돌아가며 발표하도록 한다. • 돌아가며 말하기, 모둠 토의로 모둠활동을 활발하게 하여 협력적 의사소통 역량을 신장시킨다. • 모둠원 전체가 활동할 수 있도록 하여 수업에서 소외되는 학생이 없도록 한다.		
교수·학습 자료	교사	PPT, 바다 영상, 지구본, 지구본 퍼즐, 풍선 지구본, 유리컵, 소금, 생수	
	학생	필기구, 색연필, 싸인펜, 숟가락	

학습 단계	주요 활동	배움 중심 교수·학습 활동		과정 중심 평가	시간 (분)	자료(■) 및 유의점(❖)
		교사	학생			
도입	문제 상황 제시	■동기유발 • 바다의 고요함, 파도치는 모습, 바닷가에서 수영하는 모습을 담은 영상을 보고 이야기를 나눠봅시다. • 바다에 가서 본 것에 대해 발표해 봅시다.	- (바다에 갔을 때 본 것에 대해 모둠원들과 이야기를 나눈다.) - (모둠별 한 명씩 발표한다.)		5	■바다의 모습 영상 자료
		□ 배움 문제 제시 지구에서 육지와 바다의 넓이를 비교해 봅시다. 바닷물의 특징을 육지의 물과 비교해 봅시다.				❖성취기준을 바탕으로 배움문제와 활동중심수업을 구성하여 교육과정-수업-평가의 일체화를 구현한다.
	탐구 계획 수립	□ 배움활동 안내 ○ 활동 1. 지구본에서 바다와 육지 연결 상태 확인하기 ○ 활동 2. 지구본 퍼즐 맞추기 ○ 활동 3. 풍선 지구본 던지기 ○ 활동 4. 육지의 물과 바닷물의 맛 비교하기				
전개	활동 / <전체 활동>	<활동/> 지구본에서 바다와 육지 연결 상태 확인하기 • 지구본에서 바다 연결 상태를 확인해 봅시다. • 지구본에서 육지 연결 상태를 확	- 모둠별 1명이 오른쪽 검지 손으로 지구본의 바다 한 곳을 짚기 - 지구본을 돌리며 태평양, 북극해, 대서양, 인도양, 남극해를 검지 손으로 연결되며 끊어지지 않음 확인하기 - 같은 방법으로 육지를 연결할 때 모	자기	5	■지구본 ❖모둠별 2명은 바다, 2명은 육지를 짚어 연결 상태를 확인한다. ❖6명 모둠은 한 번 더 활동한다. ❖교사가 5대양, 6

학습 단계	주요 활동	배움 중심 교수·학습 활동 교사	배움 중심 교수·학습 활동 학생	과정 중심 평가	시간(분)	자료(■) 및 유의점(❖)
		인해봅시다.	든 대륙 연결안됨 확인하기			대주 이름 부르며 함께 확인한다.
	활동2 <모둠 활동>	<활동2> 지구본 퍼즐 맞추기 ● 지구에서 바다와 육지 중 어디가 더 넓은지 모둠 토의하며 예상해봅시다. ● 지구본 퍼즐을 모둠끼리 협력하여 맞춰봅시다.	- 바다와 육지 중 어디가 넓은지 모둠 토의로 예상하여 모둠별 /명이 예상과 근거 발표하기 - 모둠이 협력하여 지구본 퍼즐을 맞추어 바다와 육지의 개수 확인하기 - 육지 퍼즐 수: 6개, 바다 퍼즐 수: 18개입니다.	자기 상호	10	■ 지구본 퍼즐 ❖ 4명 5모둠, 6명 /모둠으로 구성한다. ❖ 지구본 퍼즐 맞추기 어렵지 않게 미리 조립된 퍼즐을 준비한다.
전개	활동3 <모둠 활동>	<활동3> 풍선 지구본 던지기 ● 모둠원 중 2명이 지구본 던지기 활동 - 다른 2명은 육지인지 바다인지 확인하기 ● 모둠원 중 다른 2명 던지기 ● 통계 확인하기	- 모둠에서 2명이 풍선 지구본을 각각 10번 던져 오른쪽 검지 손가락이 닿은 곳이 육지인지 바다인지 표시하기 - 모둠원을 교체하여 다른 2명이 던지기 활동하기 - 10번 중 바다 6~8번, 육지 2~4번	상호	10	■ 풍선 지구본 ❖ 2명이 던지기 하여 각자 육지, 바다 표시 ❖ 6명 모둠은 한 번 더 활동한다. ❖ 모둠원을 교체하여 모든 학생이 활동
	활동4 <모둠 활동>	<활동4> 육지의 물과 바다의 물의 맛 비교하기 ● 두 물의 맛 예상하기 ● 두 물의 맛 확인하기	- 모둠에서 돌아가며 말하기로 두 물의 맛 예상하기 - 유리컵의 두 물을 각자 숟가락으로 떠서 맛보기	상호	5	■ 유리컵, 숟가락 ❖ 깨끗한 유리컵에 소금물과 생수를 준비하고 개인 숟가락을 사용하여 위생에 유의하기
정리 및 평가	정리 및 실천 <전체 활동>	● 학습내용 정리하기 - 오늘 공부한 것에 대해 모든 친구들이 돌아가며 이야기하기 ● 차시 예고 - 다음 시간에는 지구를 둘러싸고 있는 공기의 역할과 공기의 소중함을 지키려는 태도에 대해 공부하겠습니다.	- 이번 시간 공부하며 알게된 것, 재미있던 것, 어려웠던 것, 아쉬웠던 것, 칭찬할 것 등에 대해 모든 학생이 한 문장으로 돌아가며 발표하기 -(다음 시간에 학습할 내용을 안내받는다.)	교사	5	❖ 한문장으로 발표할 때 교사가 중간에 개입하지 않고 학생들 발표가 연결되도록 하기

교수·학습 과정안 실전문제 (10) 예시 답안

교육과정 재구성 전략	• '여러 가지 관용 표현을 안다'는 차시 목표에서 '신체와 관련된 관용 표현'으로 주제를 정하여 재구성함. 신체 부위를 눈, 코, 입, 귀, 손, 발로 나누어 전문가 집단별로 깊이 있게 연구한 후 원래 집단으로 돌아가 서로를 가르치는 방법으로 수업을 진행한다. 교사는 주제를 확인하고 세분화하는 과정, 그리고 전문가 집단에서 그 소주제를 탐구하는 과정에 개입하되, 학습자가 어느 정도 단계에 와 있으면 최대한 학습자가 스스로 문제를 찾고 해결하도록 한다. 이를 위해 계획하기 단계와 탐구하기 단계에서 탐구 활동이 촉진되고 학습자들의 자발적인 탐구 활동이 가능하도록 분위기를 만들고 학습 과정에서 지식정보처리역량과 협력적소통역량이 신장되도록 한다. • 다문화학생이 국어 문법의 '관용 표현'을 이해하는데 어려움이 있을 수 있으므로, 수업목표 도달과정을 살피고, 전문가 집단에서의 연구와 원래 집단에서 활동 시 친구들과 협동하고, 참여하고 의욕을 가질 수 있도록 한다.		
평가 도구	자기평가(팀 평가지), 동료평가(발표 기록지), 관찰평가(체크리스트)		
평가 기준	지식	신체와 관련된 관용 표현을 알고 말과 글로 설명할 수 있는가?	
	기능	신체와 관련된 관용 표현을 기자재를 활용하여 탐색할 수 있는가?	
	태도	팀원과 아이디어를 공유하며 협력적으로 의사소통 할 수 있는가?	
학습 목표	신체와 관련된 관용 표현을 탐색하여 말과 글로 설명할 수 있다.		
피드백	성취 도달	심화 자료를 제공하여 더 많은 관용 표현을 탐색할 수 있도록 돕는다.	
	성취미도달	보충 자료를 제공하여 성취기준에 도달할 수 있도록 돕는다.	

단계	학습 요소	교수·학습활동		시간(분)	자료(㉾)및 유의점(㉮)
		교사	학생		
도입	전시학습 상기	○지난 시간에 배운 관용 표현 상기하기 • 지난 시간에 배운 관용 표현에는 어떤 것이 있었나요? • 관용 표현을 사용하면 어떤 좋은 점이 있다고 배웠나요?	- '불보듯 뻔하다' '뒤끝있다' '불을 지피다'를 배웠습니다. - 말하고자 하는 내용을 효과적으로 전달할 수 있습니다./재미있게 표현할 수 있습니다.	5′	
	동기유발	○친구들의 연극 보기 • 친구들 연극을 보면서 어떤 관용 표현이 쓰였는지 말해봅시다. • 어떤 이야기 같은가요? ○연극 속 표현 나누기 • 연극 속에 나온 관용 표현에는 어떤 공통점이 있나요? • 신체 부위에는 어떤 부분이 있을까요? • 오늘 어떤 공부를 하면 좋을까요?	- '허리가 부서지도록' 일하신 할머니를 '목이 빠지게' 기다리고 있다고 했습니다. - 고생 많이 하신 할머니를 많이 기다리고 있는 것 같습니다. - 신체 부위 관련입니다. - 눈, 코, 입, 손, 발, 머리 등이 있습니다. - 신체 관련한 관용 표현을 공부하면 좋겠습니다.		㉮연극 자원한 학생들에게 대본을 미리 안내한다. ㉾신체 부위 사진 ㉮신체 부위 사진을 통해 학습 동기를 유발한다. ㉮확산적 발문을 통해 학습자의 사고를 촉진한다.

단계	학습 요소	교수·학습활동 교사	교수·학습활동 학생	시간 (분)	자료(㉧)및 유의점(㉤)
	학습 문제 확인	○학습 문제 확인하기 • 공부할 문제를 알아봅시다. 신체와 관련된 관용 표현을 알고 말과 글로 설명해보자. <활동 1> 전문가 역할 나누기 <활동 2> 관용 표현 조사하기 <활동 3> 모둠 사전 만들기	-공부할 문제를 확인한다.		㉤동기유발, 학습 문제, 학습활동이 자연스럽게 이어지도록 지도한다.
전개	계획하기	■ <활동 1> 전문가 역할 나누기 • 눈, 입, 코, 손, 발, 머리 중 전문가가 되어 조사할 신체 부위를 하나씩 맡아봅시다. • 역할을 나눌 때 어떤 점을 주의해야 할까요? • 6인 1조 모둠에서 각각 신체 부위를 맡았나요? 자기가 맡은 신체 부위 그림을 들고 같은 그림을 맡은 친구들끼리 만나봅시다.	-모둠원들과 의논하여 역할을 분담한다. -친구들의 선호도를 고려하여 정합니다./ 민주적인 절차를 거쳐 역할을 나눕니다. -전문가 모둠 대형을 만들어 앉는다.	6′	㉧신체 부위 사진, 학습지
	탐구하기	■ <활동 2> 관용 표현 조사하기 ○신체 부위와 관련된 관용 표현 찾기 • 전문가 모둠에서 맡은 신체 부위에 관한 관용 표현을 스마트패드와 사전을 이용하여 찾아봅시다. 어떤 관용 표현을 선택하는 것이 좋을까요? • 태블릿 PC를 이용할 때 주의사항에는 무엇이 있을까요? • 찾은 관용 표현의 뜻과 예문을 학습지에 정리해봅시다. ○상호교수 방법 정하기 • 조사한 관용 표현을 원 모둠원들에게 돌아가 어떻게 설명하는 것이 좋을까요? • 설명할 내용을 학습지에 정리해봅시다.	-여러 번 들어 익숙하지만 뜻을 정확히 모르는 관용 표현을 선택합니다./ 전문가 모둠의 모두가 몰랐던 표현을 선택합니다. -수업 활동과 관련 없는 사용은 하지 않습니다./ 기기를 조심히 다룹니다. -검색한 관용 표현의 뜻과 예문을 정리한다. -추가 예문을 작성합니다./ 짧은 역할극으로 표현합니다./비슷한 속담을 이야기합니다./사용할 수 있는 다양한 상황을 알려줍니다. -설명할 방법과 내용을 정해 학습지에 기록한다.	14′	㉧스마트패드, 사전, 학습지 ㉤관용 표현 검색 시 익숙한 표현과 익숙하지 않은 표현이 골고루 담길 수 있도록 한다. ㉤스마트패드 사용 주의사항 환기 후 활동을 시작한다. ㉤다문화학생의 학습과정과 활동 이해도, 학습목표 도달도를 살피며 도와주고, 전문가 집단에서도 도움을 줄 수 있도록 격려한다. ㉤관용 표현 설명 시, 관용 표현의 뜻이 드러나도록 한다.

단계	학습 요소	교수·학습활동		시간 (분)	자료(㉠)및 유의점(㉡)
		교사	학생		
	서로 가르치기	■ <활동 3> 모둠 사전 만들기 ○ 원 모둠원에게 설명하기 • 돌아가며 말하기를 통해 조사한 관용 표현과 뜻을 모둠원들에게 설명해봅시다. ○ 모둠 사전 만들기 • 우리 모둠의 관용 표현 모둠 사전을 만들어 봅시다.	-학습지에 적은 내용을 바탕으로 원 모둠원들에게 조사한 내용을 설명한다. -학습지의 내용을 종합하여 모둠 관용 표현 사전을 완성한다.	10'	㉡학생들이 조사한 내용을 설명하고 사전을 만드는 과정에서 교사는 계간 순시를 통해 안내하고 조력한다.
정리	발표 및 정리하기 차시예고	○ 학습 내용 발표하기 • 모둠 사전 내용을 발표하고 나머지는 오늘 활동한 내용을 평가해봅시다. ○ 학습내용 정리하기 • 오늘 활동을 통해 무엇을 배웠나요? ○ 차시 예고하기 • 다음 시간에는 여러 가지 관용 표현을 알고 효과적으로 말하는 것을 배우겠습니다.	-발표 내용을 들으며 관찰평가, 동료평가, 자기평가를 한다. -신체 부위 관련한 관용 표현을 배웠습니다. -다음 시간에 배울 내용을 안다.	5'	㉠평가지 ㉡활동 과정을 성찰하여 유의미한 활동이 되게 한다. ㉡성취 도달 및 미도달 학생에게 맞춤형 자료와 함께 피드백을 제공한다.

교수·학습 과정안 실전문제 (11) 예시 답안

단원명	5. 직육면체		차시	7/10	쪽수	112~115
성취 기준	[6수-02-05] 직육면체와 정육면체의 겨냥도와 전개도를 그릴 수 있다.					
학습 목표	• 직육면체의 전개도를 그리는 방법을 안다. • 직육면체의 전개도를 다양한 방법으로 그릴 수 있다.					
교과 역량	문제해결역량, 추론역량, 의사소통역량			학습 모형	기본 학습 모형	

학습 단계	주요 활동	교수·학습 활동		시간 (분)	자료(자) 및 유의점(유) 과정중심평가(평)
		교사	학생		
도입	전시학습 상기 동기유발	○지난 학습내용 떠올리기 • 이번 단원에서 우리는 무엇에 대하여 배우고 있습니까? • 정육면체를 펼쳐서 그린 그림을 무엇이라고 합니까? ○주어진 문제 상황 확인하기 • 살펴본 상황에서 선생님은 과자 상자를 어떻게 버리려고 합니까? • 문제를 해결하려면 무엇이 필요합니까? 직육면체의 전개도를 그려보자. 활동 1: 과자상자 펼쳐보기 활동 2: 교과서 문제 해결하기 활동 3: 스펀지밥 그리기	-직육면체와 정육면체입니다. -전개도입니다. -납작하게 펼쳐서, 여러 조각으로 떨어지지 않게 버리려고 합니다. -직육면체의 전개도를 그릴 수 있어야 합니다.	5	(유)주어진 문제 상황에 수학적으로 접근할 수 있도록 발문한다.
전개	조작을 통한 원리발견	○[활동1] 과자상자 펼쳐보기 • 과자상자를 완전히 펼치려면 어느 곳을 따라 잘라야 한다고 생각합니까? • 과자상자를 살펴보며 어느 모서리를 자르면 좋을지 생각해봅시다. • 과자상자를 직접 잘라보고, 펼쳐진 전개도를 칠판에 붙여봅시다. • 우리 반이 만든 전개도들의 같은 점과 다른 점은 무엇이 있습니까? • 잘라서 펼친 과자상자에서 서로 평행한 면과 수직인 면을 찾아봅시다.	-모서리를 따라 자릅니다. -어느 모서리를 자르면 좋을지 생각한다. -과자상자를 직접 잘라본다. -똑같은 상자를 잘랐지만, 다른 모양의 전개도가 되었습니다./ 전개도가 똑같을 수도 있습니다. -서로 평행한 면과 수직인 면을 찾아본다.	10	(자)과자상자, 가위 (유)과자상자의 한 모서리를 미리 잘라두어 학생들이 안전하게 활동할 수 있도록 한다. (유)과자상자의 접합을 위한 부분은 직육면체의 면이 아님에 유의한다. (평)태도(관찰, 발표)

학습단계	주요 활동	교수 · 학습 활동		시간(분)	자료(㉲) 및 유의점(㉴) 과정중심평가(㉢)
		교사	학생		
	문제해결하기	○[활동2] 교과서 문제 해결하기 · 교과서 112쪽의 문제를 함께 풀어봅시다. · 교과서 113쪽의 겨냥도를 보고 전개도로 나타내어봅시다. · 잘린 모서리는 실선으로, 잘리지 않은 모서리는 점선으로 그리는 점에 주의합니다.	-직육면체의 겨냥도를 보고 전개도에 꼭 짓점을 표시해본다. -겨냥도를 보고 전개도로 나타내어 본다. -주의할 점을 확인한다.	10	㉴활동 과정에서 친구의 전개도와 모양이 다를 수 있음을 자연스럽게 이해하도록 한다. ㉢지식, 기능 (관찰)
	실생활에 적용하기	○[활동3] 스펀지밥 그리기 · 가로가 6cm, 세로가 8cm인 스펀지밥의 얼굴이 그려져 있습니다. 두께가 3cm인 스펀지밥을 완성하기 위한 전개도를 그려봅시다. · 옆의 학생이 잘 완성했는지 확인해 봅시다.	-스펀지밥 캐릭터를 완성하기 위한 직육면체의 전개도를 그려본다. -자신의 주변에 있는 학생들의 전개도를 확인한다.	10	㉲활동지 ㉴모눈종이 형식의 활동지를 제공하여 전개도를 정확하게 그릴 수 있도록 지도한다. ㉢지식, 기능 (동료평가, 활동지)
정리	학습내용 정리하기	○정리하기 · 오늘 우리는 무엇에 대하여 공부하였습니까? · 오늘 활동을 통하여 느낀 점이나 알게 된 점을 이야기해봅시다.	-직육면체의 전개도에 대하여 알아보았습니다. -실제로 과자상자를 이용해 전개도를 확인하니 재미있었습니다. / 전개도를 잘 그리게 되었습니다.	5	㉴정리 활동을 통해 수업 내용이 내면화 될 수 있도록 한다.
	차시예고	○차시 예고하기 · 다음 시간에는 5단원의 공부를 마무리하도록 하겠습니다.	-기대감을 가지고 다음 수학 시간을 준비한다.		

□ 과정중심 평가계획

1. 평가 내용 및 방법

평가 내용	(지식) 직육면체의 전개도 그리는 방법을 설명할 수 있는가? (기능) 직육면체의 전개도를 그릴 수 있는가? (태도) 직육면체의 전개도를 알아보는 활동에 적극적으로 참여하는가?
평가 방법	지필, 관찰, 동료평가
평가 도구	활동지, 발표

2. 결과에 따른 지도계획

평가 결과		지도 계획
지식	상	직육면체의 전개도 그리기와 관련된 다양한 문제를 만들어보도록 한다.
	중	여러 종류의 직육면체 전개도를 보고 공통점을 찾고 잘 이해하도록 한다.
	하	직육면체의 전개도 교구를 활용하여 전개도 그리는 방법을 이해하도록 한다.
기능	상	가능한 한 다양한 직육면체의 전개도를 그려볼 수 있도록 한다.
	중	각 부분이 정확하게 드러나는 전개도를 그리는 연습을 하도록 한다.
	하	전개도의 빠진 부분을 채우는 연습을 거쳐 스스로 그릴 수 있도록 지도한다.
태도	적절	적극성에 대해 칭찬하고 학습태도에 대한 적절한 조언을 한다.
	부적절	적극성이 부족한 이유를 파악하여 문제점을 제거하고 격려한다.

교수·학습 과정안 실전문제 (12) 예시 답안

단원	1. 생각과 느낌을 나누어요	교과서	50-51쪽	차시	5/10
성취기준	[4국01-06] 주제에 적절한 의견과 이유를 제시하고 서로의 생각을 교환하며 토의한다.					
본시주제	일어난 일에 대해 의견 말하기					
학습목표	읽은 이야기에 대한 자신의 의견을 근거나 경험을 들어 타당하게 말할 수 있다.					
교과역량	비판적·창의적 사고 역량, 문화 향유 역량					
수업모형	토의·토론 학습 모형	수업자료	불만 쪽지, 포스트잇, 스탠딩 클립보드		
평가계획 평가기준	읽은 이야기에 대한 자신의 의견을 근거나 경험을 들어 타당하게 말하는가?					
평가계획 평가유형	관찰, 활동지	평가방법	교사평가, 동료평가			
평가계획 피드백 계획	읽은 이야기에 대해 자신의 생각이나 의견을 찾지 못하거나 의견에 대한 근거를 설명하지 못하는 학생에게 질문으로 유도해서 자신의 의견을 구별할 수 있게 한다.					

단계	학습요소	교수·학습활동 교수활동	교수·학습활동 학습활동	시간(분)	자료(▶) 및 유의점(◇)
주제 확인 하기 (전체)	동기 유발	◉ 나눔장터 사진 보여주기 • 나눔장터의 목적이 무엇일까요? • 우리가 읽은 책의 내용과 연관 지을 수 있나요? ◉ 전시학습 상기하기 • 친구에게 어떤 내용을 어떤 방법으로 고맙다(칭찬한다/격려한다)고 표현하였나요? ◉ 학습문제 확인하기	-나에게 필요없지만 다른 사람에게 쓸모 있는 물건을 나누기 위함입니다. -달리 생각하면 나의 단점이 장점일 수 있습니다. -영모에게 준비물을 잘 빌려주어서 고맙다고 말하였습니다. 등	5	▶나눔장터 사진
	학습 문제 확인 학습 활동 안내	읽은 이야기에 대한 의견을 근거나 경험을 들어 말하여 봅시다. <활동1> 읽은 이야기에 대한 나의 의견 정하기 <활동2> 나의 의견을 근거나 경험을 들어 말하기			
토론 준비 하기 (개별)	관점 정하 기	<활동1> 책이 말해요 ◉ 이야기를 읽고 깨달은 점 정하기 • 이야기에 대한 의견만 한 가지 정해서 물레방아 토론으로 돌아가며 말해 볼까요? • 모둠원 의견이 모두 같은가요? • 내가 의견을 정하는 데 어떤 경험이 떠올랐나요?	-자신에게 만족하는 사람은 없나 봐요. 단점을 보기보다 장점을 발전시켜요. 등 -같기도 하고 다르기도 합니다. -아빠에게 불만인 친구가 있는데 저는 우리 아빠도 친구 아빠처럼 그랬으면 좋겠어요.	12	▶포스트잇 ◇나의 의견을 포스트잇에 써서 스탠딩 보드에 붙인다. ◇동일한 대상이라도 사람

	자료 수집 하기	• 나의 의견에 대한 근거를 좀 더 찾거나 경험을 떠올려 봅시다. ⊙ 토론 방법과 절차 알아보기 • 신호등 토론 방법을 알아봅시다.	-태블릿으로 검색하거나 관련 있는 경험을 떠올려본다. -신호등 토론 방법을 모둠별로 확인하고 준비물을 챙긴다.		에 따라서 생각하는 바가 다름을 알게 한다.
	토론 절차 확인 하기	• 토론 시 지켜야 할 예절은 무엇일까요?	-상대방의 말을 끊지 않아요. / 의견과 근거를 분명하게 말해요.		
토론 하기 (모둠)	각자 의견 발표	<활동2> 나의 의견을 근거나 경험을 들어 말하기 ⊙ 모둠별로 신호등 토론으로 이야기에 대한 의견과 그 이유를 말하기.		13	▶신호등토론 막대 ▶엽서크기종이
		<규칙> 1. 모둠원 각자 빨강/노랑/초록 신호등 깃발을 챙긴다. 2. 모둠원1이 자신의 의견을 말한다. 3. 다른 모둠원이 듣고 자신의 의견을 신호등으로 표시한다. (찬성-초록, 중립-초록, 반대-빨강) 4. 모둠원1이 그 중 한 명을 지명하여 그 이유를 묻는다. 5. 지명당한 학생이 이유를 설명하고 모둠원1이 한 절차를 반복한다. 이때, 이미 발표한 학생은 지명할 수 없다. 친구들의 발표를 들으면서 자신의 의견과 비교한다.			
	반대/ 찬성 의견 제시	• 토론 절차 및 예의를 잘 지키며, 의견과 관련된 경험을 예로 들어 설명해봅시다. 이때 의견을 먼저 말하고 경험을 말합니다. • 친구의 의견과 자신의 의견을 비교해봅시다.	-절차에 따라 모둠활동을 한다. -친구의 의견과 자신의 의견을 비교한다.		◇의견을 먼저 말하고 근거를 설명하게 한다. ◇발표를 주저할 경우 종이에 써서 크게 읽게 할 수 있다.
정리 및 평가 하기 (전체)	정리 하기	⊙ 토론 내용 정리 및 발표하기 • 모둠별로 1명이 자신의 모둠의 토론 내용을 정리해 발표해봅시다.	-모둠별로 토론 내용을 정리해서 발표한다. / 자신의 모둠과 다른 모둠의 토론 내용을 비교하며 듣는다.	10	▶체크리스트 ▶미니이젤 ◇동료평가, 교사평가 ◇동료평가 시 체크리스트를 활용하게 한다.
	평가 하기	⊙ 칭찬하기 • 친구들이 발표한 내용 중에서 칭찬거리를 찾아봅시다.	-영수는 창의적인 생각이 돋보입니다. /영현이는 의견과 관련 있는 경험을 예로 잘 들었어요.		
	차시 예고	⊙ 차시 예고 • 다음 시간에는 오늘 학습한 내용을 바탕으로 책을 만들어보겠습니다.	-다음 시간 학습 내용을 안내받는다.		

□ **과정중심평가 기준 및 평가 방법**

평가 영역	평가내용	평가 척도	평 가 기 준	평가 시기	평가 방법
지식	◦ 의견에 대한 근거나 관련 경험을 찾아낼 수 있는가?	상	•의견을 뒷받침할 근거나 경험을 적절하게 찾았다.	수업 중 수업 후	과제물 평가
		중	•의견을 뒷받침할 근거나 경험을 일부 찾았다.		
		하	•교사(모둠원)의 도움을 받아 의견을 뒷받침할 근거나 경험을 찾았다.		
기능	◦ 의견을 분명하게 밝히고, 근거나 경험을 구체적으로 설명할 수 있는가?	상	•의견을 분명하게 밝히고, 근거나 경험을 구체적으로 설명하였다.	수업 중 수업 후	상호 평가 활동지 평가
		중	•의견을 분명하게 밝히고, 근거나 경험을 대략적으로 설명하였다.		
		하	•교사(모둠원)의 도움을 받아 의견을 밝히고 근거나 경험을 대략적으로 설명하였다.		
태도	◦ 수업에 관심을 가지고 적극적으로 참여하는가?	상	•수업에 관심을 가지고 적극적으로 참여하였다.	수업 중 정리 단계	관찰법
		중	•수업에 관심을 가지고 어느 정도 참여하였다.		
		하	•교사(모둠원)의 도움 활동 참여가 미흡하였다.		

교수·학습 과정안 실전문제 (13) 예시 답안

단원명	4. 사각형
본시 학습주제	평행선 사이의 거리를 재어보기
학습목표	평행선 사이의 거리를 잴 수 있으며, 평행선 사이의 거리는 어디서 재어도 같음을 알 수 있다.
성취기준	[4수03-03] 직선의 수직 관계와 평행 관계를 이해한다.
교수·학습 자료	교사용: 삼각자, 자, 스마트 폰(미러링 기능 이용), TV, 줄자 학생용: 삼각자, 줄자, 자, (수학) 학습장

학습 단계	주요 활동	교수·학습 활동	시간 (분)	자료 및 유의점 협력학습 기법

[도입] 새로운 문제 상황 제시	동기 유발
	전세 학습
		□ 평행선의 거리를 서로 다르게 재어 생기는 문제 상황 제시하기
		○ 상황을 제시하고 생기는 문제점 확인하기
		• 우리 반에 있는 칠판, 텔레비전, 사물함은 어떤 도형인가요?
		  - 사각형입니다.
		• 지난 시간에 배운 평행선을 떠올려봅시다. 우리 반에 있는 사각형 중에 평행선이 있는 것은 무엇인지 2개 이상 찾아 교과서 82쪽 위에 쓰고 발표해 봅시다.
		  - 텔레비전, 칠판, 책상, 운동장, 사물함, 창문, 교과서 등이 있습니다.
		• 수학 교과서는 모두 같은 크기인가요? 그렇다면 수학 교과서의 가로 길이는 몇 cm 인지 재어보고 칠판에 써 봅시다.
		  - 21cm입니다. / 22cm입니다. / 34cm입니다.
		• 같은 수학 교과서인데 세로의 길이가 다른 까닭은 무엇일까요?
		  - 잘 모르겠습니다. / 재는 사람이 다르기 때문입니다.
			4	㉾ 동기 유발로 학생의 참여와 흥미를 이끌어 내기 위한 상황으로 수학책 폭(가로)의 길이 재기를 제시한다. 칠판에 쓴 교과서 가로의 길이가 서로 다르더라도 인정하는 방향으로 유도한다.

	학습 문제 확인	□ 학습 문제 확인
		• 교과서를 살펴보며, 우리가 공부하려는 것이 무엇인지 문장으로 표현해 봅시다.
		• 주사위 몇 개가 그려진 문장을 더 자세히 보아야 할까요?
		  - 주사위 3번의 문장일 것 같습니다.
		• 선생님이 목말라하는 낱말을 ( )안에 넣어 볼까요?
		  - 학생들이 나와서 빈칸에 알맞은 낱말에 쓴다.
		
		    ( ) 사이의 ( )를 이해하고 재어 봅시다.
		
		• 놀랍습니다. 오늘 평행선 사이의 거리를 이해하고 재어 보는 활동을 하며 '평행선 전문가'에 도전해 봅시다.
		  - 오늘의 학습 문제를 흥미롭게 확인한다.
			3	㉾ 학습 문제를 스스로 찾는 능동적 학습자가 되도록 한다.

[전개]	학습 활동 구상	□ 학습활동 구상 • 교과서를 보고 오늘 무엇을 할지 떠 올려 봅시다. • 모두 교과서의 중심 낱말에 밑줄을 그어보며, 모둠별로 활동의 이름을 정하고 발표해 봅시다. 　○[활동 1] 평행선에 여러 선분을 긋고 길이를 비교하기 　○[활동 2] 평행선 사이의 거리 재어 보기 　○[활동 3] 주어진 거리만큼 평행선 그어 보기	3	㉮ 학생들의 발표를 바탕으로 칠판에 활동 이름을 적는다. 활동 이름은 의미가 통하면 인정하도록 한다.
수학적 원리의 필요성 인식 및 수학적 원리가 내재된 조작 활동	평행선 에 선분 긋고 길이 비교하기 모둠내 협력학습	□ [활동 1] 평행선에 여러 선분을 긋고 길이를 비교하기 • 교과서 81쪽의 주사위 2번 활동을 하며 평행선 위의 두 점을 잇는 선분을 여러 개 긋고 길이를 책에 써 봅시다. 길이는 한 개 인가요? 　- 수학 교과서의 가로 길이처럼 여러 개의 길이가 나옵니다. • 여러분이 잰 길이 중에서 가장 짧은 것은 몇 cm인지 모둠에서 서로 비교하여 찾아봅시다. 　- 가장 짧은 것은 3cm입니다. • 가장 짧은 3cm는 어떻게 잰 것인지 모둠원끼리 돌아가며 말해봅시다. 　- 평행선의 한 직선에서 수직이 되도록 선분을 긋고 길이를 쟀습니다. • 평행선 사이의 거리를 재는 방법을 말로 정리해 봅시다. 　- 평행선의 한 직선에서 수선을 긋고 그 길이를 잽니다. 　- 수선의 길이를 평행선 사이의 거리라고 합니다.	8	㉮ 학생들의 생각을 충분히 수용하되, 각 모둠의 발표를 비평적으로 들으며 추론 역량을 기르도록 지도한다. ㉮ 수학적 원리가 내재된 조작 활동으로 처음에는 직관에 의해 평행선의 거리를 재고, 자를 이용하여 수선을 만들어 거리를 재며 문제해결 역량을 기르도록 지도한다.
수학적 원리의 형식화	평행선 사이 거리 재기 모둠내 협력학습	□ [활동 2] 평행선 사이의 거리 재어 보기 • 평행선 사이의 거리를 어떻게 재면 좋을지 이야기해 보세요. 　- 평행선의 한 직선에서 다른 직선에 수선을 긋고 수선의 길이를 재면 됩니다. • 평행선 사이의 거리를 재어 보세요. • 평행선 사이의 거리는 각각 몇 cm인가요? 　- 3 cm, 5 cm입니다.	5	㉮ 순회지도를 하며 학습지원 대상 학생에게 비계를 설정하여 학생이 이해하도록 지원한다. ㉮ 활동 2, 3에서 지식과 기능이 통합되도록 한다.
수학적 원리 익히기 및 적용하기	평행한 직선 그어 보기 모둠내 협력학습	[활동 3] 주어진 거리만큼 평행선 그어 보기 • 평행선 사이의 거리는 몇 cm가 되어야 하나요? 　- 3 cm입니다. • 평행선은 어떻게 그었는지 짝에게 이야기해 보세요. 　- 눈금자의 선을 이용하여 선을 그었습니다. 　- 삼각자를 이용하여 수선을 만든 후 3 cm가 되는 곳에 두 점을 찍고 두 점을 자로 이었습니다. 등	5	㉮ 평행선을 그은 방법을 짝에게 말하고 친구들의 방법과 비교하며 의사소통 역량을 신장하게 한다. 말을 통해 원리의 형식

		● 주어진 거리만큼 평행선을 긋기 위해서는 알아야 할 것과 잘 하기 위해 필요한 것은 무엇인가요? 　- 평행선 사이의 거리는 한 직선에 수선을 긋거나 수선인 곳에 거리를 재어 선을 그어야한다는 것을 알아야 합니다. 　- 두 개의 삼각자를 잘 이용하면 좋습니다./ 방안(눈금)자의 평행선을 사용하면 평행선을 잘 그을 수 있습니다.		화가 공고하게 한다. ㉴ 활동 3을 정리하며 발표를 통해 지식과 기능이 통합되는 기회를 부여한다.
[정리]	평행선 사이 거리 재기 [전개 학습] 활동 되돌아 보기	☐ [정리] 교실에서 평행선을 찾아 평행선 사이의 거리를 재어 보기 ● 교실에 있는 물건 중에서 평행선으로 된 것을 6개 이상 찾아 교과서에 써 보고 모둠원끼리 돌아가며 발표해 봅시다. 서로 겹치는 것이 있으면 어떻게 할까요? 　- 다른 것을 발표합니다.(1번 텔레비전, 2번 칠판, 3번 책상, 4번 창틀, 5번 바닥의 마루판, 6번 창틀 등) ● 찾은 평행선에서 3개의 평행선 사이의 거리를 재어 보세요. 3개를 다 잰 모둠은 칠판에 써 있는 다른 것을 재어도 좋습니다. 　- 찾은 평행선에서 평행선 사이의 거리를 재어 표 안에 기록한다. 평행선 사이의 거리가 멀 경우에는 줄자로 재도록 한다. ● 찾은 평행선에서 평행선 사이의 거리를 잰 결과를 친구들과 비교해 보세요. 　- 찾은 평행선에서 평행선 사이의 거리를 잰 결과를 친구들과 비교해 본다. ● 평행선 사이의 거리를 재는 방법을 정리하여 발표해 봅시다. 　- 평행선의 한 직선에서 다른 직선에 수선을 그어 거리를 잽니다. 　- 평행선 사이의 거리에서 가장 짧은 거리가 평행선의 사이의 거리입니다.	10	㉴ 과정중심평가로 실시하며, 학습목표에 도달할 수 있도록 지원한다. 6개의 모둠이 찾은 서로 다른 6개 이상을 제시하여 주체적으로 선택하여 거리 재도록 하며, 잰 것을 서로 비교하게 한다. ㉴ 같은 물건의 평행선 사이의 거리를 비교하며 오류와 바른 것을 비교하며 정보처리 역량을 기르도록 한다. 이 과정에서 학습 과정을 반성하는 성찰적 단계를 거치도록 한다.
	차시 예고 [전개 학습]	● 다음 시간에 학습할 내용을 84, 85 쪽을 보며 알아봅시다. 무엇을 학습합니까? 　. 사다리꼴을 알아봅니다. ● 생활 주변에서 사다리꼴로 된 물체를 3개 이상 찾아 다음 시간에 발표해 봅시다. 그리고 사다리꼴은 우리가 배운 평행선으로 어떻게 이루어져 있는지도 생각해 봅시다.	2	㉴ 교과서를 미리 살펴보며, 일상생활에서 사다리꼴을 찾아 수학적 원리가 실생활에 내재되어 있음을 확인하게 한다.

교수·학습 과정안 실전문제 (14) 예시 답안

학습 목표	광고를 보고 표현의 적절성을 평가하는 방법을 말할 수 있다.

단계	학습 요소	교수 - 학습 활동 (교사)	교수 - 학습 활동 (학생)	시간(′)	자료(㉤) 및 유의점(㉮)
도입	전시학습 상기	◎ 배운 내용 떠올리기 • 광고의 표현 특성에는 어떠한 것들이 있었습니까?	-주제가 잘 드러나도록 글과 사진을 효과적으로 사용합니다./오래 기억되도록 같은 말을 반복합니다./효과적으로 표현하려고 강조법을 사용합니다.	5′	㉮ 질문을 통해 전시학습을 상기시킨다.
	동기유발	◎ 배울 내용에 관심 갖기 ○ 궁금이의 걱정 동영상 보여주기 • 궁금이의 걱정은 무엇입니까? • 왜 그런 일을 겪게 되었을까요? • 여러분도 그런 경험이 있나요?	-절대로 끊어지지 않는 자물쇠 광고를 보고 산 자물쇠로 채운 자전거를 도난당했습니다. -절대로 끊어지지 않는다는 말을 믿고 샀지만 그렇지 않았습니다. -튼튼한 장난감 광고를 보고 샀더니 부러진 장난감이 나왔습니다.		㉤ 궁금이의 걱정 동영상(1분) ㉮ 학습문제에 대해 자신의 경험과 관련지어 생각해 보게 하여 자신의 문제로 느낄 수 있도록 유도한다.
	학습문제 제시	◎ 학습문제 제시			
		광고를 보고 표현의 적절성을 평가하는 방법을 말해 보자.			
	학습활동 안내	◎ 학습활동 안내 <활동 1> 광고의 의도 파악하기 <활동 2> 광고에서 표현의 적절성 평가 방법 알기 <활동 3> 광고에서 과장하거나 감추는 내용 찾기			㉮ 학습 실태와 선호도를 반영하여 활동을 구성한다.
전개	문제 해결 방법 탐색 (전체)	◎ 광고의 의도 파악하기 • 교과서 51쪽을 펴 봅시다. • 무엇에 대한 광고입니까? • 왜 그렇게 생각합니까? • 어떤 방법으로 연필을 소개하고 있습니까? • 어떤 말이 반복되고 있습니까? • 광고에서 말하고자 하는 것은 무엇입니까? • 그렇다면 이 광고의 의도는 무엇이겠습니까?	-교과서 51쪽을 편다. -연필에 대한 광고입니다. -연필 그림과 함께 판매하는 연필에 대한 설명이 나와 있습니다. -설명에 맞는 그림을 제시하고 있습니다./반복적인 말을 사용하고 있습니다. -'참 좋은'입니다. -참 좋은 연필이라는 것입니다. -학생들이 이 연필이 좋은 연필이라고 생각하도록 하는 것입니다./학생들이 연필을 사게 하는 것입니다.	10′	㉤ 교과서 ㉮ 학생들의 문제 해결력을 신장시킬 수 있도록 학생 중심 활동으로 수업을 이끌어 나간다. ㉮ ADHD학생이 지속적으로 집중할 수 있도록 유의 지도한다.
	문제 해결 하기 (모둠)	◎ 표현의 적절성 평가 방법 알기 • 모둠별로 앞서 살펴본 연필 광고의 신뢰성에 대한 각자의 생각을 붙임쪽지에 적어 봅시다.	-연필 광고의 표현의 적절성에 대한 자신의 의견을 붙임 쪽지에 적는다.	10′	㉤ 붙임쪽지(29개), 모둠판(7개) ㉮ 학생들의 선호도를 고려하여 모둠

		• 붙임쪽지를 모둠 활동판에 붙여 모둠원의 의견을 나누어 봅시다. • 연필 광고의 표현에서 적절성이 떨어지는 부분이 있습니까? • 왜 그렇게 생각합니까? • 또 과장된 표현이 있습니까? • '아름다운 자연을 살리는 연필'은 어떻습니까? • 표현의 적절성을 평가하는 방법은 무엇입니까?	- 모둠 활동판에 붙여진 붙임쪽지들을 보면서 다른 모둠원들의 의견을 확인한다. - 네 있습니다./'절대로 부러지지 않는 연필심'입니다. - 과장된 표현이기 때문입니다./안 부러지는 연필심은 없기 때문입니다. - '예쁜 글씨가 술술 써지는 연필'입니다. - 연필은 나무를 잘라서 만든다는 사실을 감추고 있습니다. - 과장되거나 감추고 있는 내용을 찾는 것입니다.		활동을 구성한다. ㉮ 학생들이 스스로 방법을 찾으면서, 문제 해결력을 기를 수 있도록 한다. ㉱ 모둠 활동 시 협력을 다시 한번 강조하여 공동체 의식을 함양하도록 한다.
	일반화하기 (개인)	◎ 광고에서 과장되거나 감추고 있는 내용 찾기 • 교과서 54쪽의 광고를 봅시다. • 광고에서 과장된 내용이 있습니까? • 왜 그렇게 생각합니까? • 광고에서 감추고 있는 내용이 있습니까? • 왜 그렇게 생각합니까?	- 교과서 54쪽의 광고를 본다. - '운동 만점'/'기쁨 두 배'입니다. - 자전거 타기가 모든 사람에게 효과적이고 즐거운 것은 아니기 때문입니다. - '시장 점유율 1위'/'안전성은 세계 최고'입니다. - 정확한 근거를 제시하고 있지 않기 때문입니다.	10′	㉽ 교과서 ㉮ 수용적 태도로 학생들의 발표와 참여를 독려한다. ㉮ 확산적 발문을 통해 학생들의 확산적 사고를 촉진한다.
정리	학습내용 정리	◎ 배운 내용 정리하기 • 오늘 배운 내용을 배움 공책에 한 줄로 써 봅시다.	- 광고에서 표현의 적절성을 평가하는 방법은 과장되거나 감추고 있는 내용을 찾는 것이다.	5′	㉽ 배움공책 ㉮ 짝에게 설명하도록 하여 행동적 목표에 도달하도록 한다. ㉽ 자기평가지 (29부) ㉮ 형성 평가 결과를 다음 시간 수업에 반영한다.
	자기평가	◎ 자기평가하기 • 자신의 수업 태도를 ☆표로 나타내봅시다.	- ☆표 1~5개로 나타내어 자신의 태도를 평가한다.		
	차시예고	◎ 배울 내용 예고하기 • 다음 시간에는 여러 가지 광고의 신뢰성을 평가해 보겠습니다.	- 다음 시간 안내를 듣고 배울 내용을 생각한다.		

▶ 평가 계획

평가 관점	광고를 보고 표현의 적절성을 평가하는 방법을 말할 수 있는가?		
평가 방법	관찰법, 지필 평가, 자기평가	평가 도구	체크리스트, 학습지, 자기평가지
평가 내용	• 지식 : 광고를 보고 표현의 적절성을 평가하는 방법을 알고 있는가? • 기능 : 광고를 보고 표현의 적절성을 평가하는 방법을 말할 수 있는가? • 태도 : 적극적으로 활동에 참여하였는가?		
평가 환류계획	학습목표에 도달한 학생에게는 학급게시판에 광고 표현의 적절성을 평가하는 방법을 요약해 정리해보도록 하고, 학습목표에 도달하지 못한 학생에게는 배움공책을 이용한 또래교수법으로 내면화를 돕는다.		

교수·학습 과정안 실전문제 (15) 예시 답안

학습 목표	반올림을 이해하여 수를 반올림해 말할 수 있다.
학습 전략	• 짝 토의를 통해 반올림의 의미와 방법을 이해한다. • 모둠 협력을 통해 생활 속 반올림 사용 사례를 찾아보고 반올림의 방법을 익히게 한다.

단계	학습 요소	교수 - 학습 활동 (교사)	교수 - 학습 활동 (학생)	시간(')	자료(㉧) 및 유의점(㉠)
도입	전시학습 상기	◎ '버림' 상기하기 • 53을 일의 자리에서 버림하면 어떻게 나타낼 수 있습니까?	-50입니다.	5'	㉧ 전 차시 자료 ㉠ 전 차시를 이해 못한 학생의 상기를 돕는다.
	동기유발	◎ 반올림에 관심 갖기 • 영상 속의 민철이가 빠진 고민은 무엇입니까? • 그 이유는 무엇입니까? • 어떤 방법으로 해결하면 좋겠다고 생각합니까?	- cm 단위로 신체검사의 키를 기록해야 하는데 mm 단위 처리를 어려워합니다. - 모두 올리거나 버리면 기록이 부정확하기 때문입니다. - 올림과 버림을 섞어서 활용할 수 있으면 좋을 것 같습니다.		㉧ 영상(민철이의 고민) ㉠ 생활 속에서 접할 수 있는 사례를 통해 학생들의 흥미를 높인다.
	학습문제 제시	◎ 학습 문제 제시하기 (반올림)을 이해하여 수를 (반올림) 해 보자.			㉧ 가림판 ㉠ 가림판은 활동 1에서 제거하여 개념의 의미를 이해한 뒤 용어를 습득하게 한다.
	학습활동 안내	◎ 학습활동 안내하기 <활동 1> [반올림] 알아보기 <활동 2> 생활 속에서 찾아보기 <활동 3> 소수 [반올림]으로 나타내기			
전개	문제 푸는 방법 찾기 (짝)	◎ 반올림 알아보기 • 올림과 버림을 어떻게 섞을 수 있다고 생각합니까? ○ 짝과 토의하기 • 어떤 수가 기준이 되면 좋겠는지 짝과 토의하고 발표합시다. • 그 이유는 무엇입니까? • 이러한 방법을 무엇으로 부르면 좋을지 짝과 토의하게 한다. • 이 방법을 무엇이라고 하면 좋겠습니까? • 그 이유는 무엇입니까?	- 어느 수 이상은 올리고, 어느 수 미만은 버리면 좋겠습니다. - 4 이하는 버리고, 5 이상은 올리면 좋겠습니다. - 0부터 4까지 5칸이고, 5부터 9까지 5칸이기 때문입니다. - 창의적인 사고를 통해 성질을 지닌 이름을 만든다. - '반올림'이라고 하면 좋겠습니다. - 반만 올림을 사용하기 때문입니다.	8'	㉧ 수직선 ㉠ 수직선을 보며 알맞은 기준을 찾게 한다. ㉠ 짝과 토의하여 기준을 찾게 한다. ㉠ 참여도를 체크리스트로 평가한다. ㉠ 충분한 토의를 통해 확산적 사고를 기른다. ㉠ 학습문제의 가림판을 떼며 용어를 소개한다.

306 제3장 교수·학습과정안 실전문제

	문제해결하기 (모둠)	◎ 생활 속에서 찾아보기 ○ 생활 속 반올림 카드로 반올림하기 • 상황카드의 수를 어떻게 반올림할 수 있습니까? ○ 각자 생활 속에서 반올림의 상황을 찾아 문제로 내고, 모둠에서 토의해 해결하게 한다. • 반올림은 생활 속 어느 곳에서 활용됩니까?	-47이므로 반올림 하면 50이 됩니다. -생활 속 반올림의 상황을 적어보고, 이를 반올림하여 해결한다. -키를 잴 때, 무게를 잴 때 사용됩니다. / 가격을 정할 때 사용합니다.	12'	㉔ 상황카드(6),수직선(6) ㉑ 학생들이 아는 어림 상황을 활용하여 활동에 흥미를 갖게 한다. ㉑ 생활 속 상황을 통해 수학의 유용성을 이해한다. ㉑ 부정적 상호작용을 하는 학생을 개별 피드백 한다.
	일반화 (전체)	◎ 소수 반올림으로 나타내기 • 소수의 반올림의 기준은 무엇이라고 생각합니까? • 소수 둘째 자리에서 반올림하면 몇 째 자리 숫자까지 나타납니까? • 그 이유는 무엇입니까? ○ 학습지의 문제를 보고 소수의 반올림을 해 수직선에 표기하게 한다.	-자연수와 똑같이 4와 5입니다. -소수 첫째 자리까지 나타날 것입니다. -소수 둘째 자리 값에 의해 올림이나 버림이 되기 때문입니다. -소수의 반올림을 해 수직선 모형에 표기하며 소수의 반올림을 익힌다.	10'	㉔ 수직선 모델 활동지(26장) ㉑부진 학생은 소수를 올림, 버림한 것을 상기하게 하여 반올림을 익히게 한다. ㉑수직선 모델을 구체적 조작하여 소수의 반올림을 이해하게 한다.
정리	학습내용 정리	◎ 배움공책에 학습내용 정리하기 • 반올림은 어떤 방법입니까?	-반올림할 자리 수가 5 이상이면 올리고, 5 미만이면 버리는 어림 방법입니다.	5'	㉔ 배움공책 ㉑ 배움공책에 내용을 정리하게 한다 ㉑ 정리를 보고 스스로의 성취를 평가한다 ㉔ 자기평가지(26부)
	자기평가	◎ 자기평가하기 • 자신의 수업 태도를 ☆로 나타내봅시다.	-☆표 1~5개로 나타내어 자신의 태도를 평가한다.		
	차시예고	◎ 다음 시간의 학습 안내하기 • 다음 시간에는 단원에서 배운 내용을 정리하겠습니다.	-다음 시간의 안내를 듣고 확인한다.		

▶ 평가 계획

평가 관점	반올림을 이해하여 수를 반올림 할 수 있는가?		
평가 방법	관찰법, 지필평가, 자기평가	평가 도구	체크리스트, 활동지, 자기평가지
평가 내용	• 지식 : 반올림의 의미와 그 방법을 아는가? • 기능 : 반올림 방법을 구체적 조작을 통해 나타낼 수 있는가? • 태도 : 수학의 유용성을 알고 소중히 여기는 마음을 갖는가?		
평가 환류계획	학생 성취 수준에 따라 보충 및 심화 학습지를 제공한다. 학습 목표에 도달하지 못한 학생은 쉬는 시간 또는 순회지도 시 개별적인 피드백을 제공하여 학생 맞춤형 지도를 하고, 동료 교수법을 활용한다.		

Hi PASS
수업과정안

정 가	20,000원

초 판 발 행	2025년 10월 30일
편 저	조학규
발 행 자	구봉철
발 행 처	도서출판 G북스
등 록	1997년 3월 27일
주 소	서울특별시 동작구 노량진로 190
전 화	(02)812-3400
팩 스	(02)812-3497

도서출판 **G북스**는 **(주)와이에스디**의 임프린트입니다.

ISBN 979-11-7356-071-2 (13370)

> ※ 이 책의 일부 또는 전체를 무단전재, 복사, 복제하는 것은 저작권법 제 136조에 의거하여 5년 이하의 징역 또는 5,000만원 이하의 벌금에 처하거나 이를 병과할 수 있습니다.